KB220113

교회의 새로운 미래

작은교회운동

교회의 새로운 미래,
작은교회운동

2024년 8월 8일 처음 찍음

지은이 양민철 외 31인
엮은이 한경호
펴낸이 김영호
펴낸곳 도서출판 동연
등 록 제1-1383호(1992. 6. 12.)
주 소 서울시 마포구 월드컵로 163-3
전화/전송 (02)335-2630 / (02)335-2640
이메일 yh4321@gmail.com
인스타그램 dongyeon_press

ISBN 978-89-6447-115-2 03230

교회의 새로운 미래

작은교회운동

◇

양민철 외 31인 함께 씀
한경호 엮음

동연

책을 펴내며

한 경 호

(「농촌과 목회」 발행인, 생명평화마당 전 공동대표)

나는 종교개혁 500주년이었던 2017년 3월부터 약 2년 동안 "작은 교회가 희망이다"란 슬로건하에 작은교회운동을 주관하던 단체인 '생명평화마당'에서 공동대표로 일한 적이 있다. 그때 공동대표로 활동하면서 작은교회운동의 중요성을 알고, 내가 편집위원장으로 있는 계간 「농촌과 목회」지에 매호 한 편씩 작은교회운동 사례를 지난 100호(2023년 겨울호)까지 약 7년간 게재해 왔다. 이 책은 바로 그 사례들을 모아 편집한 것이다.

1970년대 이후 경제성장 속도에 발맞추어 폭발적으로 성장한 한국 개신교회는 세계 교회사상 유례없는 사례로 주목 받아왔다. 그러나 칭찬과 영광도 잠시, 오늘 한국 개신교회는 이 성장주의로 인해 커다란 위기에 봉착해 있다. 교회 성장주의는 목회자 성공주의와 맞물려 양적인 크기에 집착함으로써 사람들의 세속적인 욕망과 결탁하게 되었고, 그 결과 자본과 권력에 예속되어 강자의 편에 서게 되었으며, 복음의 본래 정신으로부터 이탈하는 모습을 보여 왔다. 은혜와 축복으로 포장된 성장주의는 십자가 신앙의 본질인 고난과 아픔을 밀어내고, 교회 강단의 한복판을 차지하고 말았다. "멸시 천대 십자가는 제가 지고 가오리니"는 이제 "멸시 천대 십자가는 주님께서 지셨으니" 나는 이제 질 필요가 없고 주시는 축복만 누리면 된다는 식으로 바꾸어 부르고 있다.

무속이 갖고 있는 가장 큰 무기는 성공과 출세, 무병장수 등 사람들의 현실적인 욕망을 충족시켜 준다는 데에 있다. 그래서 자기중심의 현세 기복적이라는 비판을 받는다. 가장 큰 문제와 한계는 사회윤리가 부재(不在)하다는 점이다. 나와 내 가정만 잘되면 그만이지 남이야 어찌 되건 그건 내 알 바가 아니다. 오늘 한국 개신교회가 바로 이런 모습을 보여주고 있는 것은 아닌가? 오늘 한국교회는 사회의 신뢰를 잃고, '개독교'로 호칭되면서, 사회적 지탄의 대상으로까지 전락하고 있다. 어떻게 할 것인가? 어떻게 해야 교회 본연의 모습을 회복할 것인가? 이것이 현재 한국교회 앞에 놓인, 해결해야 할 가장 중요한 과제이다.

눈을 옆으로 좀 돌려보면 새로운 기운들이 싹트고 있는 것을 볼 수가 있다. 오늘 주류 교회의 문제가 무엇인지를 체험한 사람들이 새로운 길을 내고 있는 것을 볼 수 있는 것이다. 우리는 여기에서 희망을 발견한다. 좁은 문으로 들어가려고 몸부림치는 현장들이 전국 곳곳에서 도시, 농촌을 막론하고 일어나는 것을 보면서 한국교회의 미래가 새롭게 열릴 것이라는 희망을 품게 되는 것이다. 이름하여 작은교회운동이다.

이 책은 그런 생각을 갖고 새로운 미래의 문을 열어보려는 작은 교회들의 생생한 이야기이다. 복음의 본질을 놓지 않으려고, 진창에서 빠져나오려고 몸부림치는 사람들의 간절한 이야기이다. 우리는 진리의 길이 참된 자유를 누리기 위한 길이라고 믿는다. "진리를 알지니 진리가 너희를 자유케 하리라"는 말씀이 오늘 우리 교회 강단에서 선포되고, 삶의 현장에서 체험되며 나누어질 때 예수께서 '지금 여기' 내 옆에 서 계시다는 사실을 깨닫게 될 것이다.

추 천 의 글

한국교회의 새로운 미래, 작은교회운동

이 정 배

(顯藏아카데미, 생명평화마당 전 공동대표)

2017년의 종교개혁 500주년을 4~5년 앞두고 '생명평화마당'은 두 번째 종교개혁 차원에서 작은교회운동을 시작했다. 종교개혁을 박제화된 명사가 아니라 지금도 계속되길 바라는—Die Reformation geht weiter— 진행형 동사로 이해했던 까닭이다. 기독교가 로마를 기독교화시키지 못한 채 그 역이 되었듯이, 자본주의를 잉태한 기독교 역시 자본주의의 덫에 걸렸다고 판단했던 것이다. 당시 우리가 내걸었던 표어는 다음 세 개의 탈(脫)로 언표되었다. 탈성장, 탈성직, 탈성별이 그것이다. 이 일에 복음주의 및 진보주의권 교회들 모두가 함께 참여하여 힘을 보태 주었다. 200여 교회가 함께했던 작은교회 박람회가 서너 차례 지속적으로 열렸다. 여러 신학대학에서 작은교회운동에 대해 학문적 관심을 표명했고, 이웃 종교들의 관심사도 촉발시켰다. 오랜만에 기독교 교회로부터 선한 영향력을 받는다는 말도 들었다. 필자는 이 주제를 갖고 불교, 원불교 교당에서 누차 강연을 한

바 있다. 유수한 독일 신학대학의 한 선교학 교수가 현장 경험을 하며 열기에 놀랐던 기억도 내게 남아있다. 한 장로교 신학대학에서 교회 성장학이란 과목이 사라지기도 했다는 후문도 접했다.

사실 작은교회운동은 보편성을 강조한 가톨릭교회에선 시작할 수 없는 주제였다. 개교회주의란 비판을 받았지만, 오히려 그 약점과 한계가 작은교회운동을 시작할 수 있는 동력이 된 것이다. 자본화된 교회, 성직주의 그리고 가부장제를 벗는 과제는 개교회의 목사와 성도들 의식만 바뀌면 가능했기 때문이다. 한때는 작은교회운동에 참여하는 교회들끼리 느슨한 연대를 하자는 구체적 의견도 제시되었으나 결실을 맺지 못했다. 많이 아쉬운 대목이다. 이 운동을 하면서 우리는 '작다'는 말의 뜻을 두고 논의에 논의를 거듭했다. 단지 물리적 작음만을 뜻하지 않았다. 작은 규모지만 대형 교회를 지향하면 우리와 뜻을 합하기 어려웠다. 반면 숫자가 큰 교회라도 세계의 탈(脫)에 동조하는 가치관을 지닌다면 동지가 될 수 있었다. 지역성, 다양성, 토착성 그리고 생태주의 등도 '작다'의 으뜸 가치로 삼고 이에 합당한 교회를 찾기 위해 눈을 아주 크게 부릅떴다.

이렇듯 작은교회들에 대한 정보가 축적되기 시작하면서 소위 가나안 교인들이 이들 교회를 찾기 시작했다. 교회를 떠났으나 아주 이별할 수 없었기에 발붙일 새 터전을 다시 찾았던 것이다. 교회가 교회다우면 절대로 교회는 사라지지 않을 것이다. 우리가 택한 '작음'의 가치가 그들 발걸음을 교회로 돌아오게 했다. 이런 경험을 바탕으로 우리는 작은교회운동을 진일보시키고자 했다. 한국적 풍토에서 작은교회운동을 펼칠 수 있는 이론서를 만들고자 결정한 것이다. 동시에 작은교회를 이끌기 위해 학문적, 정신적 소양을 배워 익히는 교육 여정,

소위 작은교회 아카데미도 시작했다. 그 열매가 『한국적 작은교회론』(대한기독교서회, 2017)으로 출판되었다. 앞서 말한 세 개의 탈(脫)—탈성장, 탈성직, 탈성별—로 장을 구별하여 작은교회를 지향하는 신학자, 목회자들이 교과서를 만든 것이다. 함께 책을 읽고 토론하며 서로의 글을 비판적으로 읽어가는 지난한 과정을 통해 출판되었다. 작은교회운동에 뜻을 두었다면 누구라도 피해 갈 수 없는 이론서라 생각한다. 필자 역시 개인적 차원에서 종교개혁 500주년을 기해 관련 『두 번째 종교개혁과 작은교회운동』(동연, 2017)을 출판하였다. 역시 세 개의 탈(脫)에 맞춰 글을 썼고 각 항목에 적합한 교회들을 분류하여 소개했다. 탈성장, 탈성직, 탈성별 중 어느 하나에 더 방점을 두고 특색있게 목회하는 교회들을 찾아 소개한 것이다.

몇 해 전 감리교 동부연회 농어광산촌선교회가 가치목회를 지향하는 지역 내 교회들을 찾아 소개한 『처음처럼 새롭게 마지막처럼 간절하게』(신앙과 지성사, 2022)라는 책자를 세상에 펴냈다. 자본의 힘에 밀린 낙후 지역 곳곳에서 죽은 듯 소리 없이 목회하고 있었지만, 사실 그곳에서 생명의 힘이 꿈틀거리고 있음을 생생하게 증언한 책이었다. 이 책을 통해 필자는 이런 목회자들이 있는 한 한국교회는 희망이 없지 않다고 확신했다.

「농촌과 목회」에 소개되어 묶어진 이번 책도 같은 성향의 책이다. 비록 지역적으로 묶였으나—주제별로 엮어졌으면 더 좋았을 것이다—의식 있는 목사들과 공동체성을 확보한 교회들의 사례가 훌륭하게 적시되었다. 거듭 말하지만, 기독교의 희망은 도시가 아니라 이렇듯 농어 광산촌에서 비롯할 것이다. 이번 책과 더불어 소개한 몇 권의 책들이 작은교회운동의 밑거름이 되어 새롭게 꽃피고 열매 맺기를 소망한다.

앞서 말했듯이 우리는 작은교회를 이끌 지도자를 양성하는 교육 과정에 관심했다. 이후라도 작은교회운동을 위해서 깊이 생각할 과제가 아닐 수 없다. 당시 우리는 '작은교회 아카데미'란 이름으로 이론과 실천, 사례연구 등을 중심으로 하여 4학기 과정을 진행했다. 30여 명이 참여할 정도로 성황이었으나 3학기를 앞두고 코로나로 중단할 수밖에 없었다. 지금도 천추의 한으로 남는다. 4학기까지 지속되었다면 뜻을 같이하는 멋진 동료들이 생겼을 것인데 말이다.

한경호 목사께서 「농촌과 목회」에 실었던 작은교회 사례들을 단행본으로 묶은 이유가 있다. 단연코 작은교회운동이 지속되길 바라서일 것이다. 그렇다면 필히 작은 규모일지라도 작은교회 아카데미가 존재해야 옳다. 운동을 엮어내는 구심점으로 역할을 할 수 있을 것이다. 만약에 작은교회운동이 후학들에 의해 지속될 경우 첫 세대를 이끌었던 우리는 쌓인 경험에 근거하여 그리고 각자의 능력에 맞게 지원을 아끼지 않겠다. 이번 책 발간을 기해 다시 한번 큰 뜻을 분출해주길 간절히 소망한다. 우리의 큰 뜻은 세상을 거스르고 자본주의 욕망과 싸우는 작은교회운동이다. 그래서 우리는 선포했다. 작은교회가 희망이라고….

추 천 의 글

작은교회운동, 이 시대의 희망

박 득 훈

(성서한국 사회선교사, 생명평화마당 전 공동대표)

참 고맙고 반가운 책이다. 하늘과 땅을 연결하는 작고 아름다운 이야기들로 가득 차 있기 때문이다. 신혼 초기 아내에게 들은 이야기가 생각난다.

작고 아름답고 싱싱한 팬지꽃들의 이야기

포도나무, 대나무, 팬지꽃이 심어진 정원이 있었어요. 근데 포도나무하고 대나무는 시들시들 죽어가고 있는 거예요. 정원사는 안타까운 마음으로 왜 그러냐? 물었지요. 그랬더니 포도나무는 "난 저 대나무처럼 꼿꼿하게 자라지 못하잖아요. 난 내가 싫어요!"라고 답했어요. 대나무는 "난 저 포도나무처럼 맛있는 열매를 맺지 못하잖아요. 난 내가 싫어요!"라고 답했지요. 근데 작은 팬지꽃은 너무 예쁘고 싱싱하게 피어 있는 거예요. 참 신기해하는 정원사에게 팬지꽃은 이렇게 말했답니다. "정원사님이 제게 원하는 건 바로 팬지꽃이잖아요. 그래서 열심히 열심히 피웠어요!"

독자들은 이 책을 통하여 자기만의 아름다움을 보여 주는, 작고 다양한 꽃들로 가득 찬 정원을 거니는 기쁨을 누리게 될 것이다. 그와 더불어 우리 시대에도 외적 규모와 풍요의 신 바알에게 무릎을 꿇지 않은 교회, 공동체 그리고 교회 갱신 운동들이 생각보다 훨씬 많다는 것을 깨닫고 놀라게 될 것이다. 하나님 나라는 예수님께서 잘 말씀해 주신 것처럼 이렇게 세상의 어떤 것보다도 작지만, 그 안에 하늘 생명을 품고 있는 겨자씨를 통해 오늘도 힘차게 뻗어나가고 있다. 그런 모습을 알아보고 행복해하는 것이야말로 시므온처럼 정의와 경건을 추구하며 하늘 위로를 기다리는 사람들의 특권이다.

예수님은 말로만 작은 것의 아름다움과 위대함을 노래한 것이 아니다. 자신의 탄생을 통해 그 작음을 자기 몸으로 실현하셨다. 그는 본디 태초부터 하나님과 함께하셨고, 하나님 자신이시고, 만물의 근원되시고, 사람의 빛이 되는 생명을 품고 계셨다. 하지만 아니, 그렇기에 그는 비천한 말구유에 누인 작고 힘없는 아이로 이 땅에 탄생하셨다. 하나님 나라의 생명은 작음, 실질적으론 작아짐을 통해서 비로소 발현될 수 있기 때문이다.

양적 성장에서 질적 타락으로의 부정적 비약

질과 양의 관계는 이렇게 긴밀하다. 이는 헤겔이 말한 양질 전환의 법칙을 통해서도 알 수 있다. "양적 변화가 일정한 점에 도달하면 갑자기 질적 비약이 일어난다." 물을 예로 들어보자. 표준 기압에서는 0°C

에서 고체 상태로 넘어가며, 100°C에서 기체 상태로 넘어가지 않는가! 이는 인간의 생산 활동에서도 발견된다. 마르크스가 자본론에서 예로 든 것처럼, 많은 사람이 협업하면 그 개별적 힘들의 합계와는 본질적으로 다른 하나의 '새로운 힘의 잠재성'을 산출한다. 문제는 인간사에서 양질 전환이 부정적인 결과를 가져오는 경우가 허다하다는 데 있다. 양의 증가가 일정한 점을 넘어서는 순간, 지켜내야 할 좋은 질이 파괴되기 때문이다.

성경과 교회사에 나타난 하나님 나라 백성들의 역사를 뒤돌아보면 양질 전환의 법칙이 매우 부정적으로 작동해 온 걸 발견하게 된다. 이스라엘 백성들의 강한 요청에 의해 사사들의 영적 리더십이 상비군과 관료들을 거느리는 왕정으로 넘어가고, 움직이는 작고 소박한 성막 중심의 예배가 고정된 거대하고 화려한 성전 중심 예배로 전환된다. 이렇게 양적으로 커지다 보니, 하나님 나라 백성의 정체성에 심각한 훼손이 일어나지 않았던가!

신약 시대 교회사도 마찬가지다. 가정에서 모이는 작은교회들의 평등한 연합에서 대형 교회 중심 체제로 전환되면서 대다수 하나님 나라 백성들은 역사적 예수님을 잃어버리고 소위 '교회교'가 조작해 낸 그리스도를 열렬하게 추종하게 되었다. 급기야 자본주의 사회를 지배하는 거대함의 신, 즉 돈의 신 맘몬이 하나님의 탈을 쓰고 수많은 교회들을 타락시켜 왔다. 왜 이렇게 될 수밖에 없을까? 크고 높고 강한 자리로 올라감으로써 가장 작고 낮고 약한 존재와 하나되시는 진실한 하나님의 사랑을 잃어버리기 때문이다.

그럼에도 릭 워렌 등 유명한 초대형 교회 목사들은 적반하장으로 대형 교회(mega-church)야말로 예루살렘 초대교회를 빼닮은 성경적 교회라고 우겨왔다. 그 근거로 소형 교회에 비해 개인의 요구를 잘 맞추어 줄 수 있고, 더 나아가 인프라를 바탕으로 축적된 힘을 사회, 가난한 자, 선교 그리고 다음 세대를 위해 사용할 수 있다는 점을 든다. 문제는 이들이 실현해 온 교회는 그 질적 차원에서 예수님께서 세우시고자 했던 하나님 나라 공동체로서의 교회가 아니란 데 있다. 이들은 이미 기존 지배 세력에 편입되어 버렸기에 출애굽이란 정치 경제적 해방 역사를 있는 그대로 읽을 수 없다. 예수님의 탄생을 체제 전복적인 사건으로 이해한 마리아의 깊고 아름다운 노래를 부를 수 없다. 지극히 작은 자 하나를 동정하며 구제할 수 있을지 모르지만, 그들과 온전히 하나가 되어 불의한 세상에 저항할 수 없다. 하나님 나라의 생명, 정의 그리고 평화를 잃어버리고도 자각하지 못한다. 얼마나 슬픈 일인가!

작은교회운동, 이 시대의 희망

그러기에 나는 감히 작은교회운동이야말로 이 시대의 희망이라고 말하고 싶다. 이 책에서도 강조되고 있지만, 우리가 말하는 '작은 교회'란 큰 교회가 되고 싶지만, 이런저런 사정으로 작을 수밖에 없는 교회를 뜻하지 않는다. 큰 사랑으로 작아질 때, 거기서 인간과 세상 만물을 아름답게 변화시키는 놀라운 생명력이 발현된다고 믿는 사람들의 교회를 뜻한다. 그런 교회들은 양적 성장의 유혹을 이겨내고, 작음에 대한 무시를 견뎌내며, 작음을 건강하게 유지함으로써 하나님 나라를 힘차게 펼쳐갈 수 있다. 영적 자기기만에 빠져있는 교회들에 경종을 울리며, 맘몬이 지배하는 자본주의 체제에 도전하고 저항하며, 새로운 세상을 일구어 갈 수 있는 다음 세대를 세워나가며, 생태계를 파멸의 위기에서 건져내는 데 헌신할 것이다. 모두가 길이 없다고 할 때, 작은교회운동은 스스로 길이 될 수 있을 것이다. 이렇게 희망찬 작은교회운동에 함께하고자 하는 모든 이들에게 우리 주님의 은혜와 은총이 언제나 넘치길 간절히 기원한다.

차 례

서울 지역 작은교회운동

양민철 _ 공동체성을 넘어 사회적 영성으로, 희망찬교회

김성회 _ 마을을 품는 목회, 독립문교회

박종현 _ 나그네들을 위한 함께심는교회

이수연 _ 하나님 나라의 실험실, 새맘교회

박창훈 _ 언덕교회

공동체성을 넘어 사회적 영성으로, 희망찬교회

양 민 철
(목사, 서울 희망찬교회)

4.16 이전, 희망찬교회

내가 목회하는 희망찬교회는 IMF 외환 위기가 터졌던 해인 1997년 가을에 경기도 구리시 교문 2동의 한 건물 공간에서 시작되었다. 지금은 아담한 교회 건물을 지어 15년째 예배와 교제를 위한 모임을 갖고 있다. 나는 기회 있을 때마다 짧지 아니한 우리 교회 역사를 세 가지 키워드로 설명한다. 개척하여 상가에서 모이던 시절 우리는 '선교'에 주력하였다. 규모가 큰 교회에서 보기에는 별일이 아니었겠지만, 당시 우리 교회 규모에서 두 명의 선교사를 파송하여 지속적으로 지원하고 매달 전방 부대 교회를 찾아가 예배와 교제를 주관하는 일은 쉽지 않은 일이었다. 선교는 우리에게 큰 기쁨이었다. 우리 교회를 설명하는 두 번째 키워드는 '공동체성'이다. 십 년 전『성경이 말하는 교회』라는 책을 자체 발간하여 '성경이 말하는 교회', '하나님께서 계획하신 교회'는 어떤 교회인가 지체들과 함께 나누었고, 그 나눔이 오늘날 우리 교회의 뼈대가 되었다.

4.16 세월호 사건을 겪기 전, 희망찬교회는 '공동체성'을 강조하는 교회였다. '교회란 무엇인가?'라는 질문에 '교회는 하나님의 가족'(엡 2:19)이라고 정의하고 오랜 세월 공동체성을 다져왔다. "믿는 사람이 다 함께 있어 모든 물건을 서로 통용하고 또 재산과 소유를 팔아 각 사람의 필요를 따라 나눠 주며 날마다 마음을 같이하여 성전에 모이기를 힘쓰고 집에서 떡을 떼며 기쁨과 순전한 마음으로 음식을 먹고 하나님을 찬미하며 또 온 백성에게 칭송을 받으니 주께서 구원 받는 사람을 날마다 더하게 하시니라"(행 2:44-47).

이상의 말씀을 "초대교회가 소유를 나누는 실제적 가족 공동체를 이루었더니 선교는 부수적 결과로 찾아왔다"고 해석하였다. 선교보다 공동체성에 더 큰 비중을 두었다. 그 결과인지 우연인지 모르겠지만 대략 십 년간 교인 이탈이 거의 없었다. 하지만 선교는 부수적 결과로 찾아오지 않았다. 공동체성은 안으로 뭉치는 특성을 지녔기에, 밖으로 흩어져 하나님의 사랑을 삶의 현장에서 실천하고 최종적으로 복음을 나누는 일에는 부족함이 많았다. 고인 물은 썩는다. 공동체로 결집하는 것이 지나치면 공동체성을 더욱 다지는 것이 아니라 공동체성을 깨뜨린다는 것을 절감하였다. 우리들의 소중한 사랑은 빛바랜 사랑이 되어갔다. 이처럼 공동체성의 한계를 뼈저리게 경험하고 있을 때, 세월호 참사가 발생하였다. 이때부터 우리 교회는 '사회적 영성'을 진지하게 고민하였다. 우리 교회 역사를 설명하는 세 번째 키워드는 '사회적 영성'이다.

4.16 이후, 희망찬교회

희망찬교회는 백 명 남짓 적당한 규모의 교회이다. 더 성장하여 분립하고 싶은 마음이 있다. 교인으로 등록한 지 십 년 이상 된 지체들이 꽤 많은 교회이다. 깊은 정이 쌓여 나름 행복하고 따뜻하였다. 얼마 전까지만 해도 교인 이탈이 거의 없는 안정감이 있는 멤버십 교회였다. 이런 안정감은 2015년에 박살 나고 말았다. 오래된 공동체 구성원들이 공동체를 떠나는 일들이 있었기 때문이다. 표면적으로 제기된 이유는 '목사의 부재'였다.

어느 공동체든지 갈등은 존재한다. 어떤 갈등은 시간이 해결해 준다. 갈등을 자극하는 새로운 사건이 없음에도 갈등이 누그러지지 않고 길게 늘어지면서 증폭되는 것은 목사의 사회참여를 두고 해석하는 '차이' 때문이다. 해석의 차이가 존재하는 한 갈등은 누그러지지 않는다. 목회자 사회참여를 목회 영역으로 보아야 하는가, 목회 외도로 보아야 하는가? 어디까지가 목회이고, 어디부터 목회 외도인가? 이 지점에서 분명한 차이를 드러냈다. 대다수는 세월호 참사 희생자 가족을 돕는 일을 찬성하였다. 하지만 소수는 입장이 달랐다. 직접적 반대는 아니었지만, 목사의 부재를 지적하며 사실상 반대하였다.

이런 반대의 배경에는 나의 목회가 그간의 모습과는 많이 달랐기 때문이다. 교회의 합의가 없이 목사 독단적으로 행동하는 것에 문제를 제기한 것이다. 이런 문제 제기는 많은 부분 정당하다. 나는 공동체의 동의를 구하지 않고 행동하였다. 세월호 참사 앞에 나는 다분히 충동적이었다. 평소 사회참여에 대해 고민한 결과가 아니었다. 이런 날이 오리라 상상하지 못했기에 함께 고민하는 시간을 갖지 못했다. 그러다가 세월호 참사가 벌어졌고, 304명의 소중한 생명들이 서서히 수장되는 광경을 지켜보다가 참을 수 없어 밖으로 나가게 되었다.

2014년 4월에 벌어진 참사는 지금 생각해도 치가 떨린다. "행동해!" 이 한마디면 족했다. 거의 다 살 수 있었다. 구조하지 않아도 알아서 빠져나왔을 것이다. "가만히 있으라!" 방송하고 자기들 먼저 빠져나갔다. 사도 세자의 뒤주와 같은 세월호에 갇혀 서서히 죽어가는 것을 온 나라에 생중계 해 주었다. 304명을 태운 세월호는 단 한 명의 구조자 없이 수면 아래 완전히 가라앉았다. 화가 나서 참을 수 없었다. 밀랍처럼 굳어진 시신에게 잠수사가 "엄마 보러 올라가자!" 하면 끼어 있던 창틀에서 스르르 빠져나왔다는 기사를 읽고 얼마나 울었는지 모른다. 마지막까지 엄마를 부르며 죽어갔을 아이들, 그 무서운 상황에서 얼마나 엄마가 보고 싶었을까? 한동안 진정이 되지 않았다. 거의 세월호 사건만 생각했던 것 같다. 이런 나는 다분히 충동적이었다.

당연히 고난받는 이들의 편에 서야 하지 않는가. 그것이 하나님의 나라에 합당한 행동이라고 판단했다. 그리스도인이라면 당연하다고 생각하였다. 이런 상황을 대비하는 구체적 논의는 없었지만, 그간 나누었던 말씀으로 충분하다고 생각하였다. 하지만 모두 내 생각과 같지 않았다. 결국 교회는 큰 홍역을 치른 뒤 비로소 잠잠해졌다. 만일 내가 교회 목회에 전념했다면 공동체는 훨씬 평안했을 것이다. 나 역시 별문제 없이 편안한 목회를 했을 것이다. 4.16 이후 내가 들었던 비난은 평생 들었던 것보다 더 많았다. 비록 소수의 반대와 비난이었지만 그간 잘 다져놓은 관계망을 타고 전체로 번졌다. "교회에서 마음이 떠났다!", "목회할 마음이 없다!" 온갖 억측과 오해가 쌓였고 내가 어떤 말을 해도 통하지 않는 상황이 되었다. 그럼에도 세월호 참사 희생자 가족을 외면할 수 없었다. 내가 남다른 그리스도의 심장을 가져서가 아니었다. 거의 매일 현장에 나가 그들의 눈물을 보았기 때문이다.

2015년 12월 13일은 오랫동안 잊지 못할 것 같다. 교회 내 소모적 논쟁을 종식시키기 위해 나는 지체들에게 '공개 대화'를 제안하였다. 주일예배와 애찬 후, 매우 긴장된 분위기 속에서 우리 교회 청장년이 한자리에 모였다. 발언은 자율적이었고 누구든지 기회를 얻어 발언할 수 있었다. 몇몇 발언자들은 목사의 부재가 얼마나 컸는지 내게 알려주었다. 다소 격양된 발언들이 오갔지만, 발언자 모두 공동체를 다시 회복해야 한다는 동일한 입장을 가지고 있었다. 외부 봉사에 대한 분명한 의지를 밝힌 발언자도 있었다. 대화를 마칠 무렵에 목사의 외부 사역에 대한 교회 입장을 정하자는 한 자매의 제안이 있었다. 그 자매의 제안을 받아들여 나는 교회에 물었다. "세월호 참사 희생자 가족을 돕는 외부 활동을 목회로 볼 수 있는가? 아니면 목회를 등한시하는 목회 외도인가?" 대다수 참석자들은 세월호 참사 희생자 가족을 돕는 "목사의 외부 사역은 문제가 없다!"라는 입장을 밝혔다. 너무나 쉽게 대다수 입장이 드러나자 다른 의견은 수면 아래로 가라앉았다. 굉장히 중요한 순간이었다. 세월호 이전에 이미 많은 외부 사역이 있었고 그 어떤 문제 제기가 없었다. 교회의 역량을 초과하지 않는다면 당연한 일이었다.

하지만 천막 카페 사역은 달랐다. 세월호 참사가 던지는 질문이 쉽지 않았다는 의미이다. 세월호 사건은 복잡하게 얽혀있는 예민한 사건이다. 목사의 선택을 무조건 믿고 따르기 어려웠던 것이다. 교회적 합의가 필요하였다. 공개 대화 결의에 이어 2016년 1월 교인총회에서 희망찬교회 내 다섯 개 직능별 목장의 활동을 정식으로 승인해 주

었다. 다섯 개의 직능별 목장은 우리 사회와 소통하고 그들의 아픔에 참여하는 사회 선교적 목적을 지닌 목장이다. 세월호 사건은 우리 교회에 엄청난 무게로 질문을 던졌다. 우리 교회는 우는 자들과 함께 울 수 있는가? 한국 사회에서 하나님의 정의를 실천할 의지가 있는가? 고난받는 이들 곁을 지켜줄 수 있는가? 이 질문에 대한 우리 교회의 대답은 ‘직능별 목장’이었다.

직능별 목장

그간 우리 교회는 목장을 ‘교회 안에 있는 작은 교회’로 해석해 왔다. 잠시 설명하면 다음과 같다. 교회 내 작은 교회인 목장은 교회 내 작은 교회이며 하나님의 가족을 경험하는 집이다. 목장을 이끄는 목자는 주중 목사다. 이런 목장 가족이 되는 것은 중요하다. 꾸준히 함께하며 삶을 나눌 수 있기 때문이다. 함께하는 시간과 만남의 횟수 그리고 그룹의 규모는 중요하다. 작은 그룹은 좋은 방법이다. 한 사람 한 사람이 소중하다. 안심하고 마음을 열 수 있어 정서적 거리를 좁힐 수 있다. 슬프고 괴로울 때 속내를 꺼내 보일 수 있다. 외로울 때 친구와 같다. 함께 먹고 함께 웃을 수 있다. 시련을 만났을 때 바람막이가 되어줄 수 있다. 물론 모든 작은 그룹이 진지하게 삶을 나누는 것은 아니다.

말씀을 통해 삶을 나누는 목장은 친밀도가 높은 반면에 단점이 있음을 발견하였다. 다른 목장 구성원에 대해서는 별로 아는 바가 없다. 주로 같은 목장 가족끼리 모이다 보니 다른 지체들과 정서적 온도 차가 심했다. 지나친 결속과 친밀도는 새로운 사람에 대한 불편함으로 나타났다. 주중 목장뿐 아니라 주일예배 후 애찬 시간에도 같은 목장원끼리 모인다. 목장의 결속이 깊어지면서 선교적 DNA는 약화되고 안으로 뭉치는 이기적 공동체가 되어간다. 이런 공동체는 내부 문제에 소모적으로 집착한다. 게토(ghetto)성이 나타나고 개방성이 사라지는 것이 문제로 드러난다.

『레슬리 뉴비긴과 칼빈의 선교적 대화』에서 저자 황영익 목사는 이렇게 기술한다.

> 궁극적으로 교회는 그저 '교회'라는 표현으로 충분하다. 예수 그리스도의 교회는 그 앞에 다른 수식어를 필요로 하지 않는 실체이기 때문이다. '교회'라는 개념 앞에 '선교적'(Missional)이라는 단어를 첨가하여야 하는 것은 교회의 복음 증언이 힘을 잃게 된 선교 실종 혹은 복음 실종의 상황을 뼈저리게 반영하고 있다.

그의 주장처럼 교회는 그 자체가 선교적이다. 물은 흐르면서 자정

능력을 갖는다. 선교적 본질을 가진 교회는 공동체 결속만으로 건강해지지 않는다. 세상과 소통하며 다양한 방법의 사회참여로 선교적 목적을 수행할 때 비로소 건강해질 수 있다. 소통과 선교적 책임을 고민하면서 그동안의 목장과 다른 개념의 목장을 구상하였다. 그것은 직능별 목장이다.

2015년 여름에 선교적 교회에 대해 생각하다가 교회 전체가 아닌 목장에 적용하면 좋겠다고 생각했다. 교회 내 이미 선교적으로 행동하는 사람들이 있었다. 그들은 자연스럽게 삶을 공유하고 있었다. 거창하지 않았지만 선교적 삶을 실제로 살아가고 있었다. 그들이 사회선교적 목장을 태동시킨 불씨가 되었다.

선교적 교회(missional church)는 단지 '선교사를 파송하여 선교하는 교회'라는 좁은 의미가 아니다. 이 선교적 교회 사상은 영국 태생의 인도 선교사였던 레슬리 뉴비긴(Lesslie Newbigin, 1909~1998)으로부터 시작되었다. 이 운동에서 선교는 '삶의 모든 영역에서 모든 방법으로 복음을 나누는 일상'이다. 일상이 곧 선교가 되어야 한다. 사는 것이 곧 선교가 되려면 일상이라는 문화 속에 복음이 배어있어야 한다. 레슬리 뉴비긴의 사상을 발전시켜 선교적 교회 운동을 했던 미국의 그리스도인들은 '복음과 문화 네트워크'(Gospel and Our Culture Network)라는 단체를 만들었다. 이 단체의 명칭이 보여주듯 '복음'이 '일상'이라는 '문화' 속에서 자연스럽게 흘러가도록 만드는 것이 선교적 교회 운동의 핵심이다. 나의 관심은 목장이었다. '선교적 목장'이었다. 선교적 목장을 꿈꾸며 낙서했던 글이 있다.

너와 내가 모여 숲을 이루자, 성을 쌓지 말고. 새들의 노래와 시원한 나무

그늘과 쉼이 있는 숲을 이루자. 숲은 나무들의 아지트가 아니다. 숲은 또 다른 너와 내가 만나는 교제의 장이며 숲을 주신 주인의 아름다움을 누리는 체험의 장이다. 숲은 나무들이 쌓은 성이 아니다. 나무들이 만든 마당이다.

목장은 우리만 위한 닫힌 성이 아니다. 또 다른 우리들을 위한 열린 마당이 되어야 한다. 여름에 시작한 구상을 가을에 실천하였다.

2015년 11월을 기준으로 희망찬교회에는 두 종류의 목장이 존재한다. 새로운 목장의 등장으로 명칭을 변경했다. 이전의 목장을 '말씀 나눔 목장'이라 부르고, 봉사를 통한 새로운 사회 선교적 목장을 '직능별 목장'이라 부르기로 했다. 직능별 목장은 사회와의 소통을 중요하게 여기며 교회의 공적 책임을 문화적 방법으로 사회에 실천한다. 직능별 목장은 우리 가운데 이미 존재하는 나눔의 문화를 외부와 연결한 것이다. 문화적 일상은 꾸준함이 가능하다. 일상이기에 자연스럽다. 이미 존재하기에 부담이 없다. 이미 존재하는 교회 내 문화에 선교적 기름을 부은 것이다. 어떻게 나눌 것인가? 필요한 곳에 연결하는 작업이 필요하다. 천막 카페는 직능별 목장을 고난의 현장에 연결하는 고리 역할을 감당했다.

우리는 다섯 개 직능별 목장으로 출발했다. 그것은 광야생수, 실전사, 천국의 밥상, 찾아가는 희망카페, 수다북스(Books)였다.

'광야생수'는 광야에서 생수와 같이 살자는 의미로 붙인 이름이다. 2014년 8월부터 광화문 세월호 광장에 상주했던 천막 카페 봉사에 참여했던 우리 교회 자매들로 구성하였다. 광야생수는 천막 카페 요일별 붙박이 봉사에 참여하며 다른 직능별 목장을 봉사가 필요한 현장과 연결하고 있다. 현장에 있기에 현장의 필요를 잘 안다. 광화문에

상주했던 천막 카페는 유민 아빠 김영오 씨가 단식을 시작했던 2014년 7월 14일에 국회 내에서 커피 봉사를 시작하였고, 같은 해 8월 1일부터 광화문 4.16 광장 커피 봉사를 시작하였다. 정확히 3년이 되는 날에 광장 커피 봉사를 마무리하고 문화제 섬기는 일에 주력하고 있다. 만일 광야생수를 구성하고 있는 자매들이 없었다면 천막 카페 유지는 어려웠을 것이다.

'실전사'는 실로 전하는 주의 사랑이라는 의미이다. 우리 교회 한 자매가 9년 전에 시작한 뜨개질 반이 있다. 토요일 낮 시간에 모인다. 교인보다 지역 주민의 수가 더 많다. 2015년 성탄절 선물로 토시를 만들어 성미산 마을 세월공감과 풀뿌리 시민네트워크 강남 서명지기, 광화문에서 서명받는 진실마중대에 전달하였다. 작은 선물임에도 반응이 따뜻하였고, 토시를 선물 받은 시민 활동가들이 자기 페이스북 담벼락에 포스팅한 것이 실전사 멤버들에게 큰 격려가 되었다.

우리는 광장에 상주하는 아빠들과 주요 봉사자들에게 식사를 제공하였다. 이때 음식 배달과 차림은 광야생수 멤버들이 하였으나 음식의 준비는 또 다른 직능별 목장인 '천국의 밥상' 멤버들이 하였다. 천국의 밥상은 교회 애찬을 비롯하여 광장 식사 봉사, 예수님의 아이들(COJ) 봉사 지원과 지역 장애인 시설에 음식 봉사 등으로 활동하고 있다.

'찾아가는 희망 카페'는 우리 교회가 있는 지역에서 커피 봉사하는 목장이다. 역사가 꽤 길다. 지역에서 하던 커피 봉사를 대한문 쌍용차 해직자를 돕는 목요기도회에 커피 봉사를 하게 되면서 광장 봉사로 이어졌고 그 결과 천막 카페가 탄생하였다. 찾아가는 희망 카페는 교회가 있는 지역에서 더 나누리(거리 모금하는 가수 재능기부 단체) 거리공

연을 지원한다. 매월 1회 정기적인 활동을 하고 있다. 지역에서 우리 교회는 커피 봉사하는 교회로 알려졌다.

'수다북스'는 책 읽기 모임을 하는 목장이다. 함께 나누는 내용은 가벼운 일상과 함께 그리스도인의 사회적 영성과 교회의 사회책임에 대해 나누고 있다. 매월 2회 모임을 갖는다. 이 모임에서 많은 대화를 나누었고 사실상 직능별 목장을 태동시켰다.

직능별 목장은 이미 존재하는 공동체 문화를 선교적 목적으로 호환한 것이다. 선교적 목적으로 호환하기 위해 고난의 현장과 연결하는 고리는 천막 카페였다. 직능별 목장의 의사결정은 단순하다. 교회 전체 방향에 맞는다면 목장 멤버들이 결정하고 즉각적으로 행동한다. 대신 목장에 속하지 않은 다른 지체들에게 부담을 주지 않는다. 직능별 목장의 성패는 리더에게 달려있다. 선교적 목장에 맞는 리더는 훈련에 의해 만들어지기보다 자연스럽게 발견된다. 선교적 성향을 가진 사람이 있다. 이런 성향을 가진 사람은 비신자와도 잘 어울린다. 일을 무서워하지 않고 즐긴다. 함께 봉사하는 사람들과 유쾌하게 지내며 멤버들을 부드럽게 결속시켜 또 다른 일에 참여시킨다. 기존의 봉사자들과 함께 '성'을 쌓지 않고 새로운 봉사자들과 함께 '숲'을 이룬다. 요리에 비유하면 반죽을 잘하는 사람이 리더가 되어야 한다.

파도가 일어난다고 항해를 포기할 것인가!

오래전 설교 중에 사용했던 예화가 생각난다. 어느 나라의 왕이 당대 학자들을 불러 놓고 명령하였다. "후대에 길이 남길 책을 만들라!" 학자들은 머리를 싸매고 연구했다. 몇 달 후에 자신들이 집필한 책을 수레에 한가득 싣고 왔다. 왕은 너무 분량이 많으니 한 권으로 줄여오라고 다시 명을 내렸다. 몇 달 후에 학자들은 한 권의 책으로 줄여왔다. 왕은 책을 이리저리 넘기더니 다시 명령을 내렸다. "한 장으로 줄여오라!" 다시 한 장으로 줄여왔을 때 왕은 위아래로 훑어보더니 "한 문장으로 줄여오라!"고 마지막 명령을 내렸다. 학자들은 고민하고 또 고민하여 한 문장으로 줄여왔다. 왕은 한 문장을 읽고 만족해하였다. "세상에 공짜는 없다!"

목회는 조용한 전투라고 생각한다. 공동체 지체들이 모두 동의하는 일은 그리 많지 않다. 그런 일이 있다면 현재의 공동체를 더 행복하게 하고 목회자가 공동체 내부에 더 집중하는 일일 것이다. 그렇게 한다고 해서 공동체가 건강해지고 행복해지는가? 그렇지 않다는 것은 목회를 해본 사람이라면 잘 안다. 공동체는 어린아이와 같이 요구 사항이 많아지고 이기적 성향이 지배하며 내부의 작은 문제가 너무 크게 느껴져서 모든 사회 현안에 눈을 감게 되는 영적 자폐증에 빠지게 된다. 진정 교회가 살려면 선교적 특성을 살려야 한다. 선교적 특성은 안으로 밖으로 흐르는 물과 같다. 해외 선교뿐 아니라 우리 사회 현안에 관심을 가지고 고난받는 이들의 곁을 지키는 일을 교회가 해야 한다. 지속적으로 이 일을 하기 위해 몸집이 가벼워 민첩하게 행동할 수 있는 직능별 목장이 필요하다. 교회가 이렇게 해야 하는 이유는 성장을 위함이 아니다. 교회다워야 하기 때문이다. 이렇게 하려면 대가를 지불해야 한다.

소수일지라도 반대하는 사람들이 있을 것이다. 노골적으로 표출하지 않지만, 불편한 마음을 가진 지체들이 있을 것이다. 조용하게 불만이 쌓인다. 공동체성을 다져온 교회에서 몇몇 소수의 발언이 얼마나 큰 영향력을 갖게 되는지 경험해 본 사람은 잘 안다. 이때 물러설 것인가? 아니면 성경의 가르침에 따른 목회적 노력을 이어갈 것인가? 여기에는 분명한 대가 지불이 전제된다. 때로 이별의 아픔이라는 대가를 지불할 수도 있다. 이런 비용 지불을 최소화하려면 아마도 처음부터 공동체성과 함께 사회적 영성을 강조하는 교회로 출발할 필요가 있다고 본다. 교회의 정관이나 비전에 교회의 사회참여를 담아내야 한다. 처음부터 입장을 분명하게 하고 출발해야 한다. 그럼에도 불구하고 갈등은 발생한다. 이때 어떻게 할 것인가? 파도를 피하여 항해를 포기할 것인가? 파도에도 불구하고 항해를 이어갈 것인가? 선택해야 한다. 교회의 사회 선교적 실천은 방법론보다는 의지와 태도의 문제로 본다. 교회의 사회 선교적 실천이 성경의 가르침이라는 것에 이견이 없다면 기꺼이 대가를 지불할 수 있는지 물어야 한다.

마을을 품는 목회, 독립문교회

김 성 희

(목사, 서울 독립문교회)

서울 종로 한복판에서 양봉과 육묘장, 텃밭을 가꾼다고 하면 다들 깜짝 놀란다. "벌이 먹을 꽃이 있느냐?", "채소와 곡물을 키울 공터가 많은가?" 묻는다. 요즈음은 아카시아 철이라 꿀을 따느라 바쁘다. 지난 토요일에는 동(洞)에서 주관하는 돗자리 음악회가 자이아파트에서 열려서 상추와 쌈, 다육이, 꿀을 제법 많이 판매하였다. 청와대가 내려다보이는 인왕산 성곽 마을에서 도시농업을 시작한 지 4년이 되었다. 우리 교회가 위치한 종로 행촌동은 성곽 동네이다. 산 아래에는 고층 아파트들이 들어섰는데, 우리 동네는 4, 5층 빌라들이 산 중턱에 빼곡하게 들어서 있다. 제대로 된 어린이놀이터도 없고 주차 전쟁으로 긴장이 고조되는 곳이다. 아랫동네에는 새 아파트들이 들어서고, 산동네인 우리 마을은 낙후되고 슬럼화되어 동네 간의 격차가 심해지자, 서울시에서는 도시 재생 사업을 시작하였다. 동네 주민들은 성곽 안쪽 서촌처럼 상업화되어 관광객 등으로 연일 시끄러워지고, 결국 자신들은 밀려나는 젠트리피케이션(gentrification)* 현상이 일어나게 될 것을 우려하였다.

여러 번의 주민 워크샵과 세미나를 통해 우리 동네 주민들은 도시재생 사업의 일환으로 '도시농업공동체'를 만들기로 하였다. 성곽을 따라 텃밭을 조성하고, 빌라 옥상과 자투리 공간에 상자 텃밭을 가꾸고, 양봉장을 만들어 벌을 키우기 시작하였다. 동네 모임 공간이 부족하여 우리 교회를 마을 워크샵과 협동조합 교육 장소로 제공했고, 교우들과 도시농업공동체에 가입하여 함께 마을 일을 시작하였다. 새벽기도가 끝나면 양봉장에서 벌을 돌보고 채밀을 하면서 동네 목사, 동네 장로가 되었다. 우리 교회 장로님은 직장에서 퇴직한 후 도시농업공동체에서 봉사하다가 총무가 되고 상근자가 되는 등 마을에서 봉사하며 일자리를 얻기도 하였다.

나는 젊은 시절에는 가난한 사람들과 함께하는 목회 현장에 있었다. 10년 동안 민중교회 운동에 참여하여 노동자들에게 복음을 전하며 사회선교에 앞장서 왔다. 29세에 소명감 하나로 목사안수를 받고, 6년간 인천 대우공단 주변에서 담임 목회를 하며 교단을 넘어 약자들과 함께하는 지역 목회자들과 끈끈한 만남을 가졌고, 지역사회와 연대하며 보람 있게 목회하였다. 30대 중반부터는 중대형 교회에서 부목사로 섬기다가 50대 초반에 다시 담임 목회를 하고 있다. 젊은 시절 담임 목회가 민중 목회였다면 지금의 목회는 마을목회라고 부를 수 있을 것 같다. 이곳 성곽마을에서 마을과 함께해 온 지난 7년 6개월의

---

* 중산층 이상의 계층이 비교적 빈곤 계층이 많이 사는 정체 지역에 진입해 낙후된 구도심 지역에 활기를 불어넣으면서 기존의 저소득층 주민을 몰아내는 현상을 이르는 말이다(편집자 주).

목회를 돌아본다.

2011년 11월, 목회자가 7개월간 공석이 되어 교우들도 많이 떠난 산동네 교회에 담임목사로 부임하였다. 젊은 시절 가난한 이웃들과 함께 씨름했던 아픔과 소망의 그 자리에 다시 섰다. 산동네에 어려운 이웃들을 위한 선교를 지향하며 예장 대신 측 민중교회라는 이름으로 세워졌다가 약한 자와 사회봉사에 관심이 많은 기장교단으로 가입하고 이름을 독립문교회로 바꾼 우리 교회는 나의 목회 여정과도 닮은 곳이었다. 30여 년 된 낡은 교회는 예배당에 비가 새고 누전이 되어 컴퓨터가 다운되는 등 계속적인 수리가 필요했다. 부임 후 방수공사, 전기공사 등으로 교회를 수리하다가 예배당 전체를 개수(改修, 리모델링)하게 되었다. 우리 교회는 지금도 수리 중이다.

목회자가 직접 교회를 개척하는 경우는 지역과 교우들을 선택할 수 있지만, 많은 경우 부름 받고 파송된 자리에서 목회의 비전을 다시 점검하며 그 지역사회와 교우들에 맞추어 목회하게 된다. 50대에 다시 담임 목회를 하게 되면서 처음에는 열두 제자를 양육하듯이 성경공부와 교육훈련을 통해서 교회를 든든하게 세워보려고 했다. 그러나 서민들이 많은 산동네에 세워진 교회에는 글을 읽지 못하거나 책을 읽고 공부하는 것을 부담스러워하는 교우들도 많았다. 지적 공부나 고상한 프로그램보다는 이야기로, 몸으로 교우들과 소통하기 시작했다. 그동안 도시 교회 지식인들과의 만남에 익숙해져 있던 나도 교우들과 눈높이를 맞추려다 보니 한동안 말씀도, 목회도 힘이 들었다.

젊을 때 지역과 함께했던 경험과 사회복지를 공부한 이력을 살려서 '하나님 이웃 창조 세계와 소통하는 평화공동체'를 지향하며 마을과 소통하기 시작했다. 교회에 대한 부정적 인식과 꼬리표 있는 초청

어린이 마을 여름 캠프

이라는 부담감을 넘어서기 위해 '생명을 살리고 마을을 살리는 공동체'라는 의미로 '살림의 집'이라는 이름으로 마을 활동을 시작하였다. 독립문교회 부설 '사회교육과 상담센터 살림의 집'은 우리가 마을 사람을 만나고 있는 이름이다.

부임 시 화환 대신 쌀 화환을 보내달라고 하여 동사무소에 기부하였고, 낡은 교회를 수리한 후, 지역 주민들의 정서와 문화를 파악하기 위해 프로그램을 실시하였다. 젊은 부부들과 어린이들의 욕구 조사를 겸해 영어 회화, 창의 사고력 수학, 노래야 나오너라, 책으로 소통하기(독서) 등을 진행하여 그 중 영어 회화에 대한 요청이 많아 주 1회씩 6년째 진행하고 있다. 또한 어르신들이 많은 지역 특성을 감안하여 이·미용 봉사, 영정사진 촬영, 치과 무료 진료를 실시했더니, 산 아래까지 내려가기 힘드니 이·미용 봉사를 계속해 달라고 하여 6년 동안 월 1회 봉사하고 있다.

가족치료를 전공한 경험을 살려 진로 코칭과 정신건강 세미나, 자기 발견 세미나, 가족 상담 등을 꾸준히 실시하였고, 열심히 지역선교

마을 잔치 '단오야, 도성에서 놀자'

를 하던 중 종로 마을 공동체와 연결이 되어 '공동주택의 힘찬 발걸음' 프로젝트로 진로 코칭을 진행하였다. 이어서 '전통과 나눔이 이어지는 행복마을' 프로젝트로 마을 부엌, 고추장 만들기, 마을 게시판, 마을 탐방 등의 프로그램을 진행하였다. 마을 안에서 구청과 시청의 마을 공동체 프로젝트를 진행하던 7개 단체를 교회로 초청하여 '인왕마을네트워크'를 결성했다. 인왕넷은 함께 주민 워크샵, 성곽 탐방, 마을 잔치 등을 열어 왔고, 4년째인 올해는 팀이 13개로 늘어나 서울시와 함께 300여 명의 주민을 대상으로, 한복 맵시 사진관, 다육식물 화분 만들기, 단오 꽃부채 만들기, 성곽 탐험대, 오행시 백일장 등의 마을 잔치인 "단오야, 도성에서 놀자!" 행사를 준비 중이다.

우리 마을의 자랑 중 하나는 '교남동교회협의회'다. 관내 교단이 각기 다른 7개 교회가 모여 연대하고 있다. 분기별 모임과 야유회, 매년 6월에는 '나라와 민족을 위한 기도회'를 각각 순서를 나누어 맡고, 연합성가대를 결성하여 교회를 돌아가면서 개회하고 있다. 여성 목사가 없는 합동 측 교회에서 설교하던 기억이 새롭다. 동사무소 마을

청소년 진로 코칭

담당 직원들과 통장들을 초청하여 갖는 식사와 대화의 자리, 동사무소 중심으로 진행하는 연초 마을 윷놀이대회, 연말 따뜻한 겨울나기 행사 등을 지원한다. 2017년에는 동네 아파트 입주 시에 공동 전도지를 만들어 교회 홍보를 하였다. 고신, 합동, 통합, 기장, 감리교, 구세군에 이르기까지 마을 내 목회자들이 돈독한 유대감으로 경쟁 관계가 아닌 상생과 협력관계로 끈끈하게 뭉쳐 있다.

하지만 한국에서 여성이 담임목사로 소신 있게 일하기는 여전히 힘들다. 여성이 책임 있는 자리를 맡기 어렵게 하는 유리천정은 사회 여러 분야에 비해 교회가 그 벽이 가장 두껍다. 아직도 우리나라는 자립교회에서 여성을 담임목사로 청빙하는 경우는 매우 드물다. 여성 목회자는 목회 조력자로 반영구적으로 부교역자의 자리에 머물게 되는 경우가 많다. 경력과 능력이 있어도 자신의 목회 비전으로 주체적으로 사역할 수 있는 목회 현장을 갖기가 어렵다. 대부분 미자립 교회나 열악한 오지 교회에서 고군분투하다가 자기 달란트를 온전하게 선용하지 못하는 경우가 많다.

최근에는 교회 내 성폭력 문제가 불거지고 있다. 성폭력 문제는 한

교남동교회협의회 전도지

국 사회 전반의 문제로 교회라고 예외는 아니다. 감추어 두었던 것들이 '미투'(me too) 운동과 더불어 하나둘 드러나고 있다. 여성 목회자로서 여성 인권과 평등한 교회를 만들어 가기 위해서도 힘써야 하니 감당할 과제가 너무 많다. 생물학적 여성을 넘어 생명과 평화를 지향하는 여성주의 목회를 실천하기 위해 노력하고 있지만 여러모로 부족함을 느낀다. 가부장적이고 권위적인 목회자의 모습을 넘어 환대가 있는 원탁 공동체를 만들어 평화와 살림의 삶을 살아내고 싶다. 목회자들이 각자 자신의 달란트를 선용하고, 교우들이 만인제사장 의식을 가지고 사명감으로 함께 사역하게 될 때 더욱 역동적인 교회로 세워질 것이다.

우리 속담에 "꿩 잡는 것이 매다"는 말이 있다. 꿩을 잡아야 매라고 할 수 있다는 말로, 방법이 어떻든 간에 목적을 이루는 것이 가장 중요하다는 뜻이다. 또한 실제로 제구실을 다하는 것이 제일이라는 뜻으로도 쓰인다. 어떤 수단과 방법을 쓰더라도 교회만 성장시키면 성공한 목회자로 인정받는다. 오늘날 교회 성장의 둔화, 나아가 교회들의 합병, 폐교회 등이 많아지고 있다. 공동체성을 지향하며 목적 의식적인 작은교회운동을 하는 사람들도 있지만, 원하지 않아도 작은 교회일 수밖에 없는 한국의 많은 교회가 있다. 우리 교회도 질적으로 꾸준히 성장하고 있지만 여전히 소수다. 젊은이들은 4년 주기로 이사를 떠나고, 노인들은 연로하여 별세하시거나 자녀 집으로 가시는 등 못 나오게 되기도 한다. 마을과 함께하는 목회가 아닌 개 교회 성장을 지향했다면 많이 지치고 힘들었을지 모른다. 난쟁이 콤플렉스에 사로잡혀 푸념과 좌절이 커졌을지도 모른다.

한국 작은교회운동에 참여하면서 가치지향적 교회로 스스로 작아진 교회들을 만난다. 30명만 넘어도 분립한 교회들도 있다. 일정 이상의 숫자를 넘어서지 않겠다고 다짐들을 한다. 건강한 교회를 세워가기 위한 대안적 가치들인 '생명 감수성, 민주성, 공공성, 평등성' 등을 붙들고 기도하며 하나님 나라를 향해 힘찬 발걸음을 내딛는 함께 걷는 동역자들이 있어 힘이 난다

마을 고추장을 담그는 교우들

나는 교우들에게 “우리 교회는 작지만 큰 교회다”라고 말한다. 가난하고 연약한 교우들도 많지만 기죽거나 주눅 들지 않고 당당하게 자부심을 가지고 살도록 격려한다. 우리는 하나님 가까운 성곽 아래에서 벌꿀의 달콤함과 싱싱한 채소들을 맛보며 푸르게 자리매김하고 있다. 우리 교회는 마을 교회들, 활동가들, 관공서와 함께 어울려 도시농업공동체, 교남동교회협의회, 인왕마을네크워크 등을 통해 마을주민들과 끈끈하게 연결되어 있다. 종로구청과 중부교육지원청, 주민이 함께하는 민·관·학 거버넌스 사업인 혁신교육지구 사업에도 참여하며, 마을 독서교육, 독서 토론 운동에도 앞장서고 있다.

작은 교회, 적은 인원이지만 우리는 어느덧 마을 곳곳에서 영향력 있게 일하고 있다. 이런 과정에서 교우들이 마을 선교사(활동가)로 성장한 것이 큰 보람이다. 교우들은 동주민센터 자치위원으로 활동하며 주민센터 운영에도 앞장서는 등 교회의 지경이 마을로 넓어졌다. 동주민센터 내 북카페 회장, 도시농업 총무 등으로 봉사하면서 서울시장상, 행전안전부 장관상, 국회의원상 들을 수상하고, 교우들의 은퇴 후 일자리도 만들어지는 등 마을목회의 열매도 맛본다. 마을 자원을 활용하여 할 수 있는 일들이 무궁무진하다. 마을은 우리의 교구다.

독립문교회에서 목회를 시작하면서 나는 다음과 같은 자세로 일해 왔다.

① 권위 재정립하기: 말로, 생각으로 소통하던 삶에서 몸으로, 가슴으로 살아내는 훈련이 필요했다. 교우들과 함께 앉아 김장하고, 교회 화장실을 청소하면서 삶으로의 대화를 하였다.

② 토론 문화 만들기: 늘 설교만 듣던 교우들이 주제를 가지고 자기 생각과

삶을 나눈다는 것은 쉽지 않았다. 생활 나눔부터 시작하여 점차 성경의 주제를 나누고, 나아가 책을 읽고 토론하기에 이르렀다. 주제별 성경공부, 화 다스리기, 요한계시록 공부, 종교개혁 이야기 등 이렇게 6년을 훈련하다 보니 이제는 자기 생각을 이야기하고 다른 사람의 생각을 듣는 경청과 대화가 이루어졌다.

③ 열린 시야 갖기: 외부 목회자와 강사를 초청하여 연 2회 신앙강좌를 열어 성경, 교회, 역사 등을 배우고, 부모교육, 자기발견 세미나 등을 통해 개방적이고 다양한 사고를 하게 되었다.

④ 주체성을 가지고 이웃교회와 연대하기: 작고 약하다고 내부에만 머물면 정체되고 퇴보하기 쉽다. 마음을 열고 연대함으로 더 많은 자원을 활용할 수 있다. 교남동 내 각기 다른 교단의 7개 교회가 연대하여 공동전도지 제작, 6.25 연합기도회, 목회자 야유회, 동주민센터와 연계하여 따뜻한 겨울나기 행사 참여, 지역병원과 협정(MOU)을 체결하고 건강강좌, 헬스케어, 건강 음식 만들기 등을 진행한다.

⑤ 생태 영성 회복하기: 마을 공동체와 도시 재생 사업에 참여하고, 도시농업 공동체 회원이 되어 양봉장, 육묘장, 상자 텃밭과 약초 단지 가꾸기 등 주민들과 함께 노동하며 생태 영성을 체험하고 있다.

⑥ 마을 망짜기(networking): 마을 활동가들을 씨줄로, 마을주민을 날줄로 엮어 주민 워크숍, 마을 잔치, 마을 공간(행촌 공터)을 운영하며, 민관(주민, 동, 구청, 시청)이 함께 개방, 공유, 새가치 창조를 통해 마을을 세워나간다.

⑦ 여성 지도력 세워가기: 각종 차별을 넘어 다름과 차이를 인정하며 다양성 속의 일치를 실현하는 평등한 교회를 지향한다.

⑧ 독서 토론을 통한 달란트 선용: 책을 읽고 토론하며 민주시민을 양성하

도시농업 양봉 채밀

는 공론장을 확산하고, 학교와 도서관에 출강하며 다양한 사람들과의 만남을 통해 재미와 의미를 나누고 있다.

기존의 틀에 매이지 않고 마을 속에서 주민들과 어우러지며 끊임없이 소통하고 연대하는 과정은 때론 힘이 들지만, 그 안에서 많은 것을 배운다. 양봉장과 육묘장에서 노동하고, 책 읽고 토론하며 글을 쓰며 이웃과 소통하며 마을을 품는 넓은 품을 간직하게 된다.

오늘도 여전히 광야에 서 있지만, 만나와 메추라기를 먹으며, 매일 매일 새롭게 역사하시는 하나님의 은총을 누린다. 연약한 나를 택하시고 단련시켜 일꾼 삼으신 하나님의 손길은 신비하다. 하나님은 또 어떤 길로 우리들을 인도하실지 설렘 가득하다. 열린 미래가 생동감 있게 다가온다.

나그네들을 위한 함께심는교회

박 종 현

(목사, 서울 함께심는교회)

상담센터로 시작

아직 교회를 개척하기 전, 그러니까 2014년의 이야기이다. 섬기던 교회에서 전임사역자로 계속 남아 달라고 하였다. 그러나 10년이라는 긴 세월 동안 시무도 했고, 처음부터 개척 의지가 확고했다. 그러던 그해 겨울, 우리는 살고 있던 집에서 쫓겨나게 되었다. 월세를 석 달 밀렸다는 이유였다. 상황이 다급해진 나는 섬기던 교회에 상담센터 한쪽 방을 주방 겸 주거할 수 있는 공간으로 꾸밀 수 있도록 지원을 요청했다(나는 신학을 공부할 때 '생명나무 마음치료센터'라는 이름의 상담소를 열고 운영했다). 감사하게도 당회에서 흔쾌히 제안을 받아들여 주셔서 아주 기초적인 세간만을 챙겨 들고 우리는 한 평 남짓한 센터 한쪽 방에서 2년 반을 살게 되었다.

상담센터를 시작하고 3년간 몇 번이나 사임 의사를 표현했지만,

교회의 사정과 상황 때문에 매번 사의가 반려되곤 했다. 그러다 목사 안수를 받고 얼마 지나지 않은 2015년 6월에 과감하게 사임했다. 전통 목회의 틀 안에서 사역하는 동안 사실 나는 크게 뭘 제재받거나 억압받은 적이 없었다. 담임목사님은 늘 내 의견과 상황을 존중해 주셨고, 오랜 시간 목사님을 모신지라 마음이 제법 잘 맞았다. 성도들도 착한 분들이라 나와 우리 가족을 늘 따뜻하게 맞아주었다. 그러나 교회를 나오며 나는 말할 수 없는 자유함을 느꼈다. '이제는 상상하던 일들에 진짜 도전할 수 있겠구나'라고 생각했다.

교회를 개척하겠다고 사임하고 나서 제일 먼저 한 일은 아무것도 하지 않는 일이었다. 새로운 술은 새로운 부대에 담겨야 한다. 기성 교회의 문법이 아닌 새로운 무엇을 실험하기 위해 나는 기존의 내부 질서부터 해체했다. 처음에는 가보고 싶었던 많은 교회들을 다 방문할까 싶기도 했다. 그러나 이것은 완전히 새로운 그림이어야 했다. 정말 풀고 싶은 몇 가지 질문을 들고 아주 소수의 교회만 둘러보았다. 예배에 대한 경험은 직접 경험이어야 하기 때문이다. 3개월간 우리가 탐방한 교회는 네 교회에 불과했다. 나머지 시간에는 가족과 함께 예배드렸다. 교회 창립일은 우리 부부의 결혼기념일인 9월 6일로 정해 놓았다.

어떤 예배를 드릴 것인가?

아무것도 하지 않자, 처음에는 불안했다. 누구보다 열심히 기도해도 부족한 시간인데, 이렇게 놀아도 되는 걸까. 주일에도 허접한 내 반주에 맞춰 가족과 예배드리는 게 전부였다. 예배 시간을 처음부터 오후 2시로 생각했기 때문에 아침에도 저녁에도 너무나 한가했다. 주일 아침에 늦잠 자는 게 이렇게 행복한 일이었던가! 평생 그 즐거움을 누리지 못했던 게 못내 아쉬울 정도였다. 사실 성도들의 삶이란 얼마나 고달픈가. 거룩한 삶을 종용받으며 누구보다 치열하게 주일을 보낸 성도들은 월요일부터 토요일을 일터와 가정에서 또 바쁘게 지내야 한다. 우리 역시 마찬가지였다. 아니, 우리는 더욱 힘들었다. 우리는 주 6일 센터를 운영했기 때문에 사실상 주 7일 근무나 마찬가지였다. 그래서 주일에는 무조건 쉬어야겠다고 생각했다. 안식을 그렇게나 말하면서도 현대 교회에는 참된 안식이 없구나.

그렇게 2개월이 지나자, 나는 정말로 말씀과 찬양이 '고파지기' 시작했다. 사람들이 흔히 말하는 '영적 갈급함'을 바닥으로부터 느끼게 되었다. 신학교 때부터 준비했던 예전(禮典)을 더 구체적으로 다듬으며 예배에 참여하는 누구든 예전 자체가 스스로를 설명할 수 있도록 구성해 보았다. 사제가 독점하는 것을 바꾸기 위해 회중들이 좀 더 깊이 참여할 수 있는 구조가 필요했다. 무엇보다 오늘날 교회는 '내'가 사라지기 쉬운 곳이지 않던가. 일방적인 듣기로 가득 차 스스로를 소외시키는 예배가 아니라 어떤 사람이든 그 사람의 말에 귀기울여 주는 '듣는 교회'가 있으면 어떨까? 또 예전적인 예배에 눈에 보이는 요소와 부드러운 요즘 말씨를 덧붙여 예전의 기능은 강화하면서도 지루하거나 딱딱하지 않은 편안한 예배를 기획해 보았다.

소박하고 진실되게, 더불어 살아내는 하나님 나라

이 모든 것보다 중요하게 생각한 것은 밥상이었다. 우리 주 예수님

2015년 9월 첫 예배

이 그러셨던 것처럼 밥상을 통해 사람을 만나고 위로하고 격려하고 싶었다. 함께 나그네 된 우리가 서로를 위해 말이다. 그러기 위해 밥상은 함께 한 누구든 차별과 배제가 없는 곳이어야 했다. 서로를 '나그네'로 받아들일 수 있다면 기존의 질서와 불필요한 씨름을 하지 않아도 된다. 그리고 환대의 영성이 밥상과 예전을 통해 드러난다면, 그 마무리는 주님이 베푸시는 거룩한 밥상, 성찬이어야 했다. 그리스도와의 합일 그리고 나아가 자신의 몸을 드리는 성례전적인 삶을 위해 매주 성찬을 행하는 것은 당연한 일이었다. 2015년 9월 6일 평범한 주일 오후, 우리는 공식적인 첫 주일예배를 드렸다.

함께심는교회를 개척하며 나는 아무것도 만들지 않기로 했다. 등록 시 정관은 '한국독립교회선교단체연합회'(KAICAM)의 표준정관을 살짝 고쳐 사용했지만, 사실 큰 의미는 없었다. 가족끼리 드리는 예배에 정관이 무슨 의미인가. 정관은 정착민을 위한 규칙 같은 것이다.

자신의 것과 다른 이의 것을 명확히 구분하기 위한 규칙이 아무것도 지니지 않은 나그네 모임에 왜 필요할까. 혹시라도 그것이 필요할 때가 되었을 때, 구성원들과 함께 만들어 가는 것이 옳은 것 아닌가. 사명 선언문이나 비전 선언문도 마찬가지였다. 나그네들을 위한 교회를 만들고자 했으니 딱히 등록도 필요 없었고, 관리할 만한 규모가 되지 않으니, 재정도 정리된 통장 하나로 족했다. 규모 있게 운영할 게 없으니, 운영위원회도 필요 없었다. 그래도 '창업' 비슷한 걸 했으니 지향하는 가치는 있어야겠다 싶어 모토(motto) 한 가지만 만들었다. 그렇게 만든 모토가 바로 "소박하고 진실되게, 더불어 살아내는 하나님 나라"였다. 선동적인 요란한 구호 대신, 복음서가 지향하는 그리스도인의 급진적인 삶을 한 줄의 모토 안에 담아보았다.

열린 밥상으로 시작되는 주일

함께심는교회의 일요일(나는 주일보다 일요일이라는 보편적인 표현을 선택했다) 공식적인 일과는 12시 30분의 '열린 밥상'으로부터 시작된다. 열린 밥상은 세리와 죄인들이 함께했던 예수님의 식탁공동체를 실제로 구현해 보고 싶다는 생각에서 시작되었다. 일상성을 강조하자는 의미로 예배 중 자연스럽게 먹고 마시는 것도 시도해 보았지만, 아무래도 작은 공간에서는 전체적으로 너무 산만해진다 싶어 그만두게 되었다. 남의 아이들이야 사랑스럽게만 보이겠지만, 우리 아이들의 모습은 아무래도 내 눈에 밟히기 마련이다.

열린 밥상을 꾸준히 알리며 마을의 이웃들을 하나둘 초청했다. 흔쾌히 초청에 응하는 이들이 때때로 교회를 방문했고, 정말 편안한 마

열린 밥상 모습

음으로 와서 밥상을 나누고 갔다. 그분들에게 나는 '우리 목사님'이었고, 우리 교회는 일요일 쉬는 시간, 시간을 내어 한 번쯤 방문할 가치가 있는 곳이었다. 두 시간 혹은 세 시간도 더 걸리는 제법 긴 예배이지만, 한 번 오고 또 오는 이웃들이 있다는 것만으로도 감사했다.

그러나 마을에서 사람들을 초청하는 일은 부담스러운 면이 있다. 길벗으로서 우정을 나누는 차원에서의 초청이지, 지속적인 종교 활동을 적극적으로 부탁할 수는 없는 일 아닌가. 열린 밥상을 널리 알리기 위해 그날의 메뉴를 입간판에 분필로 정성스럽게 그리면서 초청의 문구를 적어보기도 했지만, 그걸 보고 찾아온 사람은 단 한 사람도 없었다. 오히려 적극적으로 참여한 사람들은 매주 토요일, 페이스북 개인 계정에 올리는 웹자보를 보고 찾아온 페이스북 친구들이었다. 잘 차려진 음식 사진에 그럴싸한 단품 요리가 등장하고, 그게 매주 반복되는 걸 보면서 흥미를 갖게 되는 모양이다. 그러나 단지 흥미만은 아닐 터이다. 꾸준히 지켜본 사람들은 거기서 어떤 일정한 메시지를 발견한다. 상처 입은 사람들, 삶과 교회에 지친 이들에게 쉼을 제공한다는 걸 애써 드러내어 말하지 않아도, 밥상은 그 자체가 스스로 본질을 드러내는 것이다. 산 위의 마을이 숨겨지지 않는 것처럼 말이다. 그러니 처음 만나는 이들 앞에서 눈물도 쏟고 가슴도 열고 하는 것이리라.

열린 밥상으로 시작한 모임은 잠시 교제와 다과 시간을 가진 뒤 예배와 성찬으로 이어진다. 이 땅에서 먹고 마심을 누리는 것이 하나님 나라의 그것에 다름 아니라는 의미이다. 9-10페이지에 달하는 긴 예식서를 주보 대신 사용하지만, 찬양을 적절히 분배하고 회중이 적극적으로 참여하는 구조로 만들었기 때문에 지루함을 호소할 정도는 아니다. 성경을 읽기 전에는 각자 자신의 이름을 말하고 자기만의 이야기를 나누는 시간을 갖는다. 이 시간에 가볍게 한 주간의 삶을 나누기도 하지만, 처음 온 사람들은 이곳에 오게 된 이유를 말하기도 하고, 혹 첫 만남에도 쉽게 가슴 속 깊은 응어리를 불쑥 꺼내기도 한다. 이때 회중은 비판이나 질문은 할 수 없고, 언제나 박수를 통해 화자(話者)를 공감하고 격려하게 되는데, 이 방법은 집단상담에서 사용되는 방식으로 환대와 경청에 적합하다.

모두가 참여하는 교회

성경은 개역개정과 공동번역을 함께 사용하고 있고, 정해진 순서 없이 예배참여자 누구나 자유롭게 낭독할 수 있도록 한다. 설교는 현재 7-10분 정도를 준비하는데, 메시지 중간에도 질문을 던지는 시간이 많으며, 설교 중에도 또 마친 후에도 누구든 묻거나 이야기할 수 있다. 설교를 공동체의 고백으로 믿기 때문에 청자(聽者)로서가 아니라 화자(話者)로서 적극적으로 참여할 수 있도록 장치를 마련한 셈이다. 물론 늘 이야기가 깊이 오가는 것은 아니다. 그러나 내가 준비한 본문에 대한 성서학적 해석 뒤에 나오는 날카로운 질문들은 웬만한 주석서들이 던지는 질문과 크게 다르지 않다. 문해력이 높은 현대인들이 누군가의 메시지를 일방적으로 듣기만 하기보다 공동체적 해석에 적극적으로 참여하도록 하는 것이 낫지 않을까.

우리는 오래 함께한 나그네들 외에는 사소한 노동에도 가급적 참여하지 못하게 한다. 가능하면 우리 부부가 대부분의 노동을 담당한다. 한 주 간의 치열한 삶 뒤에 안식을 위해 모인 이들이 또다시 노동에 일률적으로 투입되어야만 할까. 적어도 이곳에서는 아니다. 꼭 필요한 상황이 아닌 다음에야 노동에 참여하지 않는 것이 좋다.

예배를 마친 뒤에도 특별한 행사는 없다. 커피를 마시며 자연스럽게 대화를 나누다 각자 집으로 돌아가는 게 일요일 교회의 모임 전부이다. 그 시간에 늦게까지 남아 고민을 나누는 분들도 있고, 또 함께

2019년 여름수련회

바람을 쐬거나 저녁을 먹기도 한다. 정해진 것도 없고 하지 못할 것도 없는 셈이다. 어떤 분들은 우리 부부에게 너무 과도하게 일이 몰리지 않느냐고 하지만, 목회자로서 오히려 우리 또한 주일이 큰 기쁨이요 안식이 된다. 어떤 관점에서는 한두 가지 일을 더 하는 셈이지만, 조직을 유지하기 위해 쏟아부어야 하는 열정과 과몰입에서 자유하다는 것만으로도 충분한 보상이 아닌가.

나그네를 환대하는 교회

이런 방식으로 지내오면서 우리에게는 교회의 모토 이외에도 교회의 정체성을 나타내는 말이 자연스럽게 하나 더 생겼다. '나그네를 기꺼이 환대하는 교회' 그리고 '당신의 이야기를 듣는 교회'. 사실 우리의 나그네 됨을 기억한다면 나그네를 환대하는 것은 마땅한 일이라는 게 성경의 가르침 아니던가. 물론 선교적 교회에 대한 연구가 큰 영향을 미쳤지만, 실은 색다르고 부끄러운 과거가 있다.

어느 날, 부슬거리며 비가 내리던 밤의 일이다. 아내와 함께 동네에서 길을 걷다가 발이 아프다며 데굴데굴 구르던 맨발의 취객을 만난 일이 있다. 그런 그를 보고 나는 잠시 망설였다. '신을 벗어주어야 하나?' 내가 신는 신발이 그렇듯, 그 신발 역시 만 원도 채 하지 않는 값싼 신발이었다. 나도 당시 신발이 두 켤레뿐이라 그 자리에서 선뜻 신을 내어주지 못하고 어디 슬리퍼라도 파는 곳이 있나 둘러보는 사이에 취객은 자취를 감추었다. 정신이 번쩍 들었다. '어이쿠, 내가 주님을 그냥 보내드렸구나!' 그때 이후로 나는 나그네를 환대하는 일에 망설임이 없다. 환대는 즉각적이어야 하고, 직접적이어야 한다.

'미션얼'(missional)* 리듬에 몸을 맡기고

세월호 참사 2주기를 맞이했을 때 한 해 전을 떠올려 보았다. 의미 있는 행동이었지만, 영향도 미미했고 무엇보다 외로웠다. 1년 사이 우리와 관계를 맺고 있던 활동가들도 제법 늘어났고 해서, 우리는 2주기 행사에 대한 연대를 한 분 한 분에게 제안하기 시작했다. 그 과정에서 뜻밖의 이야기를 듣게 되었는데 그것은 "목사님이 하자고 하시면 저희도…"라는 말이었다. 단체들의 성격과 구성원이 그렇게 다양했는데, 반응은 한결같았다. 목사라서가 아니다. 우리가 가치를 공유하고 있다는 사실을 서로 확인했기 때문에 나오는 말들이다. 알고 보니

매주 SNS에 올리는 웹자보

작년 참사 1주기에도 연대 시도가 없지 않았단다. 그러나 누군가 구심점이 되기 어려웠나 보다. 마을에는 목사가 필요하다. '나'라서가 아니라 가치와 역할에 있어 제3의 장소에 있는 이가 필요한 셈이다.

사실 마을을 목회한다, 마을을 돌본다는 건 한 가지를 전제로 한다. 그것은 '관리'할 성도가 적거나 '관리'하지 않는다는 것을 의미한다. 선배들은 그것을 수평적이고 민주적인 교회 운영을 통해 이루려 했지만, 우리는 서로의 정체성을 나그네에 둔 덕에 느슨한 공동체를 이룬다. 마을은 여전히 목사를 필요로 하고, 나는 '동네 흔한 목사'가 되어 이웃과 더불어 살아간다. 그렇게 살기 위해서는 '미션얼'*이라는 색다른 리듬에 몸을 맡기고 흥겹게 손과 발을 놀려야 한다. 매일 사람들을 축복하고 격려하는 일이 주요 일과가 되며 그들을 위해 기도해야 한다. 아픈 이들이 있으면 교인 심방 가듯 가서 그들을 위해 기도하고, 어려워 보이는 이웃이 있으면 관심을 갖고 찾아간다. 위로가 필요한 순간, 우리를 통해 그들은 하나님을 만난다.

어느 매장에 갈 때마다 항상 반갑게 인사하고 또 격려하곤 했더니 이런 이야기를 들은 적도 있다. "참 다르단 말이에요", "네?", "거기 생명나무 계신 거잖아요?", "네, 맞아요", "그래요, 다르단 말이에요. 맨날 그렇게 밝게 인사하고 늘 행복해 뵈니까 우리 점장님이 다 달라지잖아요. 확실히 달라요." 늘 무뚝뚝하고 웃음이 없던 점장님이 우리 부부를 볼 때마다 "아이고 두 분이 오시면 기분이 다 좋아져요" 하더니 어느새 성격까지 바뀌었단다. 슬픔을 기쁨의 춤으로 바꾸는 그분의

---

* 미션얼(missional)은 삶을 통해 그 가치를 드러내는 것. 의미 있는 삶의 목적을 찾고, 그것을 '함께 사는 삶'으로 표현할 때 쓰는 말이다(편집자 주).

일하심은 '미션얼'한 삶의 리듬을 통해 분주해지는 모양이다.

복음 전파는 더불어 사는 것을 통하여

함께심는교회가 가진 나그네끼리의 느슨한 연대로는 무엇을 '이루는' 일은 어려울 거라고 생각했다. 역동적인 '미션얼' 공동체를 세우고 선교적 교회 그 자체를 확장하며 그들에게 '미션얼'한 삶의 리듬을 하나하나 가르치는 일은 요원하다. 그러나 나는 나그네들을 환대하는 것으로 족하다고 믿는다. 믿지 않는 이웃과 하나님 나라의 가치를 나누고 공유하며 성경이 제시하는 급진적인 삶을 한 걸음이라도 더불어 살아내는 게 어쩌면 더 의미 있고 효과적인 복음 전파요 목회 아닐까? 그런 의미에서 '미션얼'한 개인의 삶은 제도 교회 안이 아니라 교회 밖으로 나왔을 때 더욱 생명력을 갖게 되는 것 아닐까 싶다. 이웃을 전도의 대상으로 대상화하는 방식에서 벗어나 진짜 더불어 살아가는 존재로서 인식하는 삶, 인간으로서 함께 절대자로부터 부여받은 사명(미션)을 협력하여 감당하는 삶을 가열하게 살아내야지. 그런 마음을 담아 좀 더 공적이고 공익적인 곳으로 성장하고자, 우리는 뜻있는 분들과 함께 행복누리 사회적 협동조합을 설립했다. 세상을 이롭게 하는 일이 우리 자신을 행복하게 하는 일이라고 믿는 분들이 아직 많이 계신 걸 보면 희망은 여전히 있다. 지금 당장 예수님을 믿지 않아도, 하나님께서 들려주시는 '미션얼' 리듬에 다 같이 춤을 추며 그분의 뒤를 따르는 이들이 더 많아지길 기대해 본다. '지금' 그리고 '여기'에서 말이다.

하나님 나라의 실험실, 새맘교회

이 수 연
(목사, 서울 새맘교회)

목회의 시작

새맘교회의 전임 목회자였던 박득훈 목사님이 은퇴하신 후, 교회는 두 번의 청빙 절차를 진행했지만, 교우들 간의 합의가 이루어지지 않았다. 결국 3차 청빙에서는 새맘교회의 교육전도사였던 내가 '비전임 설교자' 후보로 추천되어 청빙되었고, 2년 뒤 목사 안수를 받고 새맘교회의 전임 목사로 다시 청빙되었다. 내가 처음 청빙에 응한 지 어느덧 5년이 되어간다.

신학의 시작

신학을 시작하게 된 계기를 말할 때 일반적으로 '부르심'이라는 단어를 사용하지만, 무엇을 위한 '부르심'인지는 저마다 다르다. 누구는 선교를 위해, 누구는 예배 회복을 위해, 누구는 교회 개혁을 위해, 누구는 사회 개혁을 위해 부르심을 받았다고 말한다. 나의 경우는 목사 개혁을 위한 부르심이었다고 생각한다.

신학을 시작하기 전 출석하던 교회는 예장 통합 교단에 속한 500여 명 규모의 중형 교회였다. 초대 목사님이 몇 년간의 폐암 투병 후 돌아가시고, 2대 목사님이 청빙되어 왔는데, 목사 한 명이 바뀌니 교회 전체가 다 바뀌었다. 500여 명의 사람들은 마치 교회 부속품처럼 행동했고, 본래 가지고 있던 고유한 교회의 색은 순식간에 사라졌다. "목사의 말에 순종해야 한다"라는 불문율이 강하게 작동했다. 좋은 목사가 있는 교회는 목사의 말에 순종해야 한다는 말이 언급될 일이 거의 없겠지만, 내가 출석하던 교회는 2대 목사가 청빙되어 온 후, 특히 그가 위임받은 후, 목사의 말에 순종해야 한다는 말이 교인들 입에 자주 오르내렸다. 부교역자들은 목사의 문제를 알고 있었으나 교인들에게 말하지 않고, 조용하고도 빠르게 교회를 탈출했다. 부교역자들의 교체가 점점 잦아져 갔다.

500여 명이나 되는 사람들이 모여 있는 곳인데 목사 한 사람에 의해 모든 것이 바뀌는 것이 참 이상했다. 신학을 하는 사람들 눈에는 보이고, 신학을 하지 않는 사람들 눈에는 보이지 않는 그 문제가 궁금했다. 신학을 공부해서 그 문제가 무엇인지 파악하고 싶었고, 내 아이들은 문제를 볼 줄 아는 아이들로 키우고 싶었다. 그리고 목사 중심이 아닌, 교인들이 스스로 만들어 가는 교회를 꿈꾸게 되었다.

그런 이유로 늦은 나이에 시작한 공부는 이제 10년이 되었다. 10년의 배움의 과정 동안 점점 뚜렷해지는 생각이 있다. '교회는 작아야 한다. 그리고 교회 안에서 목사의 역할은 작아야 한다.'

작은 교회

가뜩이나 작은 교회가 코로나를 겪으며 더 작아져서 지금보다 더 작아지면 어쩌나 걱정도 되지만, 아무리 생각해도 교회는 크지 않아야 한다. 아니 작아야 한다. 서로 말 한 번 건네 보지 못하고 여러 주일을 지나는 교인들이 많다면 그 교회는 큰 교회다.

새맘교회는 화곡동의 한 학교 강당을 주일마다 빌려 예배드렸었는데 코로나 기간에 예배 장소를 잃었다. 코로나19 발생 이후 더 이상 학교 강당에서 예배드릴 수 없게 되었고, 3년 가까이 줌(zoom)으로 모여 예배드리며 버텼다. 올해 초부터 종로 낙원상가의 강당(엔피오피아홀)을 새로운 예배 장소로 정하고 본격적으로 대면 예배를 시작하고 있다. 이제 한 사람 한 사람 얼굴이 또렷이 보인다. 눈빛과 표정으로 말하는 언어가 읽힌다.

주일 아침이면 양평에서, 의정부에서, 파주에서, 부천에서, 서울과 경기 각 지역에 흩어져 살고 있는 교우들이 함께 예배드리기 위해 종로 낙원상가로 모인다. 예배 후 함께 애찬을 나누기 위해 각자 음식

새맘 예배

까지 준비해서 먼 길을 기쁘게 오는 교우들의 얼굴을 보고 있으면 절로 존경의 마음이 든다.

함께 나누는 재정

교회 건물을 마련하느라 부동산에 교인들의 헌금을 대부분 쏟아 넣는 교회들에 저항하기 위해 새맘교회는 교회 건물을 갖지 않기로 정관에 정해 놓았다. 주일에만 공간을 빌려 임대하면, 교회 유지비용에 사용될 헌금을 사회로 돌려보낼 수 있다. 새맘교회는 헌금의 30%는 사회 선교를 위해 사용하기로 정해 놓았다. 연말이 되면 사회 선교 대상지를 선정하고 매월 일정 금액을 송금한다. 또한 새맘교회는 교우들을 위한 기금도 마련해 두었다. 경제적 곤경에 처한 교우들이 필요할 때 언제라도 새맘 기금을 사용할 수 있도록 하고, 월 50만 원씩 4회까지 지원한다. 누구든 새맘 기금을 신청할 수 있고, 누가 신청했는지는 철저하게 비공개로 남겨둔다. 새맘교회는 교우들과 그리고 사회와 재정을 함께 나눈다.

함께 나누는 애찬

작은 교회이기에 얻을 수 있는 가장 큰 유익은 함께 나누는 애찬에 있다. 예배를 마치면 각자 집에서 한 가지씩 준비해 온 음식을 하나의 테이블에 주욱 풀어놓고 함께 나누어 먹는다. 새맘의 애찬은 원래 밥과 반찬을 나누는 것이었는데, 바뀐 예배 장소에서는 음식의 제한이 생겨서 냄새가 나지 않는 음식 위주로 준비해야 한다. 누구는 김밥을 싸 오고, 누구는 샌드위치를 만들어 오고, 누구는 유부초밥을 만들어 오고, 누구는 떡이나 과일 같은 후식류를 준비해 온다. 이것만으로도 충분히 훌륭한 애찬이 되지만, 교우들의 마음속에는 밥과 반찬을 싸 오던 시절이 그리운 것 같다. 수련회나 야외에서 예배드리는 때가 되면 밥과 반찬으로 애찬이 바뀌는데 그런 날은 교우들이 한풀이를 하신다. "집사님, 오늘 아주 작정을 하셨군요~" 하면서 서로 정성껏 준비해 온 음식에 찬사를 보내며 최고의 특식들을 함께 나눈다. 매주 풍성한 하나님 나라의 잔칫상이 눈앞에 펼쳐진다.

함께 나누는 설교 밥상

새맘교회는 애찬 뿐 아니라 설교 밥상도 함께 나눈다. 새맘교회는 교우들이 설교를 듣는 자리에만 머무르지 않고 직접 설교를 전하는 주체로 선다. 한 달에 한 주는 평신도가 설교하는 주일이다. 작년까지 평신도가 설교하는 횟수는 1년에 3~4회 정도였는데, 올해부터 12회

평신도 설교

로 정하고 매월 평신도 설교를 진행하고 있다. 처음에는 제대로 실행되지 못할 거라는 교우들의 우려가 있었지만, 설교자 섭외가 안 되는 주는 목사가 설교하기로 하고 일단 진행했다. 12명의 평신도 설교자가 어렵지 않게 섭외되었고, 처음 예상했던 것보다 평신도 설교에 대한 반응이 뜨겁다. 평신도 설교 횟수가 적을 때는 주로 사회에서 강의하는 직업을 갖는 교우들이 평신도 설교를 맡았는데, 횟수를 늘리니 다양한 교우들이 설교를 할 수 있게 되었다.

새맘 애찬

함께 밥을 먹으면서도 서로에 대해 잘 알게 되지만 설교를 나누는 시간에도 교제가 일어난다. 성경이라는 재료로 모든 교우가 다 함께 먹을 만찬을 준비하는 것이 설교이다. 그 설교 밥을 나누어 먹으면서 교우들이 서로를 더욱 잘 이해하게 되고 참된 교제가 일어난다. 교우들이 스스로 교회를 만들어 가기 위해서는 설교를 목사의 전유물로 여기지 않고, 평신도들이 직접 설교에 참여해서 다양한 생각들을 말할 수 있어야 한다. 설교단에서 선포되는 말씀은 공동체 모두의 목소리가 포함되어야 한다.

함께 나누는 묵상

참된 신앙 공동체가 되기 위해서 일주일에 한 번 함께 드리는 예배만으로는 부족하다. 새맘교회는 매일 성경 한 장씩을 읽고 함께 묵상을 나눈다. '새맘 영성의 숲'이라는 모임에서 시작된 매일 묵상은 이제 각 구역방에서도 정착되었다. '새맘 영성의 숲' 모임에서는 매일 각자 묵상을 올리고 일주일에 한 번 월요일 저녁이면 줌으로 함께 모여 서로의 일상과 기도 제목을 나눈다. 코로나 시기를 지나면서 줌으로 기도 모임을 진행하는 것이 가능할까 하고 시도해 본 모임인데, 이제는 줌으로 일상을 나누고 기도해 주는 이 모임이 큰 위로의 시간이 되고 있다. 친밀하고 안전한 공간이 만들어졌다.

함께 읽는 독서

매주 수요일에는 함께 책을 읽는 모임이 줌으로 진행된다. 코로나 이전에는 대면으로 만났지만 코로나 시기를 지나면서 줌 모임으로 전환되었다. 기독교 서적을 주로 읽지만 그렇지 않을 때도 있다. 최근에는 마이클 샌델(Michael J. Sandel)의 『당신이 모르는 민주주의』를 읽었고, 지금은 월터 윙크(Walter Wink)의 『사탄의 체제와 예수의 비폭력』을 함께 읽고 있다. 서로의 생각에서 내가 미처 알지 못했던 것을 배우게 될 때도 있어서, 책도 읽고 사람도 읽는 시간이라 할 수 있겠다. 혼자 읽는 것보다 함께 대화하며 읽는 책은 더 깊이 마음에 남는다.

새맘 구역 모임

함께하는 투쟁

새맘교회는 꽤 의리 있는 편이다. 2014년에 시작된 세월호 유가족과 함께하는 투쟁이 이제 10년이 되었다. 매월 첫 주일에는 예배를 마치면 안산 '생명안전공원' 부지에서 세월호 유가족들과 함께 예배를 드린다. 상황이 되는 교우들이 자유롭게 참석하는데 보통 5-10명의 새맘 교우들이 꾸준히 참석한다. 우리 중 누구 한 명도 참석하지 않는 주일은 거의 없다. 누구라도 겪을 수 있는 사회적 참사에서 살아남은 이의 책임감으로 유가족들의 긴 싸움에 함께 연대하고 있다. 또 매주 화요일 저녁이면 세종호텔 해고노동자들과 함께 투쟁을 이어간다. 노동의 현장에서 노동자들을 위협하는 고용주의 모든 치졸한 수법이 총망라되어 있는 세종호텔 부당해고는 우리 모두가 주목해야 할 현장이기에 함께하고 있다. 현장 예배 후, 갖는 뒤풀이는 우리의 투쟁을 지치지 않게 한다.

매월 세월호 유족들과 함께 드리는 예배

건강한 작은 교회

새맘교회는 작은 교회지만, 그냥 작은 교회가 아니라 '건강한' 작은 교회가 되려고 한다. 그래서 '건강한 작은 교회 연합'(건작연)에 소속되어 회원 교회들과 서로 영향을 주고받는다. 건작연은 크게 세 가지 교회 운영 방향, 즉 '민주적 교회 운영', '투명한 재정 운영', '평신도 중심 운영'을 위해 모인 교회 간 연합기구로, 여섯 가지의 핵심 가치, 즉 '작음, 나눔, 비움의 성경적 가치', '신앙과 삶의 진실한 공동체', '가치 중심의 연합', '신자와 교회의 사회적 책임', '민주적 운영과 재정 투명성', '목회자와 일반성도의 동역'을 추구한다. 1년에 한두 번 회원 교회들이 함께 연합예배를 드리며, 우리의 정체성과 가치를 확인하고, 사회적 이슈가 되는 사안에 대하여 함께 포럼을 진행한다. 올해는 각 회원 교회에서 두 강의씩 맡아 '건작연 아카데미'를 진행하기도 하였다. 건강함을 추구하는 작은 교회들의 연대는 우리와 같은 생각을 가지고 있는 동지들을 발견하게 해 주고, 우리가 가는 길이 틀리지 않음을 확인시켜 준다.

작은 목사

작은 교회에서 목사는 어떤 역할을 해야 할까? 목사 안수를 받은 후, 교우들 앞에서 목회 방향을 설명하는 시간이 있었다. 나는 목사의 역할을 '배경색', '무게 추', '러닝메이트'로 설명했었다.

배경색

내가 꿈꾸는 평등하고 자유로운 신앙 공동체, 평신도가 주인이 되는 공동체에서 목사의 역할은 올바른 신학을 계속 공부하고 고민하면서 공동체의 신학적 배경색을 내는 이로 존재한다. 빨간색이나 까만색으로 도화지 위를 덧칠하는 것이 아니라 도화지의 그림들이 잘 돋보이도록 은은하고 연한 색으로 밑바탕에서 은근히 배어 나오는 배경색이다. 나는 내가 가진 배경색을 정의, 평화, 생명이라 말했다.

무게 추

목사는 무게 추가 되어야 한다. 공동체에서 약한 지체가 발견되었을 때, 신속하게 그 지체에게로 이동해서 공동체의 무게 중심을 약한 지체에게로 옮겨야 한다. 교회는 힘 있고 큰 소리를 내는 사람을 중심으로 모이는 공동체가 아니라 약한 지체를 중심에 두고 모이는 공동

새맘 청년들

체여야 한다. 공동체의 약한 지체를 다 함께 보살피고 회복하면서 교회 공동체도 회복된다. 목사는 공동체가 관심을 갖고 보살펴야 할 사람들에게 먼저 가서 껴안는 사람이다.

러닝메이트

교우들이 스스로 교회를 만들어 가는 선수들이고, 목사는 선수들 곁에서 함께 달리는 사람이다. 운영위원 곁에서, 구역장 곁에서, 새맘의 모든 모임 곁에서 함께 뛰는 사람이 목사이다. 누군가 교회를 위해서 혼자 뛰다가 지치지 않도록, 목사는 그 곁에서 함께 뛰어 주어야 한다. 작은 교회일수록 목사 혼자 뛰면서 교우들을 러닝메이트로 끌어들이는 경우가 많은데, 그런 방법은 별로 좋지 않다. 그렇게 되면 목사가 자꾸 교우들을 도구로 이용하게 된다. 선수는 교우들이다. 교우들이 스스로 교회를 위해 하고 싶은 것을 찾도록 하고, 목사는 그 곁에서 그가 혼자 상처받고 지치지 않도록 함께 뛸 뿐이다. 목사는 교우를 위해 존재한다.

하나님 나라의 실험실

크고 아름다운 교회 건물 안에서 그 분위기에서 뿜어 나오는 웅장함에 압도되어 예배드리는 모습이 우리들의 머릿속에 있는 예배의 모습이다. 그 고정관념을 깨고 교회 건물이 아닌 강당을 일주일에 한 번 빌려 예배드리고, 거리에서 약자들과 함께 예배드리고, 줌이라는 가상공간에 모여 함께 책을 읽고 기도 모임을 갖는 우리는 분명, 실험을 하는 중이다. 교인들의 헌금이 교회 건물이라는 부동산에 묻히지 않도록 교회가 부동산을 갖지 못하게 정관에 정해두고, 진정한 예배가 무엇인지 고민하는 우리는 분명, 실험을 하는 중이다.

굵고 낮은 목소리를 가진 중년 남성의 권위 있는 태도를 목사의 모습이라고 여기는 그 고정관념을 깨고, 그 태도와 권위를 거부하는 여자 목사인 나는 분명, 실험을 하는 중이다. 목사가 독점하고 있던 교회 안의 권위를 스스로 내려놓고 교우들에게 그 자리와 목소리를 함께 나누자고 하는 나는 분명, 실험을 하는 중이다.

나는 교회가 하나님 나라의 실험실이어야 한다고 생각한다. 교회는 끊임없이 실험을 해나가야 한다. 우리가 정답이라고 전해 받은 것은 사실 당시 사회 속의 사람들이 만들어 낸 답일 뿐이지 하나님께서 원하시는 답이 아닐 가능성이 매우 크므로, 하나님께서 원하시는 하나님 나라의 삶이 무엇인지, 그 답을 구하기 위해 실험을 멈추지 말아야 한다. 교회는 하나님 나라를 꿈꾸는 사람들이 모여서 하나님 나라가 이 땅에 실현되는 방식을 끊임없이 고민하며 실험하는 곳이다.

야외 예배

새맘에는 즐거운 실험이 진행 중이다. 크고 거대한 하나님 나라를 바라는 사람들 사이에서 작고 연약한 하나님 나라를 실험하고 있다. 이것이 새맘교회의 존재 이유이다.

언덕교회

박 창 훈

(목사, 서울 언덕교회 공동목회자)

작은교회운동에 참여하게 된 동기

언덕교회가 창립되고 작은교회운동에 참여했다기보다는 언덕교회는 작은교회운동에 참여하면서 시작되었다고 말해야 할 것이다. 누구나 바라보고 기댈 수 있는 언덕과 같은 교회가 되기를 바라며, 언덕은 골고다처럼 예수님의 고난에 현장이기도 하지만, 현실의 슬픔과 걱정이 부활의 약속과 소망으로 바뀌는 기적의 현장이 되어 언덕을 바라보고 위로를 받으며 새 희망을 품도록 의도한 것이다. 그런 의미에서 지친 삶에서 안식이 필요할 때 떠올리고, 언제라도 돌아갈 때 항상 그 자리에 있어 반갑게 맞아주는 고향의 언덕이 되기를 바란 것이다.

언덕이 지향하는 교회의 모습은 바라만 봐도 편안하고, 그래서 보고 싶고 기대고 싶은 따뜻한 교회이다. 항상 예수 그리스도를 사랑하고 이웃을 돌보기 위한 수고를 감내하려고 한다. 주님께서 주시는 능력으로 주님께서 하신 일들을 계속하려고 말이다. 그래서 우리만을 위한 교회 생활이 아니라 주위에 좋은 영향을 미칠 수 있기를 바라는 것이다.

언덕교회가 20주년이나 되었으나, 주위에 그리 잘 알려지지 않은 이유 가운데 하나는 인위적으로 드러내기보다는 교회의 본질을 충실히 지키려는 신앙을 추구하는 교인들의 모습에 있었다. 그러나 사실 창립 초기에는 여러 매체의 주목을 받았다. "삶이 힘들고 고달프신 분, 언덕으로 오세요: 언덕교회, 민주-개혁-개방적 교회 지향"(「뉴스앤조이」, 2003년 4월 28일), "언덕교회 설립 3개월부터 외부 지원: 선교-사회복지-기독 시민운동 등 외부 지원 확대 계획"(「뉴스앤조이」, 2003년 7월 2일), "평신도 개혁모임 출범"(「중앙일보」, 2003년 10월 24일), "평신도 중심의 교회 '무소유 신앙' 실천"(「중앙일보」, 2004년 1월 3일), "평신도 설교로 더 풍성하게 나누는 교회들: 언덕, 새길, 강동, 향린교회… 철저한 준비-성숙한 의식이 기초"(「뉴스앤조이」, 2004년 6월 10일) 등 교회 개혁 운동에 대한 관심에서 언덕교회는 늘 언급되었다. 그리고 가장 크게 주목을 받은 것은 "MBC 100분토론: 종교인 소득세"(2008년 1월 31일)를 통한 것이었다. 많은 사람이 언덕교회가 강조한 종교인 소득세는 당연한 것이며, 이를 위해 교회는 법인화할 필요가 있다는 사실에 공감했고, 이 일은 실제로 종교인 소득세를 관철하는 계기가 되었다.

그 이후 언덕교회는 성장통을 겪으면서, 오늘까지 지속되고 여러 방면에서 성장했다. 그 사이 평신도와 목회자의 협력, 정치적인 견해의 표출, 복음주의 신학의 내용과 실천 등에서 여전히 공부하며 보다 성숙한 교회가 되기 위해 노력하고 있다.

언덕교회가 창립된 배경에는 이상과 같이 교회에 대한 깊은 애정과 고민이 함께 있었다. 1980년대 말 한국교회가 성장을 멈추면서 교회 안의 비성경적인 모습을 발견한 복음주의의 학생들은 2000년대에 들어서면서 구체적으로 교회 안의 제도 개혁 운동을 시작했다. 이 운동의 한 줄기가 바로 언덕교회의 창립으로 이어진 것이다. 그래서 교회의 건강성 회복, 대형 교회 지양, 예배 전용 건물 거부, 목회자 세습 반대, 민주적인 교회 운영의 모색, 재정의 투명한 사용, 목회자 세금 납부, 교회의 법인화 등의 목표를 향해 언덕교회가 창립되었고, 이를 위해 작은교회운동에 참여하게 된 것이다.

예수 그리스도를 통해서 시작된 신앙 공동체가 이 땅에서 하나님 나라가 실현될 수 있도록 교회의 본질을 고수하고 회복하려는 종교개혁운동의 일환으로 20여 년 전 언덕교회가 작은 발걸음을 용기 있게 내디딘 것이다. 제자도, 평화운동, 나눔 공동체를 모색하는 평신도 중심의 교회가 한국 사회에서 지속 가능하다면, 언덕교회의 존재 자체가 경쟁과 좌절과 절망으로 찌든 한국 사회에 대한 대안 공동체가 될 수도 있을 것이라는 절박한 소망을 함께 가지고 시작하였다.

언덕교회는 처음부터 복음주의 교회로서, 교회가 사회와 세상에 대한 책임 의식을 지니고 살아야 한다고 고민하며 행동을 모색하던 이들과 함께 시작되었다. 그래서 창립 처음부터 「뉴스앤조이」, 교회개혁실천연대, 건강한작은교회연합, 성서한국의 활동에 늘 함께했고, 현재는 느헤미야 교회협의회와 함께 교회 개혁 운동을 지속하고 있다.

언덕교회가 주목하는 교회의 나아갈 방향은 교회 민주화의 모범이다. 한국교회의 병든 모습은 목회자의 사제적 권위주의와 평신도의 우민성으로 인한 것이나. 이로 인해 비민주적인 교회와 권위주의적 교회가 되었으니 이를 치유하려면 목회자의 권위주의가 멈추고, 평신도가 각성한 기독 시민이 되어 교회에서 민주화를 이루어야 할 것이다. 이를 위한 구체적인 방안은 바로 민주적인 제도를 만들어 운영하는 것이다. 그래서 언덕교회는 창립과 함께 규약을 제정하였고, 이 규약을 통해 교회가 운영되도록 하였다. 규약과 함께 시작된 교회는 한국에서 언덕교회가 처음이었다.

평신도의 주체적인 역할이 목회자의 전횡과 사제적인 권위주의를 방지할 수 있으리라는 희망으로 언덕교회는 목회자가 주도하지 않고, 뜻있는 평신도들이 합력하여 교회를 시작한 것이다. 이후로 언덕교회는 목회자와 평신도의 협력적 섬김의 관계를 만들어 가려고 하였다. 그래서 언덕교회의 평신도들은 이제까지 목회자들의 전유물이었던 신학 공부를 할 기회를 제공받고 있다. 그리고 이를 평신도 설교를 통해서 구체적으로 실천하고 있다. 다시 말해 설교 강단은 목회자들만의 전유물이 아니라 '평신도들도 설교를 하는 교회'이다. 성령께서는 목회자만이 아니라 모든 사람에게 역사하신다는 소중한 믿음으로 가능한 제도이다. 평신도들은 자신의 삶의 자리에서 체험하고 묵상한 말씀을 소박하지만 진지하게 나누고 있으며, 이를 통해 보다 친숙하고 새로운 은혜를 전하고 있다. 또한 매 설교 후에는 '설교에 대한 질문 시간'을 통해서 설교 내용에서 다소 부족하게 설명된 부분이나 이해되지 않았던 것에 대해 묻고 대답을 듣는 시간이 있다. 이러한 설교를 통해서 설교가 일방적이지 않도록 함께 소통하고 공감을 얻을 수 있도록 하고 있다.

재정의 투명성은 또 하나의 교회 개혁 운동의 일환으로 언덕교회가 지향하고 있는 것이다. 작은 교회이기에 큰 재정이 있는 것은 아니지만, 매월 재정을 보고하고 교회 웹사이트를 통해서도 공개되고 있다. 그래서 어느 한 사람의 독자적인 결정으로 지출이 되는 것을 방지하고 있으며, 정당한 의사결정을 통해서 재정이 운영되도록 하고 있다. 그리고 재정의 30% 이상을 외부로 나누려는 노력을 창립부터 지금까지 해 오고 있다.

한국교회의 건강성 회복을 위해서 민주화의 모범과 재정의 투명한 운영을 지속하는 언덕교회는 이를 위해서 교회는 건강한 작은 교회여야 함을, 경험을 통해서 깨달았다. 교회의 지속 가능을 위해서 어느 정도의 규모가 있어야 하는 것을 부정할 수는 없으나 대형 교회를 이상으로 하거나, 크지 못해서 안달하는 교회가 아니다. 그래서 언덕교회는 작은 교회가 아름다운 교회, 성숙한 교회, 건강한 교회가 될 수 있다는 이상을 지키고 있다.

언덕교회는 어떤 교회인가?

언덕교회가 다른 교회와 다른 특징이 있다면, 그것은 바로 창립 때부터 평신도가 중심이 되는 교회를 추구하고 있다는 점을 들 수 있다. 이 과정에서 목회자는 평신도와 상호 협력하는 관계를 만들기 위해 노력하고 있다.

평신도가 세운 교회는 구체적으로 규약을 통해 드러난다. 규약에는 언덕교회가 하나님을 사랑하고 이웃을 돌보는 교회가 되고자 함을 밝히고 있다. 구체적으로 "건강한 교회, 일하는 교회"라는 목표를 가지고, 4대 비전과 10대 실천 지침을 마련하였다. 4대 비전이 언덕교회가 하려고 하는 것을 표현한다.

① 모든 삶의 영역에서 드리는 참 예배를 실천하는 교회
② 성경에 기초하여 민주적으로 운영하는 교회
③ 소외된 이웃과 지역사회를 돌아보는 교회
④ 한국교회의 건강 회복을 위하여 일하는 교회 등이다.

그리고 보다 구체적인 실천 지침 10가지는 가족예배의 시행, 정기적인 사회봉사, 정기적인 흩어지는 예배, 직분 임기제, 민주적인 의사결정, 관리지출의 최소화로 이웃사랑 실천, 예배당 전용의 재산 소유 지양, 말씀 사역에 전념하는 교역자와 운영에 주축인 평신도, 교회 개혁 운동 참여, 민주적인 교회 규약 보전과 실천 등이다.

평신도가 중심이 되는 교회의 모습은 당회가 존재하지 않으면서 운영위원회가 교회를 운영하고 있다는 사실에서 나타난다. 민주적인 의사결정을 통해 교회가 담당해야 할 예배, 교육, 봉사, 전도와 선교 등을 진행한다는 점에 있다. 운영위원회는 매해 연말의 인사 총회에서 다수결로 선출된 운영위원들로 구성한다. 운영위원장은 평신도가 맡으며, 목회자는 운영위원 가운데 한 사람이다. 운영위원회는 매달 첫 주에 모여서 교회가 해야 할 일들을 점검하고 결정한다.

이 과정에서 평신도 지도자들의 자발적인 헌신과 협력이 드러난다. 때로는 서로 다른 의견으로 인해 토론이 필요하기도 하지만, 이때가 모든 의견과 상황을 서로가 이해하려는 민주적인 노력이 꽃을 피울 때이다. 어느 누구의 의견도 일방적으로 관철시키려고 하지 않고, 모두가 합의할 수 있도록 하는 것이다. 20년 동안의 경험은 바로 이

서약하는 새로운 직분자들

민주적인 의사결정 가운데 하나님께서 함께하신다는 사실을 모두가 발견한다는 것이다. 민주적으로 결정된 의견과 계획은 그래서 모두가 함께 실천하려는 의지로 강하게 나타난다.

바로 이 과정에서 평신도와 목회자가 협력하는 교회의 모습이 필요하다. 목회자는 교회 운영 자체보다는 전문적인 설교와 신앙 및 신학 교육 그리고 심방 등을 통해서 교인의 영적인 성숙과 조화를 이루는 데 중점을 두고 있다. 목회자가 일방적으로 모든 것을 결정하고 추진하는 대개의 교회에서 볼 수 없는 모습이지만, 이것이 바로 지금 한국교회 여러 곳에서 요구되고 있는 것이라는 점에서 언덕교회의 모습은 사실 한국의 미래 교회의 모습에 대한 과감한 실천이라고 할 수 있다. 목회자들은 평신도 설교, 공동 축도, 공동 성찬 등으로 전통적으로 목회자가 담당하던 부분에 목회자와 평신도가 함께 참여할 수 있도록 교육과 훈련을 하고 있다. 그런 의미에서 모두가 평신도이며 동시에 모두가 목회자라는 종교개혁의 이상을 실천하려고 한다.

언덕교회는 창립부터 평신도들이 중심이 되는 교회라는 사실로 주목을 받았다. 그래서 주위로부터 목회자가 주도하지 않으면서 '그 교회가 얼마나 오래 지속될 수 있을까?'로 염려 어린 시선을 받아 왔다. 그런 이유로 언덕교회 교인들은 거룩한 부담감을 느끼면서 신앙생활을 하고 있다. 언덕교회가 잘되어야 평신도 중심의 교회에 대한 이상을 지니고 있는 이들에게 희망의 불씨가 된다는 점을 잘 알고 있다. 그렇다고 평신도들이 전업으로 목회를 할 수 없으니, 서로의 관심과 소질에 맞는 사역을 찾아 서로 격려하며 지도력을 발휘하는 것이 무엇보다도 중요하다. 교회가 기본적으로 해야 할 과업이라 할 예배, 교육, 봉사, 전도와 선교가 평신도를 중심으로 진행된다.

예배는 매주 1부와 2부로 구성된다. 1부 예배는 대략 40분 정도로 진행하며, 기독교 고전 읽기(1주), 찬양과 기도(2주), 공동체 성경 읽기(3주), 다 함께 드리는 예배(4주)로 구성되며, 5주가 있는 달에는 평신도 설교나 흩어지는 예배를 시행한다. 5주 차에 흩어지는 예배(1년에 2회)가 계획되면, 구역별로 평소 가고 싶었던 교회나 추천받은 교회를 방문한다. 구역별로 방문한 후에는 그 교회로부터 받은 인상과 배울 점 등을 구역별로 정리하여 언덕교회에 적용할 수 있는 부분들도 점검한다. 2부 예배는 특별히 2주 차에 초청 설교나 평신도 설교가 진행

성탄 예배 후

된다.

평신도 설교는 매해 8회 이상 진행하는데, 이 부분이 언덕교회를 특징짓는 부분이다. 평신도들이 설교하는 것은 본인들에게 커다란 도전이 된다. 운영위원회에서 추천받은 교인들 가운데 평신도 설교에 자발적으로 참여하도록 한다. 교인들은 설교를 준비하면서 자신이 본문으로 택한 성경 말씀을 더욱 진지하게 읽게 되고, 그 말씀에 비추어 자신의 삶을 돌아보는 성찰의 시간을 갖는다. 교인들이 자신의 삶에서 얻은 신앙의 지혜를 나눌 때 목회자들이 전할 수 없는 특별한 은혜가 임하는 것을 알 수 있다. 개신교 전통 가운데 퀘이커를 통해 소중하게 지켜졌으며, 영국과 미국의 부흥 운동의 주요 요소인 이 평신도 설교는 그런 의미에서 성령에 의지하며, 성령께 주도권을 맡기는 법을 배우는 시간이다. 교리적이거나 신학적인 부분을 강조하기 쉬운 목회자의 설교와는 달리, 평신도 설교는 교인 각자의 개성이 드러나며, 각자의 삶의 영역이 구체적으로 소개되고, 소박하게 전달되기에 많은 성도가 새로운 은혜를 받는 시간이다. 가정, 직업, 독서, 생각, 관심, 여가 활동 등 목회자가 생각할 수도 없고, 경험하지도 못했으며, 전할 수도 없는 이야기들이 이 설교 시간에 역동적으로 전개된다.

최근에는 기도와 찬양을 통해 하나님께서 우리 가운데 역사하시는 감동을 체험하길 원하는 움직임이 활발하게 일어나고 있다. 찬양단은 매주 1부 예배를 위한 찬양을 통해 교인들이 마음 문을 열고 예배에 참석할 수 있도록 최선을 다하고 있다. 2주 차 찬양과 기도의 시간에는 온전히 찬양에 집중하며 기도할 수 있는 시간을 제공하며, 4주 차 다 함께 드리는 예배에는 어린이 찬양단과 함께 온 가족예배를 진행하면서, 예배를 통해 깊은 하나님의 은혜를 체험할 수 있도록 노력

여름수련회 모습

하고 있다.

3주 차의 공동체 성경 읽기는 평신도들이 남자반과 여자반으로 나뉘어 함께 정해진 성경을 한 장 읽고 그 말씀에서 받은 각자의 은혜를 나눌 수 있도록 한다. 그런 점에서 공동체 성경 읽기는 평신도들의 자발적인 성경에 대한 생각을 표현하는 시간이다. 이 과정에서 성경에 대한 신학적인 지식과 전 이해의 필요성이 제기되어서, 3주 차 오후 시간에는 독서 토론을 통해 신학적 주제나 견해를 공부하는 시간을 갖는다. 전문적이어서 평소에 접하지 못하는 신학 전문 도서나 최근의 이슈가 되고 있는 도서를 읽는 북클럽은 그 오랜 역사만큼 진지한 고민과 대화가 진행되는 시간이다. 목회자는 전문적인 정보나 배경 등을 설명하는 것에서 멈추고, 그 외의 사회와 발제와 토론은 평신도들이 진행한다.

교육은 특별히 평신도들의 관심과 능력이 창조적으로 나타나는 부분이다. 교회학교를 맡고 있는 평신도 지도자는 "요람에서 천국까지"라는 슬로건을 토대로 영아부터 유아, 유년, 초등, 중고등, 청년, 장년에 이르기까지 단계적인 신앙교육을 시도하고자 한다. 우리 교인이 많은 것은 아니지만, 각 연령대에 처한 다양한 계층이 있기에 때로는 통합교육으로, 때로는 맞춤교육으로 신앙이 다음 세대에도 계속될 수 있도록 최대한 노력하고 있다. 구체적인 신앙교육을 위해서는 목회자의 도움을 받고 있으나, 직접적인 교육은 교인들을 통해서 이루어진다. 이 교육 부분에 많은 교인이 교사로 참여하고 있으며, 교사들은 관심과 시간뿐만 아니라 때로는 청년들과의 더 깊은 교제를 위하여 식사 그리고 수련회(MT) 등을 통해 아낌없이 나누는 모습을 보여주고 있다. 특히 장년부의 교육은 내부·외부 특강을 통해서 계속되며, 위에서 언급한 순서들을 통해서 성경과 기독교 세계관 등에 대한 폭넓은 기회를 제공하려고 한다.

봉사는 언덕교회가 창립 초기부터 전 교인이 꾸준히 실천해 온 사항이다. 독산동 섭리의 집, 서울역 나사로의 집, 용산 쪽방촌 도배와 노숙자 생일 파티, 교남 소망의 집 봉사활동 등을 하였고, 현재는 서울역 드림시티에서 홈리스 생일 파티와 마포재가노인복지센터 지원을 계속해 오고 있습니다. 국제적인 재난과 전쟁 피해자들에 대한 지원도 계속하였는데, 이라크 평화 지원(2004년), 동남아시아 지진해일 피해 모금(2004년), 우크라이나 피난민 지원(2022년), 미얀마 민주주의 운동 지원(2022년) 등을 하였으며, 현재도 난민 두 가정을 돕고 있다. 또한 꾸준히 미자립교회 한 곳(코로나 팬데믹 때에는 두 곳)을 지원하고 있으며, 최근 팬데믹 이후 교인들을 위한 긴급구제를 위해 공동체 나눔 기금과 청년 기금을 운영하고 있다. 이외에도 교회 개혁 운동을 하는 단체와 문화 운동과 신학 운동을 하는 곳에 후원을 멈추지 않고 있다. 이를 통해 교회 재정의 30%를 외부와 나누기 위한 노력을 계속하고 있다. 감사하게도 팬데믹 상황에서도 재정적인 어려움이 닥치지

서울역 홈리스 생일 축하 모습

않을 정도로 교인들의 헌신은 더욱 빛이 났으며, 사회적 약자들과 함께하려는 노력들은 무엇보다도 우선순위에서 실천하고 있다.

전도의 부분은 사실 언덕교회가 드러내어 강조하고 있지 않지만, 생활에서 교인 각자가 믿음과 실천, 고백과 삶의 조화를 이루면서 교회의 본질을 지켜나가려고 하면 자연스러운 성장이 있을 것을 기대하고 있다. 해외 선교와 국내 선교는 꾸준히 지원하고 있는 곳이 있으나 구체적으로 선교 활동에 참여하고자 하는 열정이 최근 점점 커지고 있다.

언덕교회 부임과 그동안의 목회 및 사역에 대하여

언덕교회에는 이제까지 여러 목회자가 함께하였다. 그 가운데는 유명하게 알려지신 분도 있고 조용하게 자신에게 맡겨진 일을 하신 분들도 있었다. 현재 언덕교회에는 전임사역자는 없다. 두 목회자는

건강한작은교회 연합 예배

공동목회자로서, 파트 타임으로 사역을 하고 있다. 그런 의미에서 언덕교회에서 사역한 목회자 모두가 동일한 원리에서 출발했다고 할 수 있다. 우리 모두는 결국 평신도라는 입장에서 출발한 것이며, 목회자와 평신도는 단지 직무에 있어서의 차이일 뿐이라는 사실이다. 그리고 되도록 평신도들이 전면에 나서서 일할 수 있도록 목회자들은 뒤에서 조용하게 드러내지 않고 협력과 조언을 하고 있다. 물론 평신도들이 교회에서 담당하기 힘든 교단 연합 운동, 교육, 심방, 연속 또는 강해 설교의 부분을 목회자들이 전문적으로 담당하고 있다. 현재 목회자들은 성경 구약과 신약을 연속으로 설교하면서, 교인들과 함께 성경 전체를 꼼꼼하게 읽고 이해하며 삶에 적용할 수 있도록 도전을 주고 있다. 그리고 무엇보다도 언덕교인이 있는 곳이면 그곳이 어디든지 함께하려는 목회적인 노력을 기울이고 있으며, 이 모든 것을 통하여 영적인 성숙을 이루는 교인들이 되도록 돕고 있다.

이상에서 살핀 것처럼, 이제 창립 20주년이 된 언덕교회는 코로나 팬데믹을 너무도 성공적으로 잘 극복하였다. 현재는 예배 참석과 헌신에서 더욱 좋아지는 모습을 보이고 있다. 특히 예배찬양단, 여성 기도회, 교육기관의 활성화, 청년부의 재기 등을 보고 있다. 언덕교회 안에는 여전히 진보적인 신학과 보수적인 신앙, 사회적 · 정치적인 이해에 대한 다양한 스펙트럼이 공존하고 있다. 그러나 어느 누구도 자신의 생각과 입장을 자유롭게 표현할 수 있고, 그 의견에 대해서 비난하거나 차별하지 않는 성숙한 공동체를 만들어 가고 있다. 최근에는 특히 사회적인 약자와의 연대와 생태계 유지와 보존을 위한 구체적인 실천 방안을 꾸준히 모색하고 있다.

경기 지역 작은교회운동

송병구 _ 색동교회

장병기 _ 하나님에게 붙잡힌 '지금여기교회'

이도영 _ 더불어숲동산교회

색동교회

송 병 구

(목사, 의왕 색동교회)

2010년에 교회 현장으로 나가 목회를 다시 시작하면서 예전에 조급하던 마음이 사라진 것은 나이 때문은 아닐 것이다. 실은 목회자라면 누구든 초조한 마음에서 자유로울 수 없음을 공감한다. 끝없이 일에 몰려 쫓기는 사람이든, 일이 없어 무료한 사람이든 목회자의 라이프 스타일은 엇비슷하다. 성취에 대한 보람도, 텅 빈 시간에 대한 자유도 자기 마음먹은 대로 누리기가 쉽지 않다.

그런 생활이 그리워 8년째 감리회 본부에서 일하다가 현장 목회자의 길로 나섰다. 그 자유로움이 그리웠다. 물론 대부분의 교회는 공동체의 평화를 잃어버린 채 성장에 대한 강박감에 내몰리고 있었다. 입으로는 가장 자주 영성을 말하는 사람들조차 진정한 영적 자유를 찾는 것은 참 어려워 보였다. 모름지기 목회자는 늘 '내 밖의 시선'을 의식하다 보니, 보이지 않는 그물을 뒤집어쓰고 사는 듯싶었다.

흔히 동역(同役)이란 말을 쉽게 하지만 사실 목회에서 동역 관계를 찾아보기는 어렵다. 교회 안에서도 전(前)근대적인 역할 분담은 가능해도, 함께 멍에를 멜 수는 없는 모양이다. 지금 상태로는 교회 밖에도 동역은 불가능하다. 철저하게 시장 원리가 적용되어 같은 교단, 이웃 교회끼리라도 경쟁을 의식하지 않을 수 없다.

행복한 모델은 몇몇에 불과하고 대부분 그런 위험이 일상화되었다. 그 결과 개척교회의 현실은 스스로 숫자와 통계에서 해결책을 찾는다. "모로 가든 서울"이라는 식으로 어떻게 하든 성장이 지상목표가 되었다. 이런 상황이 반복되면서 목회자 개인이든, 교회든 피로감이 쌓인다. 역사가 오래된 교회일수록, 연륜이 깊은 목회자일수록 점점 갈등과 분쟁이 누적된다. 대부분의 교회는 위기의식과 더불어 존재한다. 개척교회도 예외는 아니다.

나는 신학교를 졸업하기도 전인 25세에 목회를 시작하였다. 1985년 봄이었다. 당시 현장 투신을 고민하던 시대적 상황이 맞물렸고, 내 의도와 상관없이 더 큰 의무감이 나를 교회로 붙잡았다. 어린 내가 감당할 목회의 부담을 염려하시던 친구 어머니는 "세상이 얼마나 악하면 어린 네가 목회를 다 하냐?"고 하셨다. 개척을 앞두고 문수산성교회의 비좁은 예배당을 미리 방문하면서 하신 덕담이었다.

그렇게 진지한 고민이나 선택과 상관없이 나는 농촌 지역인 문수산성교회에서 9년 동안 일하였다. 이 기간 마지막 즈음에 감리교 농촌선교목회자협의회 전국 총무 일도 보았다. 그리고 독일한인교회에 초청받아 한인디아스포라공동체에서 8년 5개월 일하였고, 귀국 후에는 서울 광화문에 있는 감리회 본부에서 8년 가까이 일하였다. 그리고 이번에는 경기도 의왕시에서 개척교회를 시작하려고 나선 것이다. 2010년 8월 말이었다. 본부에서 일하던 말미에 이미 1년 반 동안 겸

업하면서 기반을 조금씩 잡아 나갔다.

교회의 현실을 비교적 잘 알면서 다시 목회를 시작하는 목사로서 개척교회의 악순환을 피하려고 한 것은 당연한 일이다. 대개 빚을 내서라도 예배당 공간을 마련하고, 조금 자리 잡으면 감당하기 어려울 만큼 전세를 얻든지 교회 건물을 신축한다. 그리고 넓은 예배당을 채우려니 교인들과 자신을 닦달한다. 이를 되풀이하다 보면 결국 좋은 의도마저 잃어버리기 십상이다. 과정이 흔들리면서 애초에 지닌 건강한 뜻과 의미는 존재감을 상실한다.

소수의 예외적 사례가 아니다. 간단히 문제를 진단하면 모두 '남의 눈총' 때문이다. 남들이, 사회 통념이, 숫자와 통계로 목회자와 교회를 평가하니 여기에 볼모가 된 까닭이다. 오늘 우리 시대의 목회자들이 불행해진 이유다. 본래의 정체성을 잃어버린 교회의 슬픈 자화상이다. 말로는 섬김, 내려놓음, 봉사를 말하지만 대체로 선한 의도와 달리 입버릇에 머물고 만다. 그런 위선이 반복되다 보니 불신이 층층이 쌓인다.

그런 패러다임은 바보들이나 하는 짓이다. 게다가 내 경우 50세에 교회를 두 번째 개척하게 되었으니, 새로운 시도를 할 가능성이 열렸다. 이젠 이니셔티브를 쥐는 일만 남았다. 그 주도권은 '젊고 따듯하며 평화로운' 교회였다. 내 경우를 돌아보면 그동안 목회지가 다양했기에 망정이지, 나 역시 한곳에서 오래 머물렀다면 침체와 퇴행을 반복했을 것이다.

완벽하게 서로 다른 목회지 환경은 늘 나를 긴장시켰고, 그 결과 이젠 '행복한 목회자'를 꿈꾸며 네 번째 목회지를 결단할 수 있었다. 새로운 목회 자리는 이상한 경로로 내게 다가왔다. 기존 교회를 다니던 교인들이 교회 밖에서 기도 모임을 하면서 예배 인도를 부탁하였다. '가나안 교인'은 아니지만, 그렇다고 기존 교회에 대해 안주하지도 못하였다. 독일에서 목회할 때 지교회 중 하나인 지겐교회 교인 가정이 그 모임에 참여하였는데 긴박하게 연락해 왔다. 담임 목회를 하지 않는 본부 목사 처지에서 옛 교인의 부탁을 외면할 수 없었다.

2009년 3월 1일, 처음 다섯 가정이 모였는데 세 달 후에 11가정이 되었다. 물론 나도, 그들도 교회를 개척하겠다는 적극적인 의사 표시가 없었다. 나는 아직 본부 직원으로 근무 중이었고, 그들 역시 감리교회를 고집하려는 마음이 없었다.

결단할 기회가 온 것은 기도 모임에 작은 위기가 찾아오면서부터였다. 누군가 교인들을 찾아다니면서 나를 헐뜯는다고 하였다. "진보적이니, 북한과 가까우니, 운동권이니…", 물론 틀린 소문은 아니지만 언짢았다. 겨우 11가정이 모여 예배드리는 일조차 훼방하니 그곳에 더 이상 미련을 둘 이유도 없었다.

이제 다 털고 그만두어야겠다고 결단하는 순간, 교인들이 내게 함께 교회를 해보자고 뜻을 물어왔다. 서면으로 공식 제안서를 작성하였다. 그때 내가 이런 말을 한 기억이 난다. "여러분이 들은 소문은 사실이다. 그러나 나 같은 사람도 한국교회의 소중한 자산이다. 이를 받아들인다면 함께하겠습니다." 내친김에 나는 그들 모두에게 서명까지 받았다.

돌아보면 평소 내가 품고 있던 '자산 의식'이 내게 다시 교회를 개척할 용기를 준 셈이다. 그리고 이전의 서로 다른 세 차례 경험은 '익숙함과 새로움'이란 차원에서 개척자의 고민을 도와주었다. 그해 8월에 여름수련회에서 교회 이름을 색동교회로 지었다. 먼저 정체성을

색동 스톨을 하고 예배 인도를 하고 있다

확실하게 하였다.

① 복음을 사랑하는 예수교회: 예수님을 사랑하는 사람들이 모였습니다. 죄인을 친구라고 불러 주시고, 발을 닦아 주신 모습을 닮아가는 교회가 되려고 한다.

② 삶과 신앙을 개혁하는 개신교회: 초대교회를 따르며 세계 교회와 호흡하는 교회이고자 한다. 교회의 전통을 사랑하되, 복음이 지닌 자유와 정의의 정신을 지킨다.

③ 영혼을 구원하고 사회에 책임을 지는 감리교회: 뜨거운 가슴과 정직한 생활로 복음 전도와 이웃사랑을 실천하는 교회이다. 세상과 소통하고 지역사회에 봉사하는 신실한 그리스도인의 공동체를 지향한다.

오랜 기간을 의논하여 일곱 가지 비전도 정하였다. 일곱 가지 무지개에 뜻을 담았다. 이를 요약하는 색동교회 슬로건을 '젊고 따듯하며 평화로운 신앙공동체'라고 하였다. 복음에 대한 뜨거운 가슴과 진취적인 생각을 지닌 젊은 교회, 서로 높이고 서로 섬기는 누구나 존중받는 따듯한 교회, 다양한 모습으로 일상의 기쁨을 나누는 평화로운 교회이다.

욕심껏 정한 목표였다. 그렇다고 이전의 교회와 전혀 다른 교회를 추구하는 것은 아니다. 남들이 이미 해 온 형식들을 나름대로 개선하려는 것이다. 기존 교회가 이미 체질화되어 바꾸기 어려운 것을 신생교회는 쉽게 고칠 수 있다. 먼저 그동안 익숙하게 쓰던 예배 언어를 바꾸고, 교인들이 주도적으로 참여하게 하며, 교회 문화와 생활 문화 사이에 소통이 가능하도록 하는 일이다. 특히 '하나님의 달력'(교회력)과 성서일과 그리고 세계 교회와 호흡하는 일을 예배와 생활에서 초점을 맞추었다.

나 자신 애초부터 스스로 설교 부담을 덜었다. 스스로 작정하길 일주일에 설교 준비는 단 한 번 하기로 하였다. 주일 공동 예배 외에 모든 예배 형식은 기도회라고 부른다. 기도회의 경우 말씀을 나누면서도 굳이 설교라고 표현하지는 않았다. 1주일에 한 번 하는 설교이니만큼 성서 일과에 따라 설교하되, 설교원고 전문과 설교 영상을 늘 '색동까페'(cafe. daum)에 올리고 있다.

독일 교회처럼 1년마다 주제 성경을 정하였다. 수요기도회는 주제 성경에 따라 성경을 공부한다. 예를 들어 작년은 '산상설교', 올해는 '내 영혼의 보물 시편 19가지'이다. 수요기도회에서 찬송가 전곡 645장을 배우기로 하면서 벌써 세 차례 완창하였다. 이는 금요기도회로 이어져 매월 마지막 금요일에는 '색동 찬양의 밤'을 기획하여 노래하는 감리교회(Singing Church)의 전통을 살리고 있다. 새벽기도회는 '굿모닝 하나님!'으로 성경 1,189장을 하루 한 장씩 말씀 묵상을 한다. 색동 까페에 새벽기도회 묵상 글을 매일 아침 올린다.

광복 70주년 정오 예배를 드리고

주일 오후 예배는 따로 없으며, 한 달에 한 번 정도 친교의 식탁, 임원 교육, 여행 다녀온 교인들의 답사기, 회의, 연합 속회 등을 한다.

매해 다섯 차례 특별기도회는 각별히 준비한다. ① 3월 첫째 주 금요일에 안양 YMCA와 함께하는 '세계기도일' ② 사순절의 문을 여는 '성회수요일' ③ 고난주간 '성금요일' ④ 성탄 전야 '고요한 밤' ⑤ '송구영신'이다. 송구영신의 밤은 1년 중 교회 10대 뉴스를 선정하고, 가족 성찬을 한다.

모든 기도회는 해마다 다른 형식과 내용을 개발하여 가능한 한 새로운 메시지를 전하려고 연출한다. 기도회만큼은 교인들이 다양하게 메시지 전달에 참여하여 고유한 목소리를 나누도록 한다. 특히 교인 중에서 평소 나설 기회가 없거나, 그 해 출석한 새 신자들을 배려하여 공동체의 중심에 세우고 있다.

일 년에 한 차례 그물짜기 제자반을 여는데, '그물짜기' 신약개론과 함께 복음서를 읽으며 '예수 정신'을 배운다. '그물짜기' 교재는 독일에서 목회하던 1994~1996년에 99주 동안 매주 통신용 교재로 집필한

섯이다.

색동교회의 자랑은 1년 성경 통독 프로그램인 '톨레레게'이다. 성어거스틴을 변화시킨 음성을 우리식으로 적용하려고 하였다. '① 음성을 듣게 하소서 ② 말씀을 읽게 하소서 ③ 삶을 고쳐주소서'이다. 성경 1,189장을 소주제로 365등분하여 매일 읽고 묵상한다. 목사가 그날 분량의 성경을 읽고 묵상을 올리면 참여자들이 댓글을 달며 응답한다. 올해는 '가족 톨레레게'라고 이름 붙여 가족이 함께 참여하게 하였더니, 하루에 40여 개씩 댓글이 달릴 만큼 호황을 이룬다.

'하나님의 달력'(교회력)은 교회 생활의 기본이다. 한 해는 대림절 첫째 주일부터 시작하여 영원한 주일 주간의 토요일까지다. 1년 교회력은 대림절, 성탄절, 주현절, 사순절, 부활절, 성령강림절, 창조절로 지킨다. 성부, 성자, 성령 삼위일체를 일 년 교회력 속에 모두 담으려는 의미와 창조 질서 보전이라는 세계 교회의 흐름을 따르려는 것이다.

성찬식은 연중 8회 행한다. 일곱 절기가 시작하는 주일예배와 세계성찬주일 예배 때에 한다. 송구영신 기도회에서는 가족별 성찬을 한다. 한 가족씩 초대하여 자리에 앉아 아버지나 어머니가 분급하고 가족을 위해 기도한다. 포도주는 해마다 교인 가정에서 직접 담근다. 맨 첫 해 빚은 성찬주를 조금 남겨두었다가 다음 해 만든 성찬주와 섞었다. 이듬해에도 그렇게 반복하여 첫 포도주의 맛이 계속 이어지도록 하였다. 교회 시작부터 의도하였기에 가능해진 전통이다.

예배와 기도회를 열 때 항상 촛불을 켜는 일로 시작한다. 대림절 기다림 초 켜기는 잘 정착한 사례이며, 앞으로 부활절 빠스카의 초 등 절기마다 초의 숫자와 빛의 의미를 연구하여 밝히려고 한다. 창립하면서 10년 동안 대림절 '기다림 초' 보급 운동을 추진했으나 별 성과를 얻지는 못하였다.

예배를 돕는 소품들

강단은 교회력에 맞춰 고유한 색상으로 장식한다. 내 경우 절기별 스톨 외에 색동 스톨과 청홍 스톨을 사용하는데, 색동 색은 아기 세례, 교회 창립일, 설날과 추석 등 민족 절기에, 청홍색은 혼인식과 남북 평화와 통일을 염원하는 예배에서 사용한다. 색동 스톨은 1993년부터 주문 제작하여 보급해 왔다.

색동교회는 짧은 연륜 동안 모두 14개의 십자가를 개발하여 사용하고 있다. 색동교회 '비아 돌로로사'인 셈이다. 십자가는 모두 닮은꼴이지만, 저마다 출생 배경과 쓰임새가 제각각이니 그 모양과 색상, 재료와 상징성이 다양하고 특별할 것은 자명한 일이다. 색동교회 십자가들은 지난 세월 동안 다른 연유로 만들어졌지만, 십자가의 이야기가 곧 교회의 역사가 되었다. 짧은 교회의 역사일망정 훨씬 풍성해진 느낌이다.

평신도의 참여는 공동체를 풍요롭게 한다. 목회자 한 사람이 북 치고 장구 치는 교회는 건강하지 못하다. 대부분 교인들이 봉사직무를 명예롭게 잘 감당한다. 색동교회는 목회자가 한 사람이고, 교회 공간도 한 곳이기 때문에 역할을 나누고 협력해야 물 흐르듯 운영이 가능하다. 감리회 장정에 따라 운영하되, 권위 의식과 서열화를 철저히 배제하고, 참여와 공개라는 민주적 방식을 지향하고 있다.

특히 권사직에게는 섬김의 직분을 강조하여 '예배지기'를 나누어 맡도록 하였다. 모든 예배와 기도회, 성찬과 찬양에 이르기까지 준비와 관리에 책임을 부여한 것이다. 사실 민주적으로 운영한다고 회의를 자주 모였더니 금세 피로감을 느껴 올해부터는 회의를 대폭 간소화하였다. 당연히 민주적 정관은 없으며, 서로 견제하려는 어떤 제도적 장치도 없다. 물론 재정은 매월 색동 까페에 공개한다.

사용하는 14종류의 십자가

직무를 맡은 이들은 목사가 임명하는 형식이 아니라 공동체에서 선출하여 소명으로 받아들이는 위임식을 제도화하였다. 위임식에서 부름 받은 사람은 멍에를 멘다는 의미로 스톨을 목에 건다. 모든 교인은 연말이면 다음 해 자신의 소명 요절을 정한다.

교회의 임원 중 가장 중요한 역할을 맡은 사람은 속장이다. 교회 안의 작은 공동체를 담당하기 때문이다. 시행착오를 거듭하면서 모든 사람이 돌아가면서 속장을 맡고 있다. 속회의 인적 구성도 속장들이 자율적으로 편성하는데, 매우 합리적이고 공동체적이다. 현재 여섯 속으로 자유롭게 운영되며 보고와 헌금 납부의 의무도 없다.

속회는 한 달에 한 번 식사와 청소를 담당하며, 이러한 봉사가 속회 운영을 가능하게 한다. 물론 강제가 없으니, 속회가 무리해서 모이지 않는다는 약점도 있다. 그럼에도 '서로 격려하며 행복을 가꾸는 큰 가족'을 지향하는 교회 비전에 따라 점점 친교가 확장되고 있다. 연중 네 차례 연합 속회로 모이는데 공동체 안에서 소그룹이 강화되는 기회가 된다.

예배든, 운영이든 대부분의 교인이 참여한다. 대표기도에서 소외

교회 청지기들은 해마다 스톨을 하고 위임식을 갖는다

된 교인은 없다. 의사결정에 여성의 참여를 강조하고 있으며, 확대 운영위원회에서 여성이 절반 이상 차지한다.

교회의 선교 참여는 비록 독자적 선교를 하지 못하지만, 때론 업혀가기도 하고, 때론 손잡고 따라가기도 한다. 여섯 개의 속회가 다양하게 선교 기관에 참여하여 협력한다. 그리고 작은교회 박람회처럼 선교회별 '아주 작은 박람회'를 열기도 한다. 안양 지역 '사랑의 집수리' 봉사에 연 2회 전 교회적으로 참여하며, 남녀 선교회가 안양 YMCA의 김장 나눔에 일손과 비용을 보탠다.

색동교회의 선교 협력 단체는 6곳이다. 1속은 방글라데시 지역아동센터, 2속은 인권 단체인 '고난받는 이들과 함께하는 모임', 3속은 중국 홍별초등학교 축구부, 4속은 러시아 한민족한글학교, 5속은 단비교회, 6속은 탈북자 자활을 돕는 해피트리 담당이다. 창립 이후 지금까지 계속해 오는 일이다. 비록 작은 몫에 참여하지만 '하나님의 선

베트남 가정 집수리에 참여한 청년들

교'(Missio Dei)를 지향한다.

복음 증거와 세상의 평화를 같은 시야로 바라보려는 것이다. 이를 통해 색동교회가 일곱 가지 비전을 구체화하고, 선교적 관계를 내실 있게 실천한다. 우리는 우리 세상의 선을 도모하며, 민족의 화해와 평화에 대한 사명 등 예언자적 역할을 지속하고 있다. 우리 모두가 누릴 지복(至福)이요 바로 세울 공의(公義)라고 믿는다.

종종 작은교회운동에 대해 말해야 할 때가 있다. 단순히 숫자와 크기를 따지는 것은 아닐 것이다. 내 생각에 작은 교회는 공동체가 가능한 적당한 규모를 의미한다. 예를 들어 가족의 자녀 이름을 모두 기억할 정도, 성찬식 떡을 모두 떼어줄 정도, 수술 환자의 수술 시간에 함께 머물러 줄 정도, 생일 축하 문자를 나눌 정도, 새벽기도 시간에, 한 번에 이름을 꼽으며 기도할 수 있을 정도, 교인 간에 서로 얼굴을 익혀 반갑게 인사할 수 있을 정도, 직접 성경공부반을 가르칠 정도쯤이면 좋을 것이다.

25세와 50세, 두 차례 교회를 개척하면서 깊이 느낀 일이 있다.

교회 개척은 신학교를 갓 졸업한 나이 어린 무경험자에게 맡길 일이 아니라는 점이다. 당연히 새내기의 개척정신은 높이 살 일이지만, 이미 경험을 가진 중견 목회자들이 개척 일선에 나서는 것이 더 현명한 일이다. 중견 목회자의 경험에는 재정적 협조를 구할 수 있는 인적 물적 자원이 포함된다. 물론 제도 교회의 뒷받침이 전제되어야 한다.

교회는 목회자 개인의 명예와 개인기에 의존할 수 없다. 모든 교회는 예수님의 교회이기 때문이다. 그러기에 목회자는 자신의 목회 현장뿐만 아니라 더 넓은 범위의 공(公)교회와 더불어 우리 사회를 책임진다는 의미에서 동역(同役)과 공역(共役)을 함께해야 한다. 하나님 나라라는 비전에서 볼 때 이 일은 반드시 지향해야 할 일이다.

돌아보면 최근 내가 목회자로서 비교적 자유로운 의식을 갖게 된 것은 나이 탓이 아니었다. 목회 초년생부터 좋은 선배와 나쁜 세상을 통해 목회자의 자유 정신을 배웠기 때문이다. 세상이 금과옥조(金科玉條)처럼 여기는 그런 어설픈 목회 요령 따위가 아니다. 남의 시선과 타협하지 않고 살고자 했던 청년 시절의 마음과 믿음을 지켜오려고 씨름한 덕분이었다.

하나님에게 붙잡힌 '지금여기교회'

장 병 기

(목사, 경기 광주 지금여기교회)

'지금여기교회'의 역사

2008년 서울시 영등포구 당산동에서 문을 연 '지금여기교회'는 2009년 종로구 효제동으로 이전하였고, 2010년 6월 경기도 광주시 송정동으로 옮겨 보금자리를 틀고 지금까지 이어오고 있다. '지금여기'라는 교회 명칭은 장병기 목사가 정토수련회 참가 중 작명한 이름으로, 과거와 미래가 존재하지 않는 영원한 현재를 살아가는 교회를 꿈꾸며 지은 것이다.

경기도 광주에 발을 딛도록 허락하신 하나님은 여러 손길을 통해 역사하셨다. 교회 부지를 찾던 중 우연히 들른 부동산 사무실에서 김락환 사장은 자신의 부동산 건물을 교회가 쓰도록 기꺼이 최소 금액으로 내어주셨다. 또한 그 건물을 사도록 초기 금액을 내어주셨던 이관승 사장님이 계셨다. 또한 이름을 다 밝힐 수 없을 만큼 많은 이들이 자신의 정성으로 교회 건물을 구입하는 데 힘을 보탰다. 춘천의 모 권사님과 여러 집사님들은 성심성의껏 교회 실내 장식을 해 주셨다. 무엇보다 장병기 목사의 딸 하윤이가 9살 때 받은 세뱃돈 전액을 건축헌금으로 내놓은 일은 어떻게 하나님께서 사람을 통해 일을 하시는지 보여주셨다. 김락환 사장은 어린아이가 자신이 받은 돈 전액을 헌금했다는 이야기를 듣고, 계약하는 날 그 자리에서 136,000원의 열 배가 되는 1,360,000원을 하윤이에게 주라고 건네주셨다.

지금여기교회는 처음부터 하나님께서 이 교회의 주인이라는 말씀을 여러 사람과 사건들을 통해 말씀하셨다. 지금은 고인(故人)이 되어 하늘나라의 신민(神民)이 된 조지연 집사는 교회 기틀을 놓는 데 큰 역할을 하였다. 그는 광주 시내의 교회에 출석하고 있는 집사였는데 아파트 입주를 위해 잠시 지금여기교회 근처로 이사를 왔다가 바자회를 통해 인연이 되었다. 그는 팔리지 않은 바자회 물건 대부분을 사서 교회에 기부하고 갔다. 특별한 날이 아니어도 그는 소찬으로도 행복한 만찬을 준비하여 교인들과 애찬을 나누길 좋아했다. 그것은 지금여기교회 하나의 문화가 되었는데 지금도 교인들은 누구보다도 교인들과 하는 식사를 최고로 여긴다. 또한 박재덕 집사와 이은희 권사는 교회가 가장 힘들 때 자신의 많은 부분을 내어놓아 교회가 하나님의 집이라는 것을 몸소 실천하였다. 교회의 전통은 시공간의 부피를 무엇으로 채우느냐이다.

헌신과 열정과 사랑으로 채워진 지금여기교회는 2015년을 기점으로 새로운 변화를 맞았다. 창립 사경회를 이끌어 주셨던 이현주 목사를 다시 초대해 사경회를 하였고, 이현주 목사와 함께하는 정기적인 성서여행이 시작된 해이다. 교회는 이 성서여행을 위하여 남녀 숙소와 목사님의 거처를 위해 새로운 건물을 만들고 증축하였다. 최소의 비용으로 합심하여 한방(목사님의 거처)과 빔방(개인 기도실) 그리고 숨방(여자 숙소)과 결방(남자 숙소)이 지어졌다.

2016년 강원도 정선에 마련된 '말씀과 밥의 집'은 식구들의 영적 성숙을 위한 쉼과 충전의 장소가 되어주었고, 매년 하계 수련회를 통해 하나님을 깊이 만나는 시간을 가졌다. 2017년에 시작된 자발적 수련을 통해 깊은 명상으로 심신의 조화를 이루어 가기도 한다.

2018년에 베트남으로 파송한 윤태영, 이미정 선교사 부부는 '지금여기' 정신을 세계 식구들과 나누는 계기가 되었다. 지금은 우즈베키스탄으로 선교의 사역지를 옮겨 영역을 확장해 나가고 있다.

2019년에 교회는 또 한 번의 변화를 모색하였다. 교회가 완전히 평신도 교회 공동체로 거듭난 것이다. 주님 안에서 모두가 제사장이라는 만인제사장의 역할을 공유하기로 결정하였다. 2020년 교회는 창립 10주년을 맞아 다양한 스승들을 통해 지금여기를 살도록 안내하고 있다.

당신을 위한(4U) 지금여기교회

지금여기교회는 4U의 교회이다.

(1) Unison (**조화**)

① 다른 종교를 인정하며 연대하는 교회

② 절망이 희망의 씨앗임을 깨닫는 교회

③ 감사와 찬양이 천국임을 맛보는 교회

(2) Unique (**유일**)

① 마음을 주님의 성전으로 가꾸는 교회

② 주님이 주신 모든 기쁨을 누리는 교회

③ 십자가에서 지금여기를 만나는 교회

(3) Undone (**무위**)

① 좋은 생각에서 생각 없는 생각으로 나아가는 교회

② 될 일이 아닌 된 것을 감사하며 살아가 교회

③ 행함이 아닌 은혜로 구원을 경험하는 교회

(4) Universe (**편재**)

① 만나는 모든 이에게서 그리스도를 발견하는 교회

② 자연에 숨어 있는 하나님을 침묵으로 찾는 교회

③ 그침을 좋은 일이요 비움이 기운임을 아는 교회

이 교회의 표어는 지금여기 공동체가 추구하는 모든 가치를 담아낸 것이다. 교회는 온전히 하나님께 속하며 하나님의 것이어야만 한다. 베드로의 신앙고백 위에 예수가 교회를 세우겠다고 말씀하신 이유는 당신(나)은 그리스도이며 살아계신 하나님의 아들이라는 깨침의 바탕 위에 교회가 존재하기 때문이다. 교회는 내 안에 그리스도가 거한다는 사실과 자신이 살아계신 하나님의 아들이라는 양 날개로 비상하는 이들로 세워진다. 그것은 타력(他力) 신앙에서 자력(自力) 신앙으로, 의존적 신앙에서 주체적 신앙으로 변혁을 이끈다.

지금여기교회는 탈(脫)성직, 탈성별, 탈성장을 지향하는 작은교회

운동에 동참하고 있다. 지금여기교회에는 목사가 없다. 목사가 없기에 장로도 집사도 없다. 모두 이름이나 별칭으로 불린다. 그것은 이름이 주는 사회적 권위와 서열을 거부하고 우리 모두가 하나님의 귀한 자녀임을 고백한다는 뜻이다. 또한 성적인 차이만 인정할 뿐 차별을 인정하지 않는다. 마지막으로 교회는 공적인 재산을 인정하되 그것에 갇히지 않는다. 필요에 의해 만들고 필요가 없으면 돌려놓는다. 교회가 갖는 유무형의 재산은 잠시 하나님께 빌려 쓰고 있을 뿐 그것의 소유를 교회로 귀결하지 않는다.

지금여기교회는 필요한 것은 만들고 그것을 아낌없이 나눈다. 관옥 선생님(이현주 목사)을 통해 전해 받은 하늘의 지혜를 글씨로 표구하거나 서각으로 만들어 이웃과 나눈다. 숲안 영성공작소는 영의 진리를 육화시키는 특별한 체험장으로 활용되고 있다.

또한 지금여기교회는 노랫말을 짓고 노랫가락을 그것에 입혀 함께 부른다. 정형화된 찬양에서 벗어나서 좀 더 깊은 영적 말씀을 담아낼 수 있는 도구로 활용하고 있다. 노래에 재능이 있는 교인들과 재능기부를 통해 음악회를 열고 음악으로 소통한다.

2019년에 시작한 '어른이 학교'는 바쁜 일상으로 배움을 잃어버린 어른들에게 새로운 영적 배움을 제공하여 일상에서 잊어버린 나의 본모습과 얼을 찾도록 돕고 있다. 교회는 영적인 성숙과 치유를 위한 공간으로 '지금여기'라는 이름과 함께 하나님께서 우리에게 주신 선물이다. 그 선물을 풀어보면 하늘의 보화가 가득하다. 하늘의 보화는 우리의 영적 양식으로 그것은 하나님의 또 다른 모습인 우리의 이웃들과의 만남으로 얻어진다.

지금여기교회의 두 날개, 치유와 성숙

지금여기교회를 이끄는 두 가지 수레바퀴가 있다. 하나는 치유요, 다른 하나는 성숙이다. 교회는 모든 구성원의 치유를 가장 중요한 과제로 꼽는다. 병든 이들은 온전한 삶을 살 수 없다. 또한 영적으로 성숙하지 못한다. 병든 이들이 온전히 치유될 때 그들은 성숙하며 또 다른 이들을 치유하는 치유자로 거듭난다. 치유와 성숙을 위해 임락경 목사와 이현주 목사를 교회 스승으로 모신다. 교회 도서관에 비치된 영성 도서를 읽고 월간 「풍경소리」를 통해 영의 양식을 쌓는다. 매월 1회 온 교인이 영화를 관람하고, 교회 아픈 이들을 방문하여 그들이 보내오는 하늘의 음성에 귀 기울인다. 숲안 영성공작소에서 다양한 공예체험을 한다.

또한 정기적으로 음악 콘서트를 열어 함께 노래 부르며 춤을 춘다. 한국적 영성 음악(떼제 음악)을 같이 만들고 부른다. 전교인이 참여하는 여름 수련회와 겨울 남도 여행은 매년 진행하는 정기적 프로그램이 되었다. 지금여기교회가 진행하는 모든 프로그램은 예배(케리그마), 봉사(디아코니아), 교육(디다케), 친교(코이노니아) 부서가 주도한다. 모든 교인은 한 가지 부서에 참여해 자신이 가진 달란트를 나누는 기회를 갖는다. 교회를 섬기는 이들은 회장과 총무 그리고 회계 3인이 주도한다. 이들은 1년의 임기 동안 자신들이 부여받은 역할을 통해 하나님께서 함께하시는 생생한 체험을 경험하도록 한다.

주일예배는 모든 교인이 돌아가며 사회를 보고, 사회자가 주일예배 프로그램을 만든다. 매달 한 번씩 진행하는 운영위원회는 교회 최고 의결 기구이다. 교회 모든 결정은 교인들 모두가 만장일치로 결정

힌다. 그것을 통해 교인들은 자신이 얼마나 위대하고 소중한 존재인지를 경험한다.

매달 진행되는 '자발적 수련'과 '깊은 예배'는 지금여기교회가 실험하는 프로그램이다. 자발적 수련은 교회 구성원이 자발적으로 모여 요가와 명상 그리고 내적 치유를 통해 하나님께 좀 더 가까이 가도록 이끈다. 깊은 예배는 어떤 진행자나 프로그램 없이 하나님께서 이끄시는 대로 예배드린다. 침묵과 음악, 대화와 편지 그 무엇이든 예배 안으로 들어올 수 있다. 주일예배는 교인 모두가 돌아가며 예배를 만들고 진행한다. 성령께서 이끄시는 대로 다양한 예배를 통해 하나님을 만나고 경험하며 그것을 마음껏 나눈다.

매일 단체 카카오톡 방에 올리는 말씀 묵상은 일상에서 깨어 알아차리도록 돕는다. 영성 서적과 불경, 구약성경과 신약성경으로 진행되는 주중 성서여행은 영적 성장에 중요한 한 축을 담당하고 있다. 그것은 '나'라는 프로그램을 '하나님'이라는 프로그래머로 옮겨가도록 이끄는 촉매제가 된다. 월 1회 이상 정선 말씀과 밥의 집을 통해 자연과 교감하고 그곳에 계시는 하나님을 만나도록 돕는다. 베트남과 우즈베키스탄에 계시는 선교지 식구들을 통해 세계 곳곳에서 역사하시는 하나님을 체험하도록 돕는다.

또한 다양한 영적 스승들을 통해 자신 안에 계시는 하나님을 느끼도록 돕는다. 관옥 선생님(이현주 목사)을 통해 전해 주시는 하나님의 말씀으로 훈련된 이들은 선생님께서 지어 주신 새로운 이름으로 살아가도록 격려받는다. 임락경 목사님을 통해 자연의 먹거리와 건강한 삶을 소개받으며, 거리의 신학자 이정배 교수님을 통해 신앙과 신학의 중도를 걷는다. 오강남 교수, 박성준 교수, 구자만 장로 등 이 시대

오강남 교수와 함께 한 도망 여행

의 깨어 있는 스승들을 통해 치유와 성숙으로 나아간다.

우리는 '지금여기'를 이렇게 산다 (1) — 자인(김용진)

지금여기교회를 만난 2015년을 기준으로 내 삶은 모든 것이 바뀌기 시작했다. 그 이전 삶이 세상 속에서 물질에 가치를 두고 행복과 불행을 만나며 살았다면, 이제는 나 자신의 영적 가치에 중심을 두니 행복도 불행도 따로 있지 않음을 알게 되었고 삶 자체에 피로감을 느끼지 않는다.

'정신 차려. 너 이렇게 살면 안 돼. 네 주변을 봐. 사람으로 한평생 살면서 무언가 한 가지는 제대로 이루고 죽어야 하지 않아', '이건 모두 내 잘못이야. 아, 난 왜 이렇게밖에 못하지?'

내 삶을 지배했던 모든 두려움의 시작은 바로 '나는 부족하다'라는 데서 시작됐다는 것을 알았다. 꼭 목표를 세우고 이루어 내려 했으니,

나 아닌 모두는 적으로 밀어내며 올라설 수밖에 없었던 것이다. 그렇게 해서 목적을 이룬다 해도 그 너머에서 또 다른 욕망이 나를 기다리고 있으니 다시 달리지 않으면 패배자가 되는 좌절로 두려움이 가중되는 힘겨운 삶을 살아왔었다. 그러나 이제 내가 하나님의 자녀로 완전한 신성이 나의 DNA라는 사실을 알게 된 지금, 내 삶은 날개를 달았다.

그래서 자유가 무엇인지 이제 느끼기 시작했다. 하나님께서 만나게 해 주신 지금여기교회에는 일반 교회와는 달리 지향성에 확실한 색이 있었고, 5년여 그 색에 자연스럽게 물들어 살게끔 하나님께서 나를 이곳으로 이끌어 주셨다. 더욱이 이 길에 등대가 되어주시는 든든한 스승님들과 도반들이 계시니 두려울 일이 없다.

지금여기교회에서는 도반들에게 삶이란 물 흐르듯 자연스러워야 함을 강조한다. 힘들게 내가 끌고 가는 것이 아니라 나를 이끌어 가시는 하나님을 온전히 받아들이고, 이 삶을 선물로 경험하며 신나게 즐기라는 것이다.

또한 빛이 있음을 알려면 어둠이 있어야 하고, '여기'라는 것을 알려면 '저기'라는 것이 있어야 하고, 따뜻함을 알려면 찬 것이 있어야 하는 것처럼, 지금여기교회에서는 양면성의 다양한 체험을 긍정적으로 감사히 받아들이라고 가르침을 받는다. 주중에 하는 성서여행에 불경을(현재는 금강경) 공부하는 것도 같은 맥락이다. 또 나와 다른 생각을 가진 도반을, 나를 흠 잡는 도반을, 나와 다른 행동을 하는 도반을 나의 스승으로 받아들이도록 독려한다. 그때야말로 거울처럼 나를 제대로 알아차릴 수 있는 기회이기 때문이다. 늘 시선을 밖이 아닌 내면에 집중하도록 하라는 것이다.

맨 왼쪽이 자인님이다

다과와 함께하는 주일예배는 모든 교인이 돌아가며 사회를 맡는다. 하나님과 자신을 위한 온전한 예배로 이끄는 경험을 하기 위해서다. 기본 형식은 있으나 누구도 그 형식에 매이지 않는다. 도반이 만난 삶의 이야기에는 우리 모두의 삶이 있고, 우리 삶 바탕에 함께하시는 하나님을 늘 발견하기에, 어떠한 형식에도 얽매일 필요가 없음을 안다. 하루하루 나는 이 길을 따라 이렇게 조금씩 걷고 있다. 오늘도 참 가볍고 좋은 날이다.

그분이 이끌고 계심을 아니 탓할 나도 없고 너도 없으니 지금 이 순간 마음이 가볍고, 마음이 가벼우니 나쁠 일이 없다. 가볍고 좋은 나의 에너지 파장은 유유상종 그런 친구들을, 일을 끌어오리라 믿는다. 설령 이 모든 규칙을 알아차리지 못해 힘든 순간이 오더라도 하나님께서는 그런 나를 위해 또 스승이 되어줄 천사를 보내실 것임을 믿는다. "모든 것이 합력하여 선을 이루느니라"(롬 8:28). 아멘.

우리는 지금여기를 이렇게 산다 (2) — 지우(박영애)

남편이 아픈지 벌써 3년째다. 남편은 루게릭병(근위축성측삭경화증)이다. 더 정확히 말하면 근육이 조금씩 소멸되어 전신이 말라 끝내는 호흡곤란으로 사망에 이르는 그야말로 끔찍한 병이다. 남편은 처음부터 자기 병을 받아들이지 못했다. 그것은 병이 주는 고통보다 더 깊고 심했다. 아마 나뿐만 아니라 누구도 그랬으리라. 남편은 사방으로 병에 대해 알아봤고 투병을 위해 자신이 할 수 있는 것을 다 해보았다. 하지만 그럴수록 병은 우리 부부를 비웃었다.

'지금여기'를 만난 건 남편이 더 이상 혼자 걷지 못하고 휠체어에 의지하기 시작한 지 얼마 지나지 않을 때였다. 우리 부부는 영적으로나 심적으로나 너무 지쳐 있었다. 그때 지금여기는 우리에게 사막의 오아시스처럼 영생의 샘물이 되어주었다. 남편의 육은 날이 갈수록 말라갔지만, 영은 나날이 회복되었다. 고통이 깊어 갈수록 남편의 평안은 세상이 줄 수 없는 것이었다. 내가 죽지 않으면 다시 살 수 없다는 예수님의 말씀처럼 남편의 새로운 삶은 그때부터 새롭게 시작되었다. 우리 부부는 모든 것을 주신 분이 모든 것을 거두신다는 욥의 고백처럼 모든 것을 받아들이기로 하였다. 모든 것을 받아들인다는 것은 곧 모든 것에 감사하기로 한 것과 다르지 않았다.

지우님의 남편인 일호 집사

감사는 나와 남편의 모든 일상을 바꾸어 놓았다. 남편은 지금까지 삶을 되돌아보며 새로운 인생을 하나님께서 허락하신다면 주님의 일을 하고 싶다고 말한다. 그것은 물질주의 삶에서 빠져 있던 지난 삶의 회개이다. 자신의 병이 아니었다면 진정한 삶의 이치를 깨치지 못했을 거라는 고백이다.

지난해 성탄절 예배 때 남편은 처음으로 자신의 삶을 고백함으로 주님의 일을 하는 사람이 되었다. 근육이 빠져나감과 동시에 자신이 얼마나 무력하고 무의미한 존재였는지 하나님께서 자신의 근육을 통해 끊임없이 말씀하고 계시다는 사실을 알아차렸다. 지금 남편은 언제든지 하나님을 만날 준비가 되어 있다고 말한다. 그것은 지금여기를 만난 후에 받은 최고의 선물이다. 지금여기교회가 아니면 만나지 못할 선물이었다.

지금여기교회는 이 세상에서 만난 작은 천사이다. 지금여기 교우들 역시 우리에게는 하나님께서 보내신 하늘의 천사이다. 이제 남편은 자신의 힘으로는 할 수 있는 게 아무것도 없다. 탕자도 자신이 할 수 있는 게 아무것도 없을 때 아버지 집으로 방향을 틀었다. 남편도 나도 하나밖에 없는 아들도 이 병을 통해 아버지 집으로 갈 수 있는 길 위에 있다. 하늘의 뜻이 이 얼마나 오묘하고 신비한가?

지금여기교회는 세상의 잣대로 보면 작고 볼품없이 보일 수 있다. 하지만 그곳에는 나보다 남을 먼저 생각하고 헤아리는, 그 어느 공동체보다 강한 하나님의 사랑으로 똘똘 뭉쳐 있다. 이 작고 작은 지금여기를 만나 나는 오늘도 하나님께로 직진 중이다

"나는 몰랐네. 그대가 나였다는 걸, 그대가 지금여기인 것을, 모두가 감사였다는 것을."

우리는 지금여기를 이렇게 산다 (3) — 성일(박종성)

나는 교회 건축 전문회사를 수십 년간 운영해 오며 교회에 대하여 남다른 고민과 공부를 할 기회가 있었다. 교회라는 공간에서 무슨 일들이 벌어지고, 그 행위의 주체가 누구인 줄 알아야 어떤 모습으로 교회당이라는 건축물을 세울 것이며, 그 공간을 무엇으로 채워야 할지를 알 수 있을 것이기 때문이었다. 그렇게 시작된 교회에 대한 나의 관심은 직업적 활용을 넘어 교회의 역사성, 정체성, 또는 교회 존재의 의미에 이르기까지 깊고 다양한 영역으로 확장하기에 이르렀다.

교회가 번성하고 창대해지길 바라는 이가 어디 우리 회사뿐이랴, 대다수 목회자의 소망이 그렇고, 개 교회에 속해 있는 많은 성도까지도 이웃 교회가 망해서라도 자기네 교회가 창대해지길 바라고 있지 않은가! 작은 교회라고 예외가 아니다. 작금의 교회들은 예외 없이 변질되고 왜곡되어 있기 때문에 '탈교회화'해야 한다. 이 말은 교회를 부정하자는 것이 아니라 예수 이후 수천 년 동안 그렇게 전혀 다른 모습이 된 교회의 껍데기를 벗어 버리자는 뜻이다.

어디에나 계시는 하나님이 변질된 교회라고 해서 아니 계실 순 없다. 마찬가지로 큰 교회, 작은 교회를 떠나 모든 교회엔 예수가 있다. 다만 그 하나님, 그 예수님이 교회마다 다른 모습을 하고 있을 뿐이다. 과연 우리 교회는 예수를 어떤 모습으로 그려내고 있을까? 그 모습이 그분의 참모습이긴 한 걸까? 교회를 다니는 사람으로서 이런 질문 한 번쯤 갖지 않고 다녔다면 참 편하게 신앙생활 했다고 할 수 있을지는 모르겠지만, 참 하나님을 만나기는 어렵지 않았을까 싶다.

교회는 그렇게 하나님을, 예수님을 투과시키는 렌즈의 역할을 한

성일님과 인향님 부부

다. 빨간 선글라스를 끼고 사물을 보면 빨갛게 보이듯이, 교회마다 자기 색의 렌즈를 통해 교인들에게 하나님의 모습을 보여준다. 그게 무조건 나쁘다는 건 아니다. 그 형형색색 다른 모습들이 모두 하나님의 다양성일 테니까. 오히려 교단마다 위에서 지령처럼 하달하는, 교리라는 이름의 한 가지 모습만 진리라고 가르치도록 강제(强制)하는 것이 더 위험하다.

어쩌면 오늘의 교회는 예수를 가르치는 예수교가 아니라 모세의 율법을 신봉하는 모세교라 칭하는 것이 더 적당할 듯싶다. 우리 한 사람 한 사람 안에 하나님이 거하시고, 우리가 이미 그분 안에 거하는 혼연일체의 관계임을 일러주신 예수님은 간데없고, 제사장 같은 목사님들이 예배를 우리 대신 집전(執典)해 주고, 우리가 직통할 수 있는 기도도 대신해 주고 있는 곳이 지금의 교회다. 그렇게 우리를 하나님한테서 떼어놓고 예배든 기도든 대신해 주는 역할을 하는 사람들을 특별히 구별하여 성직자라고 부른다. 물론 교회라는 공동체 안에는 목사의 직분을 가진 사람도 필요하다. 구성원들 모두 다 성경을 잘 알 수 없을 테고, 또 잘 몰라도 먹고 사는 데 지장이 없으니 그럴 필요도 없다. 하지만 말씀이 거룩하다고 그 말씀 전하는 자가 스스로 거룩한 줄 알면 착각이다. 그야말로 마당 쓰는 데 사용한 빗자루가 으스대는 꼴이다. 목사가 성직이면 농부도 성직이고, 목수도 성직이다.

교회는 목사와 집사가 있는 곳이 아니다. 하나님의 하나님 됨을 배우는 곳, 곧 그리스도의 가르침이 있는 곳이니. 하나님을 아는 것이나 자신을 아는 것이고, 그건 곧 하나님과 나와의 관계를 아는 것으로 그것을 예수께서 가르쳐 주셨으니, 그것을 믿는 것이 예수를 믿는 것이요 그대로 사는 것이 예수로 사는 것이라 배웠다. 아무튼 다행히도 나는 '지금여기'라는 작은 교회를 다니고 있다. 이 교회를 통해 진정한 교회 개혁을 하고 싶다. 물론 그것을 하시는 분이 하나님이시다. 다만 그분 하나님께서 하실 일에 우리 모두 주어진 역할들로 최선을 다해 동참할 것이다.

우리는 지금여기를 이렇게 산다 (4) – 마리(우정옥)

예수를 통해서만 천국을 갈 수 있단 말인가요? 죽음 앞에서 나는 그것이 궁금했다. 아니 죽음 앞에 서니까 더 절실히 궁금할 수밖에 없었다. 예수님만을 통해서 천국 갈 수 있다는 그 이기적인 집단에 기꺼이 나를 맡길 순 없었다. 그때 나는 이미 몸과 마음이 이미 황폐해지고 공황발작까지 온 상태였다. 약으로도 진정이 되지 않아 의사들조차 황망해했다. 세상 어떤 것으로도 나를 치유할 수 없었다. 하나님을 찾고 전적으로 의지할 수밖에 없는 상황이었다. 하지만 기존 교회의 이기성에 죽어가는 나를 맡기는 것은 죽어도 용납되지 않았다. 미친 사람처럼 헤매고 찾아다녔다. 살고 싶다고. 내게 제대로 된 살길을 알려달라고….

다시 선진적이라고 하는 여러 교회의 문을 두드렸다. 살고 싶다고 도와 달라고 했다. 누군가는 거만했고, 누군가는 바빴고, 누군가는 놀라울 정도로 엉뚱한 답을 제시했다. 그리고 대부분의 누군가는 친절

했지만 감당하고 싶지 않아 했다. 누구도 정신없이 쓰러지는 나를 기꺼이 안아주지는 못했다. 그리고 거의 정신이 없는 상태로 지금여기교회의 소인님께 전화를 드렸다. 소인님은 대뜸 데리러 온다고 하셨다. 그리고 집에서 그리 힘들면 당분간 교회에 머물자고 하셨다. 명쾌하고 간단했다. 시원했다. 나는 오케이 하고 짐을 쌌다. 그렇게 지금여기교회와의 인연이 시작된 게 1년이 다 되어간다. 지금은 어떠냐고? ㅎㅎ 그 답은 충분히 얻었으며 난 충분히 씩씩하게 누구에게나 명쾌하게 그 답을 제시할 수 있는 힘이 생겼다. 그리고 지금 여기를 충분하게 누리며 잘살고 있다. 그 마음을 시로 표현하면 아래와 같다.

맨 오른쪽이 마리님이다

"사랑은 판단하지 않습니다. 사랑은 스스로 괜찮다는 것을 느끼게 해 줍니다. 사랑은 스스로 가치가 있다고, 사랑을 받을 만한 가치가 있다고 알게 합니다. 사랑은 힘을 줍니다. 격려합니다. 보호합니다. 사랑은 기대가 없어요. 바라지 않고 두려워하지 않아요. 사랑은 바꾸려고 하지 않고 받아들입니다. 열려 있습니다. 껴안아 줍니다. 사랑은 아프게 하지 않습니다. 스스로 반성하게, 스스로 깨닫게 합니다.

사랑은 같이 있습니다. 들어줍니다. 사랑은 아픔과 함께합니다. 누구의 아픔이 아니라 그냥 아픔이라서 들어줍니다. 사랑은 모든 것을 고쳐줍니다. 치유합니다. 결국 고칠 필요 없다는 것을, 치유할 필요 없다는 것을 알게 합니다. 너도 사랑, 나도 사랑입니다. 앞에 있는 나무도, 지금 마시는 차도, 내려오는 비도 사랑입니다."

지금여기교회를 지금여기에

지금여기교회는 되면 하고 되지 않는 일은 깨끗이 포기한다. 묻지 않는데 대답하지 않고, 가고 옴에 연연하지 않는다. 내 안의 하나님을 찾고 깨달아 지금 여기에서 천국을 누리는 데 집중한다. 교회는 그것을 위해 존재하고 그것이 아니면 멈춘다. 교회의 주인은 예수 그리스도이시다. 그분이 교회를 이끄시도록 하여 우리 모두가 그분이 이끄는 곳에 이르도록 온몸과 마음을 다할 뿐이다.

교회는 시몬이 베드로가 되는 곳이다. 육의 아버지 아브람에서 영의 아버지 아브라함이 되는 곳이다. 육의 어머니 사래가 영의 어머니 사라가 되는 곳이다. 육의 아들 이스마엘에서 영의 아들 이삭을 낳아 영원한 웃음을 되찾는 곳이다. 그 믿음 위에 우리의 신앙고백은 놓여 있다.

우리는 이와 같이 믿습니다. 존재의 근원이시오 생명이시며 끊임없이 창조하시고 인간의 이해를 넘어 절대 선을 이루시는 하나님! 당신은 한결같은 사랑으로 우리를 옹글게 비춰주시며, 당신 품 안에서 우리를 자유롭게 하십니다. 당신은 처음부터 끝까지 우리와 함께하시며, 각자의 눈높이에서 당신을 보여주시고, 당신을 알게 되기까지 기다리며 지켜보십니다. 하나님 말씀을 몸으로 살아 우리에게 삶의 바른길을 가르치시는 예수님! 당신은 우리가 힘들 때 몸소 받으신 고난으로 평화와 위로를 주시며, 진실을 깨우쳐 참 자유가 됨으로써 하나님과 하나 되는 길을 우리에게 보여주

십니다. 당신은 경계이면서 경계를 넘어 계시고, 모순이면서 모순을 통일하시며, 약하고 가난한 이들의 영원한 친구십니다.

존재의 근원에서 나오는 소리로 우리를 이끄시며, 어머니 손길로 우리를 어루만지고 우리의 모자람을 채워주시는 성령님! 당신은 우리로 하여금 사랑으로 향하게 하는 하나님의 성품이시며, 벼랑 끝에 세우시고 그 벼랑을 건너뛰게 하는 힘이십니다.

한 분 스승 안에서 같은 길을 가는 길동무요, 그리스도의 십자가와 부활을 삶으로 실천하여 그분의 뜻과 영성을 구현하는 교회여! 당신은 하나님 안에서 진실과 정의를 깨닫고 여럿이 함께 사는 법을 가르쳐주시며, 우리를 있는 그대로 받아주는 핏줄을 넘어선 가족입니다.

하나님의 메시지로서 우리에게 예수의 길을 보여주시는 성경이여! 당신은 인간의 역사와 말씀을 통해 하나님을 가르치면서 인간의 언어가 닿을 수 없는 곳을 가리키십니다. 당신을 통해서 우리를 향한 하나님의 참사랑을 느낄 수 있고, 중심으로 다른 사람을 이해하고 받아들일 수 있습니다(관옥).

이 교회를 주님께서 어디로 이끄실지 그리고 어떻게 쓰실지 아무도 모른다. 그것은 우리의 관심의 대상도 아니고 관심할 필요도 없다. 다만 오늘 우리를 통해 주님께서 당신의 사역을 잘하시도록 우리를 내어 드릴 뿐이다. 교회가 그리스도의 훌륭한 도구가 되었다면 더 이상 무엇을 바라겠는가?

"주님, 좋은 성도는 지금 여기로 보내지 않아도 됩니다. 다만 아무도 돌보는 이 없어 저희라도 괜찮다면 보내 주십시오. 정성과 사랑으로 당신의 손

빌이 되어 섬기겠습니다. 다만 바람이 있다면 그 일을 하고 있는 동안 저를 찾을 수 없도록 저를 늘 지켜봐 주소서"(소인의 기도문 중에서).

더불어숲동산교회

이 도 영

(목사, 화성 더불어숲동산교회)

더불어숲동산교회는 선교적 교회(missional church)를 지향한다. 선교적 교회의 핵심은 교회가 교회 자체를 위해 존재하는 것이 아니라 이 세상을 회복하시는 하나님의 선교를 위해 존재한다는 것이다.

예배당 내부

선교는 교회가 하는 여러 사역 중 하나가 아니라 교회 자체가 선교하는 교회다. '선교와 함께하는'(church with mission)이 아니라 '선교적 교회'(missional church)다. 교회가 선교를 소유하고 있는 것이 아니라 선교가 교회를 창조한다. 교회는 하나님의 선교에 동참하도록 부름받아 세상으로 보냄 받은 하나님 나라의 백성 공동체다. 선교적 교회는 이러한 선교적 사명을 최우선으로 삼고 끊임없이 "하나님은 우리로 하여금 현재의 시대적, 정치적, 사회적, 문화적 상황에서 어떤 존재가 되고 무엇을 하라고 부르시는가?"라고 자문해야 한다. 더불어숲동산교회는 이런 문제의식 속에서 "하나님 나라의 신학과 십자가의 영성과 성령의 능력을 갖춘 급진적 제자공동체를 통해 공교회성과 공동체성과 공공성을 회복하는 선교적 교회가 된다"라는 비전을 품고 2010년 1월 경기도 화성시 봉담읍 동화리에서 시작된 교회이다.

특별히 '공동체성과 공공성을 회복하는 선교적 교회'라는 비전을 갖게 된 것은 교회의 위기와 관련이 있다. 많은 신학자가 현대 교회의

분립개척 파송 예배

가장 큰 문제로 '복음의 본질'과 '복음의 공공성'을 잃어버린 것을 꼽는다. 복음의 본질에 대한 고민은 "교회가 도대체 무엇인가?" 하는 교회의 본질과 정체성에 대한 고민을 낳는다. 복음의 공공성에 대한 고민은 "교회는 얼마나 세속사회 속에서 설득력 있는 방식으로 존재하는가?" 하는 교회의 타당성과 적합성에 대한 고민을 낳는다. 더불어숲동산교회가 '공동체성과 공공성을 회복하는 선교적 교회'라는 비전을 갖게 된 이유가 바로 여기에 있다. 교회의 정체성에 대한 고민은 교회의 본질인 공동체성을 회복해야 하는 비전을 낳았고, 교회의 적합성에 대한 고민은 복음의 공공성을 회복해야 하는 비전을 낳았다. 공동체성은 교회의 구심력을 나타내며 공공성은 교회의 원심력을 나타낸다. 원심력과 구심력의 균형을 갖출 때 교회는 선교적 사명을 다하는 공동체가 될 수 있다.

초기 교회는 이 두 가지의 균형을 잘 잡은 교회였다. 공공성을 실천했기 때문에 사람들에게 칭찬받는 교회였고, 유무상통을 실천할 정도로 공동체성을 보여주었다. 더불어숲동산교회는 공동체성을 지켜내기 위해 '공동체형 양 날개 교회'를 추구했다. 공동체형 양 날개 교회란 대그룹과 소그룹 모두를 강조하는 교회를 의미하지만, 무엇보다 사도행전에 나타난 초기 교회의 모습을 닮는 교회를 말한다. '공동체형 양 날개 교회'는 성장과 성숙을 모두 붙잡기 위해서 '지속 가능한 적정규모의 분립'을 추구한다. 공동체성을 유지할 수 있는 일정 정도의 규모 이상으로 성장하면 분립해야 한다. 이를 위해 우리는 2017년 겨울 청장년 150여 명과 주일학교 100여 명 출석하는 작은 교회이지만 분립개척을 하였다. 핵심 멤버 중심으로 약 20명 정도 참여하여 화성시 상신지구에 '향남 아름다운교회'를 분립, 개척하였다.

지역을 섬기는 교회

복음의 공공성 회복을 위해 더불어숲동산교회는 지역을 섬기는 교회가 되려고 했다. 선교적 교회가 제기하는 매우 중요한 질문 중 하나는 이것이다. "교회가 그 지역에서 타 지역으로 옮겨진다면 그 지역은 무엇으로 그 교회가 존재하지 않는다는 사실을 알 수 있는가?" 건물, 교통체증, 주차 문제, 소음 문제 등등? 이러한 현실이 얼마나 안타까운 일인가? 그 지역만의 필요를 알아내고 그 지역을 섬기는 것이 없으니, 지역이 교회를 필요로 하지 않는다. 지역 교회는 반드시 지역의 '공공재' 혹은 '공유재'가 되어야 한다. 그렇지 않기에 지역이 교회를 필요로 하지 않는다. 진정한 교회라면 지역이 교회를 붙들게 만들어야 하는 것 아닌가? 바로 이런 문제의식이 지역의 공유 공간(platform)으로서의 교회를 세우도록 하였다. 감사하게 이러한 노력이 인정되었는지 2020년 가을에 '더불어숲 페어라이프센터'가 화성시 지정 공유 단체 제1호로 선정되었다.

더불어숲동산교회가 지역을 섬기기 위해 품고 있는 비전 중 하나가 '마을 만들기'이다. 마을 만들기의 핵심 가치를 표현하기 위해 우리는 다음의 세 가지 '주장'(catchphrase)을 내세웠다. ① 마을은 단지 사는 곳이 아니라 상상하는 곳이다. ② 마을에 복지를 베푸는 것이 아니라 마을이 곧 복지다. ③ 마을 만들기의 자원은 이미 마을 안에 다 있다.

지역을 섬기기 위해 '페어라이프 센터'라는 마을 만들기 시민단체를 만들었다. 우리는 '페어라이프'에 대한 구체적인 사역을 위해 여덟 가지 핵심 개념(keyword)을 만들었다. ① 함께 짓는 공간, ② 공정무역, ③ 문화예술, ④ 나눔과 환대, ⑤ 사회적 경제(공유경제), ⑥ 배움

(교육), ⑦ 생태, ⑧ 공유 공간이다. 지면 관계상 몇 개만 강조하여 설명하고 다른 것은 약식으로 서술하겠다.

첫 번째는 '함께 짓는 공간'이다. 맥루한은 "매체가 메시지다"라고 말했다. 매체 자체가 메시지를 준다는 말이다. 교회 공간도 마찬가지다. 아무 말을 하지 않아도 공간 자체가 메시지를 준다. 우리가 하는 모든 사역과 사용하는 모든 말과 몸담고 있는 모든 공간에 하나님 나라의 가치가 담겨 있어야 한다. 공간 자체가 하나님 나라의 가치를 보여주는 표지라면 "공간 자체가 성례이다." 특히 우리는 생태, 협동, 공유의 가치가 공간에 담기도록 했다. 단순한 재활용(recycling)을 넘어 창의적 재활용(upcycling)*을 추구한 이유이다.

공간과 관련하여 하나만 소개하자면 공동주택(cohousing)** 운동이다. 마을 만들기 운동으로 시작했지만 더불어숲동산교회의 꿈은 도시 변화이다. 도시 전체에 공평과 정의가 이루어져 생명과 평화가 넘쳐나는 도시, 즉 '공정한 도시'(fair city)가 되도록 하는 꿈이다. 특히 앙리 르페브르가 말한 "도시에 대한 권리"를 실천하여 시민들의 공간 주권을 회복하고 싶었다. 이를 위한 한 방편으로 우리는 공동주택 사역을 실험하려 했다. 하지만 여러 차례 진행하는 중에 우리 공동체가 감당하기에는 너무 큰 차원의 문제임을 깨닫고 약간 속도를 늦추어 화성시 그리고 지역 운동과의 연대 속에서 진행하고 있다. 사회주택

---

* 재활용을 뜻하는 리사이클링(recycling)과 리사이클링의 차원을 높였다는 뜻의 업그레이드(upgrade)를 합하여 만들어진 신조어. 이는 과거 자원과 환경만을 위한 '재활용'의 차원을 넘어 현대적이며 예술성 높은 디자인으로 거듭나는 '새활용'을 뜻한다(편집자 주).

** 코하우징(cohousing)은 거주자가 소유한 개인 공간 외에 별도의 공용 공간이 있어 다른 거주자들과 활동 공간을 공유하여 사용할 수 있는 공동주택을 말한다(편집자 주).

공동주택 컨퍼런스

협회 이사인 최경호 정책위원장을 모시고 "사회적 공동체 주택의 가능성을 묻다"라는 주제로 '화성, 주거권 정책간담회'를 열면서 화성시 지속가능발전협의회가 주최하고 화성시 비서실과 화성시의원 그리고 지역사회의 다양한 주체들이 참여한 정책간담회를 여는 걸 시작으로 운동의 범위를 넓혀가고 있다.

공동주택 사역과 관련된 이야기가 하나 있다. 앞서 진정한 교회라면 지역이 교회를 붙들게 만들어야 한다고 했는데 그것을 실감하는 일이 생겼다. 하루는 아내가 다양한 시민운동 혹은 마을 운동 주체들과 이야기를 나누는 자리에서 농담조로 이런 말을 했다고 한다. "봉담도 땅값이 너무 비싸서 공동주택 운동을 실현하기는 불가능한 것 같아요. 땅값이 싼 다른 도시로 가서 새로 개척해야 할 것 같아요." 이 말을 들은 분들이 이렇게 얘기했다고 한다. "떠나지 마세요. 더불어숲동산교회는 봉담에 꼭 필요해요. 우리가 싸게 공동주택 사역을 할 수 있는 땅을 알아봐 드릴게요." 지역이 붙드는 교회, 이것이 현실이 되다니. 이 말을 전해 들은 나도 감동을 받을 정도였다. 그동안 마을 만들기 운동을 했던 우리의 수고가 헛되지 않았다는 확증처럼 들렸다. 더 놀란 건 진짜 땅을 알아봐 줬다는 사실이다. 상상도 못 할 가격의 땅 800평이 나와 있었다. 부동산에도 나오지 않아 마을 사람들만 알음알음으로 알고 있는 땅을 소개해 준 것이다. 위치도 교회와 멀지 않아 너무 좋은 땅이었다. 현재는 그 땅이 아닌 다른 땅에 추진하려 하고 있지만 그 과정을 통해 우리는 큰 위로와 확증을 얻었다.

둘째는 '공정무역'(fair trade)이다. 대형 교회는 교인들만 이용하는 카페를 가지고 있고, 소형 교회는 생존을 위해 카페를 운영하는 경우가 많다. 하지만 카페에도 하나님 나라의 가치가 담겨 있어야 한다. 지속 가능하고 참여하고 소통하는 마을 만들기를 꿈꾸는 '페어라이프 센터'는 지역 사람들과 소통하는 공간인 카페를 공정무역카페로 운영하여 하나님 나라의 가치를 실현하려 했다.

공정무역 카페를 열면서 시작한 공정무역 활동이 본격적으로 지역사회와 소통하며 열매를 맺기 시작한 것은 2015년에 처음으로 시작된 '공정무역교실'을 통해서다. 공정무역교실은 '아름다운 커피'와 함께 '공정무역 시민 대사'를 양성하는 교육 과정이다. 보통 이 과정을 밟기 위해서는 서울까지 올라가야 한다. 하지만 이 공정무역교실은 지역 스스로 기획하고 인원을 모으고 진행한 최초의 사례이다. 이 과

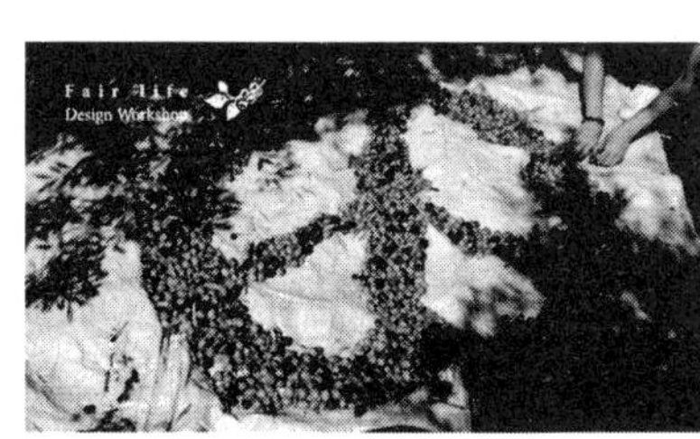

정을 마치고 나면 지역의 중고등학생들이나 다양한 모임(community)을 대상으로 강의할 수 있는 자격증이 생긴다. 이 과정을 통해 자격증을 취득한 시민 대사들은 지역의 학생들과 여러 모임에 가서 공정무역에 대한 강의와 토론을 진행하고, 아이들은 스스로 공정무역 선전 활동을 기획하고 실행하면서 공정무역을 알린다. 제1회 공정무역 교실을 통해 총 20명이 소비자에서 공정무역 운동의 주체가 되었고, 그 중 11명이 공정무역 시민 강사가 되어, 지역 내 아홉 학교에 파견됐다. 그들이 총 330명의 학생을 대상으로 공정무역 수업을 진행하였다. 이 운동의 의미를 받아들여 2018년에는 화성시가 주최하고 화성공정무역협의회가 주관하여 "화성시 공정무역 시민 대사 및 활동가 양성 과정"을 열었는데 총 64명(동부권 27명, 서부권 37명)이 참여했다. 게다가 이런 노력들이 인정되어 9월 28일에는 페어라이프센터와 아름다운 커피가 '공정무역 시민 대사 콜라보 프로젝트'로 공식 협약을 맺었고, 제2기 공정무역 교실을 마친 분들을 정식으로 공정무역 시민 대사로 임명하는 협약식을 가지게 되었다. 2015년부터 지역에서 자발적으로 시작된 작은 움직임이 이렇게 아름다운 열매를 맺게 된 것이다.

이러한 움직임은 지역에 아주 좋은 호응을 얻었을 뿐 아니라 도시 전체에 대한 비전으로까지 확장되었다. 2017년에는 화성에 있는 네 교회가 함께 '한국공정무역협의회'와 '공정무역교회 협약식'을 가짐으로 교회가 지역의 중심이 되어 공정무역 운동을 펼쳐나갈 수 있는 기반을 마련하게 되었으며, 민간 단체들로 이루어진 '화성공정무역협의회'를 창립하는 데 주도적인 역할을 하였다. 여기에 더해 경기도의회가 경기도에 속한 모든 도시들을 '공정무역 도시'가 되도록 하는 운동을 주도하면서 이미 화성에서 이 운동을 주도하고 있는 '페어라이프센

카페

터'와 연계하여 이 사역을 하고 있고, 9월에는 "경기도, 공정무역을 품다"라는 주제로 '국제 공정무역 컨퍼런스'를 열었다. 이런 성과는 고스란히 페어라이프센터의 기반인 화성시에도 영향을 끼치게 되었고, 한국공정무역협의회, 화성공정무역협의회 그리고 화성시가 함께 '화성시 공정무역 도시 추진을 위한 업무협약식'을 맺는 결과를 낳았다. 이러한 결과는 결국 경기도의회가 주최하고 경기도주식회사와 한국공정무역협의회와 더불어숲 페어라이프센터가 공동 주관하는 행사, 즉 2018년 10월 29일에 화성시 동탄복합문화센터에서 열리는 '개막식 & 국제컨퍼런스'를 시작으로 11월 11일까지 경기도 10개의 도시에서 2주간 동시에 진행되는 '2018 경기 공정무역 포트나잇(fortnight)'* 으로까지 확산되었다. 개막식은 10개의 도시가 함께했지만, 폐막식은 도시별로 했는데 화성시 폐막식은 우리 교회에서 했다. 또한 2019년 경기 공정무역 포트나잇 행사 중에 한국에서 개별 커뮤니티로서는 최

* 포트나잇(fortnight)은 14일(2주간)을 의미한다. 두 주간 동안 진행된 행사이다(편집자 주).

초로 세계공정무역마을위원회에서 인정한 제1호 '공정무역교회'로 인증되었다. 한국에 수많은 모임과 단체가 있는데 교회가 '공정무역 커뮤니티' 제1호가 된 것이다.

셋째는 '문화예술'이다. 평소에 가장 많은 프로그램이 돌아가는 영역이다. 소개할 것이 너무 많아 생략한다. 넷째는 '나눔과 환대'이다. 바자회나 벼룩시장, 크리스마스 마켓 등의 수익금으로 소외된 이웃을 섬긴다. 다섯째는 '사회적 경제'(공유경제)이다. 페어라이프센터는 그동안 봉사자들로 운영하고 있던 '공정무역카페'를 35명의 조합원으로 구성된 '사회적 협동조합 더불어숲'으로 전환하여 사회적 경제를 일구며 취약계층을 돕고 지역사회 재생과 공익 증진에 힘쓰고, 지역사회를 위한 마을 만들기의 새로운 경제모델을 제시하고 있는 중이다. 참고로 우리 공정무역 카페는 '화성시 제1호' 사회적 협동조합이다. 조합원 중 일부가 자발적으로 청소협동조합 '사람과 청소'를 만들어 새로운 협동조합 모델을 시험하기도 하였다.

여섯째는 '배움'(교육)이다. 여건상 대안학교를 바로 만들 수 없어서 토요일에만 진행하는 대안학교를 만들었다. 2013년 경기문화재단에서 프로젝트를 수주하여 시작된 '토요일만 열리는 예술학교'는 성도들의 재능기부를 통해 커뮤니케이션 디자인을 배우고, 직접 노랫말을 만들고, 음악을 작곡하고, 음악극 각본을 쓰고, 춤을 배우는 과정에서 대안적 가치를 배우고 있고, 창작 음악극 공연까지 마쳤다. 2014년 봄에는 제주도 공정여행과 '세월호 참사'를 노래한 〈잊지 않을게 0416〉이라는 노래를 작곡하였고, 가을에는 '빅 이슈' 아저씨들과 함께 가판과 합창 발표를 하였다. 2015년에는 경기도 교육청에서 야심차게 밀고 있는 '꿈의 학교'로 전환하여 '마을 공동체 교육'이라는 신개

념의 교육을 선도하고 있다. 꿈의 학교는 "화성으로 간 스쿨버스"라는 제목으로 진행됐다. 버스를 타고 유명 대학의 교수가 아니라 지역 내의 숨은 고수를 찾아가는 것이다. "화성으로 간 스쿨버스"의 부제가 "우리 동네 재미있을 지도"다. '지도'가 주요 개념이다. 배워야 할 것을 주입식으로 암기하는 것이 아니라 '같이' 여행하며 '가치' 있는 삶이 무엇인지 배우고 '대안적 지도'를 만들었다.

일곱째는 '생태'이다. 화성을 생태도시로 바꾸는 비전을 가지고 있으며, 일회용 쓰는 것을 지양하기 위해 자신의 컵을 가지고 와서 사용하고 있으며, '텀블러도서관'과 '그릇도서관' 등을 통해 일상을 생태의 가치로 전환하는 일을 하고 있고, 가급적 지역 내 농산물과 제품 그리고 생협 제품을 구입하고 있으며, 텃밭 가꾸기 등으로 지역 먹거리(local food) 운동을 시험해 보았고, 공간 자체를 생태적 관점에서 배치하였고, 창의적 재활용 운동과 아나바다 운동을 실생활에 적용하고 있으며, 공정무역 카페를 '무포장 가게'로 했고, '공유 냉장고'를 통해 음식을 아낄 뿐 아니라 공유와 나눔의 가치를 실천하고 있으며, 에너지 자립마을에 대한 구상과 함께 사순절 탄소 금식 홍보 활동 등을 하고 있다.

마지막은 '공유 공간'(플랫폼)이다. 새로운 생태계를 만드는 공동체가 세상에 강력한 영향력을 끼칠 수 있다. 공유 공간이란 자발적인 참여자들의 상호작용으로 새로운 가치와 혜택을 제공해 줄 수 있는 상생의 생태계를 말한다. 개방하고, 연결하고, 협력하고, 공유함으로 창조적인 상승효과가 나타나는 공유 공간을 만들기 위해 교회가 기획 및 조정자(curator) 역할을 할 수 있다고 본다. 처음부터 페어라이프센터 공간을 지역 주민들이 적극적으로 활용하도록 하였으며, 이렇게 지역과의 소통이 이루어지기 시작하면서 '마을의 공유 공간'으로서의 기능이 활성화되고 있다. 지역 내의 여러 단체가 먼저 찾아와 공간을 활용하기를 원하고 있다.

'쿡 창의요리 연구소'에서 '동화쿡 요리쿡'(3회)을, '화성환경운동연합'에서 '숲 안내자 양성 과정'(8회)을 진행했고, '화성시 보육교직원 교육' 같은 굵직한 세미나들과 화성시 '창의지성센터'의 강의가 화성시에서 진행하는 세 곳 중 하나로 지정되어 교회 공간에서 열리고 있다. 자체적으로 진행하던 '마을학교'를 '화성의제21실천협의회'와 함께 "마을, 새로운 세상을 꿈꾸다"라는 주제로 진행하여 오마이뉴스 오연호 대표, 환경운동가 최병성 목사의 강의와 세월호 유가족과의 간담회를 개최했다. 올해도 전체 프로그램 중 정승관 선생님(전 풀무고 교장), 양정숙 씨(로봇다리 세진이 어머니)의 교육 특강과 임완수 박사를 모시고 진행하는 '커뮤니티 맵핑' 프로그램을 진행하고 있다. 또한 '화성시사회적공동체지원센터'에서 주관하는 2015년 마을 만들기 활동가 워크숍이 '여우마을 (여기서 우리 마을을 이야기하자) 워크숍'이 되었다. 그 외 크고 작은 사역들이 페어라이프센터를 통해 이루어지고 있다. 그 결과 2016년 9월 26일에 인근에 있는 협성대학에서 "화성,

Fair City를 꿈꾸다"라는 주제로 열린 "마을과 도시 열린 컨퍼런스"로 작은 열매를 맺게 됐다. 마을 만들기 비전이 도시의 비전으로 확산된 것이다.

이런저런 소그룹 모임과 세미나, 마을학교 등을 통해 페어라이프센터의 공간이 2014년부터는 공유 공간으로서의 제 기능을 발휘하기 시작했다. 2015년 가을 페어라이프센터 공간 활용도를 조사해 보니 뜨개질, 영어, 바느질, 독서클럽 등 주간 소그룹 워크숍이 20여 개 정도 진행됐고, 공정무역 교실, 꿈의 학교, 도서관은 예술학교, 학습동아리 등 마을 공동체 교육 프로그램이 200여 회 진행되었으며, 일반 카페 이용자가 1,000여 명 그리고 다양한 대관 프로그램을 통해 마을 주민 2,000여 명 정도가 이 공간을 이용했다.

타자(他者)를 위한 교회

우리는 교회가 이 땅의 소외된 자들을 위한 공동체(타자를 위한 교회)가 되어야 한다고 생각했다. 그동안 한국 주류교회는 이 땅의 소외된 자들을 위한 교회가 되지 못했다. 상처 입은 자들의 고통과 약자들의 울음에 반응해야만 하는데 대부분의 교회는 그렇게 하지 못했다. 둘째로 기독교는 피해자들의 탄원을 신원하시는 하나님의 정의에 동참해야 하는데 그렇게 하지 못했다. 현실 기독교의 가장 큰 실수 중 하나는 가해자의 죄가 사해지는 것만을 강조했을 뿐, 피해자의 수치와 상처와 탄원에 대해서는 귀를 기울이지 않았다는 데 있다. 십자가가 가해자의 죄만을 해결하는 것이 아니라 피해자의 탄원 또한 해결한다는 사실을 외면하였다. 셋째로 기독교는 예언자적 종교임에도 불

세월호 공방

구하고 그 사명을 감당하지 않았다. 대부분의 교회는 이 땅의 불의에 침묵할 뿐이었다.

나는 더불어숲동산교회가 이런 교회가 되게 하고 싶지 않았다. 그래서 세월호 참사가 발생한 후 그것에 대해 피를 토하며 설교했다. 그랬더니 핵심 교인 세 가정이 교회를 떠나려고 했다. 정치적인 교회가 되고 있다는 이유다. 모두 만났다. 만나보니 내 표현의 미숙함 때문이지 모두 교회를 사랑하는 분들이었다. 대화 후 일단 남아있기로 했다. 어떻게 되었을까? 모두 적극적인 참여자나 지지자가 되어주셨다. 매주 수요일마다 합동분향소 유가족 부스에서 자수공방을 통해 세월호 유가족을 섬기는 일, 청소년부와 함께한 '안전사회 캠페인', 세월호 참사 1주기 광화문 집회, 세월호 유가족 목요기도회, 성탄 연합예배 등에 동참했다. 세월호 2주기 추모제에는 304명의 청소년과 함께 '토요일만 열리는 예술학교' 아이들이 작곡한 〈잊지 않을게 0416〉을 함께 불렀으며, 2017년 12월에는 세월호 가족들로 구성된 극단 '노란리본'의 연극 〈이웃에 살고 이웃에 죽고〉를 우리 교회에서 공연하였고, 4주기 때는 영만 어머니와 창현 어머니를 모시고 기념 예배를 드리기도 하였다.

가장 중요한 결과는 이를 계기로 '사회선교부'가 생겨났다는 점이다. '사회선교부'는 이 땅의 소외된 자들을 위한 기독교인의 정치 참여를 고민하고 학습하며 실천하는 부서이다. 사회선교부 주관으로

미투수다회

촛불 탄핵 광화문 집회에 참여하기도 하고, 대선 당시 "기독교인 어떻게 투표할 것인가?"라는 포스터를 제작하여 게시하기도 했다. 2018년 제주도에 무사증 제도를 이용해 예멘인 561명이 입국하면서 발생한 제주 예멘난민 사태가 일어났을 때는 난민과 전문가를 모시고 '마을it수다, 난민수다회'를 가졌다. '#MeToo 운동'이 시작되자마자 사회선교부 주최로 '#MeToo 수다회'를 열기도 하였다. 이처럼 사회적 의제가 발생할 때마다 성경적 시각으로 어떻게 해석하고 실천해야 하는지 함께 고민하는, 실천하는 부서가 사회선교부이다.

이번 코로나19 대유행 사태가 발생했을 때는 두 차례 특별헌금을 하여 어려운 교회 돕기 혹은 월세 지원하기를 하였다. 난민의 자립을 위해 설립된 'YD케밥하우스'를 돕기도 하였다. 하지만 무엇보다도 '마스크 나눔 캠페인'을 통해 다양한 사역을 했다. 자원하는 10명 이내의 성도님들과 함께 면 마스크를 만들었다. 물론 직접 모여 작업을 하지 못하는 분들은 집에서 만들어 왔고, 재능이 부족한 분들은 재정적으로 기부를 해주셨다. 그렇게 시작된 작은 일에 하나님께서 놀랍게 역사하셨다. '마스크 나눔 프로젝트'는 두 달 동안 100여 명의 후원자와 자원봉사자들이 함께 참여해 주시는 귀한 여정이었다. 2,680,630원의 후원금이 모아졌고 대구, 밀양, 이천, 인천, 화성 등 11곳의 기부처에 다섯 차례에 걸쳐 1,600여 장의 면 마스크와 함께 150상자의 생필품을 전달했다. 정성껏 만들어서 보내주신 마스크는 물론이거니와 기부해 주신 물품들까지 돈으로 환산한다면 1천만 원이 훌쩍 넘는 나눔이었다.

무엇보다 잊히지 않는 것은 화성 지역에 있는 미등록 외국인 노동자분들에게 면 마스크와 생필품을 전달해 드렸을 때, 신분 노출을 꺼릴 것이 당연하였기에 사진은 민감한 일이니 괜찮다 말씀드렸는데도 마음이 가득히 담긴 사진을 보내주셨던 일이다. 직접 교회에 찾아와 감사하다는 말도 전한 미등록 외국인 노동자분도 계셨다. 물론 '돌봄'이라는 키워드를 붙들고 학교에 가지 않은 아이들을 모아 '집밥학교'를 한 것도 있었지만 여기서 자세히 다루지는 않겠다.

인천 지역
작은교회운동

김성률 _ 하나님, 공동체, 이웃, 함께하는교회

이준모 _ 소외계층과 함께 내일을 여는 해인교회

최영민 _ 언덕나무교회 이야기

하나님, 공동체, 이웃, 함께하는교회

김 성 률

(목사, 인천 함께하는교회, 좋은나무학원 원장)

'함께하는교회'는 2011년 3월 13일 경기도 일산의 한 가정집에서 네 가정이 모여 예배를 드리고 교제하는 것으로 첫 모임을 시작하였다. 현재는 인천시 계양구 효성동에서 열네다섯 가정 정도가 모여 함께하고 있다. 신학을 전공하고 기존의 목사와 전도사로 교회 사역을 하여도 사례비가 책정되어 있지 않고 별도의 직업을 가지고 있다. 설교를 포함하여 지도력을 다양하게 나누어 자신의 사역과 삶의 형태를 존중한다.

이제 만 9년이 되었다. 하지만 여전히 선교적 여정에 있어선 시행착오를 겪고 있다. 그 경험을 솔직하게 나누면서 고민하며 가고 있다. 복음주의 신앙의 토대에서 삼위일체(Trinity), 성서적(Biblical), 선교적(Missional), 공동체(Community), 삶(Life)의 가치를 가지고 지역과 보냄 받은 현장에서의 삶을 중시한다. 교회가 운영하는 북카페바오밥, 좋은나무학원, 마을교육문화센터인 함께하는커뮤니티(비영리법인)를 통해서 마을과 소통하고 있다. 말씀과 기도 모임 등의 공동체 내부 모임, 독서 모임 등의 경계형 모임 그리고 지역사회의 동아리 모임 등을 통해 만나는 이웃과 아이들에게 귀를 더 기울이려고 한다. 우리 자신이 선교적 이해와 감성을 내면화하고 다양한 상황에 대해서 하나님의 마음으로 반응하려고 분투하고 있다. 선교적 여정에서 겪은 개인 인식의 변화와 공동체의 경험을 나누려고 한다.

틀의 변화: 선교의 재인식

지역 교회의 선교적 이해에 있어서 새로운 전망은 상당히 중요하다. 이 점에서 구약학자 크리스토퍼 라이트가 쓴 두 권의 책『하나님의 선교』와『하나님 백성의 선교』를 만난 것은 행운이다. 그는 보냄 받은 현재의 일상에서 선교적 "영향력을 끼치지 못하는 신학은 신학이 아니다"라고 주장한다.

그의 책을 읽다 보면 그동안 생각해 온 전통적 선교의 의미가 새롭게 해석된다. 그는 우리가 이미 정의한 선교, 즉 타 문화권 복음 전도 사역이 중요하지만, 그것을 다양한 '선교 활동' 중의 하나로 정의한다. '선교'가 온 창조세계를 통치하시는 삼위일체 하나님의 구속 과정의 다스림에 참여하는 일이라고 정의한다면, '선교 활동'은 그 안에서 구체적으로 행해지는 수많은 다양한 활동을 포괄한다. 전통적 개념에서의 '해외 선교 활동'에서부터 아이를 '어린이집에 데려다주고 오는 일상의 선택들'도 포함되는 것이다. 하나님의 성품과 계획에 부합된 다스림 안에 우리가 머문다면 그것은 선교적 삶이 된다. 역으로 모양만 선교적인 경우에는 오히려 비선교적일 수 있다. 선교에는 우리 일상의 삶이 포함되어 있다. 복음을 입으로 증거하는 일도 있다. 아이를 돌보는 일도 있다. 복지와 예술 활동도 있다. 길 가다 우연히 만난 사람과의 대화조차도 하나님의 통치 안에서 이루어지는 일과 무관하지 않다. 우리가 살아가는 모든 일들이 '선교적 상황'에 직면해 있다. 반대로 선교적인 모양을 갖추었어도 하나님의 다스림 밖에 있다면 그것은 선교가 아니다.

예수님은 전통적인 해외 선교 활동을 하지 않으셨다. 전통적 관점에서 이것은 선교가 아니다. 그는 소외된 여인과 대화를 시도하고, 죄인의 집에 방문하셨다. 배고파하는 이들에게 빵을 주셨다. 그러면서 하나님 나라의 복음을 증거하셨다. 때로는 논쟁도 하셨다. 치유도 하셨다. 상황을 깊이 헤아리는 대화를 하셨다. 예수님은 아버지 하나님의 구속의 여정이 어떤 한 사건의 틀에만 존재하지 않고, 자신의 인생 전반을 통해 이루어진다고 믿으셨던 게 틀림없다.

사도행전에 보면 분명해진다. 바울의 전도 여행 장면에서도 여전히 보내시는 분은 성령님이고, 교회는 그러한 보내심에 응답하여 바울과 바나바를 다른 지역으로 보낸다. 거기서 다양한 일들이 벌어진다. 옥에 갇히기도 한다. 우리가 아는 예배당 안에서만 존재하는 곳이 선교적 여정이 아니다. 복음을 전하는 그 순간만 해당하는 것이 아니다. 앞, 뒤, 옆의 활동이 하나님의 손에 붙들려 주님을 증언한다면 그 모든 것이 선교적인 활동이다. 그들은 여행을 떠나긴 했으나 여전히 성령이 가라는 데로 간다. 보냄 받은 존재이고 그것을 잊지 않는다. 즉, 그들의 여정은 하나님의 다스림을 받는 여정이다.

바울이 겪는 상황은 단순하지 않다. 어디로 갈지 헤매기도 한다. 쫓겨서 도망가기도 한다. 그가 고린도에 보낸 편지들을 보면 얼마나 공격을 당했고, 성도들에게 자신의 깊은 딜레마를 이야기하는 데도 꽤 신중한 모습을 보인다. 사람들을 보내기도 하고, 재정을 돕기도 하고, 잘못을 가르치기도 한다. 그의 선교적 활동은 꽤 넓다.

성경 자체의 증언에서 우리는 보냄 받은 삶에 대한 풍부한 이해를 가질 수 있다. 주님은 지금도 교회를 통하여 자신이 행한 일들을 선교적으로(보내신 분의 통치에 참여하는 다양한 일상성) 이해하고 참여하기를 원하신다.

교회 역사와 개요

첫 모임 — 가정

중국에서 2010년 12월에 귀국하여 2011년 3월에 10년여 기간 동안 알고 지낸 세 가정과 더불어 일산의 한 가정에서 첫 모임을 시작하였다. 한 사람 중심의 지도력보다는 공동의 주체적 신앙과 협력을 기반으로 하자고 마음이 모아졌다. 그래서 담임목사 체제를 없앴다. 각자 자신의 은사에 따라 협력하기로 했다. 서로의 필요를 나누고, 누군가가 맡은 사역이 있다면 그가 주체가 되어 필요한 이들을 소환하는 게 자연스러운 분위기가 되었다. 이러한 생각은 선교지에선 선교의 목적에 맞도록 서로가 팀(team)으로 일하는 자연스러운 방식이다. 그러한 방식이 국내의 교회 안에서도 가능하도록 하는 게 복음을 다른 이들과 나누고 공동체성을 수평적이고 주체적으로 세우는 데 유익하다고 생각했다.

공동의 성서해석과 대화를 일상화하였다. 그 변화는 주일 오전 예배 설교는 돌아가면서 하고, 그 설교 주제를 오후에 전체 나눔을 하는 형식으로 하는 것이었다. 우리는 설립 예배도 드리지 않고, 모임 자체를 단순하게 만들고, 충분한 삶의 나눔을 시도했다. 지나치게 소모적일 수 있는 매뉴얼은 하지 않았다. 유익이 없는 것은 아니지만, 절기 행사들도 대폭 없앴다. 경량화된 구조와 정서를 갖기로 했다. 아침에 모여 저녁까지 함께 성서 나눔과 기도와 교제를 하는 것이 전부였다. 어떤 특별한 프로그램을 도입하지 않았고, 미리 세우는 계획도 없었다. 성서를 읽고 해석하고 기도하고 교제하고 놀면서 서로에게 다가오는 은혜에 따라 주중에 일상에서 그리스도인답게 사는 것이 우리가 1년간 해온 거의 전부였다. 주안점은 흩어져서 살아가는 일이었다. 그리고 모일 때는 그러한 삶을 나누고 새로운 통찰과 은혜를 경험하고 또 살아보는 일이었다.

두 달에 한 번 정도는 1박으로 수련회를 갔다. 역시 우리의 삶과 교회의 길에 대한 나눔을 하고 나머지는 아이들과 더불어 함께 놀았다. 하나님과의 관계와 공동체의 관계에 계속 주안점을 두었다. 그렇게 1년을 지나면서 그전에 알던 한두 가정이 함께하게 되었다.

부담이 있었다. 거주지는 각각 인천과 일산과 남양주로 흩어져 있으면서 일주일에 한 번 모이는 것에 대한 것이었다. 즉, 우리끼리의 예배와 나눔은 좋지만, 지역적 기반이 없는 '집'이라는 뚝 떨어진 공간은 이웃과 상관이 없었다. 내 현장에 대한 기도를 하면서도 구체적으로 공동체로서의 교회가 함께 공유하는 이웃은 없었다. 성서에 대한 공동체적 해석의 범위와 교제의 역동성만큼 실천에 대한 책임성은 상대적으로 약화된 것이다. 결국 우리는 지역 기반을 갖는 교회를 꿈꾸게 되었다. 그러면서 자연스럽게 인천에 한 공간을 얻게 되었다.

교회와 좋은나무학원

신학을 전공하고 전도사와 목사로 1년간 사역했던 세 가정은 일자리를 알아보게 되었다. 집사 한 가정만이 본인들이 하던 일을 하였다. 나는 정수기 회사를 비롯하여 면접을 보면서 여기저기 알아보다가 최종적으로 공부방을 하게 되었다. 예배 모임을 위해 일산으로 1년간 다녔다. 개인적으로는 새로운 경험이었다. 처음에는 빚을 지기도 하였다. 목사로서의 정체성에 혼란을 겪기도 했다. 그러나 계속적인 동료들과의 성경과 독서 나눔, 삶의 어려움을 나누는 과정을 통하여 나를 부르신 주님과 보냄 받은 현장을 연결할 수 있었다. 서로를 격려하면서 한 걸음씩 더 걸어갈 수 있었다.

1년 동안 집에서 공부방을 하면서 아이들의 가정 상황에 대해서 알게 되었다. 첫째, 내가 속한 동네의 경제 상황이 열악했다. 둘째, 한부모 가정도 많고, 경제적으로 취약한 가정도 꽤 있었다. 셋째, 어떤 이들은 정서적인 결핍이, 어떤 이들은 경제적으로 부족한데, 대상에 따라 다가서는 게 중요하다는 사실을 알게 되었다. 넷째, 학습만 아니라 전 인격적 만남이 소중하다는 생각을 하게 되었다. 다섯째, 이러한 만남이 신앙적으로 인도될 수 있다는 생각을 하게 되었다. 결국, 아이들을 교회가 공동으로 함께 돌보자는데 마음을 모았다. 자연스럽게 집이 아닌 공간을 얻게 되었다. 그것은 학원이었다. 주중에는 학원을 하고 학원 사용 이외에는 교회 모임을 했다.

경제 사정이 안 좋아서 돈을 내고 공부 할 수 없는 아이들에겐 무료로 하였다. 학용품과 문제집을 지원하거나 반찬을 매월 정기적으로 나누어주기도 했다. 한 사람씩 알아가면서 그 가정의 필요에 맞게 대응하였다. 공부를 무료로 가르쳐줄지, 학용품을 사줄지, 문제집을 지원할지, 아니면 반찬을 줘야 할지 우리는 할 수 있는 일들을 나누었고, 기도하면서 마음과 재정을 합했다. 그러면서 가정과 아이들의 상황을 좀 더 깊이 이해하게 되었다. 개인적으로는 기독교 교육에 대해서 다시 생각하게 되었다.

주일에 교회에서 잠시 보는 것과 매일 두 시간씩 만나는 것은 전혀 달랐다. 아이들의 민낯을 보게 되었다. 교회 안에는 자신의 부모와 이전부터 알던 이들이 섞여 있어서 말과 행동을 조심하는 편이다. 그러나 학원에서는 여과 없이 말하고 행동했다. 오히려 그게 현실에 가까웠다. 앉혀놓고 설교하고, 잠시 성경공부를 하는 것으로 이러한 아이들과 어떻게 호흡을 맞추고 변화를 가져올 수 있을지 회의가 들기도 했다. 그러나 주일의 만남은 그것대로 이어가면서 주중에 경험한 일들이 잘 반영되도록 하는 것이 현재의 상황에선 중요했다. 주중의 아이들의 모습은 교회 안의 아이들을 대하는 데도 이해와 공감을 넓혀 주었다.

교회와 함께하는 커뮤니티

학원 건물을 얻고 교회 예배를 드리면서 우리가 할 줄 아는 것들이 무엇인지 확인했다. 아이들을 키우는 엄마들은 책 읽어 주는 것을 자신 있어 했다. 기타 연주는 프로는 아니지만, 충분히 즐길 만한 실력을 가진 이가 있었다. 과거 영화판에서 일해 본 이도 있었다. 카메라를 다루는 기술부터 명암에 따른 피사체의 다양성도 배웠다. 실제 영화를 마을에서 찍으면서 동네 아이들과 어른들이 궁금해했고, 자연스럽

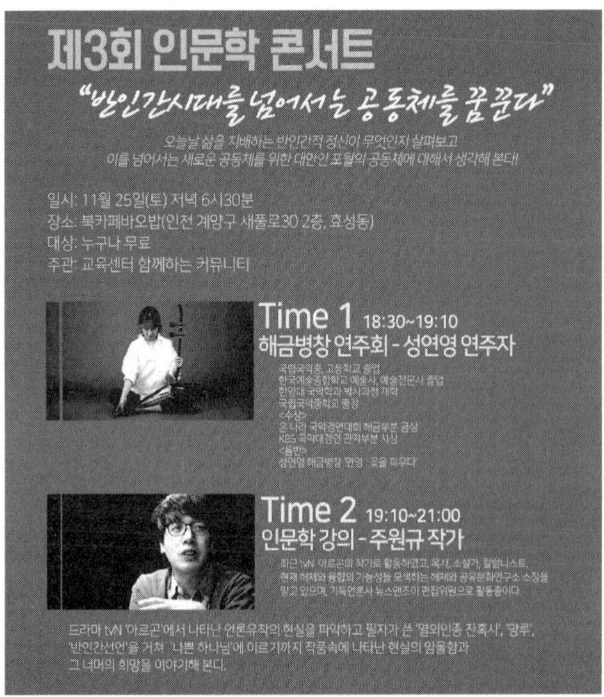

게 집에 초대하여 실내촬영을 하면서 가까워졌다.

우리는 자신이 할 줄 아는 것부터 꺼내놓기 시작했다. 그리고 봄과 가을에는 학원과 동네와 교회 아이들을 함께 데리고 소풍을 갔다. 기억에 남는 것은 숲 탐방이다. 숲 해설을 듣는 것도 좋았지만, 오가며 그 속에서 우리만의 시간을 가지고 서로를 알아가기도 했다. 교회가 가는 소풍에도 학원 아이들과 동네 아이들을 데리고 함께 갔다. 5~6가정이 자기 차에 한두 명씩 책임을 졌다. 그러다 보니 어느 때는 교회에 속한 아이들보다 마을 아이들의 수가 더 많은 적도 있었다.

그 외에도 공예, 미술, 역사, 문학 강좌 등 인문학적 모임들을 열었고, 신학과 교회 관련 세미나도 소소하게 하였다. 이렇게 3년 정도 지나자, 재정이 부족하게 되었다. 규모가 커지고, 강사도 내부만으로는 부족하여 외부 강사를 모셨다. 집에 와서 생각하다가 그전에는 크게 관심을 두지 않던 계양구청 홈페이지에 들어가 보았다. 마감 2주 전인데 '마을 공동체 사업 공모'가 공지되어 있었다. 이번에 우리가 공모를 하는 것이 어떤지 의논하여 하기로 결정했다. 마을주민 다섯 명 이상의 서명, 비영리법인, 정관, 프로그램이 있으면 기본적으로 응모할 수 있었다. 이렇게 해서 함께하는 커뮤니티라는 우리들만의 작은 모임은 '비영리법인 함께하는커뮤니티'가 되었다.

그동안 해오던 많은 프로그램들이 있었는데, 인문학 강좌와 마을 연주회 등 재정이 더 필요한 부분들이 해결되었다. 교회와 참여자 그리고 마을 공동체 지원사업이 만나서 확장된 모임들을 가지게 되었다. 그런데 5~6년 해오면서 장단점이 있음도 알게 되었다. 우리 안에서 서로의 재능을 살려 소소하게 모일 때는 우리 모두가 참여하는 느낌이 있었다. 규모가 작더라도 서로 모여 밥도 먹고 모두가 함께하는 분위기였다. 그런데 외부 전문가가 참여하면서 규모도 커지고 우리로서는 할 수 없는 영역들이 생겼다. 몇 명이 잘 기획하여 진행하고, 대다수는 단순 참여자가 되었다. 하나를 얻고 하나를 잃은 느낌이었다. 그러면서 어느 한쪽으로 모든 것을 의존하는 것은 한계가 있다는 생각을 했다. 우리가 주체적으로 할 수 있는 것과 지원을 받아 하는 것과의 균형이 중요하였다.

교회와 북카페바오밥

2013년 6월 21일 '북카페바오밥'이 문을 열었다. 개척한 지 2년이 조금 더 된 때였다. 사실 카페를 여는 일은 생각지 못했던 일이다. 동네 사람이 되어가면서 자연스럽게 나타난 결과였다. 집에서 예배한 지 일 년, 학원에서 예배한 지 일 년이 지난 때였다. 간판 없이 예배 모임을 했더니 이단이 아니냐는 이웃들의 의혹이 있었다. 또 우리가 모인 공간이 비좁다는 느낌도 받았다. 아침에 부부가 싸우기라도 하면, 자기 표정을 다른 성도들에게 숨기기 어려운 상황도 되었다. 의도치 않은 눈총도 받았다. 학원이란 공간에서 예배 모임을 하니 혹시 아이들을 학원으로 데려가려고 하는 것은 아닌지 염려도 하였다. 좀 더 긴 호흡으로 깊이 있는 사귐을 가지려면 문턱이 낮아야 한다고 생각했다. 내가 가기도 하고, 누군가가 오기도 하는 관계의 순환은 거기에 걸맞은 공간을 요청하였다. 이웃과의 편안한 사귐이 가능한 제3의 공간이 필요했다.

이러한 흐름 속에서 공동의 논의를 거친 끝에 학원 바로 아래 있는 2층 공간을 얻기로 결정했다. 마을주민들이 편안하게 이용하려면 교회가 지나치게 주도적이거나 자기 소유성을 드러내는 것이 바람직하지 않다고 생각했다. 책을 읽을 시간이 별로 없는 맞벌이 부부가 많았다. 그래서 도서관을 생각하며 책을 모으다가 도서관 대신 북카페로 열기로 했다.

교회 간판을 내걸면 자연스러운 사귐이 막히지 않을까 염려도 했다. 내가 어떻게 보일까가 아니라 상대가 어떻게 우리에게 올 수 있을까를 더 생각해야 했다. 이러한 자기검열이 누군가 들어오는 것을 도리어 방해하는 것이 아닐까? 하는 생각도 하였다. 그래서 교회 간판을 걸고, 그 옆에 카페를 소개하고, 한 번이라도 온다면 그 사람이 가장 편안하게 머물 수 있도록 하자는 데 의견을 모았다. 교회 간판을 보고

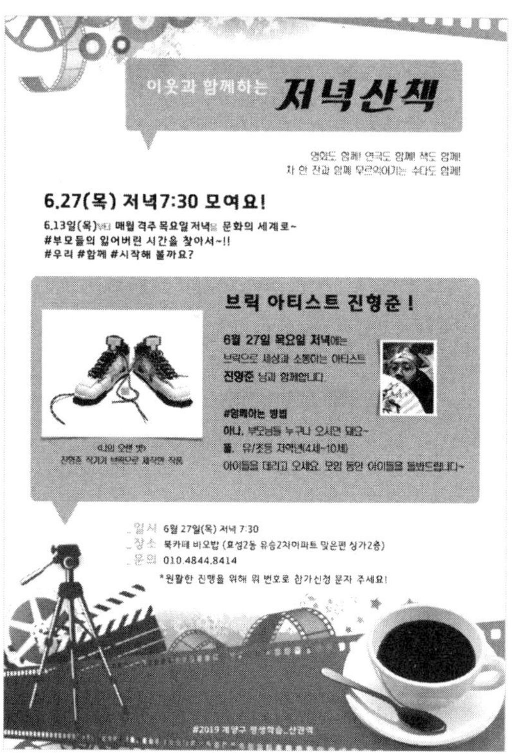

북카페바오밥에서 하는 행사 안내

들어와도, 와보니 좋으면 된다는 자신감이 발동한 듯하다.

막상 장소는 결정하였지만, 재정이 없었다. 이때 뜻하지 않게 한 개척교회가 우리와 합류하게 되었다. 지금까지 두 가정이 함께하고 있다. 그중 한 가정이 인테리어 사업을 시작한 터라 공사를 맡아서 하였다. 덕분에 재정적으로도 절약하게 되었다. 공간은 내부와 외부의 적절한 사용을 고려하였다. 이것이 장점이 되었다.

바오밥에는 까페와 예배당 둘의 모습이 공존한다. 바닥은 신발을 벗고 들어가는 마루로 하였고, 어린 자녀를 둔 부모를 위해 자모실을 두었다. 방 한 칸을 개인 공간으로 둔 것은 혼자서 집중해야 하거나 30~40대의 사람들을 염두에 둔 것이다. 강단을 아래층과 구분되게 만든 것은 기존 교회에서의 느낌과 무대를 어느 정도 고려한 것이다. 십자가를 걸지 않은 것은 이웃들을 고려한 것이다.

수년 동안 여기서 계속 퀼트(quilt)로 만든 인형과 시계, 다양한 의자 덮개 등을 만들어 왔다. 나무에다가 퀼트 작업한 것을 갖다 입히는 것은 따뜻하고 편안한 느낌을 주었다. 가정과 학원에서 모일 때는 우리 공동체 구성원 중심으로 모든 것을 생각했지만, 북카페 바오밥은 이제 우리만 아니라 함께하는 주민들을 생각하는 공간으로 자리 잡게 되었다.

처음에는 우리 교회 성도들이 봉사자가 되었다. 5~6명이 돌아가면서 자원봉사를 했다. 오전 10시쯤 열고 저녁 6~7시에 문을 닫았다. 문제도 발생했다. 기물이 파손되는 경우도 있고, 아이들이 단체로 와서 다치는 경우도 있었다. 방학 때는 하루 종일 와서 거의 살다시피 하는 아이들과 어른들도 있었다. 이번 여름에는 너무 더우니까 에어컨 때문에 와 있는 이들도 있었다.

동네에 불교 신자인 엄마가 있었다. 아이들도 같은 초등학교를 다니고 있었다. 기독교인에 대한 부정적인 느낌이 있었지만, 우리와 교제하면서 달라졌다. 어느 때부터인가 자원봉사를 하기 시작했다. 시간을 정하여 책을 읽어 주기도 했다. 봉사자 중에는 가깝게 지내는 이웃 교회 목회자도 있다. 현재는 열 명 정도의 자원봉사자가 일주일에 돌아가면서 카페지기를 하고 있다. 처음에는 우리가 주도하는 모임을 가졌지만, 점차 필요에 따라 마을주민 모임, 학부모 모임, 시민단체, 선교단체, 심지어 이웃 교회들의 모임도 했다. 외국에서 온 이들의 잠자리로도 제공된 적이 있다. 재정은 자발적 후원금의 형태로, 저금통 하나가 전부이기에 이용하는 사람들은 부담을 갖지 않는다. 그러면서 정기 · 비정기의 모임이 늘어가기 시작했다.

교회와 상담센터

학원, 함께하는커뮤니티, 교회 이 세 영역은 상호 의존적이고 영향을 주는 구조이다. 아이들을 통해서 부모들과 관계를 맺기도 하고, 부모를 통해서 어른들이 관계를 맺기도 한다. 학원에서 만난 아이가 교회를 나오기도 하고, 교회를 통해서 알게 된 아이들이 학원과 커뮤니티에도 함께한다. 관계는 또 다른 관계로 이어진다. 이 세 영역은 서로를 연결해 주고 있다. 이 모든 것의 중심에 교회가 있다. 그렇다고 다른 영역의 사람들이 교회의 사인을 받아야 하는 관계는 아니다. 함께하지만, 고유한 영역을 인정하는 균형이 중요하다.

그러다가 한 가지 연대가 더 생겼다. '치유상담센터'와의 연결이다. 북카페바오밥 독서 모임을 통해 만난, 상담을 전공하고 있는 분인데 신뢰가 갔다. 발달장애 혹은 경계성 장애를 안고 있는 이들과 가정에 다가갈 수 있었다. 이제는 공동체의 일원이 되어 더 가까이에서 기도하며 가고 있다. 도시에서 전문기관이 아닌 교회가 다가가는 일은 쉬운 일이 아니다. 그래서 예배 모임 이외 그 지역의 이웃에게 다가설 수 있는 일이 줄어든다. 대상의 필요에 따라 타 기관과 연대하는 일이 선교적으로 매우 자연스러운 일이다.

5년 차를 지나면서 교회가 할 수 있는 일과 그렇지 않은 일을 구분하게 되었다. 어떤 사람이나 가정을 교회가 전적으로 책임진다는 것은 한계가 있다. '하나님의 일'이라는 이유가 '나의 책임'을 가볍게 여기는 동기가 되어서는 안 된다. 한계와 동시에 역할의 중요성, 이러한 이중의 관계를 적절하게 공감하고, 각자의 고유성과 연대하는 일은 혜택을 받는 당사자에게도 좋은 결과를 가져오고, 일하는 사람에게도 좋은 힘이 된다.

교회 연합

교회연합은 뜻하지 않은 방식으로 열렸다. 몇 번의 세미나를 통해 알게 된 목회자들과 개인적으로 간헐적인 교제를 하고 있을 때였다. 몇몇이 함께하다 보니 즐겁고 유익했다. 그래서 정기적으로 모이게 되었다. 우리는 이름을 '계작두'(계양구, 부평구의 두루뭉술한 목회자 모

언덕나무교회와 함께

임)로 정했다. 일곱 교회 목회자의 개인적 만남에서 점차 교회 연합 기도회 모임을 하게 되었다. 한 달에 한 번씩 '교회 플러스'라는 금요기도회 모임을 갖는다. 그러다가 각 교회 중고등부가 모이기 어렵다는 사실을 알게 되었다. 그래서 올해부터는 한 달에 한 번씩 중고등부 연합예배를 드린다. 20명 정도 되는 선생과 아이들이 함께 게임도 하고, 예배도 드리면서 즐거운 시간을 가진다. 앞으로 머리를 넘어서 몸으로 하는 구체적인 사역을 계획 중에 있다. 또 그 중 몇 교회는 수련회와 부활절 모임을 같이하기도 했다. 함께하면 개교회가 할 수 있는 것보다 더욱 단단하게 나아갈 수 있다. 앞으로 이 모임들이 어떻게 나아갈지 모르지만, 지역 내에서 목회자와 교회가 그리스도와 복음의 증인이라는 공통분모 안에서 함께하는 일은 그 자체로서 의미가 깊다.

얼마 전에는 일곱 교회의 몇 가정이 지역의 한 부모 아이들을 돌보는 '사랑의 손'(loving hands) 교육을 이수하고, 지역 안에서 1:1로 멘토(mentor)와 멘티(mentee)를 맺는 시도를 하고 있다. 이것 또한 지켜볼 일이지만, 목회자 개인의 만남이 교회와 교회의 만남으로 이어지고, 이제는 지역의 이웃으로 나아가고 있으니 참 가슴 벅찬 일이다. 앞으로 교회와 이웃 안에 구체적으로 주님의 풍부한 은혜가 나타나기를 기도하는 중이다.

나가면서

개척 후 9년의 여정은 주님을 좇으면서 서로에게 배우는 공동체가 되어가는 과정이었다. 하나님을 더 깊이 알아가는 시간이었다. 낯선 이웃과 사회에 대한 새로운 만남의 시간이었다. 내가 가장 중요하게

중고 연합 모임 틴플러스 여름수련회

경험한 것은 이런 영역들이 서로 순환하면서 안으로는 성서의 재해석과 공동체성의 풍부함을 갖고, 바깥으로는 선교적 삶이 자연스럽게 이루어지는 일이었다.

비기독교 사회의 이웃들이 더 다양한 장(場)에서 그리스도의 복음과 사랑을 체험하기를 소망한다. 그리고 교회에서 이탈한 이들이 다시 하나님과 자신의 인생과 교회에 대한 소망을 되찾도록 장을 열어가고 싶다. 동시에 그리스도 안에서 개인적으론 자기답고, 사회 안에선 인간답고, 공동체적으론 우리답게 살아가도록 역할을 감당하고 싶다. 이러한 노력이 우리 자신만의 의미 있는 일로 그치지 않고, 타인에게 더 구체적이고 깊이 있게 도달하는 일이다. 내가 "무엇을 할까?"보다 "어떤 대상에게 어떻게 전달되는지"에 더 무게를 두어야 한다고 생각한다.

거시적인 이야기보다 실천에 더 다가서고, 올해 또 어떤 사건을 만날지 모르지만, 성령님의 인도하심을 믿으며 현장과 대면하려고 한

농촌 마을과 자매결연을 맺다

다. 현장의 핵심은 사람이다. 만남의 즐거움을 누리면서 동시에 어려운 순간에 느끼는 한계도 인정하자. 그리스도 안에서 서로 존중하자. 이 모든 과정에 협력이 필수적이다. 모든 것을 이끌어 가시는 분이 하나님이심을 믿는다.

그동안 '선교적'이라는 말이 '교회'만 강조하는 경향이 있어서 비판적 시각을 가졌었다. 선교를 교회 내부 논의와 실천에만 국한할 우려가 있었기 때문이다. '하나님의 선교 맥락'이 지닌 통전성이 성직 구조에 갇히고, 종교와 일상을 분리하는 이원론으로 흐를 수 있기 때문이었다. 하지만 공동체의 사유와 역량을 무시하고, 흩어진 개인만을 주장하는 하나님의 선교 이야기도 한계가 있다고 생각한다. 이제는 온 세상을 통치하시는 하나님의 선교가 어떻게 온 피조물에 대하여 '모이는 공동체와 흩어진 개인'을 통하여 이루어져야 하는지 깊이 헤아려야 한다. 비기독교 사회에서 그리스도 공동체의 정체성과 역할은 무엇인지 더 배우면서 하나님이 주목하시는 시선을 좇으며, 그 깊이와 넓이를 더 알아가는 하루하루가 되기를 소망한다. 우리는 예수 그리스도 안에서 삼위일체 하나님께 부름 받아, 비기독교 사회로 보냄을 받은 그리스도인이며 그의 몸 된 공동체다. 난 그것이 성경에서 말씀하시는 교회이며, 우리의 얼굴이 되어야 한다고 생각한다.

소외계층과 함께 내일을 여는 해인교회

이 준 모

(목사, 내일을 여는집 이사장, 인천 해인교회)

작지만 결코 작지 않은 해인교회: 마을 스케치

인천에서 제일 높은 산이 계양산이다. 인천 지하철 계산역에 내려 10분 남짓 걸으면 계양산에 오를 수 있다. 계양산 입구에 산성(山城) 박물관이 있고, 측면 맞은편에 계양산 지구대가 있고, 바로 맞은편에 산을 끼고 해인교회가 있다. 해인교회의 주일예배 출석 인원은 150여 명에 불과할 정도로 작은 교회이다. 그러나 해인교회는 결코 작지 않은 교회다. 해인교회의 일상은 너무나 분주하다.

먼저 해인교회의 주변에서 일어나고 있는 일상을 소개한다. 매일 오전 9시가 되면 어르신들이 교회로 모여 맡겨진 일을 한다. 좀 더 시간이 지나, 11시쯤 되면 동네 여기저기서 어르신들이 해인교회로 모여들기 시작한다. 점심 식사가 무료다. 교회로 들어오는 입구에는 누구나 편안하게 쉬었다 갈 수 있는 파라솔과 의자가 여럿 있는데, 어르

해인교회 전면

신들이 여기저기 모여 앉아 담소를 나누고 있다. 특별히 파라솔은 4.16 세월호 가족들이 만든 '희망공방'에서 제작한 것이다. 그곳은 늘 지역 주민들이 담소를 나누는 쉼의 공간이다. 파라솔과 의자 옆의 공간에는 마당과 주차장이 있다. 주차장에는 냉동탑차가 보인다. 푸드뱅크는 인근 학교와 기업 등에서 기부된 음식을 모아 가난한 이웃들에게 나누어 준다. 푸드뱅크와 달리 푸드마켓도 있는데, 이곳은 구청에서 추천된 사람들이 물품을 무료로 골라 가져갈 수 있다.

해인교회의 건물 1층은 예배당이다. 계단을 따라 2층으로 올라가면, 좁은 사무실에 10여 명의 사회복지사들이 앉아서 일하고 있는 모습을 볼 수 있다. 좁은 공간이지만 이들의 품은 한껏 넓다. 다양하고 역동적인 업무를 진행한다. 사무실 옆 상담실에서 상담을 진행하는 상담사와 자신의 필요를 이야기하고 있는 노인이나 노숙인의 모습을 심심치 않게 볼 수 있다. 내담자가 한꺼번에 밀려오는 경우에는 상담실조차 모자라 옆 희망교육원이나 담임목사 방에서조차 상담받는 모습도 종종 눈에 띈다.

2층 사무실과 교육관을 지나 3층에 이르면, 점심 식사를 준비하는 손길로 분주하다. 노인 일자리로 경로식당에 오셔서 일하시는 분들은 매일 어르신들과 노숙인 그리고 사회복지사 직원들을 위해 정성스러운 식사를 준비한다. 식사를 하는 사람들은 매일 100명이 좀 넘는다. 많은 교회가 주 1회 정도 점심때 무료 급식을 하지만, 해인교회는 매일 지역 주민을 위해 점심 무료 급식을 제공한다. 법정 공휴일에는 대체 음식을 미리 나누어 준다. 해인교회는 외환 위기 사태 이후 지금까지 21년째 점심 무료 급식을 하고 있는데, 운영의 원칙은 보여주기식이나 공급자 중심이 아니라 철저히 수요자 중심으로 운영한다.

해인교회의 지하에는 노숙인을 위한 휴게실이 늘 열려 있다. 10평 남짓 되는 휴게실이지만 노숙인들에게는 휴식과 재충전의 공간으로 사용된다. 대형 텔레비전과 10여 대의 컴퓨터가 설치되어 있고, 간단하게 라면이나 간식을 먹을 수 있게 해 놓았다. 인근에 있는 노숙인 쉼터는 오전 8시부터 저녁 5시까지는 폐쇄되기 때문에 쉴 수 있는 별도의 공간을 교회 안에 마련했다. 그래서 일을 나가지 않는 사람들은 이곳을 이용하는데, 게임을 하기도 하고, 취업이나 인터넷 정보검색을 하기도 한다.

지역 주민의 일자리를 만드는 교회 — 일자리를 만들면서 성장

해인교회는 1998년 외환 위기 사태가 닥쳤을 때부터 실직자와 노숙인을 돌보기 시작했다. 나는 서강대 독문과를 졸업하고 한신대 신학대학원에서 안병무 교수, 김창락 교수로부터 신약학을 전공했고 곧이어 유학을 준비하고 있었는데, 전혀 예상치 못한 외환 위기 사태가 터졌다. 하나님은 전혀 계획하지 않은 일에 나를 밀어 넣으셨다. 본래 해인교회는 민중 선교를 위해 설립된 교회이기에 자연 실직자와 노숙인들에게 관심을 갖게 되었다. 처음에는 교회에서 무료 급식부터 선교를 시작한 것이 갈 곳 없는 이들을 그냥 교회 밖으로 내보낼 수 없어 노숙인 쉼터를 만들고, 노숙인들에게 일자리를 만들어 주는 과정에서 지금의 사회적기업 재활용센터가 만들어졌다.

또한 노숙인들이 자립하여 나가 살기 시작한 곳이 쪽방이 밀집된 지역이었는데, 만석동, 인현동, 작전동 등에 자립한 노숙인을 심방하다가 쪽방 상담소를 만들고, 쪽방 주민의 일자리를 위해 자연스럽게 공동작업장을 만들게 되었다. 또한 노숙인 쉼터에 온 여성들에 대한 상담이 수년 동안 진행되면서 가정폭력상담소가 설립되었고, 노숙인 쉼터와 가정폭력피해자시설 등에 오시는 분들의 자녀들을 위해 그리고 지역의 실직가정의 자녀들을 위해 해인지역아동센터를 설립했다. 이 과정에서 거리 노숙인, 쪽방 주민들이나 실직가정을 돕기 위해 만든 것이 푸드뱅크와 푸드마켓이다.

또한 농촌에서 목회하는 동역자들이 고추, 메주, 마늘 등을 구매해 달라는 요청이 있을 때, 여신도회가 물건을 간헐적으로 판매하다가 역시 이것 또한 노숙인의 일자리를 위해 도농직거래상생사업단을 만들어 나중에는 사회적기업 도농살림으로 발전되어 친환경 농산물과 사회적기업 물품을 판매하는 회사를 설립하게 되었다. 기회만 닿으면 노숙인의 일자리를 만들어야만 했다. 노숙인은 일자리가 필요했기 때문이다.

지역에 있는 어르신들도 일자리가 필요한 것은 마찬가지였다. 처음에는 지역 어르신들이 노숙인들과 점심 식사를 같이했다. 어르신들이 먼저 노숙인들에게만 일자리를 만들어 주지 말고 노인들에게도 일자리를 만들어 달라고 했다. 처음에는 어르신들이 모여 쉽게 할 수 있는 하청 일을 맡아 와서 했다. 나중에는 공동작업장으로 변했고, 어르신들은 자신의 일 경험을 토대로 좀 더 돈이 되는 일들을 하고 싶어 했다. 처음에는 외환 위기 사태 이후 해인교회에서 식사를 하던 분들에게 공동작업장을 내준 일로부터 시작되어, 어르신들이 원하면 식당으로, 미장원으로, 떡집으로, 택배로 하나하나 만들게 되었다. 어르신들의 일자리는 시니어클럽이라는 기관에서 시작하여 지금은 어르신들 1,420여 명의 일자리를 제공한다. 최근에는 어르신들이 일자리를 위해 사회적기업을 만들기도 한다.

교회 앞에 있는 떡집이 그 예라고 할 수 있다. 이 떡집은 '떡이랑 찬이랑' 사업을 진행하고 있는 곳이다. 올해로 5년 차에 들어간 식자재 유통 사업을 겸하고 있다. 떡과 식자재를 만들어 지역아동센터 등 사회복지시설에 납품한다. 그리고 마을에 있는 경로당에 떡을 만들어 납품하기도 하고, 지역의 시민사회단체에 떡과 간식, 김밥 등을 납품한다. 년 매출은 3억 5천만 원 내외다. 실무자 2명과 노숙인 5명 그리고 노인 10명이 일을 하고 있다.

교회 앞에 있는 또 하나의 사무실은 지역에서 폐휴지를 줍는 어르신들을 돕기 위해 만든 장소이다. 전국 최초로 폐휴지를 줍는 어르신들을 위해 '실버자원협동조합'을 세웠다. 우리나라에서 폐휴지를 주워 하루하루 살아가는 사람들이 약 175만 명 정도나 된다. 이분들 가운데 부양가족 시스템 때문에 정부의 국민기초생활보장법 수혜를 받지 못하는 분들이 많다. 복지 사각지대에 놓인 것이다. 가장 큰 문제는 생계형으로 폐휴지를 줍는 어르신들이 교통사고에 노출되어 있다는

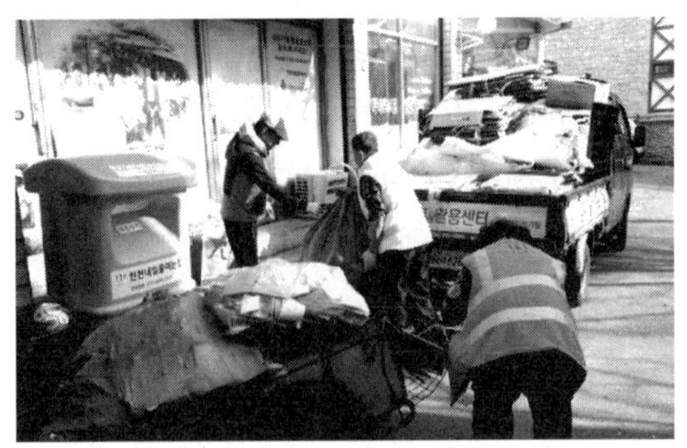

폐휴지 작업을 하는 실버자원협동조합원들

점이다. 도시계획법에 따라 고물상들이 외곽으로 밀려났다. 어르신들이 고물상까지 폐휴지를 옮기는 이동 거리는 왕복 약 2시간 이상 걸렸고, 교통사고로 이어졌다. 또 하나는 제지회사들의 담합으로 폐휴지의 값이 반값으로 떨어졌다는 사실이다. 그래서 생각해 낸 것이 폐휴지를 줍는 어르신을 위한 협동조합을 만들자는 것이었다. 우선 어르신들이 쉽게 접근할 수 있는 교회 앞에 협동조합 사무실을 설치하고, 트럭을 한 대 구입하여 조합 사무실 앞에 두고 수시로 오시는 어르신들의 폐휴지를 트럭에 모아 바로 고물상에 내다 팔아 수익을 조합원에게 실적대로 나누어 드렸다. 그리고 조합원들은 사무실 곁에 있는 세면장을 이용할 수도 있고, 조합 사무실에서는 푸드뱅크에서 제공된 음료나 간식을 자유롭게 냉장고에서 꺼내 먹을 수 있다. 조합 사무실은 사랑방과 같은 역할을 한다.

교회 주변에는 교회를 중심으로 노숙인 쉼터, 지역아동센터, 재활용센터, 가정폭력상담소와 가정 폭력 피해자보호 시설, 노인 일자리 지원기관인 시니어클럽이 있는데, 같은 법인 아래에서 운영되다 보니 네트워크가 잘되어 있다. 그리고 각 기관이 모법인에 해당되는 교회를 중심으로 연계되어 있고, 재정적으로나 정신적(영적)으로나 교회가 뒷받침하는 형태다.

해인교회는 지난 20년 동안 끊임없이 경제적으로 파산하거나 일자리를 얻을 수 없는 이들을 돌보며, 그들에게 일할 권리를 일깨워 일자리를 제공하고, 그들과 더불어 대안 경제공동체를 만들며 더불어 살아왔다. 해인교회 성도들이 그동안 목회자와 이렇게 할 수 있었던 것은 목회자의 목회 철학에 동의하고 성실히 함께해 준 덕분이었다. 그러나 보다 중요한 것은, 예수님이 늘 가난한 사람들과 함께했던 삶의 모습처럼 해인교회 성도들도 예수님의 삶을 '배운 그대로' 닮고 싶어 했다는 점이다. 해인교회의 신앙 운동은 '말씀 그대로 지키고 실천하자'는 것이다. 그것이 하나님을 사랑하는 자의 삶이기 때문이다.

지역사회 안전망 설계 — 예수 신앙으로 복지마을을 꿈꾸다

해인교회에는 큰 간판 두 개가 걸려 있다. 해인교회와 '내일을 여는집'을 알리는 간판이다. 해인교회를 알리는 안내지에 보면, 지역 주민을 돕기 위해 안내된 사회복지 사업과 프로그램이 즐비하다. 무료급식, 푸드뱅크, 푸드마켓, 지역아동센터, 가족상담소, 시니어클럽, 쪽방상담소, 노숙인 남녀 쉼터, 노숙인취업센터, 사회적기업 도농살림, 사회적기업 계양구재활용센터 등이다. 해인교회는 지금 12개 사회복지시설에서 50여 명의 사회복지사들이 일하고 있다. 필자를 비롯해서 공동사역자인 아내 김영선 담임목사도 사회복지사이고, 기관마다 배치되어 있는 목회자 10명도 다 사회복지사이다. 담임목사는 교회 내적으로 제자훈련, 사역 훈련, 심방 등을 하고, 필자는 각 기관

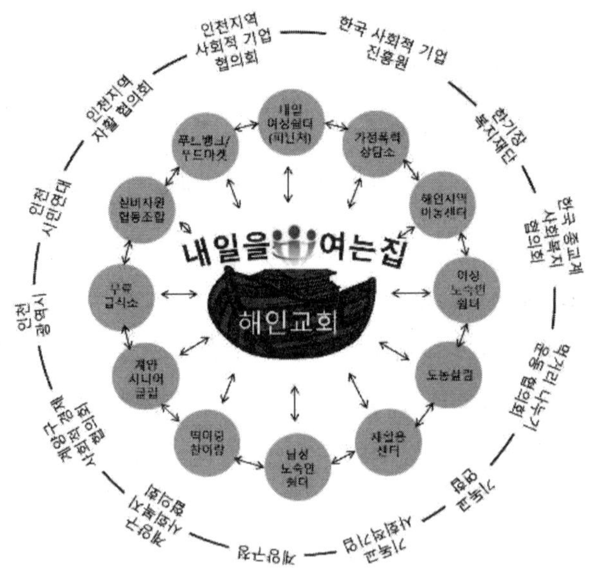

의 사회복지 네트워크를 중심으로 복지마을을 촘촘하게 만들어 간다.

사단법인 '인천 내일을 여는집' 정관에는 "민간 차원의 사회안전망을 구축하고, 지역사회는 사회경제적으로 생산적 비전을 지닌 대안공동체를 향해 나아가도록 노력한다"로 되어 있다. 해인교회가 처음부터 사회복지 기관을 많이 만들려고 한 것은 아니었다. 단지 필요에 따라 문제를 해결하는 과정에서 기관들이 만들어졌다.

사회복지 사업은 실직자와 그 가족을 위해 긴급구조-상담과 사례관리-교육-재취업과 지역발전 사업의 4단계 시스템을 갖추고 있다. 사회복지의 대표성을 갖고 있는 종합사회복지관도 일자리나 잠자리를 주지 않지만, 내일을 여는집에 가면 주민이 필요하다고 하면 제공받을 수 있게 해야 한다고 생각했다. 내일을 여는집은 문을 연 처음부터 사회안전망을 구축하기 위해 노력했다. 그 결과 이제는 먹을 것이 필요한 사람에게 먹을 것을 주고, 잠자리가 필요한 사람에게 잠자리를 주고, 일자리가 필요한 사람에게는 일자리를 제공하고, 교육과 상담을 필요로 하는 사람에게는 교육과 상담을 제공해 준다. 돈이 없어 병원에 갈 수 없는 사람도 병원에 갈 수 있도록 지원해 준다. 교육이 필요한 사람은 교육의 기회를 준다. 운전 면허, 한식 · 양식 조리사 취득 과정에도 보내 준다. 이런 기관과 프로그램을 통해 매일 같이 배우고 일하는 사람 1,500여 명이 활동한다.

해인교회는 1986년 태생부터 민중 선교의 기반을 두고 있었고, 사회복지 전문성은 외환 위기 때에 사회복지 전문가로부터 지원받았다. 사회안전망에 눈을 뜨게 된 것은 1998년 외환 위기 시기였다. 이때 크리스천 아카데미에서 열렸던 한 세미나에서 교회가 국가의 경제적 부도를 어떻게 받아들이고 대응해 나갈 것인지? 실업과 빈곤에 처한 지역 주민을 어떻게 위로하고 보살펴 나갈 것인지? 이에 대해 집중적인 공부와 교육을 받았었다. 당시 크리스천 아카데미 신필균 원장은 스웨덴에서 오랫동안 사회복지 관련 업무를 담당했던 경험을 토대로 한국의 사회복지학과 교수들과 더불어 민관이 협력하고 대안 경제 공동체로 나아가 지역공동체 운동을 전개해야 한다고 주장했다. 그리고 함께 모인 목회자들과 더불어 실업 대책 지역공동체 기독자 연대를 만들어 해인교회 사업을 모델링하기 시작했고, 결과적으로 우리 해인교회는 교회가 중심이 된 민간 사회안전망 시스템을 구축하기에 이르렀고, 이제는 복지마을을 꿈꾸며 지역공동체 운동을 전개하게 된 것이다.

의식주 문제를 넘어 영적인 갈급함이 있다

지난 20년 동안 해인교회와 내일을 여는집은 지역의 가난한 사람들의 문제를 끌어안고 해결하는 데 매진해 왔다. 항상 집중하는 곳이 있으면 부족한 곳이 있기 마련이다. 언젠가 방송사 기자가 우리 아이들에게 인터뷰를 한 적이 있다. 우리 아이들의 소원이 무엇이냐고 물은 적이 있다. 우리 아이들은 우리 가족들만 함께 여행해 보고 싶고, 우리 가족들만 식사도 해보고 싶다고 했다. 우리 교인들도 같은 맥락에서 느끼고 있는 부분이다. 그동안 교회가 사회복지선교에 앞장서면서 교인들의 복지나 심방은 좀 소홀하게 여겨진 점이 있다. 어쩌면 교회는 교회의 본질이나 교회의 존재 이유를 들면서 교인들에게 항상 책무와 십자가만을 강조해 왔는지도 모른다. 그러나 그 이면에 교인들이 가지고 있는 올바른 신앙에 대한 믿음과 자부심은 그 어느 교회보다도 확고한 편이라고 할 수 있다.

몇 해 전에 교회는 특별한 경험을 했다. 사회복지 프로그램을 통해 한 사람이 자립했다. 그는 모든 훈련 과정을 잘 견디어 냈고, 안정적인

어르신을 반갑게 맞이하는 이준모 목사

일자리와 직위도 얻었다. 모든 사람이 모범적인 케이스라고 칭송했다. 그러나 그는 결국 알콜에 다시 빠지고 그동안 모았던 자립 기반을 한두 달 만에 다 날렸다. 사회복지는 인간이 살아가는데 부족한 것을 채우고 장애가 되는 것을 걷어내는 일이지만, 근본적으로 인간의 문제를 해결하고 변화를 이끌어 가는 데는 한계가 분명했다. 인간의 문제는 사회적 문제를 넘어 영적인 문제를 안고 있었다.

교회는 인간의 한계를 넘어 성령의 역사, 곧 성령의 활동을 절대적으로 갈망하게 되었다. 서비스 대상자나 사회복지사나 인간은 먹는 것, 잠자는 것, 일자리를 얻는 것 그 이상의 것을 갈망하는 존재이기 때문이다. 또한 사회복지사로 일하는 교인들이 아무리 좋은 일을 한다고 하더라도 일이 지나치면 쓰러질 수밖에 없다. 성령의 위로와 능력의 체험이 필요한 대목이다. 교회는 실무자들과 교인들을 사도행전 6장에서 볼 수 있듯이, 지역사회에서 신망을 얻고 성령과 지혜가 충만한 디아코니아 일꾼으로 양육해야 한다. 이것이 첫 번째 과제가 되었다. 또한 재정적인 어려움이 늘 상존하지만 기적과 같은 일을 경험하고 체험하면서 이겨내고 있다.

언덕나무교회

최 영 민

(목사, 인천 언덕나무교회)

세상에는 많은 교회가 있다. 모두가 저마다의 목적과 동기를 가지고 개척을 시작하고 그 본분을 지키기 위해서 고군분투한다. 때로 어떤 교회는 든든히 서가지만, 어떤 교회는 결국 현실의 벽을 넘지 못해 주저앉기도 한다. 그리스도의 사명을 붙들고 시작한 것에 비해 너무나 초라한 마지막들은 보면 너무 가슴이 아프다. 그러나 얼마 지나지 않아 그 실패의 빈자리를 또 다른 새로운 교회가 여지없이 채워낸다. 오늘 밤 주택의 나지막한 옥상에만 올라가도 빨갛게 빛나는 수많은 십자가가 눈에 들어올 것이다.

이런 상황에서 또 다른 하나의 교회를 추가로 개척하는 것이 과연 옳은 일일까, 실패마저 무한 복제되는 것 같은 교회 현실을 알면서도 '혹시 나는 성공할지도 몰라'라는 용기를 가지고 무리한 개척을 진행해야 하는 것이 정말 옳은 일일까. 이런 의문들이 목회자 과정을 밟고 있는 저의 마음 한편을 내내 짓누르고 있었다.

또 다른 하나의 교회를 시작하는 것보다 이미 세워진 교회를 교두보로 삼아 지역에 필요한 사역을 하는 것이 선해 보였다. 그래서 부목사로 사역하던 교회에서 부단히도 애를 썼다. 2,000명 정도를 관리하는 중견 교회인지라 항상 바쁘게 건강도 시간도 물질도 다 쏟아부으며 매진했지만, 언제나 최종적 결정 과정에서 제외되고, 사역의 방향과 취지가 전혀 다른 방향으로 튀는 것을 보면서 부목사로서의 한계를 실감했고, 이러한 경험들은 새로운 교회에 대한 갈증을 더욱 증폭시켰다.

결국 10년여 년간의 부목사 사역을 접고, 그저 쉬기로 결정했다. 아픔도 있었고 동시에 말할 수 없는 은혜들도 있던 약 6개월의 공백기간 동안에 그저 마음 맞는 사람들과 함께 예배드리면 좋겠다는 생각만으로 가정에서 예배 모임을 시작했다. 그렇게 2016년 4월 첫 주가 언덕나무교회의 첫 모임이 되었다.

언덕나무교회는 애초에 큰 목적 없는 사람들이 함께하기 시작했다. 부목사로서의 역할을 내려놓고 앞길을 고민하던 목사 가정과 마땅히 다닐 교회가 없어 헤매던 몇 사람들이 "혼자 예배하는 것보다는 둘이 예배하는 것이 좋겠다"는 생각과 "한 명이 만원으로 구제하는 것보다 몇 명이 몇만 원으로 구제하는 것이 좋겠다"는 아주 단순한 생각으로 모이기 시작했다.

최근 거대 조직화된 교회들이 너무 많은 사역과 물량으로 인해 분주하다 못해 소진되어 가는 신앙인을 양산하는 것을 바라보면서, 우리 모임은 덜 일하고, 덜 모으더라도 예배와 교제와 구제에 집중하기로 했다. 단순하게 예배하고, 아무 프로그램 없이 서로의 삶을 나누며 교제하고, 모인 헌금은 전부 구제하는 일에 썼다. 이렇게 가볍게 시작하다 보니 목사의 가정집에 모이면서 별도의 예배 공간도 마련하지 않았고, 모임의 이름조차 정하지 않고 출발했다.

일반적으로 교회가 탄생하는 과정을 보면, 목사 개인이 걸어온 목회 과정을 바탕으로 교회의 소프트웨어와 하드웨어를 모두 준비해 놓는 경우가 많다. 예배드릴 지역과 공간을 정해놓고, 교회의 이름과 운영 방식까지 정해놓는다. 이 과정에서 목회자의 주장은 뚜렷하지만 교인들의 참여는 전무하거나 부족할 수밖에 없다. 그런 면에서 언덕나무교회는 교회의 모든 청사진을 함께 그려갈 수 있는 기쁨을 누릴 수 있었다. 처음에 모였던 다섯 명의 성도들은 그저 모이고 교제하면서 자연스럽게 친해지고, 깊어져 서로의 고단한 일상과 삶의 좌표를 나누었다. 예배 외에 별다른 공식 프로그램이 없이 거의 2년 동안 함께 차를 마시며 대화를 했던 그 시간이 언덕나무교회의 뼈대가 세워지는 고귀한 시간들이었다.

지속적으로 가까이 대화하면서 친밀해진 시간은 자연스럽게 발언 강자의 힘을 빼놓는 시간이 되었다. 개척 초기 단계에 목회자를 비롯해 자기주장이 강한 사람들의 발언이 교회 운영의 전체를 결정하게 되는 경우가 허다하다. 그러나 어떤 일을 기획하기 전에 서로 친밀해지고 솔직하게 삶을 나누는 일이 많아지면 말뿐인 주장을 하기 어려워지고 자연스럽게 서로의 힘과 권한이 상쇄되고 배분되는 것 같다. 이런 깊은 관계성은 나중에 여러 어려움을 만나는 상황 속에서도 그것을 헤쳐 나갈 수 있는 강력한 동력이 되었다.

처음에 이름 없이 시작된 예배 모임이 '언덕나무교회'라는 이름을 갖게 된 계기는 재정의 정당한 처리를 위해서였다. 헌금을 목사 개인 이름이 아닌, 모임의 이름으로 된 공동의 통장으로 넣으려다 보니 생각보다 절차가 복잡했다. 개척 초기에는 목사 개인의 호주머니와 교회 재정이 같은 경우가 많다. 그러다 보면 나중에 자연스럽게 재정의 주도권 문제가 불거질 수밖에 없다. 그래서 우리 예배 모임은 처음부터 헌금을 철저하게 교회 공동재정으로 분리해 관리하기로 했다. 그래서 공동의 이름이 들어간 통장이 있어야 했고, 이 과정에서 교회 이름을 정하기로 했다.

교회의 이름은 교회의 운영 방향과도 깊은 연관이 있기 때문에 정하는 방식부터 함께 참여하는 방식을 선택했다. 한 달간의 시간을 갖고 기도하면서 교회 이름을 공모했다. 처음 회의를 할 때는 회원이 7명 정도였는데, 거의 20개의 이름이 거론되었다. 그중에 최종 투표를 거쳐 주어진 이름이 바로 '언덕나무'이다. '언덕나무'는 골고다 '언덕' 위에 선 '나무' 십자가를 지칭하는 단어이다. 교회가 담아내야 하는 유일한 것을 꼽으라면 바로 예수님의 십자가일 텐데, 언덕나무교회가 끝까지 바라보고 붙들어야 할 가치에 예수 그리스도의 십자가를 두자는 의미에서 제안된 이름이었다. 결국 '언덕나무교회'로 최종 확정되었고, 모임이 지속되면서 삶에 지친 사람들이 모임을 통해 비빌 '언덕'

가정에서 드리는 예배

이 있고 앉아서 쉴 그늘 진 '나무'가 있다는 위로까지 받으며 교회 이름에 대해 애정을 갖게 되었다.

이름을 정하고 예배와 교제 모임을 진행하다 보니 편한 마음으로 찾아오는 성도들이 자연스럽게 많아졌다. 가정에서 예배를 드리다 보니 모두 지인으로 연결된 사람들이 출석했는데, 최근 이단 문제로 시끄러운 개척교회들을 생각하면 오히려 부담스러운 검열 없이 자연스럽게 이단이 걸러지는 장점이 있었던 것 같다.

교회 이름을 정하고 성도가 늘어가면서부터 자연스럽게 공간에 대한 제안들이 제시되었다. 하지만 여전히 교회 개척을 이유로 또 하나의 교회가 상가를 임대하고 그 임대료를 감당하지 못해 지속적으로 전전긍긍하는 딜레마에 빠지지 않기 위해 과감히 상가 임대는 하지 않기로 했다. 다만 예배 인원이 많아져서 더 이상 가정집에서 모이기 어려울 정도가 되면 그때 다시 생각해 보기로 했다. 그리고 언제가 될지 모르지만, 공간을 마련해야 할 때를 대비해서 구제비로 충당하던 재정에서 30%를 떼어 저축해 놓기로 결의했다. 몇몇 소수의 재력에 의해 공간 비용이 충당되지 않도록 하기 위한 방편이었다.

어떤 개척교회들은 공간을 얻는 과정에서 목회자와 성도 간에 혹은 성도와 성도 간에 분열하는 모습을 보이기도 한다. 재정적으로 안정되지 않은 상황에서 무리하게 비싼 임대료를 지불하는 상가를 얻거나 몇몇 소수가 고액의 임대료를 충당하기 위해 무리한 헌금을 하게 되면서 생기는 문제들이다. 상가 임대가 무리 없이 진행되더라도 고액의 헌금을 한 성도들이 자연스럽게 권력자로 등극하게 되는 것이 현실이기도 하다. 서로 더 좋은 환경에서 주님을 더 잘 섬기자고 생각한 일이 도리어 비극의 단초가 되어버린 것이다. 그래서 언덕나무교회 교인들은 공간을 얻는 과정을 더 신중하고 길게 가지면서 생각했다. 교회는 건물이 아니고, 하드웨어보다 소프트웨어가 더 중요하다면 우리 스스로가 이제 그런 쉽지 않은 과정을 견딜 수 있는 내성이 생기고 나서 진행해도 늦지 않다고 생각한 것이다.

그렇게 작은 가정집에서 2년이란 짧지 않은 시간 동안 모임을 진행하였다. 지나 보니 그 2년 동안 우리끼리 지지고 볶고 하면서 더없이 귀중한 시간을 보냈다는 것을 깨달았다. 분명 어려운 점도 있었다. 특별히 관계적으로 먼 거리를 어느 정도 유지하면서 신앙생활을 해오던 사람들의 입장에서 보자면, 매주 한 작은 가정집에 모여 큰 목적의식 없이 그저 서로의 삶을 들여다보고 또 자신의 삶을 보여주어야 하는 것이 적지 않게 피로감을 주는 일이었을 것이다. 그런 유형의 성도들은 점점 더 교회 모임에서 멀어져 갔고, 초창기 멤버 중 몇몇은 교회를 떠나가기도 했다. 안 그래도 적은 인원 중에서 몇몇 사람이 교회를 떠나는 것은 잔흔을 깊게 남겼다. 나머지 교인들은 죄책감으로 몇 주를 보내기도 했다. 개척교회에서 정들었던 사람이 떠나가는 것은 결코 쉬운 일이 아니다.

반면에 항상 이런 끈끈한 모임을 갈망해 왔던 사람에게 언덕나무교회는 더없이 좋은 해갈의 모임이었다. 대형화되면서 식어버린 성도 간의 관계, 목회자와의 관계에 회의를 느끼던 성도들은 작은 규모의 소소한 모임들, 오고 가는 작은 대화를 통해 치유되고 회복되는 느낌을 가지게 되었고, 나아가 교회를 위해 헌신하고 싶고 봉사하고 싶다는 열망을 갖게 하였다. 마땅한 예배 공간이 없었던 그 2년 동안 언덕나무교회는 마치 예수님과 제자들의 관계처럼 생활공동체로서의 연대감을 조금이나마 누릴 수 있었던 것이다.

어린이 여름성경학교

그 2년 동안 언덕나무교회는 홀로서기 힘든 일들에도 도전할 수 있었는데, 지역 근처의 작은 교회들과의 연대를 통한 사역들이었다. 마음이 맞고 형편이 비슷한 지역 내 작은 교회들끼리 연합예배로 모이고, 연합기도회를 열고, 연합수련회를 도모하면서 홀로 또 같이 사역하는 풍성함을 누릴 수 있었다. 지역 내의 어려운 이웃들을 돕고 살피는데도 작은 교회들의 연대는 좋은 방법이 되었다.

그렇게 다양한 방식을 통해 교회로서의 즐거움을 누리다 보니 어느덧 작은 가정집 안에서 모일 수 있을 만한 숫자를 넘어가기 시작했고, 예배 중에 숨쉬기가 살짝 어려운 정도까지 공간이 가득 찼다. 이때부터 본격적으로 교회 공간에 대한 고민이 시작되었다.

"우리는 어떤 지역으로 가야 할까? 거기에서 무엇을 해야 하는 것일까?"라는 막연한 질문으로 시작해서 구체적인 답을 찾아가기 시작했고, 우리가 있어야 할 곳이 인천 효성동이라는 결론에 이르게 되었다. 인천에서도 효성동은 여전히 교회로써 해야 할 일들이 있었고, 우리 교회가 모아놓았던 재정과 때마침 들어온 외부 후원자의 후원만으로도 충분히 마련할 수 있는 좋은 공간도 있었다.

이웃 교회들과의 연합수련회

언덕나무교회는 인천 효성동에 존재하면서 사람들의 필요를 채워주고 긁어주는 교회가 되자고 다짐했다. 그러기 위해 일주일 내내 비워놓아야 하는 교회만의 공간이 아니라 시민들이 언제라도 편하게 들어올 수 있고 교제할 수 있는 다목적 공간을 만들자고 약속했고, 결국 북카페 형식을 빌려서 여러 가지 관계적 접촉점을 만들 수 있는 공간을 설계했다. 이 공간을 설계하고 만들어 가는 과정에서 함께 연대했던 작은 교회들의 유형과 사역을 잘 참고하며 많은 유익을 얻을 수 있었다. 자칫 시행착오로 이어질 수 있는 부분들을 이웃 교회들의 선례와 조언들을 통해 실수를 최소화하면서 진행할 수 있었다.

이 과정을 거치면서 현대 개척교회는 단순히 개인의 열정이 아닌, 이웃 교회들의 도움 아래에서 탄생하는 방식으로 변모할 필요가 있다고 느꼈다. 교회가 교회를 낳는 방식이 사도 바울이 보여주었던 선교 방식이었고, 현대에도 필요한 선교 방식이라는 것을 절감했던 순간이다. 여러 교회들의 관심과 도움을 받으며 탄생하고 성장하는 교회는 더 빠르고 깊게 지역사회 안에 자리할 수 있고, 앞서간 선배들의 실수를 오히려 기회로 바꿀 수 있는 여유마저 확보할 수 있는 것이다. 언덕나무교회는 지금도 함께 걸어가 주는 이웃 교회들에게 큰 빚을 지고 있다.

이런 과정을 통해 탄생한 교회 공간이 바로 '북카페 이타카'이다. 우리 언덕나무교회는 북카페 이타카라는 공간을 통해 세상과 손잡기로 결정했고, 은혜와 긍휼을 쉽게 경험하지 못하는 자본의 세상에서 북카페 이타카를 통해 조건 없는 사랑과 자비를 흘려보내기로 마음먹었다. 북카페 이타카는 함께 책을 읽고, 함께 커피를 마시고, 함께 문화를 누리는 공간으로 발전해 갔고, 한 달에 200잔 정도의 커피를 내어줄 만큼 마을 사람들의 사랑을 받게 되었다.

북카페 이타카

'이타카'라는 이름은 '콘스탄틴 카바피'라는 고대 시인의 시 '이타카'에서 인용했다. 고향 이타카섬을 향해 돌아가던 오딧세우스에게 돌아가는 그 과정 자체가 풍요로운 것이라고 가르쳐 주는 시인의 글귀가 큰 울림을 주었다. 하나님의 나라의 관점으로도 저 천성의 나라를 향해 가는 그 과정 자체가 성도들에게 고귀한 것이기 때문에, 본향을 향해 돌아가는 이를 격려하던 '이타카' 시와 그 의미가 맞닿아 있다고 보았고, 우리가 이 땅에서 지향해야 할 영원한 본향의 이름을 '이타카'라는 상징으로 두기로 했다.

언덕나무교회가 일반 교회와 조금 다른 특이점이 있다면 목사가 개척부터 5년 가까이 되는 지금 이 시점까지 이중직을 하고 있다는 것이다. 개척한 지 얼마 되지 않아 이웃 교회의 목사님이 운영하는 학원의 강사로 일하지 않겠냐는 제안을 받았고, 평소 선교적 삶에 대해 진지하게 고민하며 학원 사역을 하는 목사님의 일면을 잘 알고 있었기에 흔쾌히 승낙했다. 그리고 지금까지도 여전히 좋은 동역자요 삶의 터전으로 학원 사역을 잘 감당하고 있다.

제가 몸담고 있는 '좋은나무학원'은 일반학원보다 조금 싼 원비를 받는 방식으로, 재정적으로 어려운 이웃들에게 접근성이 좋게 운영하고 있다. 아이들을 양육하는 데 있어서도 일반학원처럼 단순히 학습능력의 향상만을 도모하지 않고 인격을 갖춘 청소년들로 자라기를 바라며 목회적 차원의 접근을 도모하고 있다. 어려운 가정은 남몰래 돕고, 심리적 · 정서적 어려움을 겪는 아이들에게도 상담사를 연결하거나 더욱 큰 관심을 두고 돌보는 방식으로 운영한다. 어떻게 보면, 일반학원과 지역아동센터 같은 복지기관과의 경계선에 서 있다고 볼 수 있다. 극단적 형태가 가진 단점들을 보완하기 위해 경계선적 형태를 취하면서 지금까지 운영하다 보니 나름대로의 열매들이 있는 것을 본다.

저는 이 이중직의 수행을 통해 이전에는 알 수 없었던 영역들에 대해 큰 깨달음을 얻고 있다. 목회자가 평생 연구해야 하는 대상으로서의 인간의 입체성과 인간이 추구하는 이상들에 대해서, 또한 지역 주민들 사이에서의 종교기관 이미지가 어떠한지에 대해, 직업을 가진 성도들이 헌신하는 주말의 의미 등에 대해 여러 가지로 깊이 있는 깨달음이 있다. 또한 한편으로는 지역 주민들이나 아이들과 직접 관계를 맺게 됨으로 교회가 섬길 수 있는 부분들을 훨씬 더 수월하게 개발할 수 있는 장점이 있다. 또 한편으론 개척 초기의 교회가 가진 목회자에 대한 재정적 부담을 조금이라도 덜어줌으로 개척교회가 더 힘 있고 자유롭게 하나님의 일을 감당할 수 있다는 장점도 있는 것 같다.

언덕나무교회는 이렇게 복잡다단한 지층 위에 서서 여기까지 4년이 넘는 시간을 달려왔다. 그리고 조금 앉아 안정을 취할까 하는 욕심도 잠시, 생각지도 못한 시간을 맞이했다. 모임이 깊어지고, 공간 활용이 쉬워지고, 목적의식이 투철해지려던 순간 코로나19라는 듣도 보도 못한 도전이 도래했다. 코로나가 극심해진 지난 7개월이라는 시간 동안 대면 예배 모임을 열지 못했다. 주님에 대한 마음과 서로에 대한 마음이 식어갈까 노심초사하는 시간이긴 하지만, 무엇보다 교회를 향해 뜨겁게 쏟아지는 비난 속에서 교회를 구출해 낼 수 있을까에 대한 염려가 더욱 큰 시간들이었다. 코로나의 한복판에서 한국교회가 가늠당하고 있는 느낌이었다. 이러할 때 언덕나무교회는 어떠해야 하는지를 고민해 본다.

사람은 사랑하고 물질은 이용하라는 말이 있다. 그러나 안타깝게도 세상은 반대로 사람을 이용하고 물질을 사랑한다. 작금의 교회 현실도 별반 다르지 않은 것 같아 괴롭다. 물질은 사랑하고 사람은 이용해 먹는 목회자와 교회의 소식이 끊이지 않는 시대이다. 이 시대 상황 속에서 언덕나무교회는 조금이라도 다르고 싶다. 아마도 이것이 바로 지금 우리 교회가 붙잡는 교회의 존재 목적이기도 하다. 교회의 수명이 다할 때까지 세상의 빛과 소금이고 싶고, 그리스도의 덕을 선전하는 공동체이고 싶다.

아직 배우고 익혀야 할 과제들이 많지만, 차근차근 서로의 눈을 응시하며 서로를 놓치지 않는 교회를 이루어 가고자 한다. 때론 이번 코로나 사태처럼 후퇴하는 것과 같은 일을 만날지라도 언덕나무교회는 그 자리에서 할 수 있는 일들을 다시 해나가려 한다.

대전-충남 지역 작은교회운동

전남식 _ 환대의 공동체, 대전 꿈이있는교회

배용하 _ 느리게 작게, 논산 평화누림교회의 여정

환대의 공동체, 대전 꿈이있는교회

전 남 식
(목사, 대전 꿈이있는교회)

교회 존재 이유를 고민하다

어릴 적 살던 대전시 동구 효동, 대전에서 가장 작은 동네 중 하나이자 가난한 사람들이 옹기종기 모여 사는 동네였다. 가난하지만 정은 넘쳐흐르는 따뜻한 곳이었다. 이곳은 일제강점기에 일본이 세운 제사공장에서 여공들이 일을 했고, 한국전쟁을 거치면서 피난민들이 자리 잡은 동네였다. 그래도 마을의 중심에 교회가 있어 동네의 사랑방 역할을 감당했고, 신앙심을 통해 어려운 환경에서도 꿋꿋하게 이겨내며 살아가게 해주었다. 어린 시절, 누구보다 가난했던 우리 가정은 동네 주민들과 교회를 통해 살아갈 힘을 얻었다.

중학생 시절, 청소년부 수련회에서 예수를 인격적으로 만나면서 동시에 목사로서의 부르심이 있었다. 나중에 목사가 되면 꼭 이 동네에서 목회하겠다고, 마을 사람들, 교회 집사님들께 받은 은혜를 갚겠다고 기도했다. 하지만 막상 신학교를 졸업하니 가난하고 고립된 동네가 싫어졌다.

결혼하고 영국 유학을 떠나게 되었다. 초대교회의 모습을 제대로 공부하고 싶었기 때문이다. 그때부터 지금까지의 고민은 교회와 성령이다. 성령이 인간의 탐욕을 증대시키거나 자기 기만적인 기적에만 집중되어 있는 현상에 회의를 품고 있었고, 교회가 성장과 교회 내부에만 관심을 갖고 있던 것을 이해할 수 없었기 때문이다. 성령이 임하자, 사람들이 함께 물질을 나누고 성과 인종, 계급을 초월한 환대와 희년 공동체를 이루는 것에는 아무런 언급이 없었다. 교회가 지역사회의 현안과 아픔을 함께 공유하며, 교회와 지역사회가 연대하는, 마치 에덴의 네 강이 에덴 밖으로 흘러가는 모습을 찾기 어려웠던 때였다. 만일 초대교회도 지금의 교회와 별반 다르지 않다면 과감히 교회를 떠나야겠다는 마음에 영국 유학을 결정한 것이다. 그리고 내린 결론은 초대교회는 지금의 교회와 달랐다는 사실이다. 지금의 한국교회는 초대교회에서 가장 소중하게 간직했던 것을 잃어버렸다는 사실을 배우게 되자, 교회에 대한 소망이 되살아났다.

내 관심 주제는 환대와 희년 공동체의 회복이었고, 성령이 그것을 만들어 가는 방법이었다. 그리고 이러한 모습은 어렸을 때 살았던 지역, 가난한 마을에서 사회의 승자독식 구조로부터 밀려난 이들이지만, 서로를 위로하고 격려하며 사랑을 나누었던 삶의 방식에서 재현되고 있다는 사실을 깨닫게 되었다. 비록 그 지역의 교회가 환대와 희년, 우리의 삶의 양식을 바꾸는 변혁적 성령에 대해서 말하지 않았을지라도 말이다.

퍼주다 망하는 교회를 시작하다

영국에서 귀국한 후 교회를 개척했다. 시각장애인 목사와 함께 내가 어렸을 때 빚을 진 곳에서. 내가 가진 재능을 나눠 주고자 전단지를 만들어 지역에 배포했다. 그리고 얼마 후 20여 명의 어린이, 청소년들이 교회로 모여들었다. 영어, 수학, 독서, 악기에 재능 있는 청년들이 모여 그들을 가르쳤다. 책이라면 질색팔색을 하며 도망가던 아이들에게 그림책을 같이 읽자고 제안했다. 함께 소리 내어 읽고, 각자의 느낌과 생각을 나누면서 기발한 상상에 웃기도 하고, 자신의 아픈 속내를 나누면서 울기도 했다. 그러는 과정에서 아이들의 책을 대하는 눈빛이 달라졌다. 점차 글밥이 많은 책을 읽어가게 되었고, 아이들은 새로운 세상, 자신의 미래에 대해 꿈꾸기 시작했다. 미래에 대한 희망이 생기자, 현실의 부조리가 보였고, 그 부조리에 더 이상 순응하며 고분고분하게 살아선 안 되겠다는 자의식이 형성되었다.

어린이부

영국 유학 중에 한인교회에서 부교역자로 일을 했다. 그때 "퍼주다 망한 교회"라는 제목으로 설교를 한 적이 있었다. 예수 잘 믿었더니 부자가 되었고, 병이 나았고, 좋은 학교 진학했고, 승진했다… 이런 식의 간증만 난무하던 때, 나는 예수님 말씀대로 살다가 빈털터리가 되었다, 퍼주다가 망했다… 이런 간증을 듣고 싶다는 내용의 설교를 했던 것이다. 성경대로 살다가 망해도 행복할 수 있고, 그래야 하는 것 아닐까. 성경에 의인이 고난을 받다가 억울하게 세상을 떠난 이야기가 얼마나 많던가. 그런 이야기가 한국교회에 더 많이 들려졌으면 좋겠다는 생각에서 그런 설교를 했다.

그리고 교회를 개척하면서 퍼주다 망한 교회 이야기를 실천할 기회가 생긴 것이다. 예수도 공생애 기간 가난한 사람들과 함께 음식을 나눠 먹었고, 오순절 성령 강림 때 최초의 그리스도인들이 서로 물질을 공유하며 희년 공동체를 만들어 갔듯, 꿈이있는교회를 통해 초대교회의 모습을 실험해 볼 절호의 기회가 주어진 것이다. 똑같이 밭에 나가 씨를 뿌려도 수확량이 달라지고 구조적인 이유로 불평등이 생기기 마련이다. 경제적인 어려움이 지속되다 보면 결국 팔지 말아야 할 것들, 포기해서는 안 되는 것까지 포기하기에 이른다. 하지만 성령이 함께하는 사람들은 그들을 무심하게 바라봐선 안 된다. 아니, 그럴 수 없다. 자신의 것을 자신의 것이라 주장하지 않고, 함께 나누고 싶은 열망이 생기기 때문이다.

동역했던 시각 장애인 목사를 통해 발달장애인들이 교회로 찾아왔다. 교회 개척 3년째 되던 해였다. 네 명의 사회복지사가 다섯 명의 발달장애인 친구들을 데리고 찾아와서 주중에 자신들을 위한 공간을 요청한 것이다. 주일예배 후 이 안건으로 임시 총회를 소집했고, 만장일치로 무상으로 공간을 내주기로 결정했다. 교회 승합차까지. 공부방에 오는 친구들은 작은 방 하나면 충분했고, 다른 공간은 주중에는 쓸 일이 많지 않았기 때문이다. 물론 승합차도.

그러다 위기가 찾아왔다. 연말이 되어갈 무렵 이제 장애인 친구들

예배 후 나눔의 시간

을 내보내자는 일부 의견이 있었다. 일부였지만 그들은 교회 내에서 영향력 있는 분들이었다. 수차례에 걸친 토론이 이어졌고, 3개월 후 전교인 투표를 통해 이 사안을 결정하기로 했다. 그때 나는 마태복음 25장의 일명 '양과 염소' 비유를 예로 들면서 "지극히 작은 자에게 한 것이 곧 예수께 한 것이다. 만일 그들을 내보낸다면 예수를 내보내는 것이고, 그렇게 된다면 나는 목회를 그만두겠다. 예수를 내보낸 목사가 되고 싶지 않기 때문이다"는 말로 배수진을 쳤다. 그리고 전 교인 투표일에 4분의 3이 장애인 친구들과 함께 가는데 찬성표를 던졌다. 반대했던 영향력 있는 교인들은 결국 교회를 떠났고, 한동안 교회 재정을 포함해 분위기가 휘청했다.

그 후 본격적으로 장애인주간보호센터가 시작되었다. 센터 공간 확보를 위해 가뜩이나 좁았던 예배실을 좁혔고, 그때부터 1, 2부 예배를 드리게 되었다. 한 공간에서 예배를 드릴 수 없다면 1, 2부로 나눠서 드리면 되고, 그것도 어려우면 3부도 만들면 되겠다 싶었다. 물론 지금까지 그런 일은 일어나지 않았다.

교회 개척하면서 가지고 있었던 또 다른 꿈! 그것은 마을 도서관이었다. 마을 사람들이 기독교 신앙의 유무와 상관없이 교회를 자연스럽게 찾아올 수 있는 방법은 도서관이라 생각했다. 무료 공부방을 시작한 이유도 마을 도서관으로 가는 첫걸음이었기 때문이다. 6~7년이란 시간이 흐르면서 후원금이 천만 원 정도 모아졌고, 그 돈을 종잣돈 삼아 동네 상가 1층을 임대했다. 그리고 마을주민들과 함께 도서관 만들기 작업이 진행되었고, 현재는 이 지역의 사랑방이자 도서관으로 자리매김했다.

교회 개척 10년 되던 해, 꿈이있는교회는 분립을 했다. 시각 장애인 목사님과 장애인주간보호센터가 모두 각각 독립했다. 교회 상가 건물을 처분해서 새로운 출발을 위해 나누었다. 나와 함께 교회를 이루기로 한 교우들은 CCC비전센터에서 주일예배를 드리기로 했다. 주 중 모임은 가정에서, 개인적인 상담은 카페에서, 그러면서 카페가 내 전용 사무실이 되었다. 그렇게 2년 정도 모임을 진행하다가 결국 유성구 노은동 상가를 임대했고, 지금까지 이곳에서 예배를 드리고 있다.

제자도, 공동체, 평화를 지향하는 교회

꿈이있는교회는 '제자도, 공동체, 평화'를 지향한다. 제자도는 산상수훈을 기초로 하는 그리스도인의 삶을 강조하기 위한 것이다. 산

전 교인 수련회

상수훈의 핵심은 오리를 가자 하면 십리까지 가주고, 속옷을 가지려는 자에게 겉옷까지 벗어주고, 한쪽 빰을 맞으면 다른 쪽도 돌려대는 것이다. 원수까지도 사랑하라는 것이다. 산상수훈의 한가운데는 주기도문이 있고, 주기도문의 한가운데는 용서에 관한 구절이 있다. 다시 말하면, 산상수훈의 가르침을 실천하기 위한 가장 중요한 실천은 용서인 것이다. 교회는 용서하는 공동체다. 하나님께서 우리의 죄를 용서하시고 당신의 자녀로 삼으신 것을 기억하고, 같은 교회를 이루고 있는 형제자매를 용서하고 받아주는 삶을 추구하는 곳이다.

교회는 누구라도 환대하는 공간이어야 한다. 한창 신천지가 기승을 부릴 때 교회마다 '신천지 출입 금지' 스티커를 붙였다. 최근에는 '차별금지법 반대'라는 현수막이 교회 곳곳에 걸려 있다. 하지만 꿈이있는교회는 그런 것을 붙이거나 게시한 적이 없다. 예배 때마다 한목소리를 고백한다. "꿈이있는교회에 오신 모든 분들을 환영합니다. 우리는 사람을 외모로 판단하지 말라는 성경의 가르침에 따라 사람을 외모와 배경, 지식이나 빈부, 사상의 차이로 차별하지 않습니다."

실제로 신천지 교인이 몇 년 동안 함께 예배를 드렸던 적이 있었다. 그는 자신이 신천지 교인이지만, 주일예배를 참석해도 되느냐고 물었을 때 기꺼이 허락했다. 또한 성소수자가 교회를 찾아오기도 했다. 처음엔 나만 알고 있었고, 차츰 교회 리더들과 공유하고, 나중에는 교인 대부분이 그 사실을 알게 되었다. 교우 중 성소수자에 대한 거부감을 가지고 있는 분이 있었기 때문에 다른 어떤 것보다 조심스러웠다. 하지만 성소수자와 자연스레 친구가 되자 그들에 대한 선입견이 사라졌고, 그즈음에 그가 누구인지를 알려주었다. 그러자 신학적으로는 여전히 성소수자를 인정할 수 없지만, 신학을 떠나 현실적으로 그들을 인정하게 되었다는 말을 들을 수 있었다.

공동 식사

공동체란 다양한 사람들의 모임일 때 의미가 생긴다. 꿈이있는교회는 교인 수가 얼마 되지 않는데도 직업군도 다양하고, 학력이나 경제력도 참 다양한 사람들이 모여 있다. 아, 부자는 없다. 이 안에서 각기 다른 사람들이 지지고 볶고 하면서 매주 모임을 진행한다. 그러다 보면 때로 갈등 상황이 발생하게 된다. 갈등이란 두세 사람이 모이면 필연적으로 발생한다. 이때 우리는 기억해야 한다. "두세 사람이 내 이름으로 모인 곳에 나도 있다"는 마태복음 18장 20절 말씀을. 갈등은 필연적이지만, 예수 그리스도께서 우리에게 보여주셨던 삶의 모습을 기억하면서 그분의 도우심을 기대하며 우리가 하나가 되게 해달라고 간절히 기도해야 한다. 그런 갈등을 극복하면서 교회는 탄탄한 공동체로 자라가게 된다.

평화는 그리스도의 제자도를 실천하며 공동체를 이루어 가는 삶의 열매다. 갈등이 상존하지만 그 속에서 용서하고 환대하려는 삶의 실천을 통해 평화가 맺어진다. "한 알의 밀이 땅에 떨어져 죽지 아니하면 한 알 그대로 있고 죽으면 많은 열매를 맺느니라"(요 12:24). 용서는 자신을 죽이는 과정이다. 용서를 통해 우리는 십자가의 고통을 체현한다. 그러면서 우리는 평화의 열매가 맺히는 것을 경험할 수 있게 된다.

꿈이있는교회는 성서대전 활동을 적극적으로 후원하고 있다. 성서대전은 성서한국의 정신을 이어받아 대전에서 활동하는 기독교 단체로, "그리스도인의 사회적 책임"이라는 모토를 가지고 10년 전에 출발했다. 성서대전은 지역사회의 현안에 민감한 관심을 갖고 노동, 환경, 교육, 소수자 등과 연대 활동을 펼치고 있다. 성서대전 후원자가 많지는 않지만, 성서대전 실행위원들은 보수는커녕 오히려 재정적으로 후원하면서 이 일을 즐겁게 참여하고 있다.

올해 들어 성서대전 활동 범위는 물론이고 해야 할 일이 급격하게 늘어나고 있는 실정이다. 그만큼 우리 사회가 각박해지고 있고, 하나님의 뜻을 거스르고 있다는 방증이다. 올해는 현 정부의 노동자 탄압, 언론 탄압, 이태원 참사, 후쿠시마 핵 폐수 방류, 남북 관계 갈등 고조 문제에 대해 성서대전의 목소리를 요청하는 단체가 많이 생겼고, 모든 요청에 함께 참여할 상황이 아니지만, 최대한 참여하려고 노력하고 있다. 그리고 꿈이있는교회는 이러한 성서대전 활동을 위해 재정적으로, 인적으로 후원하고 동참하고 있다. 이러한 활동을 통해 우리 사회에 평화의 열매가 맺어갈 것이라고 생각하기 때문이다.

용서와 화해의 잔치, 성찬식

현재 꿈이있는교회 환대의 공동체를 구현하기 위한 상징으로서 행하고 있는 성찬식에 대해 잠깐 소개하며 이 글을 마치려고 한다.

성찬식은 매 주일예배에서 핵심을 차지한다. 성찬식에 참여하기 위해 예배자는 자리에서 일어난다. 각자의 자리에서 한 지점을 향해 걸어 나가면서 함께 예배하는 교우들과 만나게 되고, 때로는 가벼운 인사나 악수를 나누기도 한다. 몸이 불편한 교우가 있으면 그분이 앞으로 나아갈 수 있도록 부축해 줄 수 있고, 어린아이가 참여할 때는 손을 잡거나 안고 참여한다. 아울러 어린 자녀는 빵과 함께 목사의 안수기도를 받는다. 기도 내용은 "하나님, 한 주간 이 자녀를 건강하고 안전하게 지켜주셔서 감사합니다. 이번 주간도 건강하고 안전하게 지켜주시고, 주님의 성품을 닮아 자라나는 복된 자녀 되게 해주소서. 예수님 이름으로 기도합니다. 아멘"이다.

성찬식

우리는 매 주일 성찬식을 진행하는 이유는 성만찬을 통해 '복음을 만질 수 있도록 전시하고 재연'하기 위해서다. "그 광경과 냄새, 그 리듬과 움직임은 우리의 상상력에 스며들어 제2의 본성이 된다"라고 믿기 때문이다.

빵과 포도주는 인류가 태동하면서 매일 먹는 기본 음식이다. 기본적인 음식이 성찬식의 자리에서 특별한 물건이 된다. 이는 일상의 거룩화다. 세상을 창조하시고 보시기에 참 좋았다고 말씀하신 하나님께서 매일 먹고 마시는 일상의 음식, 일상의 삶을 소중하고 가치 있다고 선언해 주시는 것이 성찬식이다. 매일 반복되는 일상의 음식이 성만찬에서 거룩하게 변화되듯, 우리의 삶과 세상도 처음 창조의 모습으로 변화될 것에 대한 기대가 바로 성만찬의 의미다.

성찬식은 또한 거룩한 실망의 경험이다. 매주 성만찬을 행하고, 그 때마다 하나님 나라의 성취를 기도하지만, 여전히 우리의 삶과 세상은 변화되지 않기 때문이다. 그렇기 때문에 성만찬을 통해 우리는 종말을 기대한다. 빵과 포도주가 하나님 나라에서 하나님과 수많은 성도가 함께 먹을 음식이길 고대하기 때문이다.

마지막으로 성만찬은 용서와 화해의 잔치다. 전혀 상관없는 사람들이 한 하나님을 믿기 때문에 형제자매가 되었고, 그 사실을 같은 빵과 포도주를 먹고 마심으로 경험하기 때문이다. 깨어지고 조각난 세상 속에서 교회는 화해된 공동체를 구현함으로써 새로운 창조의 첫 열매가 되도록 부름 받았다.

정리하면, 꿈이있는교회는 '용서와 화해, 일치와 조화를 추구하는 공동체'를 지향한다. 작고 연약한 공동체이나 모든 사람을 차별하지 않고 환대하는 공동체로 나아가기 위해 우리는 최선을 다하고 있으며, 성찬식을 마치고 모두가 한 식탁에 둘러앉아 음식을 나누고 삶을 나누고 있다.

느리게 작게, 논산 평화누림교회의 여정

배 용 하

(목사, 논산 평화누림메노나이트교회)

자유와 창조가 본질인 작은 교회

함석헌 선생의 사상에서 씨알(민중)은 역사를 짊어지는 주체이며 그 역사는 고난의 역사다. 또한 선생께서는 이 의식화된 씨알들이 서로 연대하여 평화를 이루는, 개인이 주체가 된 혁명을 강조한다. 프랑스 신학자이자 환경운동가인 자끄 엘륄은 이 운동을 '인격주의 운동'이라 하여 강령까지 만들고 농촌지역을 다니며 소모임들을 조직하였다. 특히 관료나 거대 기업에 맞서서 농촌 지역의 소규모 단체를 조직하고 그 조직 간에 연대하는 일에 헌신한 바 있다. 이러한 운동은 "세계적으로 사고하고, 지역적으로 행동하라"는 구호 아래 진행되었는데, '세계와 내가 하나'라는 한국의 씨알사상과 맞닿아 있다. 비록 서로 다른 시대와 지역에 살았지만, 역사 안에서 개인이 주체적으로 철학을 세운다는 것은 집단이나 군중이 아닌 개인(의 구원)에게 집중하는 성서의 맥락과도 일치한다. 유치한 접근이라고 여길 수 있지만, 집단이 없는 개인은 존재할 수 있어도, 개인이 없는 집단은 말 자체가 성립할 수 없다. 나에게 작은 교회 혹은 소모임이라는 것은 단순히 규모에 대한 이야기가 아니다. 진짜 작다는 것은 철저하게 개인의 독특성을 존재 자체로 받아들이면서 창조적으로 기능하는 개인들이 기대어 사는 것이다.

논산에서 시작한 평화누림교회, 그 몇 가지 특징

짧은 글로 지난 10년 동안의 다양한 경험과 배움이 산재해 있는 여정을 얼마나 정직하게 잘 전달할 수 있을지 자신이 없다. 얼굴을 마주하고 이야기한다면 아마도 더 짧은 시간에 더 의미 있는 경험들이 오고 갈 텐데 말이다. 이 글은 그저 생각의 흐름을 따라서 적은 산만한 글이다. 글을 읽는 이들의 넓은 아량을 기대한다.

사람과 사람이 마주 대할 때, 밥상에 자주 둘러앉을 때, 눈물과 웃음을 함께 공유할 때 그 안에서 사람과 사람이 인격적으로 만난다. 교회는 그 구성원들의 수에서나 교회 건물의 규모에서 스스로 절제해야 그것을 온전하게 경험할 수 있다. 그래서 교회라면 작을 수밖에 없다. 사실 기억도 못 하는 교인들의 가사(家事)에 대해서 구체적으로 기도하지 못하면서 하는, 사랑 넘치는 말들은 형식적일 수밖에 없다. 한 주에 한 번, 한 달에 한 번 단 몇 초의 눈빛으로 가족이 될 수는 없다.

논산으로 이사 와 대전의 한 침례교회에서 전도사로 봉사하던 것을 그치고 이곳에 집중하기로 했다. 그렇게 이곳에서의 예배는 가족 여섯 명으로 시작했다. 연고가 전혀 없던 지금의 논산시 가야곡면 양촌리로 이사 오면서 처음 생각했던 것은 조용한 곳에서 결이 비슷한 사람들끼리 오가며 신앙을 이야기하는 공간으로써의 역할이었다. 넉넉하지 못해 뭔가를 제공할 수는 없지만, 말동무 두어 시간, 시원한 약수 몇 사발 정도, 그간에 책 속에서 길어 올린 문장 몇 구를 선물할 수 있는 그런 교회 말이다. 그렇게 몇 년 동안 여러 방문객을 맞으며 즐겁게 예배했다.

귀촌이 아닌 귀농을 선택하다 보니 자연스럽게 마을주민들과 소통하게 되었다. 이사 오는 해부터 벼농사를 지었고, 각종 식자재를 텃밭에 심어서 먹고 나누었다. 몇 년 후에는 2동의 그린하우스도 지어서 제법 농사꾼 흉내를 내게 되었다. 나는 원래 시골 출신이고 아내도 흙을 헤집는 것을 즐겼으니 이런 생활이 자연스러웠다. 고3이었던 큰 애도 기꺼이 시골로 전학을 결정했고, 그렇게 양촌리의 주민이 되어갔다. 오가며 서툰 농부에게 훈수하시는 분들, 마을 어귀 느티나무에서 모여 막걸리를 드시다가도 내 차가 지나가면 손을 흔들며 내려서 먹을 것 좀 먹고 가라는 정겨운 일들은 거의 매일 밤 아내와 잠자리에서

매 주일예배 후 공동 식사

되풀이해서 나누는 이야깃거리가 되었다.

그러다 보니 예배에 참석하는 분들도 생겼다. 처음 이사했을 때 여러모로 도움을 주셨던 이장님 부부였다. 그동안에는 사람 좋아서 왔다가 둥글게 앉아서 예배하거나 헌금이 없는 것을 보고 이상하다고 느끼고 발길을 끊은 이웃도 있었다. 그렇게 지내다가 2013년 10월 27일, 시골로 이사 온 것을 아는 신앙의 형제자매들을 초대해서 모퉁이 예배당에서 첫 예배를 드렸다. 그렇게 10년 정도가 지나 지금은 부정기적인 방문객들을 제외하면 17명 정도가 예배에 참여하고 있다.

평화누림교회가 작을 수밖에 없는 이유에는 여러 가지가 있다. 먼저 메노나이트교회의 특징이랄 수 있는 멤버십 제도가 우리 교회에도 있다. 이는 교회를 다녔건 안 다녔건 우선 신상부터 확인하는 한국교회의 교인 등록과는 차이가 있다. 이 지점은 어떤 이들에게는 불편하게 느낄 수 있는 문턱이기도 하다. 물론 멤버십이 교회 안에서 모든 것의 잣대가 되진 않는다. 다만 예배의 횟수나 종교적인 의식들이 우리가 교회로 모이는 이유가 아니고 그리스도인으로 사는 삶을 우선하기 때문에 교회는 외형적으로 크는 것에 한계가 있다.

리더십 형태도 중요하다. 나는 목사 안수를 받았고 대외적으로는 목사라는 호칭으로 불리지만, 교회 안에서 모든 호칭은 형제다. 이 말에는 우리 교회 안에서는 목사나 집사나 장로가 아니라 형제자매로 존재한다는 정신이 담겨 있다. 멤버라면, 누구나 순서를 정해서 2년씩 교회 대표를 맡는다. 이 리더십 형태를 갖추는 데 8년이 걸렸다. 기존 교회에서는 목사가 교회 대표고 교회의 여러 직분을 부르는 호칭이 있다. 목사가 모든 회의를 주도하고, 교회 전체를 대표하며 중요한 결정을 한다. 신학교에서 학문으로 신학을 하지 않았다고 교회의 지도력을 발휘하는데 제한 조건이 되지 않는다. 우리 교회 안에서는 끊임없이 질문하고 신앙과 삶을 나누는 시간을 통해서 누구나 신학하는 사람이 될 수 있다. 공동의 신앙고백에 동의하고 멤버십 과정을 거쳐서 정회원이 되었다면 누구나 다른 형제자매의 도움으로 순서에 따라 리더가 될 수 있다. 3년 전에는 30대 형제가 그리고 올해부터는 30대 자매가 교회의 대표로 리더십을 발휘하고 있다. 사실 할 일이 많고 복잡한 생활을 하던 나에 비해서 두 형제자매가 훨씬 더 꼼꼼하고 섬세하고 사람들의 표정을 잘 살핀다. 모든 이들은 자기만의 재능이 있다. 그 재능이 그가 리더십을 가지게 되는 그 기간에는 꽃을 피우도록 하면 된다. 물론 다른 이들은 그동안 했던 것처럼 각자의 은사를 변함없이 발휘하면서 몸 된 교회의 지체로서 꾸준히 역할을 할 것이다.

하나 더 이야기하자면, 말씀 준비에 멤버들이 참여한다. 이는 공동의 성서해석이라는 메노나이트 전통에 따른 것이다. 이 전통은 두 가지 형태로 우리 교회에 자리하고 있는데, 먼저는 멤버들이 거의 같은

예배 시에는 어린이 말씀 나눔이 먼저 있다

비율로 말씀을 나누어 준비하는 것이다. 지금 마태복음을 읽고 있는데 주석이나 참고도서를 같이 선정해서 멤버 수대로 나누고 적게는 한 달부터 많게는 두 달까지 맡은 멤버가 조금 더 집중해서 성경을 보고 묵상하며 질문을 준비한다. 그리고 간략한 내용과 질문들을 교회의 SNS에 미리 올린다. 그래서 우리 교회에서는 이러한 순서를 설교라고 하지 않고 말씀 나눔의 시간이라고 한다. 바로 이 나눔의 시간이 우리 교회에 자리 잡은 두 번째 형태이다. 같은 본문을 읽고 말씀 준비자가 던진 질문에 대해 말 그대로 각자의 묵상을 나눈다. 때로는 새로운 질문이 나오기도 한다. 때로는 그 질문에 누구도 답을 못하기도 하고, 때로는 조금씩 다른 형태의 묵상들이 복수로 둥글게 앉은 중앙으로 모아진다. 이렇게 나눔을 하는 과정에서 묵상을 나눈 수 이상의 설교(?)를 같이 듣게 되는 것이다.

상대적으로 충분한 소통과 교제에 대한 필요를 채우다 보면 자연스럽게 몸을 키우는 것은 우선순위에서 밀릴 수밖에 없다. 평화누림교회는 그렇게 작지 않으면 작동하기 어려운 지문을 가진 형제자매들의 모임이며 그 잔 근육을 키우는 여정에 있다.

전원 합의를 통해 운영하는 평화누림교회

평화누림교회는 지금까지 유급 목회자가 없다. 별도의 헌금 시간도 없고 각자가 자원해서 연보를 하고 있다. 교회의 정회원이 되면 누구나 휴대전화로 공동의 주머니인 통장을 다 들여다볼 수 있다. 한 주에 한 번 멤버들이 회의를 하며 30여 분 정도의 회의에서 안건을 다룬다. 안건은 공지 안건, 논의 안건, 의결 안건으로 나누어 다룬다. 그

주에 올라온 안건을 그 주에 의결하지 않는 것도 약속처럼 지켜지고 있다. 정기회의에서는 일정액의 연보만 통장에 남기고 나머지를 다 집행하는 원칙을 정해놓고 있다. 어디에 예산을 집행할지, 어떤 손님이 방문하는지 등 전체 멤버가 주변의 이야기와 각자의 상황을 살펴서 의견을 내고 전원 합의로 사업과 예산을 집행한다.

우리 교회의 문제가 아닌 한국메노나이트교회연합(MCSK)에서 결정되거나 논의되는 것도 이때 다룬다. 안건을 다루거나 결정하는 방식은 똑같다. 전원 합의라는 의사결정 방식에는 전체가 함께 간다는 교회 일치의 정신이 담겨 있다. 전원 합의란 전원 찬성이라기보다 반대하는 사람이 없다는 뜻에 가깝다. 따라서 그 이슈가 무엇이건 그것을 교회 안에서 다루는 과정이나 방법이 어떠할 것이라는 믿음이 있다. 그래서 교회의 의사소통 방식에서 분위기를 만들거나 사전에 무엇인가를 모의해서 미리 편을 만든다든지 하는 것은 하지 말라고 부탁한다. 온전하게 정보를 제공하고 그 안건에 대해서 그 자리에서 서

예배는 둥글게 앉아서 드린다

로를 설득하고 설득당하는 과정을 같이 겪자는 것이다. 사실 교회에서 구제와 같이 긴급을 요하는 것이 아닌 이상 그것을 결정하는 데 몇 달이 늦어지고 몇 년이 늦어진다고 크게 악화될 것도 없다. 충분히 공부하고, 충분히 설명하고 듣고 질문하며 멤버들의 이해가 충분하다고 느껴질 때에 결정한다는 믿음은 작은 교회의 매우 중요한 가능성 중 하나이다.

한 사람으로부터 평화를 누리는 교회

평화누림교회는 한 사람으로부터 시작하는 평화를 누리는 곳이길 바란다. 그 시작은 예수 그리스도이시다. 사람의 카리스마는 다양한 은사 중에 그 사람이 가진 은사에 해당하는 것에서만 빛을 가장 잘 비출 것이다. 어떤 이는 사업계획을 잘 세우고, 어떤 이는 새벽잠이 없으며, 어떤 이는 중재를 잘하며, 어떤 이는 말씀을 잘 전하며, 어떤 이는 찬양을 잘한다. 어떤 이는 무거운 것을 잘 든다. 어떤 이는 바느질을 잘하며, 어떤 이는 요리를 잘하고, 어떤 이는 어린이들을 잘 돌본다.

설교 잘하는 사람이 요리와 사업계획까지 결정하는 구조에서는 모든 멤버가 평화를 누린다고 볼 수 없다. 모든 사람과 두루 친교를 잘하는 사람이 행정 일을 잘한다고 볼 수도 없다. 평화는 그리스도께서 이 땅에 온 목적이고 이유이다. 하나님이 좋아하는 일을 하는 모든 사람은 마땅히 평화를 맛보고 살아야 한다. 이는 서로 다른 다양한 은사를 가지고 하나의 몸을 이룬 교회에서 다 같이 평화를 맛보고 누려야 한다는 것이다. 받은 은사요 발견한 은사를 가지고 깜냥만큼 평화를 누리는 것은 우리 교회의 지상 사명(?)이다.

농촌 마을 공동체의 현실

지금까지 작은 교회인 평화누림교회가 먼저 형제자매들과 어떤 생명력을 유지하면서 길을 걷고 있는지를 소개해 보았다. 이제는 교회 내부를 넘어서 우리 교회의 과제이기도 한 이웃과의 접점에 관해 이야기하려고 한다.

평화누림교회는 농촌에 있다. 교통은 좋은 편이지만, 도시에만 살던 사람들이 볼 때는 깡촌에 해당한다. 달이 기운 저녁에 전등을 끄면 주변이 칠흑같이 어둡다. 대부분의 한국 농촌은 자연부락이고 쇠락해 가고 있으며 아픔과 경계심이 많다. 귀농 귀촌을 시도한 적지 않은 사람들이 주민들에게 마음을 닫고 있거나 어떤 소통도 하지 않고 지낸다. 요즘 농촌 마을의 상황을 보면, 대부분 선주민과 이주민 간의 갈등에서 선주민들이 마을의 안정과 질서 유지에 대한 권한을 갖고 있으며 이주민들의 무임승차에 대해 경계하고 있는 것이 사실이다. 귀농한 지 10년이 지났고 지금은 새마을지도자와 마을회 총무를 하고 있지만, 여전히 마을에서는 원주민들끼리만 소통하는 공간이 있다. 타지에서 이사 와서 40년 넘게 살고 있는 70대 노인도 여전히 마을 사람이 아니라고 말하는 정도다. 과거 마을 공동체를 위해 있었던 공동 공간은 소멸하다시피 했다. 공간도 그렇지만 그런 인적인 네트워크가 풀린 지 오래다. 이 과정에서 여성들과 고령 농들은 소외되었다. 여기에 교회가 개입하고 돌볼 이웃의 자리가 있다.

9년 전쯤, 총회에서 투표권에 대해 마을회칙을 제정하고 읽어 주면서 통과한 적이 있다. 이때 총회 투표의 자격을 18세 이상의 마을에 주소를 둔 모든 남녀로 했다. 그때까지만 해도 한 집에서 한 명씩만 투표했었다. 그렇다고 그것이 회칙에 나와 있지도 않았다. 그저 남성 중심의 전통적인 방식의 옷을 입고 있던 것이다. 처음에는 반대한 분들이 있었지만, 이장 선거에 주로 활용하는 투표에 대해서 주민을 설득해서 회칙을 제정했었다. 2023년 지금도 투표권에 대한 부분은 1970년대 시각이 남아있는 곳이 적지 않다. 젊은 농부가 설 곳이 없는 여러 이유 중 하나이다.

농촌 마을 공동체에는 갈등이 많다. 이런저런 갈등과 오해가 널려 있다. 이런 것들이 수면으로 올라오는 이유는 대부분 욕심 때문이다. 개인의 욕심과 이해관계 때문에 일시적으로 뭉치고 또 다른 이해관계가 생기면 새롭게 연합한다. 선주민과 이주민 간 욕심의 충돌도 많다. 욕심이 편을 가르고, 없는 말을 만들어서 실제로는 마을 공동체에 해를 끼치고 있음에도 겉으로는 정반대의 얼굴을 하고 있기도 하다. 이런 일은 비일비재하다. 그리고 이 욕심이 드러나면 주민 절대다수가 반대해도 그것을 받아들이지 않고 단독행동으로 마을을 어지럽게 하는 일도 더러 있다. 이런 농촌의 마을 공동체에서 어떻게 생명력을 찾아야 할까? 이점이 마을을 이웃으로 생각하는 우리 교회의 과제이다.

농촌은 농사를 주업으로 하는 농부가 사는 곳이다. 그렇다고 농부만 살지는 않는다. 그런데 대농, 기업농을 제외한 농민 대부분은 더불어 살기가 어려워지는 현실 때문에 내일을 불안해하고 있다. 다양한 종자가 개발되면서 수확은 느는데 수익은 늘지 않는다. 기후 위기 때문에 해충은 잡히지 않는다. 매년 변하는 기후 변화에 대응하는 것이 쉽지 않다. 오랜 농사일지와 자료들이 몇 년이 지나면 자료로서 역할을 하지 못하는 지경에 이르렀다. 이제는 농사도 과학과 첨단 기계를 사용하지 않으면 어려울 정도로 인력난에 허덕이고 있다. 농업기계와 농자재의 품질은 좋아지지만, 그것이 농부의 농업소득으로 연결되지 않는다. 지방정부는 수없이 이런 문제를 해결하기 위해서 컨설팅을 받고 용역을 의뢰하지만, 거기서 나온 결과와 원인을 그대로 받아서 현실을 개선하기 위한 정책을 만들지도, 있는 정책을 꼼꼼하게 실행하지도 않는다. 면사무소의 공무원들이 앉아 있는 자리는 농민이 사라져도 영원히 보장될 것이라는 확신에 차 있는 것 같다. 그렇지 않다면 농부들이 농사짓기 싫어할 상황들이 계속 만들어지는데도 양팔을 끼고 남의 일 보듯 할 수는 없다. 기계상과 농자재상과 농협만 배를 불리고 있다는 것을 농민 중 모르는 사람이 있을까?

마을에서 평화누림교회가 할 일

농촌은 장소를 가리지 않고 암울하다. 우리 교회가 있는 양촌리인들 별반 다르지 않다. 그렇다면 이러한 농촌에 던져진 교회는 무엇을 인식해야 할까? 먼저 사람은 혼자만 잘 살 수는 없다는 점을 인식해야 한다. 경제성장과 생태파괴의 상관관계가 분명한데, 이를 외면하는 정치는 한 치 앞도 못 본다. 비록 소농일지라도 자연이 파괴되면 미래도 파괴된다는 인식을 해야 하며, 대농들과 기업농, 관료들의 정책에 순응하지 않고 저항하는 힘도 놓지 말아야 한다. 깨어 있는 이는 저항해야 한다. 이렇게 자유로운 이들은 언제 어디서나 존재할 수 있다. 마을 공동체는 지방정부나 중간 지원조직의 역할과 거리를 두어야 한다. 비록 우후죽순처럼 생겨나는 중간 지원조직이 민간 영역이긴 하지만, 마을 공동체의 주민들처럼 공동체는 아니다. 농촌의 마을 공동체는 철저하게 비(非) 순응적이고 반(反) 중앙적으로 스스로 자치하고 경쟁력 있고 책임 있는 역할을 과거에는 감당했었다. 이 일을 어떻게 50호의 작은 마을에서 감당할 수 있을까?

두 번째로 농사는 생명을 유지하는 밥벌이이면서도 문화이고 돌봄을 가능하게 하는 힘이 있다. 그래서 전통적인 마을 공동체가 유지되는 곳에 굶어 죽는 사람이 없다. 농사지은 소출을 전부 시장에 팔고, 먹을 것을 사서 먹는 이들과는 다르다. 곳간에 쌀이 있고, 여러 농작물이 있다. 산과 들에서 채취한 나물과 버섯 등이 보관되어 있다. 고추는 가루를 내고, 늦고추는 지고추를 만들어 연중 먹는다. 비료를 주지 않은 아기 주먹만 한 양파는 장아찌로 먹는다. 텃밭에서 나는 소출은 그저 이웃과 나누는 용도이다. 오가는 이웃이 상추며 고추를 한 줌 꺾어다 먹어도 며칠 지나 지나가는 말로 "참, 올핸 고추장 맵겠구먼. 고추가 맵던데…" 하면 그만이다. 그래서 마을 공동체가 여전히 살아있는 곳에서는 첫눈이 내릴 때까지도 텃밭에 작물들이 더러 남아있다. 그리고 보는 사람마다 "첫눈 내리기 전에 뽑아다 먹으라구…" 하며 인심을 쓰신다. 십 년 넘게 살아보니 그 소출은 인심을 쓰기 위해서 남겨두신 것이었다. 게을러서 그렇게 두신 것이 아니었다.

세 번째, 농촌 공동체는 안전한 공동체이다. 10년 전 도시에서만 살다가 어떤 연고도 없는 지역의 시골로 이사 오니 낯설었었다. 집은 마을에서 떨어져 있었고 낮에는 어머니와 아내만 두고 도시의 일터로 몇 년을 혼자 출퇴근했었다. 출근하는 길에 인사를 드리고 퇴근길에도 마을 어귀 느티나무 아래 앉아 계시는 어르신들을 보면 아이스크림도 사 드리고, 깍듯하게 인사도 드렸다. 했던 이야기 또 하시고 집안 내력도 꼬치꼬치 물으시는 것도 나쁘지 않았다. 그렇게 몇 달이 흘렀다. 이제는 마을 어르신들이 산모퉁이 돌아 있는 우리 집에 종일 택배

차가 언제 몇 번 왔다 갔으며, 우체부 아저씨가 등기를 가지고 갔으며, 모르는 봉고차도 올라갔으며, 아들내미가 버스에서 내려서 걸어 올라간 지 한 시간쯤 되었다는 등등 CCTV 역할을 해주신다. 어떤 때는 조금씩 다른 정보를 이야기하시면서 살짝 다투시는 일도 있었다. 집이 마을에서 보이지 않는데도 그 지경이었으니, 마을 안에 집이 있었더라면 어떠했을까? 이런 것이 처음에는 부담이 되었지만, 수년이 지나고 마을 공동체에 소속감이 생기면서 어르신들의 시선은 든든한 뒷배로 바뀌었다.

끝으로 농촌 공동체가 마을 단위의 공동체라면 농사뿐 아니라 집수리나 옷 수선, 목공처럼 다양한 일들을 마을 안에서 해결하면 더할 나위가 없을 것이다. 어르신들 말에 의하면 지금은 50여 가구에 불과하지만, 20년 전만 해도 200여 가구가 살았기 때문에 농한기가 되면 돌아가면서 집수리며 마을 길 정비 같은 일을 했다고 한다. 여력이 되는 사람은 품앗이로, 품앗이할 여력이 안 되는 집들이 있으면 울력으로 사람을 모아서 도왔다고 한다. 정말 완벽한 공동체라고 할 수 있다. 지금 마을 일을 보다 보니, 마을주민들의 지출이 어떻게 잡히는지 보인다. 얼마 안 되는 농산물 수확이나 자손들이 쥐여 준 용돈은 대부분 시내에 있는 보일러 회사나 가전제품 회사, 집수리 회사 등에 목돈으로 나가는 것이 지금의 형편이다.

평화누림교회, 선한 이웃으로

시골은 큰소리가 끊이지 않는다. 무엇보다 여전히 경제력이 있는 사람들의 방귀 소리가 크다. 땅과 작물을 모두 생각하는 생명 농업을 중요하게 생각하지 않는 농부가 다수인 현실도 여전하다. 그럼에도 이웃을 마을로 생각하는 이유는 그 비(非) 순응주의와 기꺼이 고난을 감당하는 생명력에 근거한다. 이것이 거칠고 시끄러워 보일 수 있다.

고령화되는 농촌은 점차 빈곤 사회가 되고 있다. 농지는 도시인들에게 팔리고 있다. 수입이 일정하지 않은 주민 중 일부는 마을주민의 땅을 외지 사람에게 소개하고 소개비를 챙긴다. 농사를 짓는 마을 사람들의 계산으로는 농사를 지어서는 이자도 낼 수 없는 가격의 땅으로 농지가 변하고 있다. 소재지가 다르고 농사도 짓지 않는데 농지를 소유하고 거래할 수 있게 한 반(反)헌법적 각종 특별법의 농간 때문이다. 농사를 짓지 않는 농지 소유자는 은행이자 보다 높은 소작료를 요구한다. 한국은 소작이 법적으로 금지된 나라이고 농부가 아니면 농지를 소유할 수 없는 나라이다. 하지만 현실에서는 이 상위법인 법들이 작동하지 않는다. 법꾸라지들은 자신들이 피해 갈 법을 만들어 이중으로 농촌을 망가뜨리고 있다. 농부는 점점 빈곤해지는 농촌에서 한정된 자원을 가지고 살아야 한다. 곳간에서 인심 난다고 했던가? 이러저러한 이유로 정작 농촌 마을 공동체의 공동체성은 도농복합이니 융복합이니 몇 차 산업이니 하는 말놀이에 묻혀서 잘 보이지 않는다. 누가 농촌 마을 공동체의 지속 가능을 노래할 수 있을까?

무릇 농촌의 마을 공동체로 살려는 이는 생각과 삶을 일치시키는 사람으로 살아야 한다. 누구에게나 개인의 욕심이 있고, 이는 어느 공동체에서건 누구도 피해 갈 수 없다. 그러나 그 욕심에 걸맞은 삶이 있다면 공동체의 길동무로 삼을 만한 것이다. 그의 생각과 말과 삶이 같이 간다면, 마을주민들은 기꺼이 그의 욕심을 위해 자기의 몫을 내어놓을 것이다. 평화누림교회가 선한 이웃으로 포기하지 않고 계속

방문한 손님과 함께 식사

갈 수 있기를 바란다. 작은 농촌 마을까지도 군사독재부터 시작된 온갖 조직들이 감투를 던져놓았고, 뭘 하는지도 모르는 완장 찬 이들이 여전히 많이 존재하지만, 이들을 비순응주의자로 바꾸는 방법이 있다. 교회는 그들의 욕심보다 더 좋은 욕심을 가진 마을 공동체의 욕망이 드러나게 해야 한다. 저항하며 스스로 자각하고 생명력을 가지고 이웃과 같이 살아가는 것은 기독교 신앙 공동체를 세우는 것보다 더 어려운 일이다. 신앙이 없는 이웃과 같이 걸어야 하기 때문이다.

평화누림교회는 한편에서는 평등한 리더십과 형제자매에 대한 온전한 존중을 기반으로 한 신앙 공동체를 세워가면서, 다른 한편으로는 마을이라는 이웃과 새로운 공동체의 삶을 사는 여정을 걷고 있다. 그리고 느리게 우리의 형편과 이웃의 낯빛을 살피고 있다. 느릴 수밖에 없을 것이다. 게다가 여기는 충청도다. 우리가 걷는 이런 길을 계획하고 있는 모든 이들에게 시 한 편을 전한다. 울라브 하우게의 시를 공동체를 사랑하는 이들과 함께 읽고 싶다.

긴 낫

울라브 하우게

보면 볼수록
생각하면 생각할수록 눈물이 난다.

긴 낫에
늙은 몸 의지한다
풀밭
낫이 조용히 노래한다.
내 마음 혼란스러워라
괜찮아요
풀들이 말한다.

부산 지역
작은교회운동

안하원 _ 새날교회
문춘근 _ 사귐의교회
안중덕 _ 샘터교회
문상식 _ 물만골교회
김정주 _ 기쁨찬교회

새날교회

안 하 원

(목사, 부산 새날교회)

벌써 30주년이 되었네

2019년 3월 10일 사순절 첫 번째 주일에 새날교회 창립 30주년 기념 예배를 드렸다. 어린 시절부터 같은 교회(이촌동교회)에서 지내 왔던 부산장신대 배현주 교수를 예배 설교자와 특강 강사로 모시고 조촐한 30주년 행사를 했다. 그러고 보니 30년 전 창립 예배를 드린 주일도 1989년 3월 10일이었다. 조그마한 민중교회지만 지역 합창단인 '박종철합창단'(지휘 이민환)이 예배에 참석하여 축하 찬양을 해주었다. 박종철합창단이 매주 화요일 저녁에 새날교회에서 합창 연습을 한 지 3년 이상 되었다. 합창단 창립 시부터 지금까지 새날교회에서 합창 연습을 한다. 물론 필자도 박종철합창단 단원이다.

교회를 개척한 지가 엊그제 같은데 어언 30년의 세월이 흘렀고, 내 나이도 이제 60이 넘었다. 30년 전 오직 민중교회만을 생각하고

현재 교회의 내부 모습

목회 현장에 뛰어들었는데 막상 30년간의 목회 이야기를 하려고 하니 어디서부터 시작해야 할지 자판을 두드리다 한참을 머뭇거렸다. 그저 살아온 이야기 써내려 가듯이 두서없이 써 보겠다.

산업선교 목회자 훈련 과정에 참여

신학 과정을 마치고 목회 현장으로 가야 할 무렵(1987년) 누구나 그러하듯 고민이 많았다. 다른 목사 후보생들이 가는 그 과정을 그대로 가야 하느냐? 뭔가 새로운 목회의 길을 가야 하지 않는가? 하는 고민과 갈등이 많았다. 대개 신학교를 졸업하면 전임전도사, 부목사의 과정을 거쳐 비어있는 교회에 이력서 내고 운 좋으면 발탁되어서 담임목사로 가는 것이 대개의 과정이다. 그러나 솔직히 나는 그런 과정을 가기가 싫었다. 뭔가 세상을 바꾸는 목회, 교회를 갱신하는 새로운 목회의 길을 가고자 하는 욕구가 더 강했다.

그 시점에 산업선교 대선배이신 인명진 목사께서 호주에서 국내로 돌아오셨다. 당시 인명진 목사는 국내로 돌아와 교회 개척(갈릴리 교회)을 하셨고, 영등포산업선교회 총무로 오랫동안 있으면서 선교기금으로 모아둔 자금이 있어서 민중교회(산업선교)에 참여할 후배들을 키워내고 새로운 목회에 도전하는 훈련프로그램을 개설하였다. '산업선교목회자 훈련' 과정을 개설한 것이다. 산업선교 훈련 과정은 그전에도 있었지만, 일 년 정도의 긴 과정을 훈련하는 것은 그때가 처음이었다. 약간의 고민은 있었지만, 나는 그 훈련에 참여하기로 하였다. 당시 장신대를 졸업하는 신학생들은 여러 과정을 다 합하여 약 500명(학부 포함) 정도 되었는데 산업선교 훈련에 참여한 사람은 5명이 전부였다. 서덕석, 정태효, 안하원, 최주상, 오규만이었다. 이중 최주상 목사와 오규만 목사는 오랜 기간 병마와 싸우다 지금은 고인(故人)이 되었다.

노동자로 살다

1987년에는 노동 현장에 들어가 노동을 하며 살았다. 노동이 곧 훈련이었다. 나는 서울 독산동에 있는 박스 만드는 공장과 구로공단의 대한광학이란 회사를 다녔다. 그때 당시는 위장취업이었다. 1987년에 6월 항쟁이 있었고, 6.29선언이 있었고, 7, 8월엔 노동자 대투쟁이 있었다. 노동 현장에 있으면서 이 일을 경험한 것은 지금도 잊지 못할 소중한 경험으로 간직하고 있다. 조출, 잔업을 거의 매일하는 노동자들을 보았고, 나도 하루 14시간 노동을 하기도 했다. 퇴근하고 집에 돌아오면 피곤하여 금방 잠이 들었다. 당시 안양유원지 입구 안양천 주변에서 자취를 했는데 너무 피곤해서 밥을 하다 잠이 들어 밥 타는 냄새 때문에 옆집에서 알려주기도 했고, 여름에는 안양천이 범람하여 자는 도중에 피난을 가기도 했다.

공장에서 일을 하면서 어떤 때는 주일에 출근한 적도 많았다. 주일에는 항상 교회를 갔는데, 공장에 일하면서 교회 종소리를 들으니, 기분이 이상했다. 일주일에 한 번씩 모여 훈련주관자 지도하에 훈련일지를 점검하고 노동의 경험을 공유하기도 했다. 1987년의 훈련은 지금도 잊지 못할 평생의 경험인데, 이 경험이 나를 지금까지 지배할 줄은 몰랐다. 아마 30년 동안 민중교회를 포기하지 않고 지내온 것은 훈련의 영향이었다고 스스로 생각하고 있다.

1988년도에는 88올림픽의 떠들썩한 분위기에서 대구에 있는 안기성 선배가 목회하는 달구벌교회에서 목회 실습 겸 1년이 채 안 되는 기간을 지냈다. 대구에서 지낸 기간은 재미있었다. 본래는 대구에 있다가 구미공단으로 가서 민중교회를 시작하려고 했는데 어느 순간부터 부산이 눈에 들어왔다. 제2의 도시라는 매력이 있었고, 그때쯤 지금의 마누라와 사귀고 있었는데 부산에 사는 사람이었다. 사람들은 안 목사가 부산에 간 것은 마누라 따라 간 것이라고 놀리기도 했다. 영향이 없었던 것은 아니지만 부산에 민중교회가 있어야 한다고 생각했었다.

결혼과 새날교회의 창립

1988년 11월 말에 부산으로 갔고, 1989년 1월에 결혼했다. 그리고 그해 3월 10일 엄궁동에서 새날교회 창립 예배를 드렸다. 말이 창립 예배이지 겨우 9명(주로 지인들)이 모여 첫 예배를 드린 것이다. 엄

엄궁동에서 시작된 새날교회 전경(1989. 3.)

궁동은 사상공단을 끼고 있는 지역이었고, 공단 노동자들이 주로 사는 외곽지역이다. 불규칙한 공간 15평에 방 한 칸이 딸려 있는 2층 공간이었다. 네 평짜리 방에서 신혼살림을 하였다. 엄궁동에서 약 3년 정도 있었는데 어린이집(새날어린이집)을 운영했었다. 그 당시에는 탁아운동이 전국적으로 활발했던 시기이기도 했다. 이때 노회와 일부 지역 주민으로부터 탁아란 말 때문에 빨갱이란 소리를 듣기도 했다. 어린이집을 하는 동안엔 거의 사생활도 없이 지낸 것 같다. 얼마 전 어린이집 자모였던 분을 우연히 만났는데 아이가 30대 중반이란 말을 듣고 깜짝 놀라기도 했다. 세월이 무척이나 흘렀음을 새삼 느꼈다.

1993년도에 주례동으로 교회를 이전했고, 그곳에서 노동상담소(기독교부산노동상담소)를 시작했다. 주로 전화 상담과 대면 상담을 했는데 일 년에 상담 건수가 1,500여 건에 이르렀다. 노동상담소를 하면서 지역의 민주노총과 관계도 갖게 되었고 지금까지 지도위원 역할을 하고 있기도 하다.

IMF 외환 위기 속에서의 활동들

1997년 말 불어닥친 IMF 외환 위기는 세상 사람들에게는 고통을 주었지만, 새날교회나 나 자신의 입장에서 보면 존재의 가치를 드러내는 계기가 되었다. 경제 위기로 실업자들이 대량 발생하는 가운데 새날교회는 빠르게 움직였다. 교회 공간을 실업자를 위한 쉼터(새날을 만드는 사람들)로 개방했다. 그러자 엄청나게 많은 사람이 몰려왔다. 그들에게 라면도 제공했고 상담도 했다. 그러던 중 1998년 4월에 부산역 광장에서 실업자 대회를 열었다. 약 500명이 참석하여 서면까지 4km 이상을 행진했다. 이 일은 전국 방송에 톱뉴스로 보도되었고 정부가 예의 주시하기도 했다. "우리는 일하고 싶다"라는 슬로건으로 매달 한 번씩 일 년 동안 거리 행진을 하였다.

그 일이 계기가 되었는지 시청으로부터 공공근로를 받아서 하게 되었고, '건설일용노동조합'도 만드는 계기가 되었다. 경제 위기로 인해 실업자뿐만 아니라 노숙인 문제도 심각한 사회문제가 되었다. 대도시마다 노숙인 쉼터가 생겨났고, 민간 부분에서 쉼터를 운영하게 되었다. 2000년 초반에 쪽방 문제가 대두되면서 전국적으로 쪽방 상담소가 생겨나기 시작했는데, 부산에서는 시(市)로부터 쪽방 상담소를 운영해 달라는 요구가 와서 '동구쪽방상담소'를 위탁받아 운영하게 되었다. 나는 이 상담소를 노회(부산동노회)에서 운영하는 것으로 했고, 소장은 내가 맡아서 지금까지 운영해 오고 있다. 이어서 2001년도에 한 곳 더 설치한다고 해서 그것도 내가 부산시로부터 위탁받아 운영하게 되었는데 그 상담소는 부산노회(진구쪽방상담소)에서 운영토록 하였다.

경제 위기를 겪는 동안 나와 나의 활동이 지역사회에 알려지면서 정말 많은 일들을 하게 되었고, 사회운동도 열심히 하였다. 특히 IMF 외환 위기 기간 동안 민간 차원의 '실업대책협의회'를 만들어서 실업 문제에 대처했으며 '실업극복지원센터'를 만들어 소장으로 일하면서 실직자를 돕는 사업들을 펼치기도 했다. 실업극복지원센터는 7년간 소장으로 일하다가 지금은 모 시의원 출신에게 물려주었다. 2002년에는 지역의 몇 분과 함께 생활협동조합(부산생협)을 만들어서 대표도 지냈다. 부산생협은 조합원 1,500명으로 지금까지 활발히 활동하고 있다.

하천 살리기 운동에 참여하다

필자가 거주하는 지역과 멀지 않은 곳에 학장동이란 곳이 있는데 '부산 생명의 전화'에서 운영하는 복지관(학장복지관)의 운영위원장을 10년 정도 활동하고 있고, 현재는 운영위원과 생명의 전화 이사로 활동하고 있다. 학장동에는 학장천이 있어서 학장천 살리기 운동도 열심히 하여 '학장천 살리기 주민운동' 대표도 하고 있다. 그런 활동을 하다 보니 민간 조직인 '부산하천연대' 대표도 맡게 되었으며, 부산시 협치 조직인 '부산하천살리기운동본부' 대표도 맡게 되었다. 하천 살리기 운동을 하는 동안 전국 '강의 날' 대회에서 수차례 대상을 받고 입상하기도 했다. 하천 살리기 운동은 그 당시 시대정신처럼 활발했었는데, 그 중요한 시기에 부산의 하천 살리기 운동에 열심히 참여한 것도 기억에 남는 일이다.

사회도 목회의 현장

이렇게 정신없이 지역에서 운동을 하고, 시민사회 활동을 하면서도 한편으로는 무거운 마음이 떠나지 않았다. 민중교회는 점점 초라해져 갔고, 민중교회 목회자들은 여러 가지 이유로 민중교회 목회로부터 이탈하였다. 그나마 명목을 유지하고 있는 민중교회도 진짜 민중교회인지 분간하기 어려울 만큼 일반 교회화되었음을 부인하기 어려웠다. 시대가 변했기 때문이라 생각할 수 있겠지만 아쉬운 부분이 아닐 수 없다. 지금은 민중교회라는 말도 잘 쓰지 않는 것 같다. 그러나 필자는 지금도 "새날교회는 민중교회다"라고 말하고 있다. 얼마 되지 않는 교인이지만 "여러분들은 민중교회 교인임을 자랑스럽게 생각하시기 바랍니다"라고 강조한다.

교회 창립 21주년 기념(2010년) 예배 후 교인들과 함께. 앞줄 넥타이 맨 분이 현 부산시 교육감인 김석준 교수(부산대)

민중교회 목회자에게는 사회도 자신의 목회 현장이다. 올바른 사회로 나아가기 위한 노력과 올바르지 못한 것에 저항하고 투쟁하는 일은 모두 목회의 과제라 생각하고 지내왔다. 하지만 여전히 아쉬움으로 남는 것은 수의 문제에 예민해져 있다는 것이다. 민중교회도 교인 수가 100명, 200명 될 수는 없을까? 이 고민을 극복하는 데 적잖은 시간을 보냈다. 이런 고민은 일반 교회 목회자들이 하는 고민과 별반 다르지 않은 것이었다. 교인 수가 적어서 하나님의 일을 제대로 못 해 본 적이 없는데 왜 느닷없이 그런 고민들을 자주 하게 될까? 교인 숫자가 많다고 지금보다 더 잘할 수 있을까? 이런 고민들을 하는 것은 다른 이들에게 자랑하기 위함은 아닐까? 라는 생각을 해본다. 오히려 민중교회가 교인 숫자가 많아지면 방해되는 일은 없을까? 이런 생각들을 하면 지금의 30~40여 명 교인 수가 적합하다는 생각도 하게 된다. 그렇게 생각하니 참 감사한 일이기도 하다. 지금 확신하는 것은 자신의 분량에 맞게 목회하는 것이 가장 행복한 목회라는 점이다.

사회적 경제 활동으로 중심이 이동하다

민중교회 목회는 교회 목회와 사회적 목회가 있다. 이 두 영역은 서로 분리해서 생각할 수 없다. 그러나 솔직히 민중교회 목회는 사회적 목회에 더 많은 시간을 할애하게 된다.

최근에(10여 년 전부터) 관심을 갖는 사회적 영역은 사회적 경제 부분이다. 필자는 현재 부산환경운동연합 상임대표를 맡고 있는데 2009년부터 부산환경운동연합에서 유지해 오던 사회적일자리 사업단(에코라이프 살림)을 맡아서 사회적기업으로 전환시켜 지금까지 대

사회적기업 에코라이프 살림이 위탁 운영하는 부산폐가전회수센터 전경

표를 맡고 있다. 중소형 폐가전제품을 수거하여 재활용하는 환경사업이다. 힘들게 유지하다가 3년 전에 부산시로부터 1,500평 부지에 100억의 예산으로 공장(부산폐가전회수센터)을 지어 우리 회사가 위탁 운영하게 되었다. 이 일을 계기로 제가 운영하는 사회적기업의 위상이 확연히 달라졌다. 지금은 27명의 직원에 연 10억 가까이 매출을 올리는 사회적기업이 되었고, 오랫동안의 적자 상태를 어느 정도 벗어났다. 사회적기업을 하다 보니 사회적 경제 영역에서 또다시 중요한 일들이 주어지고, '부산사회적경제네트워크'라는 조직의 대표도 맡고 있다. 또한 예장 교단 사회부 산하에 '예장사회적경제네트워크'(이하 예사경)라는 조직의 대표도 맡고 있다. 예사경은 2020년 6월에 도림교회(정명철 목사 시무)에서 종교 네트워크(개신교, 불교, 가톨릭)의 사회적 경제 박람회를 주관하게 된다.

모든 사역이 하나님의 선교

민중교회 목회를 하다 보니 시대의 흐름에 따라서 다양한 사회적 사역들이 주어졌고 기쁜 마음으로 참여해 왔다. 본 글의 주제가 '작은 교회 목회 이야기'인데 너무 사회선교와 관련된 이야기만 늘어놓은 것 같다. 새날교회 교인들도 대개는 필자가 참여하는 다양한 사회선교의 영역에서 만난 사람들이고 비슷한 일들을 하는 분들이 거의 대부분이다.

사회 선교적인 일로 바삐 지내지만, 이 모두가 '하나님의 선교'라고 생각하고 있다. 그리고 해 왔던 일들이 재미있고 흥미롭다. 무슨 일이든지 그 일이 사회를 정의롭게 하고 선한 이익이 되는 일이라면 주저하지 않고 해 왔다. 낯선 부산에 와서 살면서 목회한 기간이 30년이 지났다. 후회는 전혀 없다. 좋아하는 사역을 해 왔고 잘하지는 못했지만, 최선을 다했다. 앞으로 몇 년을 더 하나님의 일을 하게 될는지 모른다. 지금까지는 하나님 앞에 감사할 뿐이다.

사귐의교회

문춘근

(목사, 부산 사귐의교회)

이야기를 시작하며

올해로 교회 나이는 만 열세 살이 되어간다. 다 모이면 90명 정도(아이들 30명 포함) 된다. 30~40대가 전체 성도의 63% 정도를 차지하여 가장 많고, 10대 이하의 자녀들이 그다음으로 31% 정도를 차지하고 있다. 3년 전부터 양산, 장유, 부산 지역에 흩어져 있는 성도들이

교회 로고

가까운 지역 중심으로 5개의 '나루'(가정교회)에서 모이고 있다. 나루의 인도자를 '사공'이라고 부르는데 10명의 사공이 섬기고 있다. 현재 남성 4명, 여성 6명이며, 이들의 평균 연령은 41.7세이다. 사공들과 목회자 부부가 교회의 지도력을 공유하고 있다.

교회 이름이 '사귐'이다

교회 이름은 요한일서 1장 3절에서 취했다. "우리가 보고 들은 바를 여러분에게도 선포합니다. 우리는 여러분도 우리와 서로 사귐을 가지기를 바라는 것입니다. 우리의 사귐은 아버지와 또 그의 아들 예수 그리스도와 함께하는 사귐입니다." 교회의 본질과 존재 이유, 사역 방식의 방점을 '사귐'에 두었다. 가르침을 강조하는 조직 같은 교회(敎會)라는 일반적 의미보다는 사귐이 교회의 본질을 잘 품은 단어라고 보았다. 그리고 우리의 사귐은 성삼위 하나님과 함께하는 사귐이기에 교회 자체를 위해서가 아니라 하나님 나라를 받드는 공동체로 존재한다고 생각했다. 우리 성도 개인, 가정, 온 교회가 어떻게 하면 우리 이웃들이 우리와 서로 사귐을 가질 수 있을까 고민하고 나름대로 실천해 왔다. 이웃들이 눈에 보이는 우리와의 사귐을 통해 복음과 하나님 나라를 알고 경험하게 되기를 바란다. 그 후 서서히 보이지 않는 성삼위 하나님의 사귐인 '상호 내주'(perichoresis)*를 경험하고 알게 되기를 소망한다. 결국에는 그 이웃들이 다른 이웃들에게도 우리와의 사

---

* 삼위일체를 설명하는 데 사용하는 영어이다. 상호 침투 혹은 내주(內住)라는 개념이다. 성자는 성부와 성령 안에 계시고, 성령은 성부와 성자 안에 계시며, 성부는 성자와 성령 안에 계시나 뒤섞임 없이 공재(共在)한다(편집자 주).

귐을 소개하고 초대하는 겨자씨와 누룩이 되기를 소망하며 오늘에 이르렀다.

맨땅에 헤딩하듯 시작된 교회 개척

대형 교회의 부목사로 일하다가 한계를 깊이 느껴 사임한 후 얼마 있다가 교회 개척을 시도하게 되었다. 겁 없이 47살의 나이에 아무런 재정이나 지원도 없이 그냥 시작했다. 하나님께서 내게는 교회를 개혁하는(re-forming) 일보다는 그냥 형성하기(forming)를 원하신다고 생각했다. 딱 세 가정이 의기투합했다. 처음엔 공통된 비전도 없이, 아무런 재원도 없이 맨땅에 헤딩하듯 무모하게 시작했다. 기본적으로 소위 잘 되는 교회들을 모델로 삼는 것을 사양·지양했다. 대신에 주께 여쭈며 나아가자고 했다. "이곳에 예수 믿는 가정이 우리 세 가정밖에 없다면 하나님은 우리가 어떤 교회가 되기를 원하실까?" 2008년 7월 27일에 첫 주일 예배를 드린 이후로 늘 이 질문은 우리의 중요한 결정과 시도의 순간마다 우리를 한 방향으로 걸어가게 해주었다.

다섯 가지 기초 정신

고교 2학년 시절부터 출석하기 시작한 교회, 교회 생활을 계속하면서 당황하고, 실망하고 좌절하는 일이 적지 않았다. 그리고 몇 가지 사정으로 모교회를 떠나 두 군데의 교회를 다녔다. 이 경험 역시 교회에 대한 고민을 갖게 하였다. 개척을 시작하면서 이 시대, 이 지역에서 어떤 모습의 교회를 하나님께서 보고 싶어 하실까 고민했다. 그래서 개척 초기부터 몇 가지 가치를 품고 나아가자고 창립 멤버들과 나누었고, 지금도 틈나는 대로 성도들에게 강조하고 있다. 대략 다섯 가지 정도를 지켜가자고 했는데 다음과 같다. ① 상호 내주(相互內住)의 체험을 하는(perichoresis) 교회 공동체, ② 진정으로 예수 그리스도께서 머리가 되시는 교회, ③ 건강한 가정과 가족 같은 공동체를 형성하는 교회, ④ 하나님의 한 백성으로서 목회자와 평신도가 함께 사역하는 교회, ⑤ 교회 생활뿐 아니라 성도들의 일상을 지원하는 교회이다. 이 다섯 가지의 기초 정신은 그 누구보다도 목회자인 나에게 교회론적 지향점이 되어 샛길로 빠지지 않도록 나를 지켜주고 있다.

우리 교회에는 '없는' 것

일반적으로 '교회'하면 당연히 있어야 한다고 생각하는 활동이나 모임이 아직 없는 게 있다. 이것을 소개하는 것이 우리 교회를 이해하는 데 도움이 될 것 같다. 일단 소속 교단이 없다. 나는 미국 남침례교단에서 안수받은 목사이지만, 교회는 아직 독립교회로 남아있다. 교회 명의의 공간이나 건물을 아직 구하지 않고 있다. 주일 예배와 교제를 위한 장소를 부산 해운대 지역의 시민 단체로부터 대관하여 사용하고 있다. 코로나19로 인해 작년 2월부터 현재까지 대관한 장소에서 주일 대면 예배를 66주째 드리지 못하고 있다. 물론 사용하지 않았기 때문에 대관료는 내지 않고 있다. 장로, 집사, 권사 같은 직분 제도도 없다. 나이별로 따로 구분하여 예배하고 교육하는 주일학교도 없다. 새벽기도회, 수요기도회, 금요기도회도 아직 없다. 성가대도 없다. 하지만 지나치게 개교회 중심으로 빠질 우려가 있어서 다른 교회와의 사귐을 위해 '하나님 나라 복음 DNA 네트워크'(대표 목사 김형국)라는 단체의 동역 교회로 참여하면서 하나님 나라 비전을 공유하고 있다.

전방위적 사귐 이야기

우리 교회는 처음부터 성도 간의 교제나 공동체적 모임이나 활동, 사역 등을 어떤 식으로든 사귐의 정신으로 펼쳐 오고 있다. 이제부터는 우리 교회에 '있는' 것을 이야기하겠다. 대부분 교우들 특히 교회 지도자 그룹에서 기도와 논의를 통해 나온 아이디어와 행사들이다. 지면상 몇 가지만 예를 든다.

1) 하나님과의 사귐 이야기: 전 세대 주일예배

주일예배 이야기를 빠뜨릴 수 없다. 우리는 개척 첫 예배 때부터 전 세대 예배를 드리고 있다. 어떤 때는 두 시간 가까이 진행된 적도 있었지만, 어린 아기로부터 어린이들, 청소년들, 청년들, 장년들 등 모든 성도가 한 장소에서 같은 시간에 예배드리는 것을 고수하고 있다. 이 예배에 적응하느라 새 가족들이 애를 먹지만 모든 세대가 한자리에서 잘 드리고 있다. 자녀들을 세대별로 분리해서 예배드리고 교육하는 일을 처음부터 생각하지 않았다. 가정의 모든 식구가 다 함께 예배드림으로써 받을 수 있는 놀라운 축복을, 아이들로 인해 방해받지 않고 조용하고 엄숙하게 드려야 한다는 편의성이나 자녀들의 신앙 교육을 세대에 맞게 해야 한다는 목적의식 때문에 굳이 희생하고 싶지 않았다.

전 세대 예배

우리 교회 아이들은 매주 돌아가면서 한 가정씩, 속한 자녀들을 축복하는 시간을 따로 갖는다. 찬양곡을 선정할 때도 어린이들에게 어울리는 곡을 어른들이 함께 찬양한다. 아이들이 예배 시간에 움직이고, 돌아다닐 때 부모들은 미안해할지 모른다. 그러나 성도들은 거의 눈치를 주지 않는 편이다. 그 연령대에는 그런 모습이 자연스럽다고 여기고 기다려 준다. 글을 읽을 줄 아는 아이들은 성경 봉독 순서에 참여한다. 헌금 쟁반을 들고 걸을 수 있는 아이들은 봉헌 순서 때 봉사하면서 기뻐한다.

또한 우리는 매 주일 성찬의 시간을 기쁨으로 갖고 있다. 공동체 모든 가족이 함께 드리는 예배, 모든 세대가 골고루 참여하고 기여하는 예배를 드리면서 누리는 기쁨 중의 하나는, 우리가 하나님의 가족이라는 정체성이다. 예배를 주일에 한 번밖에 드리지 못하는 교회이지만, 전 세대 예배를 통해 한 아버지 하나님을 예배하는 하나님의 가족으로서 서로를 바라보며 귀하게 여기고 섬기는 마음이 형성되고 발휘되고 있다. 이 전 세대 예배에서 다른 모든 관계나 활동과 사역들이 흘러나온다고 생각한다.

2) 성도들과의 사귐 이야기: 일상 속에서, 함께 기도하면서

성도들이 지역적으로 상당히 분산되어 있고, 도심 교통체증이 너무 심해서 주중에 따로 모이는 것은 어렵다. 그래서 성도들이 좀 더 서로 간에 친밀해질 수 있는 길을 찾아 여러 가지 방식으로 사귐을 도모했다. 그중에 몇 가지를 소개한다.

(1) 주일을 낀 1박 '리트릿'(retreat)*

도시 속의 분주한 일상에서 분투하는 성도들이 함께 조용한 장소로 떠나 먹고 마시며, 밤새 이야기하고 즐겁게 논다. 작은 규모로 일상에서 스스로 함께 예배드리는 리트릿을 정기적으로 가졌다. 자녀 양육으로 지친 기혼 자매들과 싱글 자매들이 제3의 장소에서 1박 하면서 자매 리트릿을 가진다. 식사는 해 먹지 않는다. 쉬러 왔기 때문이다. 젖먹이가 아니라면 아이들은 남편이나 형제들이 맡아준다. 그래야 자매들이 맘 편하게 쉬면서 서로 간의 교제에 집중할 수 있기 때문이다. 이런 식으로 다른 계절에는 자매들이 자녀들을 맡아주고 형제들은 정말 홀가분하게 형제 리트릿을 떠나 신나게 논다. 공 차고 고기 굽고, 또 공 차고 치킨 먹으며 힘껏 놀다 보면 지체 간의 사이가 친밀

* 일상으로부터 떠나 잠시 교인들끼리 사귀고 휴식하면서 영적인 충전을 하는 활동(편집자 주).

자매 리트릿

해진다. 자매 리트릿 주일에 나는 모든 형제와 함께 남은 자녀들을 다 데리고 예배처에서 조금 소란한 예배를 드린다. 그 시각 자매들은 목회자 없이도 자체 예배를 잘 드린다. 형제 리트릿에 나는 남자로 참가한다. 그 주일에 자매들과 남은 자녀들은 예배처에 모여 알아서 예배를 드린다. 쉼과 사귐을 누리는 리트릿은 인기가 참 좋다.

(2) '5분 기도회'와 '찾아가는 수요기도회'

여건상 함께 모여 기도하는 것이 쉽지 않던 중 주일 오후 모임 전에 전체로 모여 기도하는 시간을 갖자는 의견으로 시작한 것이 '5분 기도회'이다. 그런데 형식이 대단히 자유롭고 시간도 사실상 5분이 아니라 20분 이상 갈 때가 대부분이다. 매주 자원하거나 부탁받은 성도들이 돌아가면서 진행한다. 개인 관심 분야나 사회 이슈, 선교 이슈 등 다양한 주제에 대하여 간단하게 정보가 제공되고, 그 후에 함께 기도하는 방식을 취하고 있다. 한 예로, 고교 1학년 여학생이 자신의 삶과 학교생활의 실상을 소개하며 온 성도들에게 기도 요청을 한 적도 있다. 코로나19 기간 동안 못 하고 있다가 지난달부터 매월 1회 랜선 5분 기도회를 재개했다. 지난달에는 한 형제가 "미얀마 사태의 이해와 기도"라

찾아가는 수요기도회

는 주제로 인도했으며 이번 달에는 현직 중학교 교사가 "코로나 시대의 아이들"이라는 주제로 진행했다.

수요일 밤에 모여 함께 기도하는 것이 좋지 않겠냐는 강한 요청이 있어서 수요기도회를 실행해 본 적이 있었다. 그런데 시간이 지나면서 기도 생활이 몸에 밴 극소수의 50대 성도들만 참여하는 시간이 되어버렸다. 이를 두고 논의하던 중 나온 아이디어가 '찾아가는 수요기도회'이다. 성도들이 일하는 곳(병원, 세무서, 사무실, 공장 등)이나 사는 가정을 찾아가서 기도하는 시간을 함께 갖는 것이다. 여건이 되는 지체들이 방문하여 일과 가정에 대한 이야기를 듣고 기도하는 시간을 가졌는데 상당히 반응이 뜨거웠다.

(3) 지정 헌금

성도 간에 교제를 하다 보면 어떤 지체가 재정적인 필요가 있다는 것을 알 수 있다. 그럴 경우 적은 규모라도 도움을 주고 싶어진다. 그런데 직접 전달하는 것이 혹시 그 지체에게 부담을 줄 수 있다. 그래서 도입한 것이 '지정 헌금'이다. 지정 헌금을 하고 싶으면, 헌금할 때 무명으로, 헌금 봉투 겉면에 그 지체의 이름을 표시해 제출하면, 회계가 매주 모아서 목회자에게 알려주고 목회자가 무명으로 당사자에게 전달해 준다. 이 작은 실제적인 도움이 형편이 어려운 청년들이나 성도들에게 사랑으로 경험되고 있다. 처음 시작할 때는 드물었지만 최근에는 격주로 1~2건 정도의 지정 헌금이 들어오고 있다. 코로나 상황이 아니었던 2019년의 경우, 50여 건의 지정 헌금이 있었는데 액수는 250만 원 정도였다.

3) 이웃들과의 사귐

사귐의교회가 존재하는 이유 중 하나는 이웃과 함께 사귀기 위해서이다. 이것은 아직 교회의 큰 과제이다. 아직 지역 교회의 형태를 구체적으로 형성하고 있지 못하고 있기 때문이다. 주일예배는 해운대 지역에서 드리지만, 교회 건물도 없고, 대부분의 성도들은 부산시 전역과 인근 김해, 양산 지역까지 흩어져 살고 있다. 그래서 주님이 우리에게 주신 자원인 물질(돈)을 통해 다양한 이웃들과 사귐의 기회를 갖고 있다.

(1) 선교동역자들과 나누는 사귐

현재 우리는 스무 분 정도의 해외 선교사, 국내 선교 사역 단체나 사역자 앞으로 매달 200만 원에 가까운 후원을 해드리고 있다. 후원처를 정할 때 몇 가지 원칙이 있는데 예를 들면 우리 주변에 평신도라서, 아직 생소한 사역이라서, 조금 논란의 여지가 있어서 쉽게 지역 교회에 후원을 요청하기가 어려운 분들을 후원하려 한다. 또 선교사님들에게 선교 보고 같은 것은 신경 안 쓰셔도 상관없다고 말씀드린다. 특히 매월 12월에는 선교지로 성탄 선물을 보내어 사랑의 마음을 전해드리고 있다. 성도들이 작성한 카드와 함께 보내온 각종 생활필수품, 과자 등을 국제 우편으로 받고서 선교사님들이 참 기뻐하시는 것 같다.

이 후원처 중에 농촌 교회가 두 곳 있다. 그중 한 교회와는 매년 추수감사주일에 도시와 농촌 성도 간의 찐한 교제를 나누고 있다. 의령에 있는 농촌 교회인데 모든 성도가 그 교회로 가서 그 교회 성도들과 함께 추수감사주일 예배를 드린다. 예배당이 꽉 채워지는 모습, 드리는 찬양의 열기로 인해 오랜만에 농촌 교회에 활기가 넘친다. 예배 후 바비큐 파티를 교회 뜰에서 열고 모든 성도가 공동 식사 교제를 나

농촌 교회와 함께하는 추수감사제

눈다. 고기 굽는 냄새가 진동하고 연기에 눈이 따갑기도 하지만 너무 나 즐거운 시간이다. 도시 성도들이 농촌의 자연환경 속에서 편안함과 위로를 느끼고, 농촌 성도들이 보여주는 후한 대접에 영혼이 살찌는 즐거운 사귐의 시간이다. 음식 준비에 필요한 재정도 우리 교회가 지불하고, 추수감사주일 헌금 전액을 이 교회에 드리고 있다.

(2) 세상 이웃들과의 나눔과 사귐

우리 교회와 성도들은 우리와 함께 살아가는 이웃들의 시선과 소중함을 늘 잊지 않으려고 노력하고 있다. 교회 간판도 달지 않고 조용히 주일마다 대관한 장소에 모여 예배드리며 교제하면서도 우리 주변에 무슨 일이 벌어지고 있고, 어떤 이웃이 곤경에 처해있는지 눈여겨 살펴본다. 그러다가 우리 마음에 자리 잡는 이웃들을 위해 우리가 할 수 있는 것이 무엇인지 알아보고 행동하려고 한다. 우리에게 지금까지 가장 쉬운 일은 주님이 주신 돈으로 사귐의 손을 내미는 것이어서 그 일을 하고 있다.

우리 교회에는 헌금의 종류가 단순하다. 십일조와 감사헌금 그리고 세 번에 걸친 절기 헌금이다. 그중 세 가지 절기 헌금은 전액 사회와 이웃과 함께 나누고 있다. 부활절 헌금은 최근에 세월호 이웃들에게, 제주 예맨인 이웃들에게, 미얀마 민주화 항쟁 단체 앞으로 보내드렸다. 추수감사헌금은 농촌 후원 교회에 드려왔으며, 연말의 성탄절 헌금과 수시 바자회 수익금은 부산연탄은행 앞으로 후원하고 있다. 더 많이, 더 자주 이렇게라도 이웃이 되고 싶다.

전교인 함께

이야기를 맺으며

교회 이야기를 시작하면서 '사귐'이라는 이름을 먼저 언급했다. 사귐의교회라는 이름값을 하는 교회로 오래도록 존재하기를 바란다. 세월이 흐를수록 더욱 친밀하게 성삼위 하나님과의 사귐을 누리는 사랑스러운 교회가 되기를 바란다. 지역적으로 흩어져 있는 가정교회인 '나루공동체'가 지역 교회처럼 자리 잡으며 더욱 구체적으로 이웃들을 사랑하는 그리스도의 교회가 되기를 소원한다. 성령 하나님의 교통하심이 우리를 통해 계속 우리 이웃들에게도 흘러넘쳐 성삼위 하나님과의 사귐으로 이어지기를 간구한다.

샘터교회

안 중 덕
(목사, 부산 샘터교회)

들어가는 말

코로나 팬데믹은 일상생활뿐 아니라 신앙생활에서도 많은 변화를 불러일으키고 있다. 사람들은 익숙한 일상과 결별해야 했지만, 다른 한편으로는 삶에 대해 성찰하고 조율하는 기회를 얻게 되었다. 또한 교회와 목회자에게 과도하게 의존했던 신앙생활에서 자발적인 생활 신앙의 필요와 가치를 깨닫게 되었다. 무엇보다 개인의 영성과 교회의 사회적 역할 그리고 그리스도인의 사회적 책임에 대해 인식을 새롭게 하게 되었다.

십수 년 전에 동화 작가 권정생 선생이 남겨놓은 산문집 『우리들의 하느님』에 새겨놓은 글이 있다. "열매를 보고 그 나무의 실상을 안다고 했던가. 물질 만능과 출세 지향적 기독교는 우리 사회에 어떤 빛으로 도움이 되었던가. '밤이면 빨갛게 높이 빛나는 십자가가 정말 교회의 빛인가?' 성폭행에, 음주에, 교통사고에, 입시 지옥에… 온갖 나쁜 것만 세계 일등인 것이 이 나라의 현실이다. 산과 강물은 쓰레기로 덮이고 도시의 하늘은 매연으로 가득 찼다. 정말이지, 하나님을 더 이상 속이지 말고 정신을 차려야 한다. 온갖 해로운 화학약품을 섞어 만든 식품을 포장만 그럴듯하게 싸서 이름있는 상표를 붙여 팔아먹는 장사꾼처럼 예수라는 상표만 붙은 가짜 기독교를 더 이상 퍼뜨리지 말아야 한다."

"밤이면 빨갛게 높이 빛나는 십자가가 진정 교회의 빛인가?"라는 작가의 물음은 교회가 지역과 소통하지 못하고, 사랑과 섬김의 빛마저 잃어가고 있음을 경고하는 말로 들렸다. "세상 속에서 교회란 무엇인가"라는 질문이 '샘터교회'를 탄생시켰다. 지역사회와 함께 작은 교회를 지향하면서 사회적 목회, 전인적 목회, 생태적 목회를 해 온 샘터교회는 창립 20주년을 기점으로 '녹색교회'로 전환 중이다.

샘터교회의 탄생

샘터교회는 2000년 9월 초에 부산광역시 남구 대연동에 설립되었다. 어느덧 올해 9월이면 21주년을 맞게 된다.

나는 경기도 화성의 작은 시골 마을에 있는 감리교회에서 자랐다. 신학대학을 졸업하고 독일에서 유학 생활을 했다. 목회자의 길은 걷고 싶지 않았고, 더욱이 교회를 개척할 생각은 꿈도 꾸지 않았었다. 그런데 어디 사람 뜻대로 되는 법이 있던가. 함석헌 선생의 말을 빌리자면, "하나님의 발길에 차여" 여기까지 온 것이다!

나는 목회 경험이 많지 않고, 부산 지역의 종교적 풍토와 정서에

샘터교회 전경

대한 사전지식이 별로 없던 상황에서 단독목회의 첫걸음을 내딛게 되었다. "여기저기 널린 게 교회인데, 교회를 또 세워야 할 이유가 무엇인가?"로 시작해서 "어떻게 영향력 있는 교회를 세울 것인가?", "어떻게 지역 주민과 소통할 것인가?", "어떻게 그리스도인의 삶을 변화시키고 성숙시킬 것인가?", "어떻게 다음 세대를 전인적으로 양육할 것인가?"라는 질문 속에서 목회와 교회의 밑그림을 그리게 되었다. 특히 나는 '잘할 수 있는 것'과 '준비되어 있는 것'이 무엇인지 고려하고, 지역과 주민들의 필요는 무엇인지를 파악하여 '교육과 문화'라는 목회의 코드를 설정하였다.

샘터교회라는 이름은 숲속 작은 옹달샘과 같은 공동체를 의미한다. 쉬지 않고 솟아나는 맑은 샘, 숲속의 모든 생명을 책임지는 생수, 고이지 않고 끊임없이 흘러넘치는 샘터, 샘물이 높은 곳이 아니라 아래로 흐르고 흘러 계곡을 만들고, 내를 지나 강과 바다를 이루는 것처럼 샘터교회의 생명력이 세상에 거룩한 영향력을 발휘하는 공동체로서의 소망을 담은 것이다. 특히 예수께서 사마리아 지역의 수가성, 야곱의 우물에서 만난 여자에게 건네신 말씀, "영원히 목마르지 않고, 영생에 이르게 하는 샘물"이 솟아나는 샘터(요 4:14)에 근거한 이름이다. 옹달샘은 작은 것이 특징이다. 샘이 커지고 각종 물이 섞이면 더 이상 샘이 아니다. 그것은 물이 고인 웅덩이다. "이름대로 된다"라는 말처럼 샘터교회를 거쳐 간 신자들이 남아있는 신자들보다 몇 배 많다.

지역사회와 함께하기

샘터교회는 교회 창립 예배와 함께 지역 주민의 삶의 질을 향상시키고 풍성하게 하기 위해 '샘터교육문화원'을 설립하였다. 이는 일종의 파라처치(para-church)인 셈이다.

교회가 사용하게 된 건물은 지하 1층 지상 4층 건물이었다. 교회가 1층과 2층을 사용하게 되었는데, 2층에 예배실을 꾸미면서 고려한 것은 다목적 공간이 되게 하는 것이었다. 그래서 예배실 의자는 개인용 의자를 배치하였고, 작은 교실 3개와 유아 공간 및 기도 공간을 만들었다. 복도 공간에 주방과 화장실을 만들어서 어린이부터 노인까지 활용이 원활하게 하였다. 주일에는 예배 공간으로 사용하고, 주간에는 각종 교육 및 문화 프로그램을 할 수 있도록 한 것이다.

교육학을 전공한 나는 학부모를 위한 교육 세미나, 독서교육 세미나, 건강 세미나, 환경교육 세미나, 토크 콘서트 등 교육 프로그램을 기획하거나 직접 강의하면서 지역 주민들과 접촉하고 소통하는 계기

예배드리는 모습

를 마련하였다.

한편 교회에는 전자오르간과 그랜드 피아노 그리고 아내가 독일 유학하면서 전공하고 구입한 쳄발로까지 구비되어 있어서 언제든지 음악회를 할 수 있었다. 특히 크리스마스 시즌이 되면 지역 주민을 초청하여 성탄 묵상과 함께하는 대림절 4주간 연속 음악회를 하였고, 이웃 교회와 교류 음악회, 병원과 갤러리 등에 찾아가는 음악회를 개최하여 지역을 섬겨왔다.

교회 주변은 부산의 대표적인 문화시설과 교육시설이 집중된 곳이다. 부산문화회관, 부산박물관, 부산예술회관, 유엔기념공원과 평화공원, 평화박물관, 일제강제동원역사관 등 문화시설이 있고, 네 개의 대학교 캠퍼스와 초·중·고등학교 교육시설이 위치하고 있다. 다만 공공도서관의 접근성이 좋지 않았다. 그래서 지역 주민들에게 작은 도서관이 필요하다고 판단하고 교회 설립 이듬해인 2001년도 여름에 주민들과 함께 건물 1층에 '샘터꿈의도서관'을 설립하였다.

작은도서관의 도서는 우리 집 '가정 도서관'에 있던 그림책 800여

도서관 실내

권과 주민들이 기증한 도서 2,000권으로 시작하였다. 도서관 자체 프로그램에서 발생한 수입은 도서관 운영과 도서 구입에 전액을 사용하였으며, 지역 주민들의 관심이 높아 교회보다 먼저 자립적으로 운영할 수 있었다. 현재 소장한 도서는 총 25,000권에 이른다.

작은도서관은 사회적 요구에 따라 정부와 지자체의 정책과 기업, 단체의 지원으로 2007년에 부분적으로 리모델링을 하여 더욱 활성화되었다. 이후 점차 소장한 도서가 증가하여 서가의 확충이 필요했고, 더 넓은 공간이 필요하게 되었다. 2019년에 우리 작은도서관이 지난 20년 동안의 사회적 역할을 인정받아 생활 SOC(사회 기반 시설 확충) 사업에 선정되었다. 리모델링 비용을 전액 지원받게 되어 예배실로 사용하던 2층 전체를 작은도서관으로 고치고, 예배실은 건물 지하층에 새롭게 만들었다. 물론 예배실도 필요에 따라 공연 및 스포츠 활동이 가능하게 하였다.

샘터교회는 설립 초기부터 샘터교육문화원과 샘터꿈의도서관을 부설 기관으로 설립하여 다양한 교육과 문화 사역을 집중적으로 펼치면서 지역을 넘어 세상과 소통하는 교회로 영향력을 확대하였다.

독서 목회와 사역

샘터교회는 독서 목회를 통해 지역을 가꾸고 섬기는 교회의 이미지를 심게 되었으며, 교회의 공동체 의식을 향상시키고 전인적으로 건강한 교인들을 세우게 되었다. 특히 독서교육 프로그램을 통해 지역 주민의 삶을 변화시키고 풍성하게 하며, 온전한 구원에 이르도록 이끌어 주는 의미 있는 사역을 펼쳐 왔다.

먼저 독서 목회에 대한 이해를 돕고 독서 사역 및 사례를 소개하려고 한다. 독서란 글이나 책을 읽고 필자의 중심 생각을 파악하며, 자신의 배경지식을 토대로 새롭게 의미를 재구성함으로써 이해력, 사고력, 표현력을 확장시키는 활동이다. 독서는 단순히 인지적 활동이 아니라 생각하는 힘과 마음의 그릇을 가꾸도록 도와주는 전인적 활동이며, '사람 읽기'와 '세상 읽기'를 넘어 하나님의 뜻을 읽게 하는 참된 인간화와 사회화의 과정이라 할 수 있다.

한 개인의 독서 능력은 학습 능력이며, 생애 능력이 된다. 따라서 누구나 독서교육이 필요하다. 독서교육이란 책 읽기를 통해 스스로 배울 수 있도록 돕는 교육적 행위를 말한다. 이러한 의미에서 교회에서의 독서교육은 필수적이다. 교회에서의 독서교육은 개인적으로 읽기 능력 향상과 삶의 변화 그리고 삶이 온전하고 풍성하도록 돕기 위해서 필요하며, 교회적으로는 교인의 뿌리 깊은 영성과 온화한 감성 그리고 예리한 지성의 균형을 갖춘 온전한 구원과 경쟁력 있는 교회 교육의 혁신을 위해서 필요하다.

'독시 사역'이란 교인을 비롯한 다른 사람들이 책 읽기를 통해 스스로 배울 수 있도록 돕는 모든 일을 말한다. 그래서 교역자가 교인들에게 책 읽기를 통해 스스로 변화하고 성숙한 그리스도인의 삶으로 나아가도록 이끌어 주며, 목회 차원에서 양육하고 돌보는 일을 '독서 목회'라고 정의할 수 있다. 물론 교회에서의 독서 사역은 교역자만 할 수 있는 것이 아니다. 교회는 훈련된 독서지도자들을 통해 어린이와 청소년 그리고 성인은 물론 지역사회를 위해 교육, 문화, 복지, 선교 차원에서 독서 사역을 다양하게 펼칠 수 있다.

여기서 독서 사역의 의의를 샘터교회의 독서 목회 경험을 기반으로 정리하면, 먼저 삶을 변화시키는 성령의 사역이며, 삶을 풍성하게 하는 사역이다. 또한 독서 사역은 가정을 회복시키는 사역이며, 건강하고 영향력 있는 교회를 세우는 사역이다. 그리고 독서 사역은 하나님의 목적을 이루는 사역이며, 교육과 문화 그리고 복지와 선교의 동시적 사역이라 할 수 있다.

1) 독서교육 프로그램

(1) 어린이 독서캠프

여름 · 겨울 방학 중 3일간 기독교 세계관에 기초한 주제별 독서캠프를 개최한다. 유아 6세~초등 2학년을 대상으로 어린이 독서캠프, 초등 3~6학년을 대상으로 꿈나무 독서캠프를 개최하며, 각각 정원 60명씩을 모집하여 매회 100여 명, 1년 200여 명이 참여한다. 참여자 중 50%는 비기독교인과 불교 가정의 자녀가 참여한다. 어림잡아 지난 20년간 참여 인원은 3,500명이 넘는다.

(2) 어린이 독서학교

학기 중 16주간 동안 주 1회 90분의 모둠별 독서 학습으로 진행되며, 유아 6세~초등 6학년까지 학년별로 최대 8명으로 모둠을 구성하여 전문교사가 지도한다.

(3) 청소년 독서비전스쿨

학기 중 토요일 오후에 중고등학생을 대상으로 통합하여 운영한다. 독서 학습을 기본으로 하며, 학기 중 탐방 및 체험학습, 비전 학습(명사 초청 강연) 등을 함께 진행한다. 학기를 마친 후 참여한 학생들을 중심으로 비전 캠프 또는 독서 여행을 한다.

(4) 독서지도 전문가 양성

성인을 대상으로 샘터에서 개발한 독서전문가 양성 프로그램을 운영하고 있다. 독서에 대한 폭넓은 이해와 독서 기술을 개발하여 역량을 키우는 독서능력개발과정(8주), 독서지도를 위한 독서코칭과정(10주), 독서 코칭 실습을 하는 독서코칭전문과정(12주)을 1년 2학기제로 운영하고 있다. 학부모를 비롯하여 목회자, 교회학교 교사, 학교교사, 독서지도사, 방과후 학교 교사 등이 참여하고 있으며, 그동안 부산뿐 아니라 인천, 서울, 창원, 대구, 울산 등 주요 도시에서 요청에 따라 독서대학 프로그램을 진행해 왔다. 이 밖에도 독서 특강 및 세미나 프로그램, 단기 청년독서아카데미, 방문 독서교육 프로그램 등을 진행하고 있다.

2) 독서 문화 프로그램

(1) 책과 만나는 산책길

교회 인근 공원을 이용하여 독서 문화프로그램을 연 1회 진행한다. 교회와 인접한 조각공원, 장미공원, 평화공원, 도서관에 주제별 도서 부스를 설치하여 독서를 한 후 간단한 체험 활동을 하면서 열린 공간에서 가족들이 함께 독서의 즐거움을 경험하도록 하는 프로그램이다. 모든 코너를 순회하고 교회에 오면 다채로운 공연도 감상하게 된다. 주로 '평화'를 주제로 기획하여 온 가족이 참여하는 평화교육의 일환이다. 교회와 도서관을 알리는 좋은 기회가 되고, 지역 주민들에게는 건전한 문화 체험의 기회를 제공할 수 있어 반응이 매우 좋다.

책과 만나는 산책길

(2) 행복한 공원도서관

교회와 인접한 평화공원에서 봄, 가을 토요일 오후 2:00~4:00까지 두 시간 동안 이동도서관을 운영한다. 공원에 문화시설이 없으므로 공원을 찾는 어린이와 가족들에게 인기가 높다. 테이블에 50여 권의 그림책을 펼쳐 놓고 2시간 정도 무료로 이용하게 하며, 학생들이 자원봉사를 한다.

(3) 문학여행

여러 작가 또는 문학관 등을 탐방하는 프로그램이다. 방문 전에 작가의 작품을 읽고 자료조사를 한 후 견학, 탐방, 책 걷기를 1년에 한두 차례 진행한다.

(4) 자원봉사 터전

작은도서관이 청소년활동진흥원 자원봉사 터전 기관이어서 어린이, 청소년, 성인에 이르기까지 도서관과 지역사회를 위한 자원봉사 활동을 하고 인증해 준다. 이 밖에도 작가 초청 특강, 원화 전시회, 도서관 콘서트, 갈맷길 걷기 등 다양한 독서 문화 활동을 진행하고 있다.

3) 독서 선교 프로그램

(1) 해외 선교지 독서교육 지원

현재까지 영국과 중국 선교지에 도서관 지원 및 독서지도자 교육 프로그램을 진행하여 현지에서 독서교육 프로그램을 진행할 수 있도록 지원하고 있다. 앞으로 온라인 교육으로 해외 선교지의 독서지도 교육을 할 계획이다.

(2) 해외 선교지 및 농어촌 작은 도서관 설립 지원

해외 선교지와 농어촌 또는 교회에 작은 도서관 설립을 위한 행정 및 컨설팅, 도시 지원을 하고 있으며, 교육지원 및 상담을 하고 있다. 작은 도서관 설립은 1년에 한두 곳에 지속적으로 진행할 계획이며, 독서지도 선교사를 양육하여 선교지에 파견한다.

청소년을 위한 글로벌 시민교육

샘터교회는 설립 초기부터 어린이와 청소년의 전인교육에 관심을 가지고 프로그램을 연구하며 진행하였다. 특히 정보통신기술의 발달로 인해 동시다발로 접속하고 소통하는 시대를 살아가는 세대로서 다양성과 공존을 기반으로 하는 글로벌 시민의식과 전인성과 자기 주도성, 창의적 인성을 소유하고, 사랑으로 세상을 품은 그리스도인으로 살아가도록 돕기 위한 교육 프로그램을 하고 있다.

1) 유럽 비전 여행

겨울 방학 또는 여름방학 기간 중 15일 일정으로 영국, 프랑스, 독일, 오스트리아, 스위스, 이탈리아 등 6개국의 기독교 문화역사 탐방을 한다. 청소년과 청년을 대상으로 5개월 전에 모집하여 철저한 준비학습을 한 후 참여하게 된다.

지난 2020년도에 13회 차를 진행했으며 평균 25명 정도 참여한다. 여행 중에는 주요 기독교 유적지와 인물, 박물관, 미술관을 탐방하며 그리스도인의 정체성, 세계 문화와 역사 그리고 예술에 관한 학습, 비전 학습을 통한 세계 시민의식을 키우는 기회를 제공한다. 여행 과정을 통해 공동체 의식과 자아 발견, 자기 주도성이 향상되고 학업에

청소년 유럽 비전 여행

서도 동기와 흥미의 유발과 함께 성장할 뿐 아니라 진로에 많은 도움이 되기도 한다. 본 교회 청소년을 비롯해서 희망하는 청소년들이 상담을 통해 참여한다.

2) 희망아시아 프로젝트

아시아 지역의 나라에 방문하여 봉사활동을 하면서 그 나라의 역사와 문화를 체험하고 현지에 작은 도서관 또는 희망학교를 세우는 일이다. 희망자를 모집하고 3개월 전부터 모임을 통해 청소년들이 함께 기획하고 프로그램을 준비한다.

2013년 캄보디아 프놈펜 인근 농촌 지역에 작은 도서관을 설립한 후 공정여행을 통해 캄보디아의 역사와 문화를 체험하였다. 2015년과 2017년에는 말레이시아 사바 지역의 작은 섬에 희망학교(수상가옥)를 설립했고 그다음에 작은 도서관을 설립하였다.

여러 가지 방법으로 기부금을 모금하여 재원을 마련하고 독서 학습 프로그램, 현지 어린이와 함께하는 놀이프로그램, 의약품 등을 사

말레이시아 봉사활동

전 준비하여 현지에 제공한다. 이 활동을 통해 문화의 다양성과 고유성을 이해하고, 봉사활동을 통한 지속 가능한 인프라를 제공하며, 나눔과 섬김을 통해 의미 있는 삶을 살아가도록 한다.

3) 청소년 국제 성취 포상제

국제 청소년 성취포상제(만 14세~24세)는 1956년 영국 에딘버러 공작에 의해 설립되었다. 청소년이 다양한 활동 영역에서 자기 주도적으로 활동하여 스스로의 잠재력을 최대한 계발하고, 삶의 기술을 갖도록 하는 것으로 세계 130여 개 나라에서 운영되는 국제적으로 공인된 자기 성장 프로그램이다. 봉사활동, 자기 계발 활동, 신체 단련 활동, 탐험 활동, 합숙 활동 등을 자발적이고 비경쟁으로 수행하면 국제적으로 인증해 주는 프로그램이다. 동장, 은장, 금장을 단계적으로 도전하여 성취하면 포상을 받는다.

청소년자기도전포상제(만 9~13세)도 있는데, 국내에서 인증하는 자기 성장 프로그램으로 한국청소년활동진흥원이 운영하고 있다. 참가자를 포상 담당관이 지속적으로 관리하고 도와야 한다. 성취포상제는 청소년들이 자발적이고 전인적이며, 균형 있게 성장하도록 도울 뿐 아니라 글로벌 시민으로서의 역량을 갖추도록 도와준다. 샘터교회 청소년 중 13명이 자기 도전 포상제 금장에 도전하여 포상을 받았다.

나오는 말: 샘터교회는 '녹색교회'로 전환 중

지난 20년간 샘터교회는 지역사회와 소통하면서 지역을 섬기는 교회, 독서 사역을 통해 주민의 삶을 풍성하게 하는 교회, 자라나는 세대를 전인성과 자기 주도성을 가지고 세상을 품고 살아가도록 돕는, 작지만 영향력 있는 교회를 가꾸어 왔다. 특히 각 사람이 그리스도 안에서 온전한 '인간화'를 이루어 하나님 나라의 가치(정의, 생명, 평화, 창조세계의 보전)를 실현하는 공동체를 세우는 일에 온 교우가 하나 되었다.

이제 기후 위기를 맞아 '녹색교회', '녹색 그리스도인'으로 전환해 나가고 있다. 이미 지구는 기후 변화(지구 온난화)로 인해 고통을 당하고 있다. 인간을 비롯한 모든 생명이 위협을 받고 있다. 그동안 나름의 생태 목회를 시도해 왔으나 기후 변화의 속도에 미치지 못했다. 하나님께서 위임하신 창조세계를 보전하기보다 파괴하고 신음하게 한 죄악에서 돌이키는 생태적 회심을 해야 한다. 그리고 이제라도 교회가 세상을 위해 생명의 길로 나아가도록 외치고 앞장서야 한다. 그래서 올해 초부터 샘터교회는 기후 위기 비상 행동에 참여하는 생태적 교회, 에코(ECO) 목회로 전환하고 있다.

지난 3월에 교회적으로 '기후위기기독교비상행동' 발대식을 하고,

기독교환경운동연대와 기독교환경교육센터 등 시민 단체들과 연대하여 교육 및 프로그램에 참여하고 있으며, 세미나, 독서, 생태 성서 연구 등을 진행하고 있다. 또한 '기후위기행동학교'에 전교인이 참여한다. 앞으로 교회에서 '녹색살림협동조합'을 조직하고, 건물 옥상에 햇빛발전소와 옥상 텃밭을 만들 계획이다. 1층에는 지역사회를 위해 제로웨이스트샵(Zero Waste Shop)을 열 계획이다. 또한 작은도서관에는 기후, 환경, 생태 분야의 책을 구비하여 특성화시키려 한다. 그리고 '녹색환경학교'를 열어 기독교인과 지역 주민들을 대상으로 활동가를 양성할 계획이다.

교회의 본질과 사명은 세상 속에서 예수 그리스도 안에 있는 생명을 심는 일이다. 오늘날 교회의 역할은 기후 위기에 대응하여 창조 세계를 회복하고 지구의 생명을 살리는 일이다. 샘터교회는 녹색교회로 전환하여 앞으로도 하나님을 기쁘시게, 이웃을 행복하게, 세상을 아름답게 가꾸어 가는 공동체가 되기를 소망한다.

물만골교회

문 상 식

(목사, 부산 물만골교회)

탄생 배경

물만골교회는 2006년 11월 26일에 시작되었다. 물만골교회는 소위 특수 사역(일반 사역, 특수 사역으로 나누는 것에 동의하지 않지만)을 하는 교회이다. 노숙 생활을 했던 분들을 신앙 안에서 회복시키기 위해 세워진 교회로, 교인 대부분이 노숙 생활을 하던 분들이다. 그래서 교회가 위치해 있는 물만골마을 사람들은 우리 교회를 '노숙자교회'라고 부른다.

물만골교회가 세워지기 전에 선교회가 먼저 조직되어(1998년) 노숙인을 위한 다양한 사역을 감당해 왔다. 따라서 물만골교회의 탄생 배경을 이해하려면 선교회의 역사를 먼저 알아야 한다. 선교회 사역의 결과로 세워졌기 때문이다.

선교회(비영리 민간 단체 사랑나라)는 부산역 광장에서 노숙인을 위한 무료 급식을 시작으로, 현재까지 거리 노숙인을 돕는 여러 사역을 감당해 오고 있다. 처음에는 대연중앙교회 성도들을 중심으로 '예향선교회'가 조직되어 부산역 광장에서 생활하는 거리 노숙인들에게 빵과 두유를 제공하고, 다른 무료 급식 단체를 돕는 사역을 했다. 그러다가 1999년에 '예수사랑선교회'가 조직되어, 부산역 광장에서 본격적으로 '무료 급식 사역'을 시작해서 오늘까지 22년 동안 쉼 없이 감당해 오고 있다(**예수사랑선교회는 2010년 비영리 민간 단체로 등록하면서 '사랑나라'로 명칭을 변경함**). 무료 급식을 제공하면서 점차 거리 노숙인들의 필요가 음식만이 아니라 정신적인, 나아가 영적인 필요가 더 근본적인 것임을 알게 되었다. 그래서 2003년부터 거리 노숙인을 위한 '신앙수련회'(일 년에 두 차례)를 시작했다.

신앙 수련회를 통해 하나님께서 여러 형제를 놀랍게 변화시키셨다. 포기했던 인생을 신앙 안에서 새롭게 시작하려는 분들이 생기기 시작했다. 그러나 그분들 모두는 인생의 많은 부분이 망가지고 무너져 있어서 결심과 혼자의 노력만으로는 새로운 삶을 사는 것이 불가능에 가까웠다. 수련회 기간 동안 말씀과 찬양, 설교, 강의, 사랑의 섬

사랑나라 신앙 수련회

김을 통해 새로운 인생을 살기로 굳게 결심했지만, 다시 거리로 나선 형제들은 실패의 쓴맛을 볼 수밖에 없었다. 눈물로 기도하며 결단했던 분들이 한 주도 지나기 전에 옛 생활로 되돌아가 있는 모습을 보면서 늘 안타까운 마음이 가득했다. 그리고 이분들이 다시 일어설 수 있기 위해서는 전인적 필요를 돕는 '생활공동체'가 필요함을 절감하게 되었고, "눈물로 변화를 결단한 형제들의 온전한 회복을 돕기 위한 '생활 터전'을 달라"고 기도했다.

그 기도의 응답으로 2006년에 물만골 마을에 문을 닫은 교회 건물이 주어졌다. 그 건물을 재건축하여 예배당과 생활공간을 마련하고 공동체를 시작하게 되었다. 물만골교회와 예향가족공동체가 함께 세워진 것이다. 이처럼 물만골교회는 '예향가족공동체' 식구들의 전인적 필요를 채우는 사역을 위해 탄생한 것이다.

전개 과정

사찰만 20개(전국에서 가구당 사찰 수가 가장 많은 듯함)가 넘는 물만골 마을에서 교회를 세우는 일은 만만치 않았다. 더구나 노숙인을 위한 공동체와 교회가 세워진다는 소문이 나면서 마을주민들의 반발은 더 거셌다. 마을 회의에 호출되어 두 번이나 각서를 쓰는 수모를 당하기도 했고, 공사 중에는 교회당 주위에 있는 분들이 거의 매일 공사를 방해하고, 구청에 고발하여 구청에 몇 번이나 가서 사정을 해야 했다. 물만골 마을 전체가 무허가 주택이기 때문에 주택을 수리하는 것도 고발당하기 일쑤인데, 건물을 철거하고 재건축을 했으니! 늘 바닥인 재정과 이웃들의 방해로 3개월이면 될 공사가 8개월이나 소요되었다.

교회당 리모델링 건축

문자 그대로 진퇴양난의 어려움에 직면하기를 거듭했지만, 하나님의 도우시는 손길을 통해 불가능할 것 같았던 교회당 재건축공사가 2006년 12월 말에 완공되어 예배를 드리기 시작했다. 하나님께서 이루신 기적이었다.

전체 300가구가 넘는 마을에 하나밖에 없는 교회였지만, 마을 사람들은 물론이고 믿는 분들도 물만골교회를 도외시하였다. '노숙자교회'라고 소문이 났기 때문이다. 교회 자체에 대한 거부감이 워낙 커서 '말로 하는 전도'는 꿈도 꿀 수 없었다. 연탄 무료 나눔, 반찬 배달, 집수리, 마을 청소 등 거의 묵묵히 마을 사람들의 필요를 채우는 일에 주력했다. 특히 4년에 걸친 신부산교회 청년들의 봉사활동, 겨울철에 부산중앙교회를 비롯한 여러 교회가 도와주는 연탄 나눔 사역은 교회에 대한 이미지 개선에 큰 도움이 되었다.

그런 노력 덕분에 세월이 지나면서 교회에 대해 우호적인 분들이 늘어나기 시작했다. "물만골교회 때문에 마을이 많이 깨끗하게 변했다"는 소리도 듣게 되고, 마을 공동체 사무총장을 맡아 마을 일에 앞장

공동체 생활관 건축

서서 일하는 단계까지 이르게 되었다. 물만골교회는 여전히 노숙자교회로 인식되어 마을 분들의 출석은 미미하지만, 마을에 교회가 2개나 더 들어서게 되었고, 우리 교회는 아니지만 시내의 교회로 출석하는 사람들이 늘어났다.

한편 물만골교회가 세워진 중심 이유인 노숙인 공동체는 건물도 하나둘 늘어나고, 입소하는 분들이 늘어나면서 외형적으로 성장해 갔다. 하지만 외적인 모양이 갖추어진다고 해서 공동체가 되는 것이 아니었다. 노숙인 쉼터 수준을 벗어나서 진정한 공동체로 거듭나는 것은 많은 인내의 세월과 노력을 필요로 했다.

초창기에는 일주일을 멀다 하고 치고받고 하는 싸움판이 벌어졌다. 가장 큰 원인은 술이었다. 그렇게 얌전하시던 분들이 술만 들어가면 어김없이 주사를 일으켜 온 집을 난장판으로 만들었다. 공동체 식구 전체가 정신적인 문제나 중독의 문제를 가지고 있으니 어찌 정상적인 가정생활이 이루질 수 있겠는가! 공동체는 해체될 위기의 연속이었다.

시간이 많고 힘이 남아도는 것이 문제 중의 문제였다. 하루 이틀이지 아무 일 없이 몇 날 며칠을 보내는 것이 얼마나 힘들겠는가! 그러니 술로 시간을 보내고, 정신을 달랠 수밖에 없고, 술이 들어가면 평소에 하지 않는 행동이 나왔다. 폭력을 행사하거나 술이 깨기까지 밤새도록 옆에 있는 사람을 붙들고 했던 말 또 하고를 반복하였다. 그러니 어찌 함께 더불어 살 수 있겠는가!

시간을 메울 일이 필요했다. 시간 메우기뿐만 아니라 공동체 식구들의 다양한 필요를 채우기 위한 재정적 필요도 컸다. 시간을 의미 있게 보내고 돈을 벌 수 있는 일이 필요했다. 그래서 처음에 시작한 일이 '농사'였다. 노숙인 급식을 하는 몇 개 단체가 연합하여 쓰레기 매립지였던 땅을 무상으로 임대하여 농사를 시작했다. 하지만 농사는 돈이 되지 않았다. 자기 땅도 아니고, 농사 기술도 없는 상태에서 농사로 돈을 번다는 것은 불가능한 일이었는데, 그때는 그것을 몰랐다. 결국 돈만 들이고 포기하고 말았다.

물만골 마을 축제

농사를 포기하고 공동체 식구들을 모아놓고 의논했다. “우리가 무엇으로 돈을 벌 수 있겠습니까?” 의논의 결과 ‘노가다’가 답이라는 결론이 났다. 자본과 기술이 없이도 힘을 쓸 수만 있으면 되기 때문이다. 그래서 공동체 식구들이 ‘일용직’을 구해 일하여 일당을 벌어오기 시작했다. 얼마 후에는 물만골 마을주민들이 집수리를 해 달라고 하여 돈을 받고 공사를 하게 되었다. 사역의 필요 때문에 건물을 하나 둘 구입하여 재건축하면서 나와 공동체 식구들이 기술을 익히기 시작했고, 공동체 식구들이 진주에 있는 스틸하우스 전문건축업체와 협력하여 일하면서 기술을 익혔다. 그렇게 익힌 기술로 우리 건물들을 재건축했는데, 이것을 본 이웃들이 처음에는 집수리를, 점차 재건축까지 의뢰하기 시작한 것이다.

연탄 나눔 봉사

저렴한 가격에 상대적으로 높은 기술력을 가진 덕분에 마을에서 일을 맡기는 분들이 늘어나기 시작했고, 지금까지 수십 채의 건물을 재건축하거나 수리했다. 덕분에 마을주민의 인심도 얻고, 건축 기술 향상에 큰 도움을 받아 정식 건축회사를 설립하는데 큰 밑거름이 되었으며, 나아가 공동체와 선교회 사역에 필요한 재정을 채우는 데 크게 일조했다. 참으로 감사한 일이 아닐 수 없었다.

공동체 식구들은 노숙인 수련회를 통해 은혜받고 새롭게 살아보겠다고 결심한 분들로 구성되었다. 수련회를 마치면 여러 명이 입소

한다. 하지만 입소하자마자 나가시는 분도 있고, 몇 달을 잘 지내다가 갈등이 일어나서 더 이상 못 있겠다고 나가시는 분도 있고, 잘 생활하시다 집으로 복귀하는 분도 계신다. 그러다 보니 끝까지 잘 견뎌서 정착하시는 분이 가뭄에 콩 나듯 드물다. 하지만 세월이 흐르니 이렇게 한 분 두 분 정착한 분들 중심으로 공동체 식구가 구성되면서 가족 간의 질서도 잡히고, 서로를 배려하고 챙기는 가족적인 분위기가 형성되기 시작했다. 또한 오래 함께 살다 보니 각각의 문제점도 알고, 왜 그런 문제를 가지게 되었는지 그리고 문제가 발생했을 때 어떻게 대처해야 하는 지 등을 몸으로 배우게 되었다. 덕분에 문제가 일어나도 이전처럼 크게 흔들리지 않는 공동체가 되었다.

물만골교회의 주일은 오전에 예배드리고, 오후에는 그룹별로 나누어져 성경공부를 하고(코로나 사태로 중단 상태), 성경공부가 끝나면 모든 성도가 사역관으로 모여 월요일 무료 급식을 위한 음식 재료를 장만한다. 코로나 사태가 있기 전에는 매주 400인분 이상을 준비했다. 금요일에 장을 보아 놓으면, 주일 오후에 음식 재료들을 다 다듬어 요리할 준비를 마친다. 월요일에는 새벽부터 우리 예향 가족 식구들이 다듬어 놓은 식재료로 조리를 하고, 밥을 짓고 국을 끓여 음식을 준비한다. 조리된 음식은 무료 급식소에 차로 배달이 되고, 대기하고 있는 배식봉사자들이 배고픈 노숙인과 노인 분들에게 배식한다. 배식이 끝나면 빈 그릇들을 물만골로 가져와 설거지하고 마무리한다. 이런 과정들을 현재까지 23년 동안, 물만골교회 성도들과 공동체 식구들이 눈이 오나 비가 오나 변함없이 감당하고 있다.

숫자에 있어서는 지극히 작은 교회이지만, 가난한 이웃을 돕는 사역에 있어서는 그 어느 교회보다도 큰 교회일 수 있었던 이유는 생활

사랑나라 수련회

공동체가 있는 교회이기 때문이다. 한때 그 음식으로 자신들의 고픈 배를 채웠고, 그랬기에 누구보다 배고픈 이의 심정을 알기에 공동체 가족들은 월요일이면 시키는 이 없어도 어김없이 새벽같이 일어나 기쁜 마음으로 음식을 조리한다. 음식 조리를 마치면 배고픈 이웃에게 대접할 음식을 마련할 돈을 벌기 위해 건축 현장으로 가서 열심히 땀 흘려 일한다. 교회와 생활공동체가 세워질 때 주님이 주셨던 목표가 있다. "죽은 인생을 사는 노숙인을 신앙 안에서 살려, 죽은 인생을 사는 또 다른 사람들을 살려내는 공동체가 되게 하자." 죽은 인생을 사는 사람들을 살려 '살림의 공동체'를 만들자는 것이다. 노숙인에 대한 정의 가운데 하나가 "노숙인은 희망을 상실한 사람들이다"(homeless is hopeless)이다. '희망을 상실한 사람들'이 노숙인인 것이다. 희망이 없이 사는 인생은 죽은 인생이다. 거리 노숙인 대부분은 미래에 대한 희망도, 계획도 없이 하루하루를 살아가는 분들이다. "목사님! 살기는 왜 삽니까? 죽지 못해서 살지요." 노숙인 수련회에 참가했던 어느 노숙인의 외침이다. 그래서 죽지 못해서 사는 인생을 예수 그리스도 안에서 살아야 할 이유를 발견케 하고, 그 이유를 따라 열심히 사는 인생으로 회복시키자는 것이다.

물만골교회가 시작된 지 15년의 세월이 흘렀다. 부끄럽지만 교회의 주인이신 예수 그리스도께서 말씀해 주신 물만골교회의 존재 목적을 이루기 위해 여러 사역자가 나름 고군분투한 세월이었다. 그리고 주인께서 기대하시는 수준은 아닐지라도 그 열매가 조금씩 보이기 시작했다.

앞으로의 전망

물만골교회는 그동안의 사역을 통해 크게 세 개의 기관을 가지게 되었다. 선교회, 생활공동체, 건축회사이다. 한 사람 한 사람을 전인적으로 회복시키기 위해 노력한 결과로 생긴 기관들이다. 선교회는 이웃의 필요를 채우는 통로로 사용되고 있고, 생활공동체는 깨어진 이웃의 전인적 회복을 이루는 통로로 사용되고 있다. 건축회사는 이런 사역들이 가능하기 위해 필요한 재정을 공급하는 통로로 사용되고 있으며, 또한 공동체 식구들의 노동을 통한 회복과 주거가 필요한 개인과 기관의 필요를 채우는 통로로 사용되고 있다.

앞으로의 과제는 첫째, 물만골교회를 '공동체 식구' 중심의 교회에서 탈피하는 것이다. 가난한 이웃, 스스로 해결할 수 없는 문제를 안고 있는 이웃을 실제적으로 도울 수 있는 실력 있는 교회로 세우는 것이다. 그렇게 하자면 공동체 식구들 외에도 예수 그리스도의 심장을 가지고 이웃을 진실된 사랑으로 실제적으로 도울 수 있는 실력 있는 성도들도 함께하는 교회가 되어야 한다.

물만골 마을 전경

사실 그동안 물만골교회와 선교회의 사역에 대해 듣고 함께하고자 하는 분들이 몇몇 있었다. 하지만 그분들을 충분히 품지 못했고, 얼마 되지 않아 떠나셨다. 참으로 고마운 분들이고 귀한 분들이었지만, 그분들을 충분히 품지 못한 이유는 아직 마음이 단단하지 못한 상태에 있는 공동체 식구들이 상처받을 것을 염려해서였다. 그동안 '섬기러 오신 분'들의 성숙하지 못한 모습으로 인해 노숙인 형제들이 상처받는 것을 종종 보아왔다. 그 원인은 '봉사'는 훈련받지 않아도 아무나 마음만 먹으면 할 수 있는 일로 여겨 아무런 준비 없이 봉사하기 때문이다. '섬김으로서의 봉사'는 아무 준비 없이 마음만 있으면 할 수 있는 것이 아니다. 교육과 훈련을 거쳐야 할 수 있는 일이다. 섬김은 몸 이전에 마음이 준비되어야 하고, 일 이전에 인격이 갖추어져야 하기 때문이다. 무엇보다 깊은 '인간 이해'가 이루어져야 한다.

노숙인들의 신앙 수련회인 사랑나라를 준비하면서 섬김이들을 교육하는 시간을 가졌었다. 섬김의 대상인 노숙인이 어떤 분들인지를 이해하고, 그분들을 어떻게 섬기는 것이 주님께서 원하시는 바른 섬김인지를 짧게나마 교육했는데 유익한 시간이 되었다. 이런 경험 때문에 섬김이들을 교육하고 훈련하는 '섬김이학교'를 하고 싶은 마음은 있었지만, 하고 있는 사역들을 감당하는 것도 벅찼기 때문에 그럴 여유가 없었다.

물만골교회가 깨어진 이웃을 실제적으로 돕는 성숙한 성도를 세우기 위해서는 실제적인 교육과 훈련이 가능한 체계를 갖추어야 한다. 깨어진 이웃은 대단히 예민한 분들이고, 그래서 쉽게 상처를 받는 분들이다. 따라서 준비되지 않은 분이 돕겠다고 덤벼들었다가는 상처를 주거나, 상처를 받기가 일쑤다. 나도 초창기에는 상처를 많이 받았다. 잘 모르고 넘어갔지만, 상처도 많이 주었을 것이다.

둘째는 주어진 기관들을 성장시키는 것이다. 선교회는 사역의 대상자의 폭을 넓혀야 한다. 그동안 선교회는 노숙인을 돕는 다양한 사역을 전개해 왔는데, 이 경험을 바탕으로 다른 깨어진 이웃을 돕는 사역으로까지 확장하고자 한다.

공동체는 공동체 마을을 세우는 것을 꿈꾸고 기도하고 있다. 예향가족을 통해 공동체의 위력을 실감했다. 공동체는 '기적을 일으키는 능력'이 있다. '함께함의 능력'이 얼마나 대단한 능력을 발휘하는지! 공동체 마을은 공동체가 모여 이루는 마을이다. 도시 지역은 마을을 이루기에 많은 제약이 있기에 도시와 떨어진 시골에 세우고자 한다.

건축회사는 개인 회사의 수준을 벗어나 제대로 된 조직을 가진 법인 회사로 발전해서 전문건축업체가 되어야 한다. 나아가 건축뿐만 아니라 다양한 사업을 개발하여 세워나가고자 한다.

기쁨찬교회

김 정 주
(목사, 부산 기쁨찬교회)

교회의 설립

작은 교회도 건강하면 하나님의 손에 들려 쓰임 받을 수 있음을 믿고 달려 온 우리 교회는 부산 남구 대연동 한 귀퉁이에서 하나님 나라의 사역에 기쁨으로 순종하고 있다. 기쁨찬교회는 27년 전인 1995년 11월 1일, 요한복음 4장 23절을 근거로 "하나님께서는 참된 예배자를 찾고 계십니다"라는 비전을 품고, '예배 회복 사역'에 헌신해 오던 김정주 목사와 이에 동의한 예배 헌신자 여덟 명이 부산광역시 남구 대연5동 1280-12번지 4층 건물 2층을 임대해 설립 예배를 드림으로 시작되었다.

기쁨찬교회는 교회의 본질을 '예배'와 '선교'(전도)에 두었다. 특히 초대교회인 예루살렘교회와 안디옥교회를 본받기로 하고, 예수님이 이르신 복음의 대강령 "예수께서 이르시되 네 마음을 다하고 목숨을

설립 예배(1995. 11. 1.)

다하고 뜻을 다하여 주 너의 하나님을 사랑하라 하셨으니 이것이 크고 첫째 되는 계명이요 둘째는 그와 같으니 네 이웃을 네 자신 같이 사랑하라 하셨으니 이 두 계명은 온 율법과 선지자의 강령이니라"(마 22:37-40)는 말씀을 근거로 하나님 사랑을 '예배 사역'으로, 이웃사랑을 '선교 사역'으로 여기고 '예배 회복 사역'과 '선교 협력 사역'에 집중하게 되었다.

5대 목적과 비전

목적을 이끄는 사람들 세미나를 통해 각인된 5개 사항을 중심으로 건강한 교회로의 발걸음을 시작하였다. ① 우리는 예배를 통해 하나님의 임재를 찬양한다. ② 우리는 전도를 통해 하나님의 말씀을 전한다. ③ 우리는 교제를 통해 하나님의 가족이 된다. ④ 우리는 훈련을 통해 하나님의 백성을 교육한다. ⑤ 우리는 봉사를 통해 하나님의 사랑을 나타낸다. 다섯 가지 삶의 지표가 그려지니 자연스럽게 공동체 비전이 만들어지게 되었다.

교회는 오순절 성령 강림으로 시작되었다. 사도행전에 나타나는 교회는 성령에 의해 세워지고 시작된 성령 공동체였다. 성령이 이끄는 예배는 하나님의 임재와 성령의 기름 부으심이 나타나기 시작하였다. 그런 예배 가운데 하나님을 만난 사람들의 헌신이 일상의 생활 가운데 신앙과 인격의 변화로 이어지고, 결국 참된 예배자는 선교 헌신자로 구별되기 시작하였다.

젊은이들의 헌신이 교회 사역의 중심이 되었고, 예배 사역은 저절로 선교 사역으로 이어지게 되었다. 지역에서 예배 사역과 선교 사역으로 소문이 나니 자연스럽게 노회 여름수련회나 이웃 교회 여름수련회 등을 인도하게 되었고, 결국 헌신자들이 모이는 교회로 바뀌게 되었으며, 그 헌신자들을 훈련하고 파송하는 선교 사역에 집중하게 되었다.(지금은 코로나19로 인해 3년 차 오이코스 전도에 집중하고 있지만 여기서는 해외 선교 사역에 집중했던 코로나19 이전의 사역을 소개한다). 결국 다윗이 자기에게 익숙한 물맷돌을 가지고 나아가 골리앗과 싸웠던 것처럼 기쁨찬교회도 하나님이 허락하신 길을 여시는 사역으로 집중하게 되었다.

협력 사역의 시작

기쁨찬교회는 물론이고, 이웃 교회들을 '예배 학교'를 통해 섬기고, 특히 신학교 두 곳에서 강사로 후배들에게 '참된 예배'의 교훈을 가르치던 가운데, 본 교회와 이웃 교회 그리고 신학교에서 참된 예배를 경험한 젊은 청년들이 하나님께 자신을 드림으로 선교 헌신자들이 나오게 되었다.

1) 국내 사역

(1) 물만골교회 협력

이웃 교회 협력 사역은 부산 연제구 물만골에 소재한 물만골교회에 아동부 지도교사가 필요하다는 소식을 듣고 하게 되었다. 기쁨찬교회 아동부를 지도하던 안순옥 교사를 물만골교회로 파송하여 주일예배 반주자로, 주일학교 지도교사로 섬기며 2년 동안 그 교회에 십일조와 헌금도 하게 했다.

(2) 신일루터교회 협력

교회 협력 사역의 성공은 이웃 교회에 소문이 났다. 두 번째 도움을 요청한 교회는 부산 부산진구 개금동의 신일루터교회였다. 큐티교사와 찬양인도자를 요청해 이번에는 이재희 집사 가족 모두를 파송했다. 한 가지 문제가 생겼는데 그 교회 교인들이 교역자가 아닌 평신도 집사가 청년들을 지도하고 예배를 인도하는 것이 불편하다는 것이었다. 그래서 할 수 없이 이재희 집사를 브니엘신학교에 등록해 공부를 하며 전도사로 사역하게 했다. 그는 2년 동안 신실하게 잘 섬기고 돌아왔다. 후에 이재희 집사는 이 협력 사역을 계기로 신학 공부를 계속하게 되어 현재 브니엘 교단에서 목사안수를 받고 통영 갈릴리교회 담임목사로 사역하고 있다.

2) 해외 사역

국내 교회 협력 사역과 함께 해외 선교에 헌신할 젊은이들을 훈련시키고, 파송하고, 돌아보는 '양육 선교 사역'을 이어가게 되었다. 열두 명의 선교 헌신자들을 훈련시키는 가운데 하나님의 부름이 있었다. 중국 선교에 헌신한 A 선교사를 위해 기도로 훈련하며 양육하던 중, 김정주 목사의 신학교 동기생인 중국 선교사 최정규 목사(현재 원주 선교비전교회 원로목사)의 연락을 받게 되었다. "김 목사님, 이제 중국으로 와서 함께 선교합시다. 여기는 이제 성경을 잘 가르치는 말씀 사역자가 필요합니다."

이 부름에 순종하여 교회 설립 1주년이 되던 1996년 11월 4일 1주일간의 일정으로 중국 단기 선교를 시작하게 되었다. 그 후 차례대로 필리핀과 캄보디아, 오키나와에서 도움을 요청해 왔고, 코로나19가 시작되기 전인 2020년까지 단기 협력 선교를 4개국을 연이어 방문해 80회에 이르게 되었다.

기쁨찬교회의 선교 전략은 바울의 2차 선교 사역을 본보기로 삼아 협력 선교를 구현하는 것이다. 두 방향의 선교 전략을 세웠는데 그 이유는 단순하다. 이미 교회가 세워져 있고 자립하고 있는 중국 교회(조선족 교회)는 교회가 교회를 돕고 지원하는 '교회 협력 선교'로 섬기고, 필리핀과 캄보디아 그리고 오키나와는 현지 선교사를 돕고 지원하는 '선교사 협력 선교'로 구분하였다. 지난 26년간의 협력 선교 사례들을 소개한다.

(1) 중국 선교

중국 요녕성 성도의 S교회의 지도자가 "기쁨찬교회에서 드리는 예배를 보여달라"고 요청했다. 그래서 그 교회를 중심으로 지금까지 26년 동안 수많은 '삼자 교회'와 '가정 교회'와 협력하게 되었다. 1996년

11월 첫 주일에 교회 설립 1주년 감사 예배를 드리고 그 기념으로 시작된 중국 선교의 시작은 S교회였다. 일주일 동안 옛날 한국교회 부흥회를 본받아 월요일부터 금요일까지 집회를 하고 토요일 한국으로 돌아왔다.

그 당시에 중국 조선족 교회는 한국의 새찬송가와 통일찬송가 그리고 중국찬송가, 세 가지 찬송가를 함께 사용하고 있었다. 그때 첫 선교 사역을 위해 기도하던 중 통일찬송가 450권을 가져가기로 하였다. 그런데 문제가 발견되었다. 공항 방사선 검사(X-Ray)를 통과할 수 없는 것이었다. 당시만 해도 성경과 찬송가는 가져갈 수 없는 책이었다. 중국은 사회주의 국가이기 때문이다. 공항 방사선 검사를 통과하도록 선교팀 여섯 명이 집중 기도를 하였다. 아마도 두 달 동안의 준비 기도 가운데 제일 집중했던 것으로 기억된다. 지금은 말도 안 되는 상황이지만 그 당시는 우리 선교팀의 안전도 중요했다.

그런데 기적은 엉뚱한 곳에서 일어났다. 모두들 긴장해서 중국 땅을 밟고 공항으로 들어가는데 우리 일행 중 한 명이 의족을 한 장애인이었다. 그 공항에는 장애인을 맞이한 적이 없어서 휠체어가 없었다. 그래서 그들이 휠체어를 준비해 오느라 시간이 많이 소요되었고, 우리 일행은 모두 일반 개찰 구역이 아닌 직원용 엘리베이터로 내려가 이동하게 되었는데 당연히 입국용 방사선 검사를 거치지 않고 통과한 것이다. 하나님의 도움이었다. 그때 의족을 했었던 분은 그 후 선교사로 헌신해 지금까지 사역하고 있다. 또한 지난 26년 동안, 예배 학교를 통해 예배 반주자 훈련, 성가대 영성 훈련, 교회 지도자 훈련 학교, 컴퓨터교육 및 지원, 피아노 무료 조율, 큐티 학교, 특별 집회 등으로 협력하고 있다.

(2) 필리핀 선교

필리핀 선교는 영남여자신학교 졸업생인 이종숙 선교사가 잠시 귀국했다가 신학교 후배들의 추천으로 필자를 만나 도움을 요청함으로 시작되었다. "김 목사님, 찬양집회를 인도해 주시면 좋겠습니다", 이 한마디가 필리핀 선교 25년의 서막이었다. 필리핀의 한인 교회들과 선교사가 사역하는 현지 마을 찬양 집회를 통해 하나님의 살아계심과 참된 예배자를 찾고 계시는 하나님을 소개하였다.

두 번째 사역은 기쁨찬교회 선교 헌신자 지수진 선교사(현재 동남아 M국 선교사)를 필리핀 선교사로 파송하여 '죠이풀하우스'(Joyful House)를 세워, 현지에서 사역 중인 선교사들을 위해 '게스트하우스'(Guest House)로 협력하도록 하였다.

세 번째 사역은 마닐라 빈민촌 지역을 대상으로 사역하고 계시던 최정희 선교사의 요청으로 이루어졌다. 최 선교사는 사모 선교사를 중심으로 영성 훈련 학교를 하고 있었는데 그곳에서 큐티 학교와 예배 학교로 3년간 사역하였다.

네 번째 사역은 마닐라 까인따 지역에서 임마누엘교회를 개척한 김종필 선교사의 도움 요청이 있어서 까인따임마누엘교회를 섬겼다. 하나님께서 필리핀 한인교회들의 예배가 죽었다고 말씀하셨다. 그래서 기쁨찬교회 늘기쁨찬양팀과 함께 예배 사역을 하고, 주변 두 곳의 지교회 개척을 도왔다.

(3) 캄보디아 선교

캄보디아 협력 선교는 '나눔선교회'의 정경섭 목사의 요청으로 앙코르신학교에서 교수 사역으로 시작되었다. 예정되었던 교수의 일정상 출국이 어렵게 되어 대타 사역으로 가게 되었다. 그 사역을 통해 신학교와 한글을 가르치는 세종학당에서 사역하고 있던 안선태 선교사를 만나게 되었다. 이후 안 선교사의 요청으로 멘토 사역과 제자훈련 사역 그리고 예배 사역을 하게 되었다. 특히 세계문화유산인 앙코르와트(Angkor Wat)가 있는 씨엠립(Siem Reap)은 현지 교회사역과 한인교회 사역과 신학교 사역 그리고 문화 사역을 한 번에 체험할 수 있는 좋은 '종합 선교 훈련소'로써 지금까지 협력하고 있다.

(4) 오키나와 선교

오키나와 협력 선교는 합천에 거주하시는 강득자 원장님의 요청

으로 시작하게 되었다. 강 원장님이 대학 시절에 전도했었던 형제가 한국대학생선교회(CCC) 간사로, 일본 선교사로 헌신해 오키나와에 계신다고 만남을 요청하셨다. 그래서 오키나와에서 이원배, 김선미 부부 선교사를 만나 오키나와 선교를 시작하였다. 오사카와 후쿠오카를 거쳐 오키나와에서 '윈그리스도교회'를 설립해 일본선교에 헌신한 선교사 부부였다.

큐티 세미나와 예배 사역으로 그리고 특별 집회 등으로 협력하였다. 첫 번 집회를 통해 오키나와 사람들의 뿌리 깊은 두려움이 태풍임을 알게 되었다. 태풍 예고가 시작되면 그들은 하나같이 슈퍼에 가서 생필품을 사고, 비디오방에서 비디오를 빌리고, 집 안에서 가만히 태풍이 지나가기를 기다리는 풍습을 가지고 있었다. 당연히 학교와 관공서도 문을 닫고 대중교통도 운행하지 않는 특이한 풍경이었다.

그 첫 번 집회부터 하나님께서는 태풍을 잠잠히 잡아주셨고, 이후 한국에 돌아와서도 그해 주일마다 일어나던 태풍의 진로를 바꾸어 달라는 기쁨찬교회의 중보기도에 응답해 주셨다. 이후 수년 동안, 오키나와와 괌, 필리핀 사이에서 태동해 수백 년 동안 오키나와를 향하던 태풍의 진로를 완전히 바꾸어 주신 하나님의 은혜를 체험하고 있다.

(5) '죠이풀하우스'(Joyful House) 사역

개원 예배(2021. 8. 29.)

2000년 3월부터 시작된 코로나19로 인해 예정되었던 중국과 오키나와, 캄보디아, 필리핀 협력 선교가 모두 중지되어 버렸다. 우리가 가서 도울 수도, 선교사들이 귀국할 수도 없는 환경이 되었다. 이때 하나님께서는 우리에게 또 다른 협력 선교를 준비하게 하셨다. 지금까지의 사역이 선교사가 있는 현지에 가서 하는 협력 선교였다면, 이젠 선교사들이 고국에 단기 방문을 했을 때 편하게 거주할 '게스트하우스'를 꿈꾸게 하였다.

기쁨찬교회 김향숙 권사의 마중물 헌금 100만 원을 시작으로 기쁨찬교회 교우들과 '아가페비전선교회' 회원들과 이 사역에 동참하길 소원하는 분들을 통해 2년 동안 2,000만 원의 특별선교비가 준비되었다. 작은 교회로서는 상상할 수 없는 일이 일어난 것이었다. 그래서 처음엔 기쁨찬교회가 집중 전도를 하고 있는 동구 산복도로 주변의 집을 구하기로 했다.

죠이풀하우스의 조건은 부산의 풍경을 조망할 수 있어야 하며, 기쁨찬교회에서 멀리 떨어져 있어야 한다고 생각했다. 그래야 선교사들이 기쁨찬교회의 눈치를 보지 않고 타 후원 교회나 후원자들을 편하게 만나 교제할 수 있기 때문이었다. 그래서 수정동에서 영주동까지 산복도로변을 매주 오가며 좋은 집을 살펴보았다. 그러다 조건이 딱 맞았던 동구 수정동 체육공원 옆 협성파크맨션을 두고 기도하기 시작했다. 공기도 좋고 마을버스가 다니는 곳이었다. 하지만 정부의 부동산정책 실패로 인해 7천만 원이던 아파트 가격이 1억 원까지 뛰어 구입할 여력이 없어서 포기하였다.

그때 하나님께서 돕는 천사를 보내 주셨다. 동래구 수안동 반도보라맨션에 살던 이원배 선교사의 부친이 소천하셔서 오키나와에서 급히 귀국한 이원배, 김선미 선교사님이 집안일을 정리하고서 이 아파트를 어떻게 관리하나 고민하던 중이었다. 출국 전 기쁨찬교회에 선교 보고차 오셨다가 우리가 죠이풀하우스를 두고 기도하고 있다는 사실을 알고, 본인의 집을 5년 동안 사용하도록 허락해 주셨다. 그래서 4개월간의 준비를 거쳐 2021년 8월 29일 주일 오후 3시에 죠이풀하우스 개원 예배를 드리고, 지금까지 단기 방문 선교사들이 유익하게 사용하고 있다. 놀라운 것은 개원 후, 마치 약속이나 한 것처럼 매달 선교사들이 귀국하여 방문하고, 또 여러 모임을 통해 게스트하우스와 선교훈련원으로 잘 사용하고 있다.

이야기를 마치며

처음에는 소박한 마음으로 시작하였다. "십일조 내는 열 명의 교인이면 교회가 운영된다", "그리고 또 십일조를 내는 교인 열 명이 더 있으면 선교사를 파송할 수 있다." 그리고 '부산에 있는 바로 그 교회'(The Church in BUSAN)를 꿈꾸었다. '늘노래음악전도단'에서 훈련받은 대로 누구든, 어디서든 도움을 청하면 달려가는 '복음의 5분 대기조'로 이웃 교회와 선교사를 섬기며, 선교사들이 귀국하면 가장 가 보고 싶어 하는 하나님의 임재와 성령의 기름 부으심이 있는 '바로 그 교회' 말이다.

지난 26년을 돌이켜보면서 처음에 가졌던 꿈들이 이루어진 것을 발견하고 감사드리고 있다. 크고 많은 꿈이 아닌, 우리에게 주어진 환경과 은혜들에 집중하다 보니 지금의 기쁨찬교회가 되었다. 이후로도 백 년을 넘어 천년 교회를 꿈꾸어 본다.

광주-전남 지역 작은교회운동

류상선 _ 건강한 교회를 향하여, 슬기교회

장일 _ 팔로우교회

건강한 교회를 향하여, 슬기교회

류 상 선

(목사, 광주 슬기교회)

여는 글

"내가 온 것은 양으로 생명을 얻게 하고 더 풍성히 얻게 하려는 것이라"(요 10:10 하).

건강한 교회를 향한 슬기교회의 더디지만 꾸준한 걸음을 이 지면을 빌어 소개할 수 있어 하나님께 영광을 돌린다. 위의 성경 말씀처럼 주께서 세상에 오신 것은 우리들이 생명을 얻게 하려는 것이다. 그리스도를 믿는 모든 사람과 모든 교회는 주님의 은혜로 생명을 얻었다. 그러나 주께서 우리에게 오신 이유는 또 하나가 있다. 그 생명을 풍성하게 하시려는 것이다. 중환자실에 있는 생명도 귀한 생명이다. 병으로 인해 근근이 숨만 쉬고 있는 생명도 귀한 생명이다. 그러나 우리가 진정 원하는 생명은 그런 생명을 원하지는 않을 것이다. 건강하게 활동하며, 온 세상을 역동적으로 뛰어다니며 하나님 나라를 위해 살아가는 풍성한 생명, 즉 건강한 생명을 원할 것이다. 주께서 우리에게 오신 목적은 생명은 생명이지만, 연약한 생명이 아니다. 풍성하고 건강한 생명이다. 주님은 상한 갈대도 꺾지 않으시는 분이다. 상한 갈대도 귀하게 여기신다. 그렇다고 주님께서 주의 백성들이 상한 갈대가 되기를 원하시지는 않으실 것이다. 주님은 주의 백성들이 건강한 아름드리나무가 되기를 분명 바라실 것이다.

건강한 교회를 향한 걸음을 더디지만 계속 걸어가고자 하는 슬기교회는 광주광역시에 있는 국제장로회(IPC) 교단 소속으로 2007년도에 설립된 교회이다. '슬기'라는 이름은 "슬픔을 넘어 예수님의 기쁨으로 나아가자"라는 의미의 이름이다. 시편 30:11절의 "주께서 나의 슬픔이 변하여 내게 춤이 되게 하시며 나의 베옷을 벗기고 기쁨으로 띠 띠우셨나이다"라는 구절에서 이름을 착안하였다. 슬픔을 넘어 주님의 기쁨으로 나아가는 방법론으로 채택한 것이 '삶의 영성'이었다. 그래서 교회의 구호를 "삶의 영성의 중심, 슬기교회!"라고 정했다. 삶의 영성은 3가지 부분으로 나누어진다. ① 평범한 일상의 삶 속에 하나님의 기쁨이 숨어 있다는 것을 믿는다. ② 주님의 기쁨이 일상 속에 숨어 있기에 그것을 볼 수 있는 눈(신앙적 세계관)이 필요하다. ③ 그것을 삶에서 구현할 수 있는 구체적인 일상 속 수련을 한다. 이를 통해 평범한 일상의 삶에서 하나님의 기쁨을 누리며 살아가는 삶을 추구하는 것이 여전히 부족한 채로 걸어가고 있지만, 슬기교회의 목표이다.

"당신은 왜 여자(남자)로 태어나셨어요?" 이 질문에 대하여 궁극적 믿음에 기반한 대답을 할 수 있다면 삶의 영성이 우리 삶에 영향을 미치기 시작하는 것으로 인식하고 있다.

건강한 교회를 향하여 – 교회 내적인 방향을 중심으로

공동 담임 목회자

현재 슬기교회에는 두 명의 목회자가 있다. 이 글을 쓰는 류상선 목사와 또 한 명의 목회자는 30대 중반의 노영준 전도사이다. 일반적으로 두 명의 목회자가 있고, 한 명이 목사이고 다른 한 명이 전도사라고 하면 거의 대부분의 사람들은 담임목사와 부교역자라고 생각한다. 그러나 아니다. 둘 다 슬기교회를 담임하는 공동 담임 목회자이다. 류상선 목사는 40대 이상 장년 목회를 담당하고, 노영준 전도사는 교육부서와 청년부 그리고 30대까지의 장년들을 담당한다.

목회적 결정을 할 때는 함께 상의해서 결정한다. 그러나 목회적 사안의 최종 결정권자는 40대 이상의 장년은 류상선 목사이고, 30대 이하와 다음 세대 교인들에 대한 사항은 노영준 전도사이다. 이를 통해 다음 세대를 교육하는 것과 동시에, 다음 세대에 적합한 한 명의 전문적 목회자를 양성하는 목표도 세워내고자 한다. 50대인 류상선 목사가 다음 세대와 젊은 세대를 이해하고 그들에 맞는 목회 전략을 세우는 것은 어렵지 않을까 하는 판단에서 이런 목회자의 구조를 가지게 되었다.

목회자 사례비 체계

공동 목회자에 대한 내용을 다른 분들에게 설명할 때, 어떤 체계인지 확 들어오지 않는 경우가 많은 것 같다. 그런데 두 명의 목회자가 사례비가 같다고 하면 이해가 된다고 하는 분들이 많이 있다. 목사와 전도사이고, 목회 경력도 많이 차이가 나지만, 슬기교회의 두 목회자의 사례비는 같다. 정규직과 비정규직으로 직업군을 나눈 합법적 차별이 있는 세상에서 교회마저 이런 차별적 시스템을 가져야 하나 생각 끝에 이런 체계를 가지게 되었다.

정관에 규정된 슬기교회 목회자 사례비 원칙은 다음과 같다.

① 당해 연도 국가가 정한 최저생계비를 기준으로 한다(1만 원 이하 절삭).

② 전담(Full time) 목회자의 경우, 담임목사-부목사-전도사의 기본급 차이는 없으며, 목회자의 배우자가 4대 보험에 해당하는 직업을 가지는 경우(3인 가구), 배우자가 4대 보험에 해당하는 직업을 갖지 못하는 경우(4인 가구)로 나누어 기준을 정한다.

③ 여기에 호봉을 더한다. 호봉은 슬기교회 임직 후 1년당 1만 원을 더한다(예: 슬기교회 10년 근무이면 본봉에 10만 원을 더한다).

④ 자녀 혹은 부모와 같이 살고 있는 경우는 해당 인원 1인당 기본급에 3만 원씩을 더한다.

⑤ 교회 재정상, 위에서 정한 금액을 사례하지 못할 경우. 인건비 총액(사례비+상여금+복지 후생비 등)은 전년도 교회 총결산의 40% 내외로 한다(최소 37%, 최대 43% 안에서 결정한다). 만일 인건비 총액 예산안이 전년도 총결산의 43%를 넘을 경우, 43%에 맞추어 기본급을 삭감하여 지불한다. 40%를 기준으로 하되, 비전위원회에서 37~43%의 비율을 형편에 맞추어 조정할 수는 있다.

삶의교회

슬기교회에는 '삶의교회'라는 소그룹이 있다. 일반적인 명칭으로 '가정 교회'와 비슷한 소그룹이다. 하지만 가정 교회가 소그룹의 번식을 목적으로 하는 전도 중심 소그룹이라면, 삶의교회는 구성원들의 영적 성장에 초점을 맞춘 '신앙 수련 중심 소그룹'이라고 할 수 있다. 평신도 목자들이 각 가정 혹은 교회 공간에서 수요예배 시간에 삶의교회 모임을 진행한다. 모임에서는 진실하게 자기 삶을 나누려고 노력한다. 또한 그렇게 나눈 삶을 설교 말씀 앞으로 가져옵니다. 그 말씀이 성도들의 구체적 삶을 만지도록 하는 것이 이 모임의 목표이다.

삶의교회 내에는 영적 자녀-영적 청년-영적 부모가 섞여 있다. 영적 부모와 영적 청년의 숫자가 삶의교회 구성원의 50%를 넘는 것이 원칙이다. 그렇지 않으면 영적 자녀는 영적 자녀대로 지치고, 영적 부모는 영적 부모대로 지쳐가기 때문이다. 지치면 영적 성장은 이루어지기가 어렵다. 영적 부모는 영적 자녀를 1:1로 맡아 사랑과 말씀으로 양육한다. 그 과정에서 두 사람이 그리스도의 사랑으로 사랑하는 사이가 되는 것이 중요하다고 생각하고 있다. 사랑은 자기 시간과 정성과 비용을 쏟아야만 하는 것이다. 그래서 교인 모두를 사랑할 수는 없다. 우리가 사랑하는 사람은 가족을 포함하여

애찬을 나누며 기도하는 교인들

많아야 10~20명 정도이다. "당신이 사랑하는 사람은 누구입니까?" 라고 물으면 가족을 포함하여 약 10명 정도의 이름을 정확하게 말할 수 있어야 한다. 추상적인 사랑은 진정한 사랑이 아니기 때문이다.

또한 삶의교회 모임에서는 자기 삶을 숨기지 않고 진실하게 나누기를 요청한다. 그러나 진실하게 나누는 것이 최종목표는 아니다. 자기 삶의 어려움을 주일 설교 말씀을 중심으로 말씀 앞에 가져오게 하는 것이 가장 중요한 목표이다. 내 삶의 고난, 아픔 등을 말씀 앞으로 가져와서 말씀이 내 삶을 만져가게 하는 것이 가장 중요한 삶의교회 목표이다. 그러나 이런 내용은 결심한다고 되는 것이 아니다. 그래서 1:1 양육 과정의 대상자와 삶의교회 구성원들이 서로를 끊임없이 사랑해야 한다. 사랑받아야 힘을 얻어서 이 길을 걸어갈 수 있다고 믿는다. "사랑함으로 함께 나아감!" 이것이 우리가 소그룹으로 모이는 이유이다.

슬기교회 기본 영성 수련

슬기교회의 기본 영성 수련은 다음과 같다.

① 매시 정각 예수기도: 오전 8시부터 오후 10시까지 매시 정각에 이런 기도를 짧게 드린다. "하나님의 아들 예수 그리스도시여, 이 죄인을 불쌍히 여기소서," 마음에는 평화, 얼굴에는 미소(실제 미소) + 그 주 설교 말씀의 핵심 본문 암송.

② 잠들기 전, 감사 세 가지 기록하기 + 1개 이상 표현하기.

③ 슬기 영접기도: 만나는 모든 사람(존재)을 위해 짧은 기도를 작은 미소와

영성은 물과 같습니다

함께 드린다(예: 주님, 이분에게 은혜를 주세요!).

그 외 단계를 넘어가는 다양한 영성 수련이 있다.

교회 운영 체계: 비전위원회와 목자 모임

일반적으로 교회는 당회에서 교회 운영과 영적 지도에 대한 내용을 결정한다. 그러나 슬기교회는 당회 대신 두 개의 리더그룹이 있다. 첫째는 목자 모임이 있다. 목자 모임의 목표는 '사람을 자라게 하는 것'이다. 영적 자녀가 영적 청년으로 성장하고, 영적 청년이 영적 부모로 성장하도록 지도하고 안내하는 것이 목자 모임의 역할이다. 슬기교회는 사람을 자라게 하는 것을 교회의 본질적 목표로 고백하기에 가장 중요한 리더그룹이라고 할 수 있다.

둘째는 비전위원회이다. 비전위원회는 타 교회의 당회 혹은 운영위원회와 같은 역할을 담당한다. 교회 운영에 대한 모든 내용은 비전위원회에서 결정한다. 비전 위원은 목자가 들어갈 수 없다. 목자는 사람을 자라게 하는 역할에 집중하기 위해서이다. 류상선 목사 역시 비전 위원이 아니다.

어린이교회

현재 슬기교회 아동부는 존재하지 않는다. 대신 별도의 교회인 '행복한마음 어린이교회'가 있다. 별도의 교회라는 의미는 슬기교회에 속한 교회가 아니라는 것이다. 노영준 전도사님이 이 어린이교회의 담임 목회자이다. 별도의 교회이기에 어린이교회의 정책은 어린이들이 결정한다. 몇 분의 선생님들은 그렇게 결정한 내용을 따르는 방향으로 나아간다. 또한 별도의 교회이기에 현재 슬기교회 아동부만 참여하는 것이 아니라 주변의 몇 교회의 아동부 친구들이 함께 참여하여 행복한마음 어린이교회 사역을 진행하고 있다.

어린이교회는 형(언니)이 동생들의 성경공부를 지도하는 1:1 어린이 제자훈련을 진행하고자 한다. 성경공부라고 하지만, 더 중요한 목

어린이교회 출범식

표는 형(언니)이 동생들을 성경공부로 인도하는 과정 중에 자연스럽게 나타나는 사랑의 관계이다. 이를 통해 사랑과 말씀의 모범으로 양육하는 기독교의 독특한 교육체계를 지향하고자 한다(벧전1:6-7). 또한 토요일에 진행되는 교회 동아리 활동, 가정에서 드리는 주일예배, 가정 예배 등의 활동을 진행하면서 발전시켜 나가고 있다.

한국교회의 대부분을 차지하는 소형 교회 중에는 아동부 예배를 별도로 진행하기가 어려운 교회들이 많다. 이런 문제를 해결하고자 하는 고민 끝에 탄생한 교회가 어린이교회이다. 그 후 더 많은 논의 끝에 현재의 이런 모습까지 발전한 것이다.

청청부

슬기교회 청청부는 청소년+청년 연합부서를 이르는 말이다. 청청부는 어린이교회와 같은 별도의 교회는 아니다. 아직은 슬기교회 내에 존재하는 한 부서이다. 청소년부와 청년부가 같이 예배드리는 이유는 청소년의 마음을 잘 이해할 수 있다고 판단되는 선배 청년들이 청소년부의 교사 역할을 하기 위해서이다. 또한 어린이교회와 같은 청년과 청소년 간의 1:1 제자훈련을 진행하는 것을 청청부의 핵심 과제로 잡고 있다.

건강한 교회를 향하여 — 교회 외적인 방향을 중심으로

약속한 분량이 지면이 다 되어서 건강한 교회를 향한 교회 외적 방향은 아주 간략하게 기술하도록 하겠다. 실은 외적 활동보다 더 중요한 것은 그런 활동을 하도록 추인하는 내적인 힘에 있다고 믿기 때문이다.

마을 선교 활동

슬기교회는 교회가 위치한 마을의 마을자치회(회장: 류상선 목사)와 협력하여 마을 만들기 사역을 진행하고 있다. 마을이 위치한 지역의 지역조사를 통해 마을 주변이 우리나라에서 10위 안에 들 정도로 평균 연령이 젊다는 것을 알게 되었다. 즉, 유치원이나 초등 저학년 자녀를 둔 젊은 부부들이 많다는 것이다. 이들이 올 수 있는 마을을 만들자는 취지에서 마을을 '그림책마을'로 만들기로 결정하고, 지금까지 그 사역을 진행하고 있다. 우리 마을의 정식 이름은 "신촌 원시인 그림책마을"이며 마을에서 진행하는 마을 사역을 아래에 간략하게 기술한다.

① 그림책 도서관 운영
② 일반인들의 그림책 출판
③ 그림책 지도사를 양성하여 주변 어린이집에 그림책 동화구연 진행
④ 그림책을 인형극으로 구현하는 '그림책마을 인형극단' 운영
⑤ 그림책 마을 음악회, 작가 초대 강좌 등 여러 문화센터 운영
⑥ 마을 거리 가꾸기 등 환경 개선 사업
⑦ 마을 어르신들의 인생 이야기를 책과 벽화로 표현하기
⑧ 마을 견학 프로그램 등

작은 교회 연합 활동

한국교회 대부분의 교회는 교육 부서를 포함하여 전체 교인이 100명이 안 되는 작은 교회이다. 슬기교회는 같은 지역의 다른 일곱 개 교회와 연합하여 작은 교회 연합 활동을 진행하고 있다.

소형 교회 중에는 건강한 목회 철학을 가지고 있는 교회가 참 많이 있다. 그러나 현실적 한계로 인해 건강한 목회 철학이 구현되기에는 어려운 경우가 많아 참 안타깝다. 이에 일곱 개 교회의 목회자들은 1년 정도 되는 토론과 준비를 통해 다음과 같은 사역을 진행 혹은 계획하고 있다. 작은 교회가 연대하는 큰 원칙은 첫째는 공간 공유이며, 둘째는 목회자 사역의 전문성 공유이다. 역시 지면 관계로 아주 간단하게 기술한다.

① 공간 공유: 예배당 공유, 교회별로 특성이 있는 공간 공유 진행 중
② 목회자 사역의 전문성 공유: 각 목회자가 전문적 사역을 계발하여 교회 간 구분을 넘어서서 목회자들의 사역 전문성이 공유되도록 준비
③ 각 교회 아동부를 연합한 어린이교회 창립
④ 보호 종료 청년(자립 준비 청년)을 돕는 연합 사역 진행 중
⑤ 목회자들이 성도들의 저녁 식사를 대접하고 불금에 건강한 가족 문화를 세우고자 하는 '금요 식탁' 사역 등

닫는 글

어둠이 짙을수록 새벽은 가까운 법이다. 주님은 선포하셨다. "하

교회 연합 활동 중 공동 식사

나님 나라가 가까이 왔다"(막 1:15). 주님은 우리가 아파하는 지금 여기에서 역동적으로 하나님 나라를 이끌어 가고 계신다.

세상은 교회의 건강성을 어느 때보다 간절히 필요로 하고 있다. 그것은 큰 것이 아니라고 생각한다. 평범한 일상에서 하나님 임재를 느끼는 것, 내 앞에 있는 사람에게 집중하기 위해 잠시 내 생각을 멈추는 것, 이런 것들이 하나님 나라 혁명의 시작이다. 더 나아가 세상에 복음을 증언하는 일이다.

슬기교회는 작은 교회이다. 초창기에는 지금은 작은 교회이니 큰 교회가 된 후에 꿈꾸는 일을 해보려고 했다. 그러나 작은 교회도 하나님의 교회이다. 지금 여기에서 당장 시작할 수 있는 일은 해보려고 했다. 아니 오히려 소형 교회이기에 더 쉽게 또한 더 온전하게 건강한 교회를 꿈꾸기에 더 좋은 여건이었다. 왜냐하면 연대해야 하기 때문이다.

연대는 다른 말로 하면 나눔 그리고 사랑이다. "사랑과 나눔과 연대!" 건강한 교회를 향해 걸어가는 길에 놓인 주님의 선물임을 믿는다.

하나님 나라 제자공동체를 꿈꾸는 팔로우교회

장 일

(목사, 광주 팔로우교회)

교회를 위한 아름다운 퇴장

필자가 섬기는 팔로우교회는 내년이면 교회 설립 30주년을 맞이한다. 먼저 교회 연혁을 살펴보면 1995년 6월 광주의 대표 전통시장인 양동시장 한가운데서 '순복음행함교회'라는 이름으로 개척되었다. 전임 목회자인 장영기 목사님은 보수적인 오순절 신앙을 바탕으로 시장 인근의 가난하고 소외된 사람들을 돌아보며 치유 사역과 선교 사역에 매진하셨다.

그러던 중 2008년 현재 교회가 위치한 광천동 지역으로 이전했는데 몇 년 후부터 조금씩 감소세를 보이기 시작했다. 이런 현상은 교회 안에 특별한 문제가 있어서가 아니라 타 교단에 비해 이미 대부분의 오순절교회가 겪고 있는 모습이었다. 당시 광주 지역에 있는 대표적인 오순절교회만 봐도 다음 세대가 감소하고 젊은 신자들은 이탈하는 고령화가 심각하게 진행되던 시기였다.

이처럼 뚜렷한 변화가 요청되는 상황에서 먼저 전임 목사님이 큰 결단을 내려주셨다. 바로 만 70세 정년을 고집하지 않고 교회의 변화를 위해 7년 일찍 조기 은퇴를 선택하시고 이후 교단 선교사로 파송을 받으신 것이다. 나아가 교회의 변화와 성장을 위해 기꺼이 교단 변경까지도 양보해 주셨다. 이렇게 전임 목사님은 모든 성도의 존경 속에 22년의 1기 사역을 마무리 지으셨고 바통을 후임 목사인 필자에게 위임해 주셨다.

팔로우교회 이름은 무슨 뜻인가요?

2017년 1월부터 2기 사역을 시작하며 교회 이름을 팔로우교회로 변경했다. 당시로서는 매우 파격적인 이름이라 처음에는 성도들도 의아해했지만, 사실은 앞으로 우리 교회가 지향해야 할 가치를 새로운 이름에 담고 싶었다. 팔로우교회는 Follow Jesus! 곧 예수 그리스도를 따르는 제자도에 주안점을 둔 이름이다. 오늘날 한국 사회에서 교회가 지탄받는 가장 큰 이유가 뭘까요? 바로 교회에 출석하는 사람은 많으나 실제로 세상 속에서 제자의 삶을 살아가는 신자들은 찾아보기가 어렵기 때문이다.

사실 기독교의 역사를 보면 교회의 영향력은 숫자 이전에 남다른 삶에 있었다. 그렇기에 비록 예배당에 모인 수는 적더라도 하나님의 통치를 드러내는 제자의 삶이야말로 지금 교회가 붙잡아야 할 핵심 가치라고 확신했다.

팔로우교회의 핵심 가치

어느 시대나 교회 위에 주신 사명은 동일하다. 하지만 이 사명을 구체화하기 위해서는 시대에 부응하는 목회 철학과 선한 전략이 반드시 필요하다고 생각한다. 이런 면에서 팔로우교회가 지향하는 핵심 가치를 말하면 다음과 같다.

구도자 중심

오늘날 한국 사회는 세계 1위의 저출산 국가라는 오명을 갖고 있는데 이런 현상은 영적으로도 동일하다. 교회 안에서도 복음을 듣고 회심하는 영적 출산을 찾아보기가 갈수록 희귀해지고 있다. 부흥했다는 교회의 면면을 살펴보면 실상은 회심 성장이 아닌 수평 이동이 거의 대부분임을 우리는 부인할 수 없다. 그렇기에 영적 쇠퇴기에 놓인 오늘날 교회가 가장 크게 관심을 가져야 할 대상은 바로 교회 밖의 구

공동 식사하며 친교를 나누는 교우들

도자들이다.

구도자가 누구인가? 우리네 가정, 학교, 직장에서 만나는 평범한 사람들로 정확히는 진리 되신 예수님이 필요한 사람들이다. 그런데 문제는 교회 안의 사람들조차 이런 인식이 부족한 경우가 적지 않다. 그래서 세상적인 가치관, 곧 주고받는(give and take) 방식으로 사람들을 대하다 보니 교회 밖에서의 영향력은 실종되고 당연히 전도의 열매도 맺을 수 없다.

이런 현실 가운데 팔로우교회에서 행해지는 설교 및 성경공부 등 모든 가르침은 구도자 중심을 띠고 있다. 예를 들어 교회는 출석하나 아직 회심하지 않은 사람들 그리고 전도를 받아 나왔지만, 기독교 진리를 모르는 사람들이 있다. 이런 사람들에게 설교자나 공동체의 리더십들은 어떻게 다가서야 할까?

바로 예수님과 바울이 했던 것처럼 그들이 이해할 수 있는 언어로 설교하고 그들의 눈높이와 문화에 맞게 진리를 가르쳐야 한다. 실제로 팔로우교회의 주일설교는 기존 신자들만을 대상으로 한 이른바 내수용 설교에 그치지 않고 동시에 구도자들을 향한다. 물론 처음부터 설교가 다 들어오지는 않을 것이다. 하지만 가랑비에 옷 젖듯이 매주 일상의 언어로 복음을 설명하고 전하며 성령님의 일하심을 구해야 한다.

흔히 구도자들이 생각하는 설교자나 설교에 대한 이미지는 매우 권위적이며 일방적인 소통에 가깝다. 하지만 이런 고압적인 자세를 지양하고 그들의 현실적인 고민과 실존을 복음으로 해석하며 소통하는 설교로 다가선다면 구도자들의 닫힌 마음은 점점 열리면서 복음 앞으로 나아올 것이다.

진실한 공동체

코로나 팬데믹 3년이 지나면서 우울증, 불면증, 공황장애 등 이른바 5대 정신질환이 모두 증가했다는 씁쓸한 통계를 봤다. 갈수록 물질주의, 개인주의, 무한경쟁 시스템, 상대적 박탈감이 심화되는 사회에서는 인간의 고립감이 크게 증가한다. 하지만 바꿔서 생각하면 이런 사회일수록 교회의 존재감은 더욱 빛날 수밖에 없다. 왜냐하면 교회의 본질이 서로 사랑하는 공동체에 있기 때문이다.

팔로우교회에서 소그룹은 사랑방 모임으로 불린다. 아직은 적지만 진실한 교제를 지향하고 있다. 평소 설교를 통해 소그룹이 사랑을 훈련하는 장이라고 배웠지만 어떤 가르침보다 강력한 것은 실제로 사랑을 보여주는 모델이다. 그런 면에서 목회자와 훈련된 리더십들의 역할은 매우 지대하다. 가령 생일이나 기념일 등 축하할 일이 있으면 손수 쓴 엽서와 함께 가벼운 선물이나 봉투만 전해줘도 사람들은 큰 감동을 받는다. 또한 갑작스러운 질병이나 정서적인 아픔을 겪고 있을 때 공동체가 함께 아파하고 기도하고 있다는 위로를 전달하면 그 어려움을 함께 극복할 수가 있다. 이처럼 관심과 사랑을 갈구하는 현대 사회일수록 주님의 사랑을 드러내는 진실한 공동체야말로 가장 강력한 시대적인 대안이다.

균형 있는 성장

바울 사도가 정의하는 신앙생활의 목표는 간단하다. 바로 그리스도의 장성한 분량이 충만한 데까지 이르는 것이다. 한 인간의 발달 이

영아원 후원

론만 봐도 유아기, 유년기, 청년기, 중년기, 장년기, 노년기 이렇게 세부적으로 구분된다. 마찬가지로 비록 보이진 않지만, 영적으로도 이런 성장은 합당하며 반드시 지향해야 할 목표이다.

현재 팔로우교회는 '하나님나라복음DNA네트워크'에서 출간한 양육 교재 시리즈를 사용한다. 이 교재의 장점은 크게 두 가지이다. 먼저 아직 복음을 알지 못하는 구도자를 대상으로 한 내용이 잘 준비되어 있다. 다음으로 회심한 신자가 장차 공동체의 지도자로 서기까지의 심화된 양육 과정까지 담고 있다. 특별히 앞으로 교회의 허리 세대에 해당하는 30~50대 그룹을 양육하려면 세대의 특성에 맞는 양육 시스템을 반드시 준비해야 한다.

여기서 코로나가 가져다준 유익이 하나 있는데 바로 온라인 교육의 확장성이다. 과거에는 새가족 교육이나 성경공부를 반드시 교회에서 진행해야 했다면 요즘에는 시간만 맞으면 장소와 상관없이 얼마든지 온라인으로 실시간 소통이 가능한 시대이다. 이처럼 우리 교회도 세대와 영적 수준에 맞게 온라인과 오프라인을 병행하며 성도들의 균형 있는 성장을 추구하고 있으며 이 같은 수고가 장차 교회의 역동성과 건강성을 가져다줄 것으로 기대하고 있다.

안팎의 변혁

한국기독교 초기 역사를 보면 당시 교회는 모인 수는 적지만 세상을 변화시키는 일에 큰 역할을 감당했다. 곳곳에 현대식 병원을 세우며 적극적인 의료 사역을 펼쳤고, 배제학당, 이화학당 같은 학교를 세우며 근대화에 영향을 미쳤다. 그 밖에도 문서선교를 통해 문맹 퇴치, 여성 지위 향상, 사회 질서 확립에 앞장섰다.

그런데 어느 순간부터 교회는 세상과 담을 쌓고 살아가는 이른바 게토(ghetto)화 현상이 나타나기 시작했고, 지금은 교회와 그리스도인의 사회참여가 심각하게 약화된 상황이다. 우리 교회는 광주 서구 광천동에 위치해 있지만, 대부분의 교인은 다른 동네에 거주하고 있다. 주일에만 이 동네를 방문하기에 교회가 속한 지역에 관심을 두기

사랑의 선물 사역

가 쉽지 않다.

하지만 이런 현실에도 지역사회를 섬겨야 하는 지역 교회로서의 사명은 변하지 않는다. 2014년 생활고로 시달리다 스스로 목숨을 끊은 송파 세 모녀 사건이 언론에 보도됐다. 이 사건을 통해 사회보장제도가 미치지 않는 이른바 복지 사각지대 문제가 뒤늦게 조명되기 시작했다. 당시 그 기사를 접하며 너무도 마음이 아팠다. 작은 교회의 현실상 재정은 늘 부족한 상태이지만 일단 지역사회를 섬기는 작은 일부터 시작하기로 마음먹었다.

지역 주민센터와 연계하여 사랑의 '선물상자'(gift box) 사역을 시작했는데 박스에는 일회용 밥, 라면, 카레, 참치, 김 등 당장 필요한 식료품들을 담았다. 그리고 연말을 앞둔 12월 첫 주에 동네에 거주하는 한부모 가정, 독거노인 등 취약계층 가정에 전달했다. 몇 년 후에는 광주에 있는 영아원과도 인연이 닿아 구제 헌금을 통해 작은 이웃사랑을 실천하고 있다.

하나님 나라를 소망하는 예배

우리가 매 주일 드리는 공예배는 기독교 신앙에서 가장 중요한 영역이다. 오늘날 교회가 점점 세속화되며 사회로부터 지탄받는 이유는 이 예배의 방향이 엇나갔기 때문이다. 노골적으로 말하면 현재 한국교회의 예배는 이 땅의 가치를 최우선으로 여기는 현세, 기복적 예배이다. 그러나 신약성경을 보면 우리 예수님께서 가르치신 가장 중요한 가치는 하나님 나라이며, 이후 초대교회가 증거하고 살아냈던 가치도 동일한 하나님 나라이다.

코로나 팬데믹을 지나며 현재 한국교회는 극심한 양극화 현상을 겪고 있다. 중형 교회의 숫자는 점점 줄어들고 갈수록 개척, 미자립교회와 대형 교회로 양분화되는 상황이다. 오늘날 사람들이 대형 교회로 몰리는 이유가 뭘까? 다른 게 아니다. 세련된 건물, 넓은 주차장, 유명한 설교자가 있기 때문이죠. 반면 80~90%의 작은 교회는 이런 자랑할 만한 요소가 하나도 없다. 대형 교회를 흉내 내면서 따라잡기 위해 애쓰는 교회들을 보면 마치 황새를 따라가려는 뱁새가 생각난다. 결국 우리 같은 작은 교회가 최우선으로 붙잡아야 할 가치는 앞서 말한 하나님 나라를 소망하는 예배이다.

현재 한국 사회는 학생, 청년, 장년, 노인 세대를 막론하고 신자유주의 질서와 무한경쟁으로 인한 상대적 박탈감에 시달리고 있다. 그렇기에 사람들은 가장 문명화된 시대를 살고 있음에도 좀처럼 마음속에 평안을 누리지 못하고 있다. 그러나 예배를 인도하고 말씀을 전하는 목회자로서 이런 위기의 시대가 오히려 복음을 전하기에는 최적인 시대라고 확신한다.

팔로우교회의 예배에 담긴 찬양, 기도, 말씀, 성례전은 모두 하나님 나라를 지향한다. 구체적으로 이미 임한 하나님 나라를 경험하며 장차 도래할 완전한 하나님 나라를 소망하도록 힘쓰고 있다. 이런 신학적 확신을 갖고 예배를 드리다 보면 무명한 목사와 불편한 장소를 초월하여 역사하시는 성령님을 경험하게 된다. 지금도 열악하고 불완전한 교회 안에 소망이 남아있다고 말할 수 있는 이유는 이런 하나님의 일하심을 신뢰하는 신실한 성도들이 남아있기 때문이다. 바라기는 이런 예배를 통해 구도자들이 주님께로 나아오기를 오늘도 기도하고 있다.

나가는 말

철모를 시절에는 작은 교회가 부끄러웠다. 눈에 보이는 대로 모인 숫자도, 가진 재정도, 자랑할 만한 사역도 없었기 때문이죠. 하지만 현재는 우리가 믿고 고백하는 하나님이 얼마나 크신 분이신지를 깨달으며 그 묵상과 사유 안에서 작은 교회에 맡긴 영광스러운 사명을 다시금 배워나가는 중이다. 끝으로 이 글을 읽으며 지금도 드러나지 않는 자리에서 충성을 다하고 계신 선후배 목회자들에게 우리 주님의 평강을 빈다.

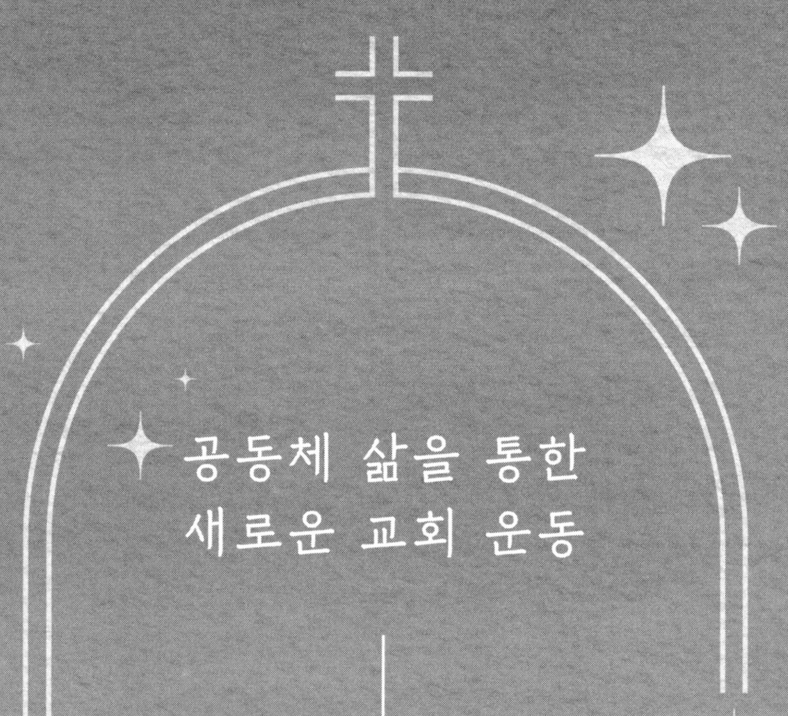

공동체 삶을 통한 새로운 교회 운동

박민수 _ 신앙과 삶을 함께하는 은혜공동체

김용택 _ '주님의 가족 공동체'

— 가나안의 48개 성읍으로 파송 받은 레위 지파를 꿈꾸다!

김수택 _ 믿음은 공동체를 춤추게 한다, 새나루공동체

강동진 _ 의성에서 일구는 제2보나콤 이야기

유장춘 _ 샬롬공동체

신앙과 삶을 함께하는 은혜공동체

박 민 수

(목사, 서울 은혜공동체)

작은 교회를 하게 된 동기

은혜공동체를 개척하기 전 서울의 모 교회에서 청년부 부교역자로 있었다. 담임목사의 부임 시기와 겹쳤는데 담임목사가 청년 사역에 대한 관심이 많았다. 교회는 청년부에 지원을 많이 했다. 교회의 지원 아래 청년부는 해가 다르게 인원이 늘었다. 청년부는 교회의 주요 사역으로 자리매김되었고, 청년부 사역자들의 자부심은 충천했다. 잠시나마 숫자가 주는 황홀경을 경험했다. 숫자의 긍정 효과일까. 사람은 늘었다. 그런데 내 안에서는 그에 걸맞은 내실은 없다는 느낌이 커졌다.

마침 담임목사의 주도로 전 교회에 일대일 양육 사역이 도입되었다. 온누리 교회에서 시행하고 있던 양육 프로그램이었는데, 목자가 양을 일대일로 만나 소통식 교육을 하는 것이었다. 내실을 다지기에 가장 좋은 방편이라 생각되었다. 양육 대상자를 선정하여 일대일 양육을 시작했다.

처음에는 양육 교재를 풀었다. 만남 횟수가 많아지면서 양육을 받으러 오는 청년들은 자신들 삶의 고민이나 어려움을 나누었다. 상담이 주(主)인 일대일 양육이 되었다. 비로소 사람들에게 도움이 되고 있다는 확신이 들었다.

교회에 도입되었던 일대일 양육은 일 년의 기한이 정해졌었다. 상담이 주가 되는 일대일 양육이 이루어지자, 일 년 만에 그만두기가 어려웠다. 고민이나 어려움을 해결하려다 보면 내면의 문제나 성격 문제를 다루어야 하는 경우가 많았는데, 이는 한 사람을 깊이 알아야 하는 일이어서 시간이 많이 필요했다. 대부분 연장했다. 문제가 발생되었다. 새로운 양육자들을 받기가 어려웠다. 또 일대일 양육에 우선순위를 두다 보니 다른 활동에 제약이 왔다. 상담이 주가 되는 양육을 위해서는 선택이 필요했다. 숫자를 무한정 늘리는 것을 지양하는 것, 여러 목회 활동들을 많이 포기해야 하는 것이었다. 어렵사리 여러 활동들을 병행하면서 일대일 양육을 해나갔지만 무리가 따랐고, 결국 권고사직을 했다.

5년간의 부교역자 생활을 마치고 교회 개척을 했다. 일대일 양육이 사람에게 도움이 된다는 확신이 있었기에 일대일 양육을 목회의 근간으로 삼기로 했다. 당연 인원은 일대일 양육을 할 수 있는 범위로 한정 짓기로 했다. 일대일 양육을 위해 다른 활동들은 많이 축소되었다. 18년 동안 일대일 양육이 이어져 오면서 이런 기조는 계속 이어져 오고 있다.

그간 해 온 사역들(작은 교회의 특권 – 행복을 위해 해온 일들)

제자훈련(작은 교인이 되는 길)

서울의 모 교회에서 부교역자로 있을 때 담임목사가 도입했던 양육 프로그램이 하나 더 있었다. 사랑의교회에서 진행되고 있던 제자훈련이었다. 예수의 제자도를 실천하는 제자를 삼는 것을 목표로 하는 훈련이었다. 제자훈련 또한 내실을 다지기 위한 프로그램으로 여겨져 청년부에 적극 도입했다. 제자훈련 세미나에 다녀오고, 사랑의교회에서 진행하는 제자훈련 프로그램에 참여하기도 했었다. 사랑의교회에 제자훈련의 구호가 있었는데 "제자훈련을 마치기 전에는 아프지도 죽지도 말자"였다. 그 어떤 극한의 상황도 극복해 내고 최우선 순위를 드려 제자훈련을 끝까지 마무리하자는 취지였다. 이 취지가 공감되어 제자훈련의 구호로 삼았다.

그런데 내가 제자훈련이 한참 진행되고 있는 시점에 교회를 사임하게 되었다. 한 친구가 제자훈련을 마치고 싶다고 했다. 어떠한 상황에서도 제자훈련을 마치자고 했으니, 약속을 지키시라고 했다. 목회자가 한 약속을 어길 수 없어 부득불 교회를 개척하게 되었다. 이처럼 제자훈련은 교회의 모체 역할을 했다.

교회를 개척하면서 일대일 양육과 제자훈련을 연계한 시스템을 세웠다. 모든 회원은 일대일 양육을 받는다. 신입자가 일대일 양육을 받는 중에 교회 활동에 참여할 의사가 있을 경우 제자훈련을 받는다. 졸업하면 정식 회원이 된다. 일반 교회로 말하면 등록 교인이 되는 것이다. 제자훈련은 3월에 개강해서 12월에 마친다.

제자훈련의 주된 내용은 제자도를 배워가는 것이다. 복음서를 통독해 가며 토론식으로 공부한다. 여기에 자기(내면) 알아가기, 사회 알아가기, 역사 알아가기가 더 있다. 제자훈련의 결과 교회는 예수의 제자도를 실천하는 제자 공동체로 변화되어 갔다. 제자훈련을 시작한 지 6년 차부터 공동체적 분위기가 형성되더니 10년 차에는 완연한 공동체의 모습을 갖추었다. 제자훈련이 교회에 안긴 가장 큰 선물이다.

보편복지의 실현

공동체적 결속이 깊어지면서 교인들 간에 가족이란 의식이 자리잡았다. 가족보다 더 가깝다는 말도 나왔다. 그런데 현실에선 각자도생의 삶을 살고 있었고, 위기 상황이 닥치면 서로가 남이었다.

한때 무상의료, 반액 등록금 등 보편복지가 정치적 이슈가 된 적이 있다. 물론 공염불이 되긴 했다. 이 보편복지는 공동체에 화두를 던졌다. 가족이라고 말한다면 현실에서도 가족처럼 살아야 하고, 위기 상황에서는 서로에게 버팀목이 되어야 하지 않는가. 이런 당위적 질문이 공동체적 보편복지 시스템을 고민하게 했다.

국가가 보편복지 시스템을 구축해 주면 더할 나위 없이 좋겠지만, 국가가 마련해주지 않으니 체념하고만 있을 수는 없는 일이었다. 1년간의 토의와 숙의 과정을 거쳐 무상의료와 반액 등록금(영유아 교육에서 대학까지)을 주(主) 보장으로 하는 공동체 보편복지 시스템을 마련하였다.

재원은 공동체 구성원들이 기존 십일조에 소득의 10%를 더 내서 충당하기로 했다. 조사를 해보니 대부분의 공동체 구성원들이 실비보험, 암보험, 치과보험, 종신보험 등과 같은 의료계통의 사보험에 가입하여 평균 소득의 10%를 납부하고 있었다. 이 재원으로 공동체 보편복지 시스템을 운영하면 무상의료를 넘어 반액 등록금까지 보장해 줄 수 있다는 계산이 나왔다. 거기에 연금, 산후 조리비, 실업급여(자진 퇴사 시), 문화 활동 지원도 가능하였다. 시행한 지 7년이 되었다. 안정적으로 운영되고 있다.

보편복지 시스템의 도입 초기에 몇 가족이 재정적 부담 때문에 공동체를 떠나기도 했으나 공동체원의 절대다수는 취지에 공감했고, 적극 동참하였다.

보편복지 시스템의 도입 이후 가장 큰 변화는 그동안은 모두가 막연한 불안감을 안고 살았다면 시스템 도입 이후에는 안심하며 살게 되었다. 공동체적 안정감과 더불어 서로에 대한 신뢰감과 유대감을 상승시켰다. 드디어 서로가 서로를 실질적으로 보듬는 진정한 가족이 되었다는 느낌을 갖게 되었다.

보편복지 시스템의 성공을 기반으로 교회 차원의 지원 외에 여러 다양한 자발적 지원들이 마련되어 운영되고 있다. 창업 자금 지원, 공동체 이웃을 돕는 '더불어 이웃방', 아이들이 미래에 하고 싶은 일을 할 수 있도록 지원하는 '아이들 훨훨 날다 후원회', 음악을 배우고 싶은 회원들을 지원하는 '너음들 후원회' 등이다.

방과후학교/대안학교

초등학교 시절 내 큰 딸아이는 방과 후에 발레 학원을 다녀오고 나면 엄마가 퇴근해서 올 때까지 교회 내 소파에서 혼자 놀거나 우두커니 앉아 있었다. 아이는 그렇게 4년을 보냈다. 도시 아이들에게 방과 후에 같이 놀 아이들이 없었다. 공동체가 사라진 공간에서 아이들의 삶은 너무도 무료하고 고통스러웠다. 대책이 필요했다.

방과후 학교에서 연주하는 아이들

방과 후에 공동체 내 아이들을 불러 모으기로 했다. 구심점 역할을 할 교사가 필요해서 교사를 채용했다. '방과후학교'라 명명했다. 방과후학교의 설립 목표는 함께 노는 것이었다. 놀이 시간을 최대한 확보했다. 놀다 남는 시간에 아이들에게 필요한 몇몇 과목을 배치했다. 아이들은 폭발적으로 좋아했고, 부모들도 크게 환영하였다.

이후 부모들의 간곡한 부탁으로 영유아 방과후학교도 열었다. 아이들이 커가면서 청소년 방과후학교도 개설되었다. 평일에 교회 공간은 아이들 차지가 되었고 아이들 노는 소리로 가득 찼다. 방과후학교에 못 가게 되는 것은 아이들에게 가장 슬픈 일이었다.

아이들이 일상을 공동체 공간에서 함께 보내게 되면서 아이들에게도 공동체는 주요 활동공간이 되었다. 공동체 내에 아이들의 세계가 만들어지고 아이들의 세계가 공동체에 들어왔다. 시간이 지나면

방과 후 어린이들의 활동 모습

서 연극이나 악기를 연습해서 발표하기도 하고, 어른들과 함께하는 축제를 열기도 했다. 그만큼 공동체도 풍요로워졌다.

생활공동체 건물이 지어지게 되면서 방과후학교를 확대 개편해서 대안학교를 개설했다. 이제 공동체는 아침부터 저녁까지 아이들 소리로 가득하다.

공동체 해외여행

여행을 사역으로 소개해도 될까 하는 마음이 있지만 우리 공동체에서는 의미 있는 일이기에 소개하는 것이 좋겠다. 공동체성이 증가하면서 해외여행도 함께 다녀오고 싶다는 말들이 오고 갔다. 소중한 경험이 될 것 같아 구체화해 보기로 했다. 첫 여행지를 여행자들의 로망이라고 하는 스위스로 정했다. 여행기금을 모으기로 했다. 한 달에 1인당 만 오천 원으로 정했다. 한동안 스위스 여행은 공동체의 꿈이었다.

모두가 기대감을 갖고 기금을 모았다. 4년 차쯤 돼서 소요경비를 알아보았다. 1인당 최소 4백만 원이 필요했다. 모아 온 기금으로는 턱없이 모자랐다. 현실적으로 쉽지 않다고 여겨지자, 동력이 많이 사라졌다.

초기 공동체 회원들이었던 대학생들이 졸업해서 결혼도 하고 직장을 다녔다. 재정 능력이 있는 분들은 해외여행을 다녀왔다. 여행 붐이 일어 여건이 허락되는 분들은 일 년에도 여러 번 해외여행을 다녀오기도 했다. 반면 해외여행은 꿈도 못 꾸는 회원들도 적지 않았다. 공동체 내에 해외여행 불평등 분위기가 조성되었다. 공동체 해외여행에 대한 필요성이 다시 대두되었다.

스위스 여행이 요원해지자 스위스 여행은 후일로 미루고 가까운 동남아로 가자는 제안이 있었다. 현실적인 방안이었다. 여행지는 태국으로 정해졌다. 여행 날짜가 정해졌다. 여행비를 납부해야 했다. 재정 능력이 없는 사람들이 적지 않았다. 그동안 모아둔 여행기금으로 충당할 수 있을 법도 했는데 여행 동력이 떨어지면서 납부 실적이 좋지 않았다.

공동체 여행이 되기 위해서는 기부가 절실했다. 기부를 해보자고 제안했다. 오랜 기간 모두가 바라오던 일이기에 행복한 기부가 이루어질 것이라는 일말의 기대가 있었다. 기대는 산산이 무너졌다. 기부를 해야 하는 사람들은 "놀러 가는 것인데 기부해야 하나?", "개미들이 베짱이들에게 기부를 해야 하나?", 기부를 받아야 하는 사람들은 "굳이 여행을 가자고 해서 내 처지를 비참하게 만드는 거냐?" 등 공동체 역사상 가장 사나운 불만들이 제기되었다. 공동체의 위기였다.

태국 여행 시 즐거운 모습

이런 불만들을 무시하고 추진하는 것도 문제지만, 그렇다고 이런 불만들을 수용하여 여행을 접는 것도 문제였다. 이런 사나운 불만에 굴복해서 여행을 포기하게 되면 서로에게 씻을 수 없는 상처가 되고, 공동체에 더 큰 위기가 될 것이라는 판단이 들었다.

목회적 판단으로 타개하기로 했다. "부모님 여행 가시라고 목돈도 드리지 않느냐?", "혈육이 아닌 가족에게는 여행비는 지원해 줄 수 없는 것이냐?", "재정 능력이 있는 사람이나 그렇지 못한 사람이나 자신의 처지에서 열심히 살아오고 있다", "물이 자연스럽게 흐르도록 하는 것이 공동체다", "지원을 받는 상황을 비참하게 여기면 공동체는 세워질 수 없다" 등 처지와 상황에 따라 훈계와 설득을 했다. 회원들은 공감해 주었고 적극적으로 따라주었다. 기부액은 목표액을 훨씬 초과했다. 기부는 감동의 드라마였다. 감동을 안고 떠난 태국 여행은 천상의 행복을 누린, 기념비적 여행이 되었다.

스위스 여행의 풍경, 뒤편에 높은 봉우리들이 보인다

교회 설립 때부터 야유회가 있었다. 주일예배 후 반나절 야유회였는데 이 야유회가 종일 야유회로, 종일 야유회가 1박 2일 여행으로 발전했다. 1박 2일 여행을 경험하고 나서는 3박 4일의 격년제 다도해 여행을 추진했다. 함께하는 시간이 많아질수록 행복감이 커졌다. 여행을 확대해 온 이유였다. 태국 여행은 그때까지 이어오던 여행의 정점이었다. 평생 공동체와 함께 여행을 하며 사는 꿈을 꾸게 했다. 태국에서 숙소로 사용했던 '두앙짓 리조트'의 건물 구조는 이후 생활공동체 건물(은공 1호)의 기본 개념이 되었다. 일상을 여행자로 살면서 여행지에서 누리던 감동을 현재에서 누리고 살자는 의도였다.

태국을 다녀오고 나서 2년 후, 꿈에 그리던 스위스 여행을 다녀왔다. 재정적으로 큰 산처럼 여겨졌는데 태국 여행을 준비하며 각자 내면에 자리했던 이기심의 벽을 깨고 나니 모두가 자발적으로 힘을 합하였고 수월하게 다녀왔다. 스위스 여행 또한 천상의 행복을 누린 여행이었다. 스위스 여행을 다녀오고 바로 다음 해인 올해 일본 스즈카 공동체 여행을 다녀왔다. 내년 초에는 보홀 여행이 계획되어 있다.

생활공동체(은공 1호)의 건립

생활공동체 은공1호 건물 전경

공동체성이 증가하면서 또 하나의 화두가 회자되기 시작했다. 일상을 함께 공유하는 생활공동체였다. 본격적으로 논의가 이루진 때가 2010년이었다. 당장은 한 공간에서 살아갈 수 있을 만큼 내면이 갖추어져 있지 않으니 10년 동안 열심히 훈련해서 2020년에는 생활공동체를 꾸려보자고 정리했다.

1년 후 지상파 다큐멘터리를 통해 '우리 동네 사람들'(약칭 : 우동사)을 알게 되었다. 한 집에서 싱글 남녀 두세 명과 한 부부가 사회적 가족을 일구고 살아가는 모습이 인상적이었다. 우리도 실험적으로 한 집에서 혈육의 경계를 허물고 살아보자는 움직임이 일었다. 다섯 가정, 싱글 여덟 명 해서 한 스물다섯 명 정도가 참여하겠다고 했다. 모두가 살 수 있는 집을 구해보자고 했다. 백방으로 뛰어다녔으나 그런 집은 없었다. 고민 끝에 현실적 대안을 찾았다. 삶의 형태가 비슷한 사람들끼리 모여서 소규모 연합가정을 꾸려 살자고 했다. 싱글 여성, 싱글 남성, 돌싱 가족 등 세 연합가족이 탄생했다.

싱글 여성, 돌싱 가족 두 연합가정은 초기에 구성원의 내면 문제로 어려움을 겪었다. 성격상 어떤 것에 집중이 되었을 때 주변에 무신경해지는 사람이 있었다. 이런 반응에 서운해하는 사람이 있었고, 서운함이 쌓이면 서로 관계가 소원해지거나 공격적이 되고 피해의식이 일기도 했다. 나눔과 일대일을 통해서 이런 문제들을 적극적으로 해결했다. 이해를 바탕으로 문제들이 해결되면서 점차 안정화되었다. 집안일 관련한 소소한 문제들도 있긴 했지만, 모두가 열심히 하려는 태도가 있었기에 그리 큰 문제가 되진 않았다. 두 연합가정은 점점 행복해져 갔다. 두 연합가정은 이후 생활공동체인 은공 1호의 모태가 되었다.

싱글 남성 연합가정은 내면 문제로 인한 충돌은 거의 없었다. 초기 분위기는 아주 좋았다. 그러나 해가 거듭될수록 청소, 정리, 설거지 등 집안일이 큰 문제로 대두되었다. 결국 이 문제를 극복하지 못하고 4년 만에 해체해야 했다. 연합가정 실험은 생활공동체에서 소중하게 지키고 노력해야 할 것이 무엇인지를 알려주었다. 특히 예수가 제자도에서 거듭거듭 강조하셨던 섬김의 중요성을 깊이 인식하는 계기가 되었다.

생활공동체 가족들의 모임

연합가정을 꾸린 지 4년 차가 되자 본격적으로 생활공동체를 꾸리자는 움직임이 일었다. 집값 파동도 한몫을 했다. 적극적으로 후보지를 물색하러 다녔다. 기왕이면 인근에 아이들이 뛰어놀 수 있는 숲이 있는 곳을 찾기로 했다. 수락산 자락의 장암과 도봉산 자락의 안골이 최종 후보지가 되었다. 투표로 도봉산 자락의 안골을 새로운 공동체 터전으로 선택하고 토지를 구입했다. 2015년 봄이었다. 생활공동체를 꾸리자고 정했던 때보다 5년 앞당겨졌다. 최초 단독가구 형태로 진행했으나 재정 능력이 없는 회원들이 소외되는 결과가 초래되어 연합가정 형태로 추진하기로 했다. 연합가정 두 개를 합친 규모를 기본단위로 했다. 이 사회적 대가족을 '부족'이라 칭하기로 했다. 신청자를 받았고 혈육을 넘어선 4개의 사회적 가족이 꾸려졌다.

건축사가 약 4개월간 공동체와 적극 소통하면서 작업을 해주어 공동체적 이상이 담긴 집이 설계되었다. 여러 개의 공유 공간과 '부족'이 거주하는 네 개의 쉐어 하우스(share house)가 한 집처럼 연결되는 구조였다. 집의 전체적인 기본 개념(concept)은 위에서 언급한 것처럼 여행자들이 머무는 리조트(호텔)였다. 1년 조금 넘은 공사 끝에 준공되었다. 몇 달간 추가적인 실내 인테리어 공사를 거쳐 꿈에 그리던 생활공동체 건물이 완성되었다.

2017년 8월에 입주를 시작해서 거주 1년 차가 되었다. 가족들과 함께하는 공간에서 정서적 풍요를 누리고 있다. 집에 들어오면 반겨주는 수십 명 가족이 있다. 주변에 항상 사람들이 있으니 다채로운 여가생활이 가능해졌다. 매일 저녁 소모임과 동아리 활동으로 바쁘다. 시간과 공간적으로 거리가 짧아져서 덤으로 주어지는 복이다. 부모들은 공동 돌봄을 운영하고 있다. 부족 내 어른들도 동참해 주고 있다. 순번이 돌아올 때만 아이들과 놀아주면 된다. 나머지 날들은 자유시간이다. 또래와 놀 수 있게 된 아이들도 행복하고, 부모들은 퇴근 후 풍요로운 생활을 누리게 되었다. 하루하루가 기대감으로 채워진다.

20개의 다양한 공유 공간은 공간을 통한 쉼과 여유와 풍요를 제공한다. 사람이 공간을 만들지만, 공간은 사람을 만든다는 말을 새삼 경험해 가고 있다.

다음은 건축사가 자신이 설계한 주택에 대하여 설명한 글이다. 1년 넘게 함께하면서 느낀 공동체에 대한 경험담이 포함되어 있다.

> 은혜공동체 협동조합주택은 80인 공동체 회원 중 47인, 14가족으로 구성된 네 개의 부족을 위한 거주 공간과 이들을 엮어주는 공유 공간으로 구성되어 있다.
>
> 은혜공동체는 구심점인 지도자(박민수 목사)를 중심으로 '부족'이라는 독특한 가족 형식을 시행착오를 거치면서 10년 동안 실험해 왔다. 부족은 사회적으로 형성된 가족 개념이며, 혈연가족과 독신의 조합으로 구성된다. 일상생활을 같이하는 의미에서 가족 같은 결속력을 갖지만, 그 경계가 폐쇄적이지 않고 열려 있다.
>
> 일례로 한 부족의 자녀들은 다른 부족에서 생활하기도 한다. 전체적으로는 4개의 부족이 모여 하나의 공동체를 이루는 대가족에 가깝다. 1층에 단 하나의 신발장만 있다는 것은 이를 증명한다. 신을 벗고 들어가면 건물 전체를 자유롭게 거닐 수 있다. 개인 책들도 4부족 거실에 모아놓고 모두가 공유한다. 테라스도 양쪽 집에 문이 있어 공유된다. 각 부족 거실은 나름 정체성을 갖지만, 다른 부족에게 항상 열려 있다. 50개에 달하는 소그룹 활동도 부족의 경계를 넘어 유연하게 이루어진다.
>
> 식사, 육아, 일, 교육, 휴식, 놀이, 토론, 공부, 독서, 노래, 연주 등을 함께

하는 다채로운 공유 일상은 마치 작은 마을과 같다. 4개의 거실에는 독특한 성격(도서관, 카페, 어린이 도서관, 상담, 작업실, 좌식 거실, 영화 및 게임 공간 등)이 부여된다.

1층, 지하 1층, 옥탑에는 주요 공유 공간이 배치되었다. 소나무 숲을 조망하는 1층 카페에는 공동체 일원인 커피 전문가(barista)가 상주하고 있다. 항상 손님 맞을 준비가 되어 있는 1층 손님방(guest house)은 공동체가 외부를 향해 열려 있음을 보여준다. 전시 공간으로 활용되는 지하 계단실을 중심으로 집회 공간과 다목적 공간이 위치한다. 집회 공간에서는 다양한 음악 연주(재즈, 클래식, 록 등)와 교육이 이루어진다. 식당 겸 다목적 공간은 매일 저녁 공동체 식탁임과 동시에 파티를 수용한다. 전면 거울이 배치된 유아실 겸 춤 교육실, 드럼, 키보드 연습실이 부속실로 연결되어 있다. 서쪽, 동쪽, 북쪽에 배치된 3개의 선큰 정원은 지하 전체에 햇빛과 신선한 공기를 공급한다. 다락과 연결된 옥탑 카페는 친구인 영국 조경건축가에 의해 사계절 일정이 계획된 정원을 향해 열려 있다. 다락의 경사를 반영한 옥상 데크(deck)는 산책로를 제공하는데 도봉산을 코앞에 둔 부지의 선택 이유를 재확인할 수 있다. 일상과 거리를 둔 자연과 대면하는 쉼을 제공한다.

은혜공동체는 1층 현관, 카페, 지하 교회, 집회, 식탁 및 선큰 정원, 각 층 부족 내 거실, 다락과 옥탑 카페, 정원, 도봉산 조망의 옥상 데크 그리고 이들을 연결하는 척추인 스킵 플로어(skip floor) 계단, 숨바꼭질이 가능한 순환 체계에서 예기치 않은 만남이 이루어진다. 새로운 공간의 탐험과 소유를 훌훌 털어 버린 여행자의 삶을 지향하는 은혜공동체와의 만남이었다.

주님의 가족 공동체

— 가나안의 48개 성읍으로 파송 받은 레위 지파를 꿈꾸다!

김 용 택

(목사, 연천 주님의가족공동체)

들어가면서

'주님의가족공동체'는 약 2년간의 준비 기간을 거쳐, 경기도 연천군 청산면 초성리에서 2008년 5월에 시작된 새내기 생활공동체이다. 예수님 당시, 집을 떠나 유리하던 많은 무리가 예수님께 나아와 하나님 나라의 복된 소식을 듣고 새 삶을 찾은 것처럼, 이 시대를 살아가는 그리스도인으로서 현 상황 속에서 '가정', '학교', '교회'의 신앙적 대안을 찾아 헤매던 우리에게 하나님은 '주님의 가족'이라는 이름의 공동체를 허락하심으로 응답하셨다. 아직은 연한이 짧고 경험이 적지만, 그동안 하나님의 인도하심을 따라 살아오면서 우리가 경험한 것들을 나눔으로써, 이 땅에 그리스도의 몸 된 교회와 하나님의 나라를 이루어 가시는 하나님의 열심을 함께 확인하게 되길 소망한다.

자기소개

'사랑은 여기 있으니….'

79학번, 신학 초년 시절부터 격동의 세월을 겪어내느라 몸살을 알아야 했다. 질문 없는 신앙적 열정만으로 선지동산에 올랐건만, 신학의 거친 파고와 화산처럼 터져 나온 사회변혁의 시대적 요구는 한 개인의 소시민적 이상을 가꾸어 가기를, 허락지 않았다. 10여 년 길게 신학생의 신분을 유지하면서 학생운동의 한 모퉁이를 거들다가 공장과 감옥을 전전하기도 했다.

노동 현장에 있던 신학교 2년 후배와 결혼을 하고 달동네에다 민중교회를 개척했다. 현장 활동가들에게 노동야학의 자리를 제공하고, 청소년 공부방과 비영리 어린이집을 운영하면서 목회자로서 인권위원회 활동을 하기도 했다.

그렇게 삼 년이나 흘러가던 어느 날, 불현듯 '껍데기로 살아가고 있다'는 생각이 들었다. 그동안 별다른 고민 없이 내 앞에 놓인 과제들을 붙들고 열심히 살아왔다고 여겼는데, 어느새 내 안에 열정과 힘이 다 소진되었고 행복과 만족을 잃어버린 지 오래며 가족관계도 불안과 불편으로 곧 무너져 버릴 것 같은 상황에 놓여 있음을 감지하게 되었다.

왜 이럴까? 무엇이 잘못된 것일까? 어디서부터 바로잡아야 하나? 잠시 이러다 마는 것은 아닐까? 잠시 잠깐의 문제가 아니었다. 시간이 갈수록 불안의 정도는 더 커져가고 이 생활을 이대로 지속하다가는 무슨 일이라도 일어날 것만 같았다. 대의(大義)를 따르고 이타적인 삶을 산다고 자부해 왔음에도 내 안에서부터 무너져 내리는 붕괴 현상

고구마 캐기 공동작업

은 도저히 스스로는 감당할 수 없는 파괴력으로 다가왔다.

어릴 때 어머님께 받은 기도훈련 탓인지, 기도원에 가고 싶은 마음이 들어 한 주간 금식하며 그냥 엎드려 있었다. 오랜 세월 하나님을 잃어버리고 기도를 외면하며 살아온 탓에 마냥 한숨만 쉬며 널브러져 있었다. 한 주간의 끝에 집으로 돌아오려는 아침인데, 갑자기 속에서 울음이 솟구쳐 나오면서 주체할 수 없는 눈물이 쏟아져 내렸다. 그간의 설움이 겹쳐서인지 한동안 데굴데굴 구르며 통곡하던 중에 마음에 한 가지 깨달음이 주어졌다. 나중에 찾아보니 요한일서 4장 10절의 말씀이었다.

사랑은 여기 있으니 너희가 하나님을 사랑한 것이 아니요 하나님이 우리를 사랑하사 우리 죄를 속하기 위하여 화목제물로 그의 아들을 보내셨음이라

그토록 힘들고 어려웠던 이유가 '하나님에 대한 오해' 때문이었음을 알게 해 주셨는데, 사랑은 하나님께로부터 흘러오는 것이어서 그 사랑을 받은 자가 그 사랑을 알고 그 사랑을 흘려보낼 수 있다는 것이었다. 내가 사랑도 아니면서 사랑의 원천인 하나님과의 관계를 차단해 놓고 마치 내가 사랑할 수 있는 것으로 착각하여 내 안에서 사랑을 찾으니, 고갈과 싱크홀 현상에 떨어질 수밖에 없었음을 인정하게 되었다.

그동안의 교만과 착각을 통회하며 돌이켜 달리기 시작했다. 우찌

무라 간조의 『로마서 강해』를 읽는 것을 시작으로 한동안 잃어버렸던 신앙을 회복하고 혼자서 기도하기 시작했다. 사회변혁 운동 언저리에서 지내온 세월이 십여 년이었다면, 평범한 지역 교회 목사로 또 십여 년을 정신없이 치달렸다. 그동안의 허송세월을 갚을 양으로 정말 열심히 기도하며 교회를 위하여 일했었다.

내 안에 묻혀 있었던 절반의 질문

2006년부터 지역 교회를 사임하고 교단 본부에서 일하게 되었다. 교회 안에서 기독교 신앙의 세계에만 머리를 콕 박고 살아오다 직장인의 일상을 경험하면서 교회 밖 세상과 거기에서 살고 있는 이들의 모습들을 가까이에서 보게 되었다.

나의 하나님이 저들에게는 어떤 분일까? 내게는 전부이신 그분에 대해 저들은 아무런 의식이나 느낌 없이 살아가고 있는데, 나는 그냥 바라만 보고 있으니 이래도 되나? 천지 만물을 지으시고 역사를 실제로 주관하시는 하나님인데 저들은 그 하나님을 몰라도 괜찮고 아무 문제가 없나? 내가 만난 하나님에 대해서는 분명히 할 말이 있지만, 저들에게 하나님이 아무런 의미도 아니라면 객관적으로 하나님은 어떤 존재인가? 객관적인 진리가 구체적으로 체험되어져서 주관적인 고백이 되는 것이지 않나? 내게 진리라면 저들에게도 진리이고 내게 생명이라면 저들에게도 생명일 텐데….

교회 안에 있는 이들보다 훨씬 더 많은 교회 밖의 사람들에게 나는 하나님을 누구라고 설명할 수 있을까? 그렇게 설명할 근거는 무엇이고 그렇게 할 만한 역사적 실체가 있는 것인가? 한동안 그 고민과 부담감이 납덩이처럼 나를 누르며 떠나지 않았다.

하나님의 대답, 역사적 실체 초대 예루살렘공동체

실천신학대학원대학의 수업은 '하나님 나라 백성 공동체로서 교회'를 패러다임으로 자신의 목회를 다시 세우는 과정이었다. 이 수업을 계기로 초대 예루살렘 공동체에 대해 공부할 기회를 갖게 되었다. 세상을 구원하시는 하나님의 구속사의 실체로서 구원받은 사람들이 성령을 따라 몸을 이루어 실제로 역사를 변화시키고 무너져 가는 세상에 희망의 빛을 비춰주었던 사건, 대로마제국이 주 예수의 이름 앞에 무릎을 꿇을 수밖에 없게 했던 진정한 복음 사건 그것이 교회였다. 하나님이 바로 대답이심을 증거한 역사적 실체, 수백 년 동안 그 엄청난 박해와 고난을 견디고 이겨냈을 뿐 아니라 오히려 세상을 거슬러 되돌려 놓은 하나님 나라의 승리, 그 원형을 찾고 그 생명을 회복하는 일이 이 시대의 과제임을 알게 되었다.

공동체의 시작부터 10주년까지

준비 모임

대학원 수업과 더불어 매 주말에 함께 모여 기도하고 학습하면서 대안을 찾아가는 모임을 갖게 되었다. 모두들 교회다운 교회, 참된 헌신, 자녀교육과 신앙 유산 문제 등으로 고민하고 기도하는 이들이었다. 몇 가족이 함께 준비해서 부모와 자녀가 함께하는 가족 전도 여행을 인도, 네팔 등지로 다녀오고, 방학을 이용해서 가족 영성 캠프도 열기도 하면서 서로의 문제를 깊이 있게 함께 나누고 기도하였다.

2년 정도의 시간이 흐르면서 좀 더 가까이에 모여 살고 싶은 마음들이 일어났고, 함께 기도하던 중에 누가 8장 21절에 있는 "내 어머니와 내 형제들은 곧 하나님의 말씀을 듣고 그대로 행하는 이 사람들이니라"라는 말씀으로 '주님의가족공동체'라는 이름도 주셨다. 정착할 곳을 위하여 이리저리 찾고 두드리다 지금의 연천에 자리 잡게 되었다.

시골 작은 아파트 두 채에 세 가정으로!

아무것도 없었다. 도시 전세금을 빼서 시골에 와보니, 주택융자금을 끼고 담보 대출을 받아 작은 아파트 두 채를 살 수 있었고, 우선 세 가정이 이사해서 대가족이 한 채를 쓰고 신혼부부와 소가족이 나머지 한 채에 자리를 잡았다. 급한 대로 자녀들을 위한 홈스쿨링을 시작하고, 직장을 다니며 생활비를 벌어 함께 생활했다. 주말이면 동네 어른들에게 물어 어깨넘이 농사를 배우며 함께 예배하며 공동체를 꿈꿔 갔다.

전대(纏帶)를 하나로!

1년을 지나는 동안에 두 가정과 아파트 한 채의 살림이 늘어났다. 가정마다 형편이 다르니 자연히 씀씀이도 달라 경제적인 불균형이 관계의 불편으로 나타나기 시작했다. 가족됨의 관계가 깊어지기 위해서는 해결하지 않으면 안 될 문제로 떠올랐다. 함께 모여 기도하던 중에 전대(纏帶)를 하나로 할 것에 대한 마음을 받아 2년 차부터는 공동재정을 할 수 있었다. 이것은 공동체로 나아감에서 매우 중요한 진전을 이룬 것이었고 모든 가족 안에 큰 기쁨이 일어나게 되었다. 맘몬과의 영적 전쟁에서 큰 승리를 선포하는 귀한 경험이었다.

"그 땅의 소산물을 먹으리라!"

직장생활을 하며 돈을 벌어오는 이, 아이들 교육을 담당하는 이, 공동 식사를 담당하는 이, 농사를 책임지는 이 등 다들 나름대로 애쓰며 열심히 생활하기를 3년, 직장생활 하는 일로 인해서 공동생활을 함께하지 못하는 아쉬움이 커지게 되었다. 다른 이들은 일상생활을 함께 하지만 외부로 출퇴근하는 이들은 하루 시간의 대부분을 직장에서 보내고, 에너지도 거기에 다 쓰게 되기 때문이었다.

안타까움을 가지고 기도하던 중에 여호수아서의 말씀으로 "그 땅에서 난 것을 먹으리라"는 확신을 주셨다. 기대를 가지고 기다리는데, 지자체에서 사회적기업 육성 사업 대상자를 모집한다는 공고를 보게 되었고, 급히 준비하여 응모하니 유일한 응모자로 대상에 선정되게

떡 만드는 작업(왼쪽) 제빵 작업(오른쪽)

되었다. 공동체가 기업을 갖게 되고 이후로 모든 식구가 공동체에서 함께 일하게 된 것이다.

오병이어의 기적

사회적기업 공모사업에 참여하기 위한 자격을 갖추는 제일 빠른 방법은 주식회사를 설립하는 것이었는데, 문제는 회사를 설립할 자금이 없는 것이었다. 어른들이 모여서 궁리를 하고 있는데, 이를 곁에서 듣고 있던 아이들이 자기들이 기숙사처럼 함께 모여 지낼 테니 집 한 채를 줄여서 그 전세금으로 회사를 설립하자는 제안을 하였다. 마을회관에 딸려 있는 손님용 방이 커다란 하나의 방이어서 임대료도 싸고 여러 명을 수용할 수 있는 곳인데, 마침 비게 되어 그곳을 기숙사로 운영할 수 있었다. 정말 아이들의 손에 들려 드려진 전세금 5천만 원이 사회적기업 ㈜해피트리의 출자금이 되었고 공동체가 재정적인 자립을 이루기까지 소중한 밑거름이 되었다.

담당 공무원의 치명적 실수, 그 반전

회사가 시작되고 3년, 바닥을 긁고 있는 상황이었다. 출자금도 다 까먹고 대출금도 바닥이 나서 헤매고 있을 때였는데, 사회적기업을 담당하는 공무원이 6개월에 한 번씩 전자운용 방식으로 보고하는 인건비 지원 신청을 누락시키는 사건이 발생했다. 그렇지 않아도 어려운 형편에 지원받던 인건비조차 6개월간 끊어지는 상황이 벌어졌으니 정말 큰 일이었다. 다들 "정말 여기까지인가?" 하는 낙심천만의 지경이었는데, 연천군에 하나밖에 없는 유일한 사회적기업이 자신의 실수로 문을 닫을 수도 있다는 사실에 다급해진 담당 공무원이 지역에 있는 군부대에 공문을 보내고 적극적으로 주선에 나서서 군부대에 떡과 케익을 납품하는 길이 열리게 되었다. 그 사건을 계기로 매출이 급격히 상승하고 고용이 늘어나 사정이 급반전되었다. 하나님의 역사는 늘 우리의 허를 찌르시는 방법으로 감동을 자아내신다.

공동체 창립 10주년의 감사

올해로 창립 10주년을 맞았다. 그동안 많은 일들이 있었고 많은 이들이 오고 갔다. 지금은 모두 6가정 24명의 공동체 식구와 외부 거주 1가정, ㈜해피트리 직원 16명, HSCS(거룩한 씨앗 공동체 학교) 5명의 교사와 6명의 학생, 해피팜(1,000여 평의 자연농업 농장), 청년협동조합 그루터기를 바탕으로 마을 공동체를 건강하게 일구어 가는 일에 함께 땀을 흘리고 있다. 매일 아침 6시 아침 기도회를 시작으로 공동

10주년 한마당 잔치

식사 후, 공장과 학교와 농장, 카페 주방과 육아 등등 각자의 직임을 감당하기 위해 날마다 최선을 다하며 열심히 생활하고 있다. 매주 수요일 저녁에는 공동체학습을 하고 주일 오전 9시 공동예배, 저녁에는 청년 모임을 갖고 있다.

돌아보니 걸음걸음이 은혜였다. 아무것도 모르고 아무것도 가지지 않은 이들이 그냥 인도하심을 구하며 여기까지 왔다. 마음에 하나님 나라와 그 의를 구하는 한 가지를 붙들고….

공동체의 꿈, 우리의 기도

우리 공동체를 연천에 자리 잡게 하신 이유는 통일을 위한 기도와 통일 이후의 삶에 대한 헌신에 있는 것 같다. 그동안 남과 북에서 한 번도 제대로 그려보지 못한 새로운 삶과 새로운 사회구조, 그러나 성경에서 누누이 가르치며 증거했던 하나님의 법이 실현되는 세상, 그것을 이루기 위해 마을마다에서 거룩한 샘물을 솟구쳐 내는 공동체들, 마치 가나안 땅에 하나님의 나라를 세우기 위해 48개 성읍 마을마다로 보내심 받아 백성들을 가르치고 섬겼던 레위 지파처럼, 우리도 준비되어 북녘땅 구석구석에 하나님의 나라를 솟구쳐 내는 샘터들이 되길 기도하고 있다.

우리의 고백

다음은 그동안 함께 기도하며 고백해 온 것들을 정리한 것이다

공동체 식구들

'주님의 가족'이란?

하나님 아버지의 말씀을 듣고 그대로 행하는 자들이다. "예수님께서 사람들에게 대답하셨다. '내 어머니와 형제들은 하나님의 말씀을 듣고 그대로 행하는 사람들이다'"(눅 8:21).

주님의가족공동체 운동이란?

하나님 아버지의 말씀을 듣고 행하는 주님의 가족들이 하나님의 부르심을 따라 공동체를 이루어 이 땅에 하나님 나라를 실현하는 운동이다. "또 '보아라. 하나님 나라가 여기 있다. 저기 있다'라고 말할 수도 없다. 왜냐하면 하나님 나라가 너희 가운데 있기 때문이다"(눅 17:21).

사명 선언(Mission Statement)

행하는 주님의 가족들로서 하나님의 부르심에 따라 공동체를 이루어 주님이 다시 오시는 날까지 이 땅과 세계 열방에 하나님의 나라를 전파함을 사명으로 한다.

목표

① 우리는 지상의 교회가 주님이 이 땅에 남겨두신 '그리스도의 몸'임을 고백하며 성령 안에서 온전한 교제를 실현하기 위하여 초대교회와 같이 온 가족이 함께 참여하는 가족 공동체를 형성한다(엡 1:23).

② 우리는 성경에 기록된 하나님의 말씀과 성령의 인도하심을 따라 살아가는 '주님의 가족'됨을 실현하기 위하여 하나님의 음성을 듣고 순종하는 삶을 훈련한다(눅 8:21).

③ 우리는 주님이 다시 오시는 날까지 우리의 공동체를 통해 이 땅과 세계 열방에 하나님의 나라를 전파하기 위하여 성령의 인도하심을 따라 공동체를 파송한다(마 28:18-20).

④ 우리는 우리의 자녀들이 하나님께서 우리에게 맡기신 하나님 나라의 주인공들임을 인식하고 그들이 하나님의 부르심을 따라 세움을 입을 수 있도록 최선을 다해 양육한다(눅 18:16).

⑤ 우리는 고아와 과부, 나그네들이 가장 우선적으로 돌봄을 받아야 할 이들임을 인식하고 이들을 섬기는 일에 사역의 우선순위를 둔다(신 10:18).

⑥ 우리는 화해와 일치, 연합과 회복의 복음을 따라 분단된 조국의

통일을 준비하며 우리 민족의 세계적 봉사를 위해 헌신한다(겔 37:15-23, 사 57:14-15).

주님의가족 정회원 서약(Covenant)

하나	나는 주님의가족공동체에 대한 주님의 부르심을 확신하며, 이 운동을 나의 삶의 가장 우선순위에 두고 헌신할 것을 서약합니다.
둘	나는 주님의가족공동체의 사명과 약속에 대해 충분히 이해하고 동의하며 공동체의 모든 결정에 순복할 것을 서약합니다.
셋	나는 내 삶의 모든 부분을 예수 그리스도의 주권 아래 맡기며, 주님의 본을 따라 온유와 겸손으로 지체들을 섬기며(마 11:28-30) 성령의 하나되게 하신 것을 힘써 지키겠습니다(엡 4:3).
넷	나는 초대교회 성도들의 모범(행 4:32-35)과 같이 나의 모든 소유가 내 것이 아니라 하나님의 것임을 고백하며 나의 모든 재산을 공동체의 소유로 드릴 것을 서약합니다.
다섯	나는 하나 이상의 사역에 참여하여 핵심적인 일꾼이 될 것을 서약합니다.
여섯	나는 예수님의 본을 따라 나 자신, 가정, 가족 공동체에서 시작하여 모든 계층, 인종, 나라들을 사랑하고 개인적인 분쟁, 공적인 다툼과 전쟁을 끝마치기 위하여 평화와 화해의 삶을 사는 중재자가 되도록 노력할 것을 서약합니다.
일곱	나는 이 나라와 민족 그리고 세계와 열방을 제자 삼으시는 주님의 인도하심을 따라, 보냄 받은 곳에서 주님의 가족 공동체를 이루어 하나님의 나라를 증거할 것을 서약합니다.

우리의 약속 (Promise)

우리는 주님의 가족 공동체를 향한 하나님의 부르심을 성취하기 위하여 주님과 다른 사람 앞에 다음과 같이 약속한다.

① 매일 정해진 기도 시간에 개인적으로 하나님과 만나겠습니다.

② 매일 경건 일기를 씀으로써 날마다 영적 진보를 이루도록 힘쓰겠습니다.

③ 매일 묵상과 중보기도에 참여하여 가족들과 함께, 공동체를 통하여 말씀하시는 하나님의 음성을 듣고 기도하겠습니다.

④ 매주 정해진 가족 모임에 참석하여 공동체를 통한 교제를 이루어 가겠습니다.

⑤ 매 주일 특별한 일이 없는 이상, 공동체 가족들과 함께 하나님을 예배하겠습니다.

⑥ 공동재정을 위하여 모든 수입과 지출을 함께하겠습니다.

⑦ "서로 사랑하라" 하신 주님의 명령을 기억하며, 가족들과 모든 사람을 더욱 사랑하기 위하여 내 안의 사랑을 키워 나가겠습니다.

⑧ 우리는 가족들과의 관계에서 발생한 문제에 대하여 하나님께 먼저 아뢰고, 성령의 인도하심을 따라 본인에게 말하겠습니다. 이 과정에 어려움을 느낄 경우, 후견인(mentor)에게 도움을 청하겠습니다.

⑨ 만일 위와 같이 약속한 훈련에 실패하게 되면 그것을 고백하고 가족들에게 도움을 구하겠습니다.

나오는 말

하나님 아버지께서는 하나님의 백성들이 세상과 맘몬을 두려워하지 않고, 하나님을 경외함으로 이 땅을 살아갈 수 있는 대안을 예비해 두셨음을 믿는다. 그것을 실제로 살면서 찾아내는 것이 하나님의 자녀들의 몫이요 세상 사람들을 위한 봉사요 사역이다. 특별히 민족 통일이라는 역사적 사명을 생각하면, 이 대안은 우리가 더더욱 간절히

자라나는 공동체 꿈나무들

구하고, 찾고, 두드려 마침내 드러내야 할 감춰진 하나님 나라의 보화라고 생각한다. 이런 기회를 주신 하나님께 감사와 영광을 돌린다!

믿음은 공동체를 춤추게 한다, 새나루공동체

김 수 택

(목사, 대전 새나루공동체)

새나루공동체의 시작

김수택 목사

대전역 가까운 곳에서 27년간 무료 급식소를 차리고 새나루공동체라 이름하여 지역 주민을 섬기는 작은 공동체가 있다. 1980년대 후반, 작은 교회를 꿈꾸던 목회자들이 작은 이들과 함께하는 현장 사역에 발을 딛기 시작하였다. 각 지방 공단 속에 파고든 노동상담소를 시작으로 공부방, 홀몸 어르신 돌봄, 저소득 계층 지역 주민을 위한 여러 갈래의 공동체가 뒷골목에서 자리 잡아 갔다.

새나루공동체는 1994년 5월에 국내에서 두 번째로 생긴 밥상 공동체이다. 지금은 전국 곳곳에 밥상 공동체를 모체로 지역 선교 사업이 활발하게 진행되고 있지만, 초기의 공동체 사역은 주변의 홀대와 기성 교회의 무관심으로 홀로서기에 많은 어려움이 있었다. 그러나 처음의 기도 제목처럼 밥상 공동체에서 예배 공동체로 나아가는 일은 그리 어렵지 않았다. 재정이 허락하는 대로 주말인 토, 일요일 점심 식사를 대접하는 일에 매진하였고, 슬레이트 지붕의 건물 24평뿐이었지만 주일 공동 예배는 앉을 자리가 모자라 창밖에서 급식소를 바라보며 경이로운 예배를 드렸다.

서울에서 대전으로 내려와 공동체 사역을 시작하면서 가진 두세 가지 다짐은 지금도 변함이 없다. 길거리 급식하지 않기, TV 방송 출연하지 않기, 도움을 요청하기 위해 찾아가 손 내밀지 않기 그리고 지역사회에서 사랑받기 등을 지금도 고집스럽게 지키고 있다. 지역사회(동네)에서 인정받지 못하거나 지역사회와 무관한 교회는 이미 교회가 아니라는 가르침 때문이다.

IMF 외환 위기

1997년 외환 위기는 역설적이게도 새나루공동체 사역을 활발하게 해주었다. 그해 겨울, 대전역은 노숙인, 쪽방 거주인 그리고 홀몸 어르신들의 집결지가 되었다. 대전노숙인지원센터와 쪽방상담소가 설립되고 대전에서는 전국에서 유일하게 협의체가 구성되어 각 교단 대표가 각자 맡은바 사역을 나누어 협력하였다. 무료 진료소, 노숙인 쉼터, 무료 급식소, 쪽방 전담팀 등으로 나누어 진행한 사역자들의 헌신은 그해 겨울을 따뜻하게 해주었다.

공동체 무료급식

한 주에 이틀 하던 급식이 여섯 번으로 확대되었고, 등록 교인 30~40명뿐인 예배 공동체가 출석 교인 100여 명이 모여 성황(?)을 이루었다. 지금도 회자되는 말은 "등록 교인보다 출석 교인이 많은 전국 유일의 교회"라는 말이다. 예배 공간만 더 넓어진다면 지금도 기쁨과 찬양이 넘치는 아름다운 예배 공동체로 나아가게 될 것이다.

공간의 마련

공동체 사역에서 가장 어려웠던 점은 공간 확보였다. 전임자가 물려준 것은 새나루교회가 남긴 690만 원의 통장 하나였다. 1989년도에 창립된 새나루교회를 다시 세우라는 선배들의 요청을 받았을 때 "새나루교회는 대전노회에 등록이 되었고, 교인은 한 명도 없고, 교회 건물도 사택도 없고, 남은 건 보증금 690만 원뿐이다"라고 하면서 건네주었다. 이렇게 시작되었으니 공간 확보에 어려움을 겪었다.

처음 건물은 경부고속철도 건설로 철거된다 하여 쫓겨났고, 두 번째 건물은 경매에 넘어가서 보증금마저 날리고 쫓겨났다. 세 번째 건물은 남루한 사람들이 출입한다 하여 5년 계약 만료일에 재계약을 못해 쫓겨났다. 그리고 지금의 건물을 매입하였는데 참으로 믿음이 아니면 이룰 수 없는 일이었다. 교우들이 돕고, 가족들이 돕고, 심지어

네 번만에 마련한 공동체 건물

아들딸이 내일을 내다볼 수 있도록 해주었다. 그래서 은행 부채가 남았지만 배부른 심정이었다.

지연과 학연이 없는 곳에서 사역하는 것은 참 어렵다. 지금도 가끔 후회스러운(?) 것은 원래 구상하던 '영등포역 주변 문래동에서 공동체를 열었더라면…' 하는 생각이다. 우선 교회 개척에 60~70명 정도 뜻을 모아 기도하던 교우들을 모을 수 있었고, 지연과 학연이 있는 곳이어서 크게 어렵지 않을 것이라는 단순한 생각에서 그랬다. 그러나 대전지역에서 처음 문을 연 새나루공부방이 있어서 선교적 접촉점을 넓힐 수 있었고, 자원봉사자들로 하여금 용기를 전해 받아 꿈틀대며 살아 있는 젊은 공동체가 될 수 있었다.

공동체원들의 각별한 믿음

새나루공동체는 사역자뿐 아니라 공동체 구성원들이 조금은 각별한 믿음을 갖고 있다. 공동체에 큰 문제만 생기면 오히려 표정이 밝아진다. 믿음이 적은 사역자에게 보란 듯이 위로하며 하는 말이 "여기까지 도우신 하나님께서 뭔가 더 좋은 것으로 이루어 주실 모양"이라며 웃었다. 전액 자부담으로 급식을 나누었을 때 닥친 외환 위기는 돕는

새 터전에서 드리는 감사 예배

손길을 붙여주셨다. 주말 2회의 급식을 평일 4일 저녁 급식을 늘려 주 6일의 급식을 지금까지 이어온 것은 저들의 믿음이었다. 한 번도 제대로 된 사례비를 받지 못했지만, 쫓겨 다니듯 건물을 오가며 리모델링 공사를 했지만, 해마다 성탄절이 되면 우리를 바라보는 작은 이들의 눈길이 우리를 다독여 주어 넉넉한 잔치를 마련할 수 있었다. 800명을 초청하는 성탄 잔치는 대전역 앞 큰 교회의 협찬을 받아 기쁘게 나누었고, 작은 이들에게 교회가 무엇인가를 몸으로 전해 주는 공동체의 중요한 행사가 되었다. 누군가 "이렇게 힘든 일을 그렇게 해내느냐?"고 하지만 우리는 방긋이 웃는 웃음으로 답을 대신한다. "잘 알고 계시면서 뭘 물으시냐?"고.

공동체 사역은 우리가 상상하지 못할 어려움을 견디게 한다. 코로나19 사태는 23년 전 외환 위기와 같은 바쁜 나날을 안겨 주었다. 160~180명 정도의 하루 급식 인원이 300명 이상으로 늘어나면서 일손이 바쁘다. 다른 급식소가 폐쇄되고 축소되면서 새나루공동체로 집중되었고, 일반 급식을 대체하여 도시락을 만들어 나누는 것이 여간 손길이 많이 가는 게 아니다. 그럼에도 공동체 가족들의 밝은 표정은

코로나19 사태 때 찾아온 작은 이들

지금도 계속된다. 일용직을 다니던 집사는 일을 멈추었고, 몸이 성치 않은 권사와 여 집사도 허리를 두드리면서 감당한다. 이 사람들을 춤추게 하는 게 무엇인지 다시 깨닫게 된다.

목회자는 자식 농사를 잘 지어야 한다고 한다. 공동체 설립 초기에 알지 못하는 대전의 모 교회 목사께서는 나의 두 자녀가 대학을 졸업할 때까지 전액 장학금을 책임져 주었는데, 이 얘기는 지금도 주변 동역자들의 입에 오르내리고 있다. 어느 스님에게서 두둑한 봉투의 시주를 받았고, 대전역 기능미화원(구두닦이)협회 임원들의 후원은 우리의 가슴을 울렸다. 단순히 우리를 살찌우기 위한 장사가 아니라 진정한 격려와 위로가 무엇인지 살갑게 보여준 은총이다. 공동체 사역을 이끌어 가고 지탱하게 하는 것은 왼손이 모르는 기도의 성원과 사랑이 있었기에 가능하였다. 지금도 그들은 우리와 함께하는 기도의 동역자들이다.

교회는 공동체이다

공동체란 성서에서 말하는 교회의 또 다른 이름이다. "초대교회로 돌아가자"는 작은 운동이 이 땅에 뿌리내리기 위해 사역지에서 다짐하는 이야기가 있다. 교회가 날마다 구원(건져냄)을 더하기 위해서는 반드시 온 누리의 칭찬을 받아야 한다는 것이다. 교회 공동체는 지역사회(세상)를 섬겨야 하고, 그 구성원으로 하여금 함께 하나님 나라의 꿈을 간직하게 해야 한다. 생각보다는 행동으로 옮기는 실천, 즉 그리스도의 사랑을 몸소 실천하는 것이 중요하다.

교회 공동체는 교육기관이 아니지만 가르치고 배워야 하고, 봉사단체가 아니지만 섬김과 나눔에 본이 되어야 하고, 친교 단체가 아니지만 아름다운 교제를 이루어야 한다. 교회의 몸체는 나눔으로서의 섬김(디아코니아)과 나눔으로써의 교제(코이노니아)를 지향한다. 교회 공동체는 하나 더하기 하나는 둘이 된다는 수학을 가르치는 곳이 아니다. 교회 공동체는 하나에서 하나를 더했더니 하나가 되기도 한다

지역 아동 센터 봄나들이

는 과학이나 요행을 가르치는 곳이 아니다. 우리가 날마다 이루어야 하는 교회 공동체는 보리떡 다섯 개와 물고기 두 마리를 나누어 열두 광주리의 축복을 체험하는 곳이다.

대전역 광장에 설 때마다 지나간 날의 자신을 회상한다. 별로 선하게 살지는 못했지만, 손가락질 받지 않았음을 퍽 다행이라 생각한다. 다른 동역자들에 비해 늦게 신학을 한 탓에 항상 큰 형님으로 살았지만, 존경보다는 동지로 살 수 있게 해주어 참으로 감사하다. 분에 넘쳐 감당하지 못할 직책을 맡을 때마다 스스로 부족함을 깨달음으로 마무리를 할 수 있어 그저 고맙기만 하다. 작은 이들이 없어지지 않을 자본주의 사회의 저변에서 우리의 다짐은 항상 새롭다.

교회 공동체는 결과도 중요하지만, 과정을 중요하게 여긴다. 과정 하나하나가 하나님 사랑을 드러내는 약속이기에 그러하다. 결과는 하나님의 것이다. 선민에게 주신 언약이 지금도 중요한 것은 목표를 향해가는 광야의 과정이기에 더욱 그러하다. 약속은 하나님이 함께하신다는 표적이기에 공동체는 그 길을 함께 걸어가는 동행자이다. 약속의 과정과 언약의 축복이 있는 곳이 교회 공동체이다. 섬기는 자가 되기 위해서는 으뜸이 된 자가 아니라 꼴찌가 되어야 한다는 성서의 가르침을 작은 교회에 담으며 산다.

은퇴하고 나서

3년 전에 목회를 은퇴하고 대외관계와 은행 부채를 해결하는 데 도움이 되고자 지금은 새나루교회의 협력 목사로 섬기고 있다. 후임 김경구 담임목사의 바쁜 일상을 돕는다는 핑계이지만 이제는 쉬어야 할 시간이 되었다. 목회와 선교라는 두 기둥을 완벽하게 할 수는 없지만 지금도 꿈꾸는 것은 작은 공동체와 더불어 모두 행복했으면 좋겠다. 대전노회에서 목사 은퇴 예식에서 답사를 하라기에 남긴 말이 있다. "우리가 쓰는 말 중에 여한이 없다는 말이 있다. 이 말은 후회됨이 없고 더 바랄 게 없을 때 쓰는 말인데, 여러분과 함께 여한이 없이 행복했다"라고 인사했다. 참으로 우리 모두는 행복하다. 그리고 감사하다. 하나님과 모든 이들과 함께하는 지금, 여기가 곧 하나님의 나라이다.

동양학에서는 자비를 '인간의 신음소리'라 한다. 자비로우신 하나님은 곧 '인간의 고통에 응답하시는 하나님'이시다. 온 세계가 돌연변이 바이러스로 인해 고통을 당하고, 희망이 사라졌다고 아우성이다. 코로나19가 종료된다 해도 경제 회복에 2년의 시간이 필요하고, 고용이 안정되기까지 3년이 소요되며, 국민의 살림살이가 원위치에 돌아

성탄절 작은 연주회

오려면 최소 5년은 걸린다고 하니 참으로 어두움뿐이다.

재앙에 가까운 고통 속에서 공동체는 지금도 우리를 사랑하시는 하나님의 자비를 신뢰하며 기다린다. 기다림의 신학을 말하지 않더라도 메시아 대망에서 살펴보듯이 세상 속에서 되살아나야 할 하나님의 질서와 평화를 기다린다. 고난 속에 계시는 하나님의 나라를 경험하는 우리는 새로운 세계로 나아가기 위해 광야로 초대받는다.

보고 싶은 것만 보고, 듣고 싶은 것만 들으려 하는 가녀린 믿음을 거부하고, 다시 지팡이를 짚고 신발 끈을 졸라매고 긴 여정을 시작하는 믿음의 자리에 서 있다. 행동하는 믿음이 이웃을 살피고 공동체를 윤택하게 할 거라는 믿음을 다잡고, 오늘도 우리네 삶을 보듬어 한 걸음 한 걸음 희망의 흔적을 남기며 묵묵히 걷는다.

성서가 말씀하는 소망, 즉 희망에 반대되는 말에는 두 가지가 있다. 하나는 절망이며, 또 하나는 무망(無望)이다. 절망은 어떤 일을 하

30주년 기념 예배

거나 어떤 길을 열심히 가다가 꺾이는 것이며, 무망은 아예 바라볼 곳도 가야 할 길도 보이지 않을 때를 말한다. 그래서 우리는 결코 희망이 없는 자리에 서 있는 것이 아니라 최선을 다하다 꿈이 꺾여도 내일이 없다 하지 않고 포기하지 않는, 희망을 갖는다. 이것을 하나님 안에서 누리는 믿음이다.

"감사는 주인이 누구인가를 아는 것이다" 새나루교회에 새로 부임한 김경구 목사의 말이다. 그래서 우리의 감사는 하나님의 것이며, 하나님 안에서 이루어지는 것을 진정한 감사라 고백한다. 넘치는 축복보다는 감당할 수 있는 축복을 위해 기도하고, 맡겨진 일에 감사하는 새나루공동체가 되기를 소원한다.

의성에서 일구는 제2보나콤 이야기

강 동 진

(목사, 의성 보나콤)

보은에서 나오게 된 이유

보나콤은 1998년에 충청북도 보은군에서 시작하였다. 섬기던 온누리교회를 사임할 무렵 하용조 목사님께서 여러 가지로 도와주시겠다고 제안을 하셨지만, 정중하게 모든 도움의 제안을 거절하고 맨몸으로 보은으로 내려가 공동체를 시작했다. 30대 초반의 젊은 두 가정과 시작을 했지만, 돈이 없어도 너무 없었다. 집을 지어야 했지만 제대로 된 자재를 살 돈이 없어서 아파트 본보기 주택을 철거하면서 나오는 폐목들을 구해서 일일이 못을 뽑고 그 나무로 집을 지었다. 땅을 빌려서 농사를 짓고, 어찌하든 자립하기 위해 발버둥을 쳤다. 5년 만에 공동체가 경제적 자립과 관계 등 모든 면에서 실패를 경험했고, 공동체가 더는 함께할 수 없다는 패배감이 팽배했던 어느 날 성령이 임하시면서 공동체가 다시 하나가 되고, 우리가 빌려서 농사짓던 논과 밭에서 30배, 60배, 100배의 결실이라는 기적을 경험하면서 공동체는 아시아의 가난한 농민들을 섬긴다는 하나님의 부르심 앞에 다시 서게 되었다. 그 후로 친환경 양계를 하고 농사를 짓기 시작하면서 공동체가 마침내 농업을 통해 자립하는 기반이 마련되었다. 뿐만 아니라 우리가 경험한 농업과 양계 기술들이 아시아 곳곳으로 소문나기 시작하면서 지금은 전 세계 60여 개 나라에 양계가 보급되어 가난한 현지인들을 자립시키는 도구로 쓰임 받게 되었다. 더 나아가 풍력발전기를 만들고, 태양광 조리기 등 적정기술들을 계속 연구하여 선교지의 필요를 채우고 그를 통하여 선교사님들의 사역이 꽃을 피우도록 돕는 일이 일어나게 되었다.

2003년부터는 해마다 10개 이상의 가난한 나라들을 다니면서 농업을 가르치고 양계를 가르치면서 가난한 농민들을 자립시키고 그들이 모여서 공동체가 형성되도록 돕게 하셨다. 이렇게 많은 나라들을 다니는 동안 언젠가부터 사막화된 땅에 사는 가난한 사람들과 나라들이 눈에 들어오기 시작했다. 양계를 하고 싶어도 할 수 없는, 풀도 없고 물도 없는 모래바람만 부는 곳에 서 있는 사람들, 그들을 어떻게 돕고 어떻게 살릴지에 대한 깊은 고민이 자리를 잡아갔다.

첫 번째 공동체를 시작한 보은은 토지의 규모, 마을의 상황 등을 아무리 고려해 보아도 공동체가 확장, 혹은 계속해서 새로운 공동체를 세우는 데 재정적인 기여를 하기에는 한계가 너무 명확했다. 뿐만 아니라 이미 보은에 세워진 공동체는 여러 가지 면에서 안정이 되어 세상을 향해 일정한 부분 선한 영향력을 끼치기 시작한 곳에 내가 계속 있게 되면 어떻게 될지를 고민해 보았다. 많은 사람이 찾아오고 방문객들이 늘어나면 나는 그들 앞에서 내가 옛날에 이랬어, 이런 고생을 했어 하며 젊어서 몇 년 고생한 것을 우려먹듯 같은 말을 반복하며 과거를 먹고 사는 사람이 될 것이 분명했다. 그리고 이런 리더들로 인해 다른 공동체 식구들은 또한 얼마나 힘이 들고 어려울 것인지 눈에 선하게 그려졌다.

주변에서 책을 쓰시라, 방송에 나오라, 인터뷰를 하자는 요청들이 줄을 지어 들어왔다. 내가 주님이라고 고백하고 따르는 예수 그리스도는 말씀이 육신이 되어 이 땅에 오신 분이신데 이렇게 살다가는 자칫 말만 하는 사람이 되기 십상이었다. 그래서 5년가량 공동체 식구들을 설득했다. 한 번 더 공동체를 시작해 보자. 나는 집도 지을 줄 알고 농사도 웬만큼 하니 내가 나가서 다시 개척해 보겠다. 처음에는 당연히 공동체 많은 지체가 첫 번째 공동체가 아직 재정적인 면에서 넉넉하지도 않아 설혹 개척을 해서 나가더라도 아무것도 도와줄 수가 없을 텐데 도대체 어떻게 시작할 수 있겠느냐며 만류했다. 하지만 기다리고 기다리면서 설득하고 또 설득했다. 마침 그 무렵 한 교회에서 순차적으로 세 가정이 공동체로 들어왔다. 그분들은 원래 자기들끼리 공동체를 시작하려고 하다가 어려움을 만나 공동체 개척을 포기하고 우리 공동체로 들어오신 분들이었다. 여기서 한 가정이 개척한다면 따라 나가겠다고 자원하셨다. 이 가정이 나서면서 나도 나도 하면서 몇 가정이 개척에 손을 들었다. 그렇게 해서 일단은 보은에 살면서 땅을 물색하기 시작했다.

두 번째 의성 공동체를 세워나가는 방향

보은에서는 양계와 일반 농업으로 가난한 농민들이 어떻게 자립할 수 있는지에 대한 모델을 만드는 것이 방향이었다면, 경상북도 의성에서 시작한 두 번째 공동체는 산을 빌려서 나무를 심고 숲을 만들고 이것을 통해서 땅을 살리고 사람들이 살아갈 수 있는 길을 모색하기로 마음먹었다.

처음에는 충청남도 쪽으로 나가려고 했었는데 보은에 있는 식구들이 너무 멀리 가지 마시라. 100km 이내, 한 시간 반 이내에 도착할 수 있는 곳으로 가시라. 그래야 무슨 일이 있어도 가서 서로 도울 수 있다고 제안했다. 그 말이 옳았다. 그래서 도(道) 경계를 벗어나는 곳을 찾다가 경북 의성에 있는 산을 하나 빌리게 되었다.

산은 4만 5천 평 정도 되는 야트막한 언덕 느낌의 야산이었다. 그래도 정상에 서면 주변 먼 곳까지 보이는 험하지 않은, 수려하지는 않더라도 수수한 시골 아낙네 느낌이 나는 산이었다. 처음 산(山) 주인과 이야기를 하면서 이 산은 5년 전에도, 10년 전에도 수익이 없었지요? 앞으로 5년 후 혹은 십 년 후에도 별다른 수익이 없을 것이다. 그런데 이 땅을 제게 빌려주시면 잘 개발해 보겠습니다. 그리고 수익이 발생하면 그 수익의 일정한 부분을 매년 드리겠습니다. 대신 수익이 발생되기 전에는 아무것도 드릴 수 없다고 설득했다. 우리가 만든 사업계획서가 제법 그분의 마음을 동하게 했는지 어렵지 않게 그 산을 사용할 수 있게 되었다.

5개년 계획을 세우고 의성군 산림조합에 여러 번 문의하고 협조를 구한 끝에 산 전체를 간벌했다. 그리고 헛개나무를 1만 5천 그루 심었다. 산림조합에서는 나무를 심고 난 후 3년 동안 제초 작업을 지원하는데 그 돈을 현금으로 받고 우리가 직접 그 넓은 4만 5천 평 전체를 일 년에 두 번씩 풀을 깎는 작업을 했다. 그 돈이 초기에 아무것도 없이 시작한 우리에게는 매우 유용하게 사용되었다. 보은에서는 매달

제2 보나콤을 일구고 있는 의성의 산 전경

일정한 금액을 우리를 위해 생활비의 일부로 지원해 주었다.

산과 나무를 통해 소망하는 일들

예수님은 내 아버지는 농부라고 하셨다(요 15:1). 그런데 이 농부라는 단어는 파머(farmer)가 아니고 가드너(gardener)이다. 창세기 2장에서 아담을 창조하신 후에 하나님께서 에덴을 창설하시는데 창세기 2장 9절을 보면 보기에 아름다운 나무와 먹기에 좋은 나무를 심으셨다고 하신다. 농부이신 우리 하나님께서는 나무를 심으시면서 사람이 살도록 만들어 주신 것이다. 그러고 보면 농경문화 이전 시대에 우리 조상들은 수렵 채취를 하면서 숲에서 살았다고 하지 않는가. 이것을 다르게 보면 땅이 황폐해지고 사막화된 곳을 회복시키는 길은 좀 멀리 돌아가는 것처럼 보여도 나무를 심는 일이 바른길이라고 할 수 있

헛개나무 심기

다. 나무를 심고 숲을 만드는 일을 여기 이곳에서 실험하고 바른길을 모색하게 된다면 그것은 아시아와 아프리카의 사막화된 땅에 살아가는 많은 사람을 도울 수 있는 길이 될 것이다. 그리고 헐벗은 북한을 돕는 길이 될 수도 있을 것이다.

그뿐 아니라 대한민국 국토의 70%가 산이다. 이 산을 통해 사람들이 자립하고 살아갈 수 있는 길이 열린다면 한국의 실업문제에도 적지 않은 도움을 주리라 예상한다. 그리고 단순한 녹화사업으로 나무만 심고 가꾸지 않아 방치되어 있는 한국의 산하를 새롭게 접근하여 생명으로 충만한 숲으로 만들 수 있다면 하나님의 창조 질서를 회복, 유지하는 일에도 기여하게 되리라 기대한다.

지금까지의 경과

공동체 만들기

보은에서 함께 공동체로 살아가던 몇 가정들이 나와 함께 새로 개척하면서 의성으로 옮겼다. 하지만 문제는 우리가 가진 돈이 하나도 없다는 것이었다. 북미의 공동체들은 새로 개척할 경우 모 공동체에서 상당한 재정을 무이자로 빌려주고 새로 시작할 수 있도록 돕는다. 혹은 가진 재산의 절반을 떼서 새로 시작하는 공동체에 안겨주는 경우도 들었다. 하지만 우리는 겨우 전세금 얼마로 시작하여 겨우 굶지 않고 살아가는 수준의 공동체다 보니 목돈을 떼서 새로 시작하라고 줄 만한 형편이 못되었다. 그래서 먼저 30년 장기 임대한 산으로 매일같이 보은에서 넘어와 일을 하기 시작했다. 소나무 아래서 라면을 끓여 먹으면서 산을 돌보고 풀을 깎아 나갔다. 함께한 지체들에게 하나님께서 우리에게 집 지을 땅을 주실 것이라고 일하면서, 기도하면서 끊임없이 선포했다.

그러다가 브라질 상파울루에 있는 동양선교교회에 부흥회를 인도하러 가게 되었는데 마침 가기 직전에 한국의 큰 교회에서 부흥회를 하고 받은 사례비가 있었다. 당연히 공동체에 내놓아야 하는 것이었는데, 그럴 시간이 없어서 그냥 은행에 넣어둔 상태로 브라질로 갔다. 새벽과 저녁으로는 교회 부흥회를 하고, 낮에는 9시부터 오후 5시까지 현지인들을 위해 양계 세미나를 인도했다. 세미나를 하는 동안, 어렵게 아마존 원주민들을 위해 사역하면서도 아프리카 선교를 위해 기도하고, 북한을 위해 사역하는 브라질 교회를 보면서 너무 큰 감동을 받았다. 그래서 받아두었던 사례비를 양계장을 한 동(棟) 짓는 데 사용하라고 헌금을 해버렸다. 이런 내 모습을 보시고 한인교회 성도들이 몇 동의 양계장을 더 짓도록 헌금하는 일이 있었는데, 그중의 한 분이 "강사가 와서 집회 인도하고 사례비 받는 것보다 더 많은 돈을 헌금하고 가는 것은 난생 처음 본다"시며 한국 가면 꼭 한번 들르겠다고 말씀하셨다.

그리고 몇 달 후 이분이 찾아왔고, 우리의 처지를 살핀 후에 땅을

함께 노동하고 있는 공동체 가족들

사라고 큰돈을 헌금해 주셨다. 그리고 이어서 한국에서 하던 양계세미나에 참석하였던 한 분이 집을 지으라고 돈을 빌려주셨다. 그 돈을 아껴서 집 두 채를 지었다. 다 짓고 감사 예배를 드리는 날 와서, 지어진 집을 보고 너무 기뻐하며, 자신의 얼마 안 되는 돈으로 이렇게 멋진 집이 지어지게 된 것에 깊이 감사하며 돈은 받은 것으로 할 테니 갚지 말라고 하셨다.

이렇게 집이 지어져 나가는 동안, 우리 식구들은 만나와 메추라기가 옛날 광야에서 이스라엘 사람들만 먹던 것이 아니고, 지금 여기서 우리에게 베푸시는 하나님의 식탁이요 은혜임을 고백하며 감사를 돌렸다. 4년 반이 지나는 동안, 일곱 채의 집을 짓고, 일곱 가정이 입주해서 함께 살면서 공동 식사를 하고, 아이들은 홈 스쿨을 시키면서 예배와 노동 그리고 공동 식사를 통해 공동체의 기틀을 잡아 나가는 중이다.

산 만들기

중고 소형 굴착기를 구입해서 산을 정비해 나갔다. 먼저 길을 내고, 어린나무를 심고 난 후, 무섭게 자라는 풀들을 예초기로 4만 5천 평 전체 풀을 깎아 나갔다. 그러다 풀독이 온몸에 올라 며칠 동안 약을 먹기도 하고, 땅벌과 말벌에 쏘여 병원에 실려 가기도 했다. 365일 거의 하루도 쉼 없이 집을 짓거나 산에서 예초 작업을 했다. 이렇게 산을 정비해 가는 동안 나무들은 자라 꽃을 피우고 열매를 맺기 시작했다. 길을 만들고, 길 주변으로 꽃을 심기 시작하고, 길을 중심으로 구역을 나누어 어디는 작약을, 어디는 구절초를 또 어디에는 도라지를 심으며 산 전체를 멋지고 예쁜 정원으로 만들어 가는 중이다. 그래서 사시사철 꽃이 피고, 새들이 노래하고, 나비가 날아다니는 에덴 같은 정원을 만들어, 사람들이 와서 쉬고 걷고 묵상하며 치유를 경험하는 곳으로 만들어 가기를 소망한다.

꿀, 세상에 없던 꿀

우리가 심은 헛개는 아카시아보다 꽃이 훨씬 더 많이 피는 나무다. 헛개꿀은 세상에서 제일 비싸고 좋은 마누카보다 항산화물질이 더 많은 꿀이다. 헛개는 잘 알려진 대로 간을 해독시키는 특별한 물질이 있다. 헛개가 자라는 동안 지금까지 우리는 아카시아와 야생화 꿀을 생산하면서 15g짜리 스틱에 꿀을 담아 선물용으로 판매를 시작했다. 이를 위해 현재 양봉을 하는 중인데 벌들은 꽃에서 꿀(nectar)을 따오면 그것을 자신의 위에 넣어온 후에 약 80회 정도 되새김질을 한다. 이 과정에서 벌들의 침에 있는 효소들에 의해 꽃꿀(nectar)은 말 그대로 꿀(honey)이 된다.

양봉하는 벌통들

산 이곳저곳에 산양삼을 기르는 중인데, 인삼이든 산삼이든 우리가 먹을 경우, 인삼을 분해할 수 있는 효소가 우리 몸에는 없다. 그래서 어떤 방식으로 먹든지 약 10% 정도만 흡수가 되고 나머지는 배설된다. 그래서 7년근 산삼의 엑기스를 추출하여 이것을 벌들에게 먹이면 벌들이 되새김질을 하면서 산삼이 분해되고 발효된다. 이렇게 만들어진 산삼꿀을 복용하게 되면 산삼 성분의 80% 이상이 흡수가 가능해진다. 이런 연구 결과를 논문으로 발표하고 특허를 획득했다.

헛개와 블루베리를 수확한 후에 엑기스를 만들어 동일한 방식으로 벌들에게 먹인 후에 간을 해독하는 성분이 다량으로 함유된 꿀, 항산화물질인 안토시아닌이 함유된 꿀을 만들었다. 이렇게 해서 생산한 꿀을 온라인으로 판매하고 이제는 국내 시장을 넘어 수출을 모색하는 중이다.

은퇴 선교사님들을 위한 마을

최근 한국교회는 은퇴하신 선교사님들과 농촌 교회 목회자의 노후 문제가 매우 심각한 문제로 대두되고 있다. 특히 은퇴 선교사님들은 2018년 「기독신문」의 기사를 참고하면, 65세 이상 은퇴를 앞둔 선교사님들 중에 주거를 미리 마련해 두신 분들은 400명 중 1.4%밖에 되지 않는다고 했다. 너무 심각한 상황이었다. 그래서 공동체 식구들과 기도하고 논의한 끝에 작년에 은퇴 선교사님들을 위한 18평 주택 두 채를 건축하였다. 재정은 모금을 통해서였고, 건축은 자원봉사자들을 모아서 진행했다. 현재 카자흐스탄과 탄자니아에서 사역하던 두 가정이 입주하여 살고 계신다. 앞으로 이런 방식으로 열 채 이상을 지어 작은 마을을 만들려고 생각하고 있다.

공동체 가족들

일단 70세 이상 되신 분들은 정부 노령연금이 나온다. 이 돈에 대략 50만 원 정도만 수입이 생겨도 두 분이 충분히 시골에서 쾌적하게 생활하실 수가 있다. 그래서 공동체가 이분들을 위해 벌통을 사드리고 양봉을 가르쳐서 직접 양봉을 하도록 도왔다. 그리고 우리에게 꿀을 팔거나 잘 키운 벌을 팔도록 판로도 열어 드렸다. 감사하게도 이동하지 않고 한 곳에서 하는 양봉은 일이 그렇게 많지 않아 어르신들이 하기에도 별로 부담스럽지가 않다.

그리고 우리 공동체와 함께 식사를 하면서 홈 스쿨 하는 아이들의 웃음소리를 듣고 지내다 보니 오히려 더 젊어지는 느낌이다. 그러면서 의성군과 상주시에 살고 있는 다문화 가정의 자매들을 만나 상담도 해주고 전도하면서 제2의 선교적 삶을 살아가는 중이다.

공동체를 통한 농촌 선교와 해외 선교 훈련원

앞으로 우리는 헛개산과 꿀을 통해 수익이 발생되면 땅을 확보하여 두 가지를 하려고 계획하고 있다. 이미 선교지와 목회지에서 산전수전을 겪은 백전노장들이 와 계시니, 이분들이 젊은 선교사들과 목회자들을 위해 해주고 싶은 말씀들이 오죽 많으시랴. 그래서 이곳에 선교훈련원을 세워서 집짓기, 양봉, 양계, 대안에너지 등을 가르치고 공동체적 선교와 목회를 가르칠 수 있다면 얼마나 좋을까 생각해 본다. 이 학교에는 이미 목회를 하는 분들과 선교지에서 지내다 안식년으로 들어온 분들에게도 문을 열어, 그분들이 만나는 현지인들을 위한 실제적인 교육을 실시하여 전인적인 사역을 하도록 돕는 것이다. 생각만 해도 신나는 일이다.

선교사 자녀들을 위한 학교

또 한 가지는 탈북 청소년들, 선교사님들의 자녀와 농어촌 목회자들의 자녀들을 위한 대안학교를 모색하는 중이다. 100여 명의 학생들을 모아 성경 읽고, 공부하고 집 짓고, 나무를 돌보면서, 은퇴 선교사님들의 기도와 사랑을 받으면서, 전인교육을 받을 수 있는 학교를 꿈꾼다. 젊은 청년 교사들이 꿈을 심어주고 교육하면서 해외에 있는 국제학교와 교류도 하다가 아예 대학은 외국 대학으로 가서 공부도 하고, 캠퍼스 사역자로 전도인의 삶을 살도록 하고 싶다. 이렇게 공동체 안에서 지식과 실용 기술들을 함께 배우면서 세상을 섬기는 안목을 기른 아이들이 매년 배출된다고 생각해 보라. 이렇게 자란 아이들이 한국교회와 사회를 위해 일하고 선교지를 위해 사역한다는 것은 상상만 해도 신나는 일이 아니겠는가.

공동체를 세우는 공동체

아직 재정 규모가 적고, 겨우 먹고 살아가는 정도의 공동체지만, 우리 식구들은 하나님 앞에서 한 가지를 서원했다. 아무리 공동체가 돈을 많이 벌어도 한 가정에 얼마 이상은 가지고 가지 않기로. 일단 공동체는 공동으로 식사하고, 아이들을 홈 스쿨 시키다가 대학에 가면 대학 등록비를 공동체에서 전액 부담한다. 또 복지비를 적립하여 의료비를 공동체에서 부담하고, 5년 지나 6년째가 되면 4~6개월 안식년 여행을 보낸다. 그리고 그 비용을 공동체에서 부담한다. 그래서 우리는 가정에서 그렇게 큰돈을 필요로 하지 않는다. 우리에게 허락하시는 재정들을 모아 한국의 농어촌, 선교지와 저 북한을 위해 사용하기를 소망한다. 우리는 산에 나무를 심고 가꾸면서 내일이라는 나무도 함께 심고 가꾸어 가고 있다.

샬롬공동체

유 장 춘

(한동대 은퇴 교수, 샬롬공동체)

약속했던 10년은 아직 채워지지 않았다. 영성에 근거한 자연농업 생활공동체를 시작한다는 소문이 언론에 비치자, 관심을 가진 매체들로부터 연락이 왔다. 당황한 나는 일체의 인터뷰에 응하지 않고 그때마다 "한 10년 살아보고 그때 가서 할 이야기가 생기면 말하겠습니다" 라고 미루어 놓았다.

그런데 거절하지 못하는 나의 어정쩡한 우유부단 증세가 도졌다. 원고청탁을 수락하고 나서 즉시 후회하기 시작했다. 고심을 거듭하면서 시간을 끌었는데, 필자는 엊그제 교수로서의 삶을 마무리하는 은퇴식을 하였다. 그러다 보니 나름대로 마음에 이 원고를 작성해야 할 의미가 잡히기 시작했다.

이제는 그동안 어떻게 살아왔는지 되돌아보고 정리할 때가 된 것이다.

신학에서 사회복지로

공동체를 향한 나의 발걸음은 정말 오랜 방황과 시간 낭비를 거쳐 더디고 지루하게 진행되어 왔다. 나는 대학에서 신학을 공부했다. 그때는 하나님께 헌신하는 길이 신학을 공부하고 목사가 되는 것밖에는 선택의 여지가 없는 줄 알았다. 대학 4학년에 가서 처음으로 "기독교 사회사업"이라는 과목을 수강하게 되었는데 거기서 새로운 헌신의 길을 발견하게 되었다. 내게는 사회사업이 아주 중요하고 가치 있는 소명으로 다가왔다. 사회사업은 추상적이고 관념적이면서 형이상학적인 신학과 달리, 구체적이면서 현실적이고 과학적인 실천이었다. 신학과 사회사업학이 융합된 영역은 교회 사회사업이었다. 로잔언약에서 이미 확인된 바와 같이, 교회 사역의 두 개 기둥은 선교와 사회봉사인데 한국기독교에는 이 봉사 분야를 전공하는 사람이 별로 없었다. 나는 희소성의 가치를 빌어 비교적 쉽게 교수직을 갖게 되었다.

사회복지학 교수가 된 후에야 나는 사회복지 실천 현장을 진지하게 살펴보게 되었다. 지나친 비판이라고 나무랄지 모르겠지만 현장에서 보이는 사회복지는 매우 큰 한계를 보여주고 있었다. 사회복지서비스는 상품화되고 이익이 남는 장사로 전락하고 있었다. 사회복지를 앞세워 법인 하나를 세우면 온 가족이 대를 이어 누릴 수 있는 가업도 될 수 있다. 거들떠보지도 않던 사회사업이 경쟁적인 사회복지 비즈니스로 각광을 받게 된 것이다. 인간의 존엄성을 지켜주는 인격적 관계의 민감성은 의미를 잃고, 정해진 정책의 조항에 따라 기계적으로 생산하는 서비스의 수량적 성과만이 중요하게 되었다.

그것은 지역사회의 가난하고 궁핍한 사람을 위해 진정한 사랑의 섬김을 실천해야 할 교회에서도 마찬가지였다. 진정한 봉사활동을 실천하는 교회들도 있었지만, 그 수는 매우 적었다. 생색내기, 자랑하기, 교회를 위한 선전과 정부 보조금 경쟁하기 등 낯 뜨거운 일들이 비일비재하였다. 참으로 가슴 아픈 일이었다. 교회가 그리스도의 정신으로 이타적인 본질을 회복하지 못하면 사회복지서비스도 이기적인 도구로 사용될 수밖에 없다.

어떤 사회봉사를 위한 기독교의 큰 단체 행사에서 유명한 대형 교회의 목사가 축사를 하면서 사회복지법인의 수, 사회복지 종사자의 비율, 사회봉사를 위한 단체와 모금 액수 등 한국의 사회복지 현황의 통계수치들을 이용하여 기독교의 공헌을 자랑스럽게 펼치는 시간에 나의 마음에는 그 목회자가 시무하는 교회의 예산에서 사회복지 부문에 지출하는 예산의 비율이 얼마나 되는지 묻고 싶었다. 한국에서 가장 존경받는 목회자의 한 분인 옥한흠 목사도 자신의 교회가 아직 10%를 사회복지 예산으로 사용하지 못한다고 부끄러워하면서 고백했던 것을 나는 생생하게 기억한다. 세상을 위해 존재하는 교회가 예산의 10분의 1도 이웃을 위해 사용하지 못하면서도 자랑에 겨워하는 모습은 보기에도 참으로 민망했다.

살롬공동체 공동 주거 주택

사회복지에서 영성으로

어떻게 교회의 본질을 회복하고 사회복지의 진정성을 실현할 수 있을까를 진지하게 고민했던 나에게 영성이라는 주제가 중요하게 다가왔다. 사회복지가 사회과학의 이론적 지식에 근거하여 매우 높은 수준의 학문적 성과를 가져왔지만, 그 지식을 활용하는 사람의 존재 자체가 올바르지 못하면 사회복지는 공장에서 상품을 생산하듯 서비스를 생산해서 제공하는 복지 기계로 전락하게 되고 마는 것이다. 세계에서 사회복지로 가장 존경을 받은 사람은 마더 테레사일 것이다. 한국에서 사회복지로 가장 유명해진 인물은 최일도 목사일 것이다. 그들은 사회복지 전문성에 대해서 전혀 공부한 바가 없었다. 그런데도 그들의 사회복지 실천은 일반 사람들에게 큰 감동을 불러일으켰는데, 공통점은 영성적 탁월성에 있었다. 사회복지에 있어서 영성은 전문성보다 훨씬 중요하다는 사실이 여러 가지 문헌과 실제적 사례들을 통하여 나에게 사실로 다가왔다.

나는 그러한 사실을 막연한 추측과 기대로부터 학문적인 사실로서 제시하고 싶었다. 논문들이 하나둘씩 작성되면서 영성에 관한 공부가 조금씩 진전되어 갔다. 마침 교회사회사업학회가 결성되어, 학회 차원에서 영성과 사회복지를 주제로 한 학술대회도 열 수 있었다. '영성'은 하나님과 인격적으로 만나고, 친밀해지고, 동행하는 실제적인 경험이다. 그러한 경험이 삶으로 연결된 것이 '경건'이다. 그 경건의 삶이 집단화되고, 형식화되고, 규칙과 조직 그리고 문화와 전통으로 굳어지면 종교가 된다. 경건에는 영성이 반영될 수밖에 없으나 종교의 차원으로 나가면 영성이 빠져나가고 껍데기만 남을 수도 있었다. 우리 교회와 사회의 가장 중요한 문제들은 영성이 빠져나간 종교로부터 발생하게 된다. 그러한 사실을 공부로 알았으나 아직도 이론에 불과할 뿐, 영성의 구체적인 효력을 경험적으로 증명할 수는 없었다.

우연히 나의 학부와 다일복지재단이 자매결연을 한 것이 인연이 되어 나는 최일도 목사가 주도하는 다일공동체의 영성 훈련 1단계, '아름다운 세상찾기'에 참가하게 되었다. 나는 그 과정에서 영적으로 큰 경험을 하였다. 지식으로 알던 것이 가슴으로 다가와서 깨우침이 되었다. 그것은 나와 함께 참석했던 아내와 다른 교수들, 목사, 선교사들에게도 공통적으로 일어나는 사실이었다. 벅찬 감동의 눈물을 쏟으면서 오랫동안 묶여있던 고통들이 치유되며 인격적인 변화도 일어났다. 중요한 영적 진리에 대한 질문들을 화두처럼 던지며 그것에 대하여 토론하고, 경험들을 나누는 과정에서 깨달음이 온 것이다. 그것은 사회복지 실천에 있어서 매우 의미 있는 현상이었다.

'밥퍼' 주는 급식사업으로 유명한 다일복지재단의 복지사업은 사실상 다일의 중심적인 사역이 아니었다. 다일의 핵심 주안점은 영성수련에 있었다. 나는 '아름다운 세상찾기'(아세찾기)에 이어서 영성 훈련의 2단계, '작은 예수 살아가기'와 3단계, '하나님과 동행하기'에도 참가하여 수련을 받았다. 각 단계에서 수련하는 여러 가지 주제들이 모두 사회복지적으로 큰 의미가 있는 성장의 과정을 경험하게 해 주었다. 특별히 3단계에서 이냐시오 수련방식의 침묵과 묵상 훈련을 받게 되었는데 여기서 성문서 읽기(Lactio Divina), 성찰기도(Meditatio), 관상기도(Contemplation), 향심기도(Central prayer), 예수 호칭 기도 등을 배우게 되었다. 그동안 통성기도와 구술 기도로만 기도 생활을 해 온 나의 기도 생활에 획기적인 개혁이 일어나게 되었다. 아직도 깊은 기도의 경지로 들어가진 못했지만, 나에게는 새로운 출발이었다.

이러한 영성적 경험들은 나에게 영성지도 또는 영성 상담이란 영역에 관심을 갖게 하였다. 영성에 눈을 뜨고 영적 진리를 깨우치는 경험을 하게 되면 스스로 갖고 있는 심리 정서적 문제들을 극복할 수 있게 될 뿐 아니라 개인의 사회적 기능을 개선하여 타인과 진실하고 따듯한 관계들을 형성할 수 있게 되는 것이었다. 바야흐로 영성이 사회복지 실천의 방법론으로 전환되는 멋진 일이 벌어지게 된 것이다.

'영성상담센터 에이레네'는 이 영성적 상담 방식을 훈련할 수 있도록 안내해 주었다. 나는 이 기관에서 진행하는 '영성지도자 집중훈련 과정'에 참여하였다. 이 과정은 대학원 과정에 준하는 입학 사정을 거쳐 2년 동안 실시되는데, 미국의 유수한 신학대학원에서 모든 과정을 마친 학자들이 그 영성지도 과정을 한국에서 실시하고 인재를 양성하는 과정이었다. 나는 다시 학생이 되어 존경스러운 영성학자들을 만나고 그들을 통하여 영성에 관한 여러 서적을 안내받고 리포트를 작성하였으며, 영성 신학 이론과 영성학적 원리를 강의받고, 더 나아가 관상적 경청, 영성 기도, 개인 영성지도, 집단 영성지도 등 실제적인 영성 상담의 방법들을 실습하고 훈련할 수 있었다. 이 훈련은 이후 나의 공동체적 삶에 중요한 영향을 미쳤다.

영성에서 공동체로

다일에서 경험한 영성 훈련 경험은 나에게 공동체에 관한 관심을 불러일으켰다. 영성의 힘은 사람과 사람 사이를 사랑으로 연결시켜 공동체를 형성하게 한다는 것을 알게 되었다. 영성에 대한 나의 관심

공동가정학교

은 영성으로 살아간 영성가들의 삶을 주목하게 하였는데, 그들의 삶에는 언제나 자연스럽게 함께 생활하며 수도하는 공동체가 형성되어 가는 것을 볼 수 있었다. 그런 사람들이 살아간 삶의 자리가 어디에 있느냐는 중요하지 않았다. 그가 얼마나 하나님과 깊은 관계를 맺고 있느냐가 중요했다. 사막으로 나간 영성가에게는 사막에서, 도시에 들어온 영성가에게는 도시에서, 심지어 감옥에 들어간 영성가에게는 감옥에서 공동체가 형성되었다. 나는 이러한 사실들을 감지하고 한국에 그런 공동체들이 있는지 찾아다니기 시작했다.

언젠가부터 나도 모르게 내 마음속에는 한국이나 미국의 교회들로부터는 별로 배울 것이 없다고 생각하고 있었다. 교만했던 탓인지, 크게 성공한 교회라고 소문난 교회들도 막상 자세히 살펴보면 정말 닮거나 배우고 싶은 것이 없었다. 그것은 지금도 변함이 없다. 물론 존경스러운 신앙적 인물들이 있었지만, 그들의 교회는 없거나 작거나 했다. 그것은 내가 몸담은 학문과 지성의 요람이라고 하는 대학 사회에 있어서도 마찬가지였다. 무척이나 절망스럽고 가슴 아픈 사실이었다.

그러나 공동체들을 찾아다니면서 거기에는 닮고 싶은 사람들, 배우고 싶은 교훈들이 존재한다는 사실을 깨닫게 되었다. 희망을 발견한 것이다. 진정한 영성이 어떤 방식으로 작용하며, 어떤 힘으로 영향을 미치는지 조금씩 깨달아 가게 된 것이다. 그때부터 공동체의 중요성에 대하여 내가 만나는 학생들과 교회 청년들과 나누기 시작했다. 그리고 매주 토요일 저녁에는 정기적으로 우리 가족이 사는 아파트 거실에서 청년들과 함께 공동체를 위한 성경공부와 기도회를 하기 시작했다. 나에게는 예수 그리스도의 영성 공동체가 복음이었다.

"당신은 반드시 실패할 거야." 나라는 인간을 너무도 잘 아는 아내는 마지못해 따라오면서도 불길한 예언을 했다. 나도 그렇게 생각하긴 했다. 영성이라고는 개뿔도 없는 주제에 공동체를 한다고 나서는 것 자체가 불경스러운 일이었다. 그러나 나에게 공동체의 길은 하나님이 부르시는 소명의 길이었다. 성공과 실패는 중요한 일이 아니었다. 그것은 순종이냐 불순종이냐의 문제였다. 그 길을 갈 것인가 피할 것인가 결정해야만 했는데 도망가는 것은 불가능한 일이었다. 2009년 즈음, 우리는 내 연구실 조교 학생의 도움을 받아 9박 10일 동안 16곳의 공동체들을 여행하기 위한 계획을 세우고 10여 명의 학생들과 함께 학습 여행을 하였다. 합천의 오두막공동체, 산청의 민들레 공동체, 사천의 햅시바 공동체, 밀양의 아름다운 공동체, 정읍의 동광원, 화천의 시골교회, 보은의 보나콤, 가평의 다일공동체, 원주 가나안 농군학교, 태백의 예수원 등 한국의 중요한 공동체들을 부지런히 돌아다녔다. 나는 공동체가 얼마나 어려운 일인가를 목격하였지만, 동시에 얼마나 귀하고 아름다운 길인지도 충분히 알 수 있었다.

학습 여행의 최대 수혜자는 나의 아내였다. 그동안 크고 중요한 결정들에 대하여 잘 동의해 주었던 아내는 공동체에 대하여 큰 회의를 갖고 있었다. 그러나 그 학습 여행을 통하여 마음이 누그러졌다. 2~3년 후에 어떤 팀에 끼어 유럽의 공동체들을 탐방한 후에는 공동체의 열렬한 동반자가 되었다. "당신이 지쳐서 그만둔다 해도 나는 끝까지 갈 거예요." 아내가 해 준 이 말을 나는 평생 잊지 않을 것이다.

공동체를 위한 자연농업의 시작

공동체가 건강하게 성장하려면 생계를 해결할 수 있는 안정된 경제적 기반이 있어야 한다고 생각하면서 고민하는 가운데 가나안농군학교 출신 후배 목사 선교사를 통하여 자연농업이란 것을 알게 되었다. 자연의 섭리를 따라 농사를 지으면 가장 저렴한 농사 비용으로 다수확, 고품질의 수확을 거두게 될 것이라는 말이다. 무엇보다도 달콤한 말은 힘들여 노동하지 않아도 된다는 거짓말 같은 농사 방법이었다. 태평농법에 관한 이야기는 오래전에 듣고 있었지만, 그것이 사실인지는 정말 의심스러웠다. 괴산에 있는 지구촌자연농업연구원에 가서 조한규 장로의 무농약, 무비료, 무경운을 가르치는 '자연농업연찬

찬양하고 있는 공동체 가족들

회'에 참여하고, 그 아들 조영상 선생의 '자연을 닮은 사람들'(자닮)의 세미나에도 몇 번 참가하여 자연농업 강의를 들었다. '국제 NGO 생명누리'에서 실시하는 '생명농업 세미나'에도 참석했다. 이 과정들을 통해 자연농업의 정신과 방법들에 대하여 알게 되었고, 그것이 영성적 맥락과 일치한다는 것도 확인할 수 있었다. 자연농업의 대가들의 방식대로 충실하게 따르면 공동체의 생계를 해결할 수 있겠다는 희망도 생겼다.

2010년 즈음에 우리는 공동체를 위한 준비 모임을 계속 가지면서 한편으로는 청년들과 자연농업 농장을 먼저 시작하기로 하였다. 자연농업은 인류 생존의 유지와 발전에 기반이 되는 것이라는 점에서 중요하고, 하나님의 창조 질서를 따라 생태적이고 친환경적 삶을 영위한다는 사실, 공동으로 노동하며 모두가 참여할 수 있는 형태로 살 수 있게 한다는 이유, 더 나아가 생계를 안정적으로 자급자족할 수 있게 할 뿐만 아니라 제3세계를 향한 선교적 목적을 위한 훈련에도 유익하다는 사실로 인하여 중요하게 다가왔다.

학교에서 30분 거리 반경 이내에서 가장 싼 땅을 찾았는데 마침 구석지고 조금 격리된 공간처럼 보이는 작은 땅을 만나서 그곳에 자연농업 방식의 닭장을 짓고 산란 양계를 시작하였다. 또 이웃에 쓰지 않는 땅을 빌려서 호기롭게 밭농사를 시작하였다. 강의를 통해 습득한 자연농업은 실제에서 제대로 작동하지 않았다. 자

놀이하고 있는 아이들

연농업이 아니라 정말 엉터리 농사꾼이었다. 생각대로 되는 것은 아무것도 없었다. 직장과 집과 농장으로 분산된 삼각 생활은 자연농업의 이상과 정말 거리가 멀었다. 정성을 기울여 시기에 맞춰서 해야 할 일들을 제대로 할 수 없었다. 철을 모르는 것을 철부지라고 한다던데 내가 바로 그 철부지였다. 그런데도 신기한 것은 그 반복되는 실패 속에서도 함께하는 청년들이 하나둘씩 생겨났다는 것이다. 정말 그것은 우리 모두를 향한 하나님의 은혜였고 각자를 향한 하나님의 부르심의 결과였다.

실패를 반복해도 포기하지 않으면서 점차 농장은 규모와 질서를 찾아가게 되었다. 우리가 생산하는 달걀은 1등급으로 매우 인기 있는 품목이 되었다. 지금은 자연농업으로 생산하는 단호박과 고구마, 고춧가루, 참기름 등이 생산되는 대로 완판이 되고 있다. 벼농사도 만 평을 넘어섰다. 이제는 정부 지원 사업도 하게 되어 6차 산업으로의 전환이 가능해졌다. 주변의 학교들이 학생들을 데리고 찾아와 농사 체험을 하고 돌아가곤 한다.

공동주택의 마련과 모둠살이

우리는 유일한 재산, 시내에 있는 아파트 한 채를 팔아 1,300평이 좀 모자란 넓이의 버려진 배나무 밭 두 필지를 구입하였다. 각자 가진 돈을 동원하고 융자를 섞어 공동생활 주거지를 마련했다. 농장에서 차로 3분 정도 떨어진 거리에 있는 전망이 좋은 곳이었다. 동네보다 약간 높은 지대에 있기에 마을과 붙어있으면서도 파묻히거나 둘러싸이지 않아서 또 좋았다. 위 터에는 세 채의 공동주택을 짓고, 약간 낮은 아래 터에는 'ㄷ'자 형태의 공동시설을 만들어 한쪽은 어린이들을 위한 방들과 교실을 설치하고, 다른 한쪽은 주방과 공동 식사, 회의, 예배를 드릴 수 있는 다용도의 센터를 건축하였다. 나는 학교 일로 바쁘게 묶여있어서, 피아노를 전공한 이쁘고 가냘픈 아내가 무지막지한 건축 현장의 감독이 되어 일군들과 씨름하며 집을 지었다. 두고두고 원망을 듣지 않을 수 없는 노릇이다.

2015년 크리스마스 바로 전날 우리 가족이 입주하고, 집이 다시 지어질 때마다 새 가족이 들어와 다섯 가족이 모여 살게 되었다. 그리고 다시 한 가족이 마을 옆에 집을 새로 지었고, 다른 한 가족이 마을 안에 주택을 사들여 들어와 모두 일곱 가족이 되었다. 우리는 호기롭게 공동생활, 공동생산, 공동소유, 공동책임이라는 네 개의 공동체 목적을 내세웠고, 그 목적에 맞춰서 우리 공동체는 기독교 영성 공동체로 자립적 생산 공동체이며, 공동 주거 생활 공동체이고, 자발적인 무소유 공동체라는 것을 천명하였다. 그러나 얼마 안 가서 이러한 이상적인 구상들은 한꺼번에 이루어지지 않는다는 것을 깨닫게 되었다. 공동체라는 것은 무리하게 밀어붙이면 깨어지기 쉬운 도자기 공예와 같은 것이란 생각이 든다. 여러 번의 파고를 겪으면서 공동체를 사랑하면 공동체가 망가지지만, 사람을 사랑하면 공동체가 세워진다는 것도 배웠다.

처음부터 우리가 교회를 시작한 것은 아니었는데, 점차 필요에 따라 2017년부터는 주일에도 함께 예배드리기 시작했다. 우리의 예배는 아이들과 함께 시작하여 아이들을 위한 말씀을 마치면 분리한 후, 성인을 위한 말씀을 함께 나누는 방식으로 진행된다. 이 주일예배에는 동네 사람이나 시내 식구들도 찾아와 함께 참여하고 있다. 들어온

활동 중인 아이들

헌금은 3등분하여 30%는 세계 사역을 위해, 다시 30%는 지역 사역을 위해, 나머지 40%는 공동체를 위하여 사용하기로 하고 지금까지 지켜오고 있다. 교회가 세상을 위하여 존재한다면 적어도 절반 이상은 공동체 밖을 위하여 사용해야 한다고 믿기 때문이었다.

살롬포럼, 공동가정학교, 해외 선교

공동체의 이상을 위하여 나아가는 길에는 선배 공동체 지도자들의 안내가 아주 중요했다. 우리 공동체에서는 두 달에 한 번 정도 '살롬포럼'을 열고 공동체들의 선배 지도자들을 초청하여 교육을 받는다. 주제는 공동체 신앙뿐만 아니라 자녀 교육, 건강, 농사, 영성 등 매우 다양하다. 코로나19 기간에는 쉬었지만, 이번 가을부터 다시 시작하고 있다. 특별히 우리 공동체는 합천에 있는 오두막공동체와 형제의 동맹을 맺고 이재영 대표를 멘토로 삼았다. 우리 가족들은 고민이 생길 때마다 찾아가서 오랜 시간 함께 시간을 보냈다. 오두막공동체와 죽변의 공동체, 민들레, 보나콤, 반디마을, 은샘 등 친밀하게 지내는 공동체들은 우리의 휴식처요 안식관과 같다. 거기서 우리 가족들은 치유와 회복을 얻어 돌아오곤 하였다. 열린 공동체의 네트워크가 얼마나 중요한지 우리는 잘 알게 되었다.

농사 체험하는 아이들

시골 지역에 사는 젊은 가족들의 가장 중요한 현안은 아이들의 양육과 교육이었다. 2019년 새해가 되자 아이들이 입학 절차를 밟아 유치원과 초등학교에 배정되고 개학을 기다리고 있었다. 그때 마침 공동체 대표들의 모임에 참석하여 공교육에 아이들이 편입되는 것을 걱정스럽게 나누었는데 선배들이 함께 걱정하며 일단 공교육을 시작하면 대안교육으로 옮기기가 어려울 것이니 이참에 공동체 안에서 학교를 시작해 보라고 조언해 주었다. 우리는 대안교육을 실시하는 공동체들의 지도자들을 매주 토요일마다 초청하여 대안교육의 필요성을 진지하게 공부했고, 생각이 일치하여 '공동가정학교'라는 이름으로 대안학교를 시작하게 되었다. 처음에는 홈스쿨하는 아이들의 정기모임 형태였는데 일 년 뒤에는 학부형 중에 한동국제학교 선생으로 일하던 형제가 그 학교를 사임하고 전적으로 우리 공동체 학교를 담당하는 주임 교사가 되어주었다. 매일 아침 아이들과 함께 성경을 읽고 암송하고 기도하면서 점심은 전체 식구가 함께 모여 공동 식사를 하고 있다. 매년 우리 공동체에는 신생아가 태어나고 있으며, 공동육아와 공동가정학교로 잘 키워내는 모습을 볼 때 아주 감사하지 않을 수 없다.

젊은 가족들의 가슴에는 선교에 대한 열정이 있다. 이 선교의 비전을 위해서 우리는 공동체로 살고, 농사를 지으면서 가족들과 함께 고생하는 것이다. 우리는 연해주에 이원석 선교사를 파송하여 농장을 세우고 북녘의 동포들을 돕는 기지를 만들기로 하였다. 울산의 이완복 장로와 박순정 목사 부부가 기증한 50만 평의 부지에 비닐하우스와 숙소, 강당, 창고들이 세워졌고 가축을 위한 축사들도 건설되었다. 또 미국에서 활동하는 유성희 선교사와 함께 말라위의 젊은이들을 위한 교육 사업에도 적극 참여하고 있다. 이 사업은 현재 170여 개 학교의 1,800여 명의 학생들에게 학비와 기숙사비를 제공하고 700여 명의 졸업생들을 위해 직업훈련과 신앙공동체 훈련 센터가 세워지고 있다. 이러한 일들은 오두막공동체와 연계해서 진행되는 일인데 점차 보나콤을 비롯한 다른 공동체들의 지원이 늘어나고 있다.

"하나님께 가까이함이 내게는 복이라"(시 73:28). 올해 우리 공동체가 정한 핵심 성구다. 우리의 궁극적인 복은 하나님께 가까이 가는 것이다. 누구든지 하나님과 가까워지면 그 사람이 살아가는 거기에 공동체가 생긴다. 공동체는 삼위일체 하나님의 형상이요 그리스도의 몸이다. 당신의 형상을 회복하는 것이 구원이고 생명이다. 처음에는 살얼음 위를 걷는 것 같이 조심스럽고 위태했지만, 세월이 흘러가면서 이제는 점차 안정되고 견고해지는 느낌이다. 아직 그 공동체의 이상에 도달하지는 못했지만 변경하거나 포기되지 않았다. 가장 좋은 것은 앞으로 남았으리…. 그 온전함을 향하여 날마다 성장해 가기를 기도할 것이다.

작은교회 연합 활동

정진훈 _ '세겹줄 교회 연합'의 마을 사역
이재학 _ '작은교회연구소' 활동 이야기
전영준 _ '건강한 작은교회연합'이 걸어온 길
김종일 _ '교회2.0목회자운동'이 걸어온 길과 가야 할 길
김현호 _ 부산 지역의 작은교회운동 이야기
현창환 _ '작은교회한마당' 준비 이야기

세겹줄교회연합의 마을 사역

정 진 훈

(목사, 고양 에덴정원교회)

지역의 상황

세겹줄교회연합은 고양시 덕양구 고양동에 있는 예장(통합) 교단 서울서북노회 고양시찰 소속의 세 교회가 연합한 모임이다. 고양동은 600년 된 마을로 전통 종교가 뿌리 깊게 내려 있고, 기독교 신자의 비율이 9% 정도밖에 되지 않는 곳이다. 게다가 사회적인 분위기와 맞물려서 교회와 목사에 대한 불신이 팽배한 곳이다. 이곳은 선교지에 간다는 마음으로 사역을 해야 한다는 말이 있을 정도로 복음 전도가 어려운 곳이다.

한 번은 우리 동네 주부들의 네이버 카페에 한 분이 "내가 없는 사이에 교회에서 전도지와 떡을 아파트 문고리에 걸어놓고 갔는데 이거 먹어도 될까요?"라고 하며 글을 올렸다. 그랬더니 댓글들이 달렸는데 대부분은 버리라는 이야기였다. 그 댓글에 담겨있는 교회에 대한 불신의 기운을 절감하며 단단한 길가에 씨앗이 떨어지면 싹을 낼 수 없다는 점을 깨닫게 되었다. 씨앗을 뿌리기 전에 굳은 땅을 갈아야 했다. 그러나 땅은 너무 단단한데 그 밭을 갈 교회들의 형편은 터무니없이 열악했다. 어찌할까? 고민하며 기도하다가 마음에서 번쩍이는 생각이 있었다. 혼자 어려우면 같이 해보라는 말씀이었다. 전도서 4장 12절 "한 사람이면 패하겠거니와 두 사람이면 맞설 수 있나니 세 겹줄은 쉽게 끊어지지 아니하느니라"는 말씀처럼 연합하면 길을 찾을 수 있을 것 같았다. 세 교회가 연합하면 훈련받은 목회자 세 명과 함께 동역할 목회자의 아내 세 명 모두 6명의 훈련된 리더가 있게 되는 것이고, 또 공간도 세 곳이 생긴다. 재정은 하나님 나라와 그의 의를 먼저 행하는 자에게 필요한 모든 것을 더하신다는 약속을 믿고 시작하기로 하였다.

세겹줄교회연합의 결성

아직 노회 등록도 하지 않은 상태에서 같은 교단의 두 목사를 찾아가 이런 뜻을 전하고 함께해 보자고 하여 세겹줄교회연합을 결성하였다. 개 교회의 성장에 목표를 두지 않고 "연합하여 고양동을 복음화하자"라는 목표를 세웠다. 사람들을 교회로 나오도록 하는 사역이 아니라 교회가 사람들에게 나아가자는 사역의 방향도 정하였다.

교회의 마을 사역은 한국교회의 생장점과 같은 역할을 하는 지역의 작은 교회들이 말라가고 있는 현실 속에서 그 뿌리를 살리는 일이다. 뿌리가 마르면 나무도 서서히 말라 죽듯이 지역의 작은 교회가 마르면 지금은 무성해 보이는 한국교회라는 큰 나무도 힘을 잃고 말라

가게 될 것이다. 마을에서 교회가 신뢰를 얻고 건강하게 성장하는 길을 찾는 것은 세겹줄교회연합에 속한 교회의 문제뿐 아니라 한국교회라는 큰 나무를 살리는 의미를 갖는 것이라는 마음으로 마을 사역을 시작하였다.

청솔노인대학 개교

세겹줄교회연합이 처음 시작한 사역은 노인대학이었다. 당시에 동네에서 노인대학을 하는 교회나 단체가 없었기 때문에 노인들에게 많은 환영을 받았다. 세 목회자와 아내들이 봉사하고 몇몇 교인들이 함께 참여하였다. 2013년 가을의 첫 번째 학기는 8회의 프로그램을 진행하였다. 재정적으로는 힘에 겨웠지만 많은 분의 관심과 기도 속에서 좋은 평가를 남긴 채 첫 학기를 마치게 되었다. 이후에는 노회 국내선교부의 지원과 시(市)의 보조를 받아서 지금까지 잘 진행하고 있다.

청솔노인대학 수업 중

행복한 고양동 만들기 협의회의 결성

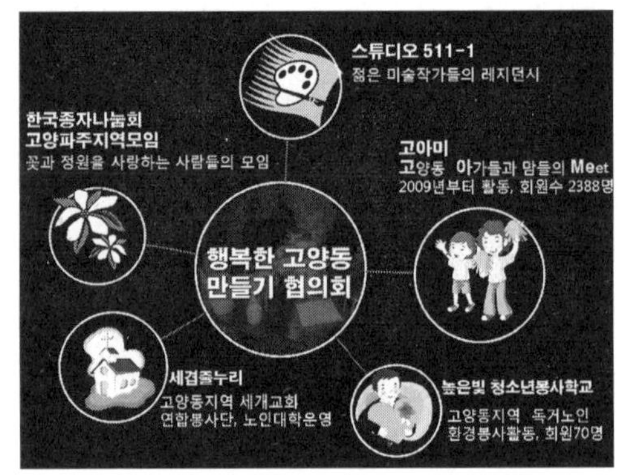

세겹줄교회연합을 출범한 다음 해인 2014년 초에는 마을 사람들과 함께 마을 공동체 활동을 시작하였다. 우리 동네는 고양시, 파주시, 양주시 세 도시의 경계에 있는 마을로 다른 지역과 격리된 곳이었고 제반 문화 시설이나 체육 시설, 교육 시설이 부족한 동네이다. 십여 년 전부터 들어선 아파트로 이주한 젊은 세대를 중심으로 만들어진 동네 주부들의 온라인 정보교류 인터넷 카페가 활발하게 운영되고 있었다. 세겹줄교회연합의 제안하에 그 카페의 운영자와 동네에 작업실을 가지고 있던 미술작가, 꽃 가꾸는 취미 모임, 높은 빛 청소년 봉사학교 이렇게 다섯 그룹이 모여서 '행복한고양동만들기협의회'라는 모임을 만들었다. 지역에 필요한 일이 무엇인지 함께 공부도 하고 토론도 하면서 마을의 과제를 정하였다. 다양한 문화 프로그램을 만들고, 서로 교류할 수 있는 공동체를 만들며, 청소년들이 꿈을 찾아갈 수 있는 기회를 제공하고, 나눔과 봉사를 활성화시키자는 마을 활동의 방향도 정하였다.

다섯 그룹이 연결되니 혼자서는 할 수 없던 새로운 일들이 일어나기 시작했다. 사업에 필요한 재정은 고양시 마을 공동체 사업을 통해서 충당할 수 있다. 각 단체가 역할을 분담하였다. 주부 인터넷 정보공유 모임에서는 기존에 하던 벼룩시장에 엄마와 아이들이 함께 참여할 수 있는 문화 프로그램을 더하였고, 재능 있는 동네 사람들이 자신의 집이나 작업실에서 사람들을 모아서 강의하는 홈 클래스(home class)를 주관했다. 재능기부형 홈 클래스는 처음에 열 개의 프로그램을 기획했다가 참여자가 늘어나서 15개로 대폭 확대하였다. 많은 사람이 골고루 참여할 수 있도록 한 사람이 한 군데 이상은 참여할 수 없도록 제한을 두었는데도 홈 클래스는 주부들의 온라인 모임에 공지가 올라오면 몇 시간이 지나지 않아서 마감되는 바람에 대기하는 경우도 많았다.

주부들의 온라인 모임은 '행복한고양동만들기협의회'의 사업이 진행되면서 육아와 취미, 문화 등 다양한 방면에서 오프라인의 교류가 일어나기 시작했다. 어린이들을 위한 연극과 마술쇼 같은 공연 프로그램도 진행하고, 육아와 교육에 필요한 강의를 듣는 부모교육 강의에도 많은 사람이 참여하였다.

세겹줄교회연합에서는 모임에 필요한 장소를 제공하고 숲속음악회와 공동체 정원프로그램을 진행했다. 숲속음악회는 동네에서 취미로 하는 주부 통기타 모임과 지역 음악인, 청소년들과 어린이 그리고 노인대학의 어르신들도 참여해 동네 음악회의 이름에 걸맞은 음악회를 열었다. 미술작가들은 아이들과 주부들이 참여하는 아트 캠프(art camp)를 열었고, 청소년 꿈 농

숲속 작은 음악회

사를 위해서 작업실에 딸린 텃밭 공간을 제공했다. 행복한 고양동 만들기를 통해 시각 미술 작가들의 작업실은 아이들과 청소년 그리고 주부들이 그림을 그리고 흙을 주물러 컵과 조소 작품을 만드는 공유의 공간이 되었다. 첫해의 마을사업은 메마른 밭에 떨어진 단비와 같이 마을 사람들에게 환영받았고 마을에 활력을 불어넣었다.

첫해 활동의 평가와 개선

그러나 첫해의 사업을 평가하면서 몇 가지 중요한 문제들이 있다는 것을 알게 되었다. 그것은 함께할 리더 그룹이 약하다는 것과 단회성 프로그램으로는 의미 있는 마을사업을 만들 수 없다는 것이었다. 그래서 2015년에는 마을의 리더를 세우고 마을 공동체를 만들어 지속적인 활동이 이루어지도록 하자고 결정하였다. 첫 해 활동을 통해서 만났던 마을 사람 중에서 마을을 위해서 동아리의 리더로 섬기도록 권유하였다. 재능을 가진 사람들이 재능기부 형태로 리더를 맡아서 모두 열 개의 동아리가 만들어졌다. 열 명의 마을 리더들이 세워지자, 마을 공동체 활동도 활력이 생기게 되었다. 동호회들끼리 서로 연계하거나 기존의 마을 활동과 연계하여 마을 활동의 내용을 더욱 풍성하게 하는 효과를 가져왔다. 세겹줄교회연합이 주관하던 청솔

마을 리더들의 모임

노인대학에 각 동호회에서 프로그램을 진행하거나 소잉(sewing) 동호회가 진행하였던 플리(flea) 마켓에 통기타 동호회가 공연을 하는 등 함께 연결되어서 협력하니 시너지효과가 나타났다.

마을 카페의 마련

카페 '다락' 개소식

마을의 활동이 많아지자, 공간의 부족함을 느끼게 되었다. 그래서 마을 카페를 만들어 보자는 뜻을 모아 탐방도 하고 세미나도 하면서 준비하였지만, 재정적인 문제에 막혀서 난항을 겪었는데 마침 경기도 따복공동체지원사업에 선정되어서 일부 도움을 받아 2015년 12월에 마을 카페 다락을 개소하게 되었다. 70평 정도 되는 꽤 넓은 공간으로 한 개의 홀과 네 개의 소모임방이 있는 공간이다. 마을 카페 다락은 마을 공동체의 거점 공간으로 다양한 모임들이 모여서 새로운 활동을 만들어 내는 마을 공동체 허브 역할을 하는 공간으로 사용되고 있다. 오전에는 주부들이 동아리 모임을 하고, 오후에는 아이들이 공부하거나 놀러 온다. 카페 한 편에는 내 책장 우리 도서관이라는 박스형 도서관이 있다. 책꽂이 한 칸에 배정받아 회원들이 자기 책을 가져다 놓았다. 그렇게 모은 책이 천 권이 넘어서 카페 한 면을 가득 채웠다. 마을 카페에 들르는 사람들이 읽기도 하고 회원끼리는 서로 빌려 가기도 한다. 동네 아이들을 응원하는 마음을 담아 매주 목요일 오후에는 청소년들에게 공짜로 떡볶이를 나누어주는 '청소년 떡볶이 날' 행사를 한다. 매월 한 번씩은 작은 공연을 한다. 지오아카데미라는 주부 일자리 사업 등 다양한 활동을 기획하고 진행하고 있다.

교회와 주민 간의 신뢰 관계의 형성

공동체 활동을 하면서 목사들은 마을 공동체 활동을 함께하는 리더들을 섬기는 일과 기획과 행정 부분을 맡아서 하고 있다. 지역 내의 필요를 근거로 하여 마을의 과제를 설정하고 마을 공동체 활동의 방향을 제시하고, 다양한 모임들을 연계하는 역할도 담당하고 있다. 목회를 하면서 준비했던 소양들은 마을 활동을 하는데도 매우 소중한 자산이 되었다. 마을의 문제와 주민의 문제를 함께 고민하고 해결책을 찾고자 하는 노력을 통해서 마을 주민들 사이에 목회자와 교회에 대한 신뢰가 생기기 시작하였다. 마을 주민이 교회가 운영하는 높은 빛 청소년 봉사학교에서 아이들을 돌보는 교사진으로 참여하고 청솔 노인대학의 봉사자로 참여하고 있다. 기독교적 신앙을 바탕으로 아이들의 성품을 교육하는 성품 캠프에 자녀들을 보내고, 교회에서 진행하는 어린이 농부학교에 많은 아이가 찾아온다. 교회라는 문턱은 이

지역의 공존을 말하는 주민 모임

제 크게 걸림돌이 되지 않았다. 신뢰가 쌓인 결과였다. 또한 그동안 마을의 중심적인 리더 그룹의 역할을 했던 기존 조직들과도 협력하게 되었다. 주민 자치위원회에서 주관하여 오랫동안 진행해 왔던 마을 축제에도 마을 공동체 팀들이 참여하는 영역이 생기게 되었다. 2018년에는 마을의 다양한 공동체가 함께 협력하여 마을의 과제를 찾고 진행하는 사업에 세겹줄교회연합이 대표 모임이 되는 일도 가능하게 되었다.

위기와 극복

그런데 재계약을 한 달 앞둔 작년 10월에 마을 카페 다락이 없어질 위기가 닥쳤다. 건물주가 소음으로 인한 문제를 제기하면서 다락과 바로 옆의 비어 있는 학원 건물과 함께 임대하려고 하니 2년 임대 기간이 만기가 되면 비워달라고 하였다. 급히 마을 사람들과 함께 대책회의를 열었는데 그 자리에서 그 공간도 함께 쓰자는 결의를 하였다. 추가되는 보증금이 3,500만 원이었는데 마을 카페 다락을 살리자는 뜻에 동의한 70여 명의 마을 사람들이 출자해서 계약할 수 있었다. 엄마에게 맡겨두었던 모아둔 용돈으로 출자한 아이도 있고, 엄마들이 아이들 각각의 이름으로 출자하기도 하였다. 마을 카페 다락에서 활동하던 동아리 회원들도 십시일반(十匙一飯) 출자하여 짧은 시간 안에 출자금을 모아 재계약을 할 수 있었다. 그 과정을 참여했던 분들은 기적과도 같은 일이 일어났다며 감격스러워했다.

평가와 전망

세겹줄교회연합의 마을 사역의 4년을 돌아보면 짧은 기간에 많은 일들을 해내었다. 그러나 성과와 더불어 많은 해결해야 할 문제들도 발견하게 되었다. 그것은 첫째, 목회자들의 성향과 스타일이 달라서 서로의 은사가 잘 발휘될 수 있도록 역할을 나누고 문제가 생길 때 조정될 수 있는 장치가 필요하다는 것이다. 협력이 좋은 가치이기는 하지만 이는 영적인 성숙과 서로에 대한 신뢰가 바탕이 되어 있지 않으면 쉽게 깨어지고 상처만 남게 된다. 세겹줄교회연합도 위기가 있었지만 깨어지지 않고 잘 견디고 있는 중이다. 서로 자주 만나고 소통해야 한다.

둘째, 개교회 중심주의에서 벗어나야 한다는 것이다. 마을의 문제가 곧 목회의 문제요 마을 사람들이 곧 목회의 대상이라는 생각으로 자기 교회의 성장이 아닌 지역사회의 복음화를 위해서 일해야 한다. 다른 교회가 성장하는 것을 내 교회의 일처럼 기뻐할 수 있어야 하고, 다른 사람을 나보다 낫게 여기는 겸손한 마음을 가져야 한다는 것이다.

셋째, 마을 사역을 통해서 생기는 많은 일들 때문에 목회자 개인의 영성 훈련과 말씀 사역에 소홀해져서는 안 된다. 마을 사역을 하는 가운데 만나게 되는 사람들이 목회자들에게 기대하는 역할은 영적인 부분이다. 어려운 일이 있을 때는 기도를 부탁하고 자신들을 지지하고 격려해 주기를 바란다. 마을 사람들과 함께 마을의 일을 하지만 목자가 양 떼를 돌보듯이 목자이신 그리스도의 마음으로 함께하는 사람들을 돌보아야 하는 목양적인 사명을 감당하기 위해서 영적인 민감함을 유지해야 한다.

작은교회연구소 활동 이야기

이 재 학

(목사, 오산 하늘땅교회)

작은교회연구소의 설립 동기와 목적

그동안 한국교회는 대형화에 따른 부작용으로 인하여 어려움을 겪어 왔다. 그중에 대표적인 일은 작은 교회의 유기적인 생명성을 잃어버렸다는 것이다. 다른 말로 공동체성이 깨졌다. 같은 교회를 다니지만 서로 다른 예배와 말씀을 듣고, 한 건물 안에 있는 교회를 다니지만, 한 지체로서의 유기적인 나눔이 이루어지지 않는다. 그래서 부모는 교회의 중직이 되어 애정을 가지고 평생을 지켜오지만, 자녀들은 더 이상 부모가 다니는 교회일 뿐 자신들과는 상관없는 곳이 되고, 성인이 되어 공동체로부터 이탈하는 현상들이 발생한다.

이와 같은 문제에 대해 근본적인 원인을 발견하지 못하는 것은 더 문제이다. 모이지 않는 다음 세대를 위해 교회는 세상적인 쾌락과 재미를 위한 프로그램과 시설에 재정을 투자해 보지만 자녀들은 돌아오지 않는다. 성과 위주의 평가가 계속되고, 성장의 지체(遲滯)가 사역자들의 무능력으로 치부되어 계속적인 이동이 발생하니, 교회 사역을 위해 뛰어드는 사람들이 부족한 상태이다.

우리는 교회를 다니기만 했지, 교회가 무엇인지 교육을 받거나 설명을 들은 적이 많지 않다. 피상적인 설명으로는 교회를 이해할 수도 없고, 자신의 시간과 물질을 투자하여 출석해야 할 필요성을 느끼지 못하고 있다. 어쩌면 교회는 유기체적인 생명이 자라도록 하는 것이 아니라 뒷문을 막고 도망가지 못하도록 관리하며 가두는 일에 혈안이 되어 있는지 모른다. 더욱 솔직해져야 할 교회는 속내를 숨긴 채 근시안적 접근으로 젊은이들의 마음을 사려고 했는지 모른다. 그러나 아이들은 교회의 치부를 다 알고 있다.

교회를 다니는 것이 교회를 아는 것이라고 생각하면 위험하다. 즉, 교회가 무엇인지 알기도 전에 우리는 행위적인 지침을 익히고, 그것을 잘 수행하는 것이 신앙이 좋은 것처럼 착각하며 살았다. 얼마나 주일을 잘 지키고, 몇 번의 예배를 드리고, 십일조는 했는지 안 했는지, 부서의 임원으로 봉사했는지 안 했는지 등으로 신앙을 평가받기에 익숙해졌다. 이것에 따른 부작용이 바로 오늘날 여기저기에서 드러나는 수치스러운 민낯들이다. 교회를 다닌다고 해서 교회를 제대로 아는 것이 아니다. 교회에서 무슨 역할을 수행한다고 해서 신앙이 좋은 것이 아니다. 교회가 무엇인지를 제대로 알지 않으면 하나님 나라에 대한 비밀을 알 수가 없다.

교회가 유기적 생명체로서 서로 연결되어 있고, 자라가는 것을 안다면 회사 개념의 부서나 팀장과 같은 성경에 근거하지 않은 조직체계를 도입하는 것은 맞지 않는 일이다. 원래 교회는 가정에서 시작하여 작지만 강하고, 적어도 부끄러워하지 않으며, 예수 그리스도를 따라 살아가는 삶으로 증명해 내는 힘이 있었다. 가정에서 교회가 시작되었듯, 교회 내

에 존재하는 모든 모임은 또 하나의 교회이다. 18세기 독일의 경건주의자였던 필립 야곱 쉬페너(Philip Jakob Spener, 1635 ~1705)는 '교회 안의 작은 교회'(ecclesiolae in ecclesia)를 주창하였다. 이 말은 교회는 관리의 대상이 아니라 유기적 생명 공동체이며, 회사의 부서가 아니라 작은 교회임을 가르쳐준다. 즉, 한 몸을 이룬 공동체라는 사실이다.

작은교회연구소는 그동안 한국교회의 문제점을 바라보면서 교회론 연구를 통하여 건강한 교회를 세우기 위해 시작되었다. 아무리 세상이 바뀌어도 대형 교회는 존재한다고 한다. 또 공동체를 지향하는 작은 교회 역시 생존한다고 한다. 작은교회연구소는 성서가 이야기이듯이 공동체에 면면히 흐르는 이야기를 써가기 위해 교회를 세우고, 목회자를 세우면서 시작되었다. 대안 공동체로서의 교회론을 연구하여 교회와 목회자와 성도를, 바로 가르치고 깨우기 위해 시작되었다. 이 일을 위해 작게나마 연합 사역들이 활발하게 펼쳐지고 있다.

그동안의 사역 과정과 활동 내용들, 현황

올해로 10주년을 맞이하는 작은교회연구소는 2010년 하늘땅교회가 세워지면서 동시에 시작되었다. 모토는 "목회자가 목회자를, 교

세미나 모임

회가 교회를 세우자"였다. 그동안 경기도를 비롯하여 지방에 계신 목회자들 300여 명이 참여하였다. 매월 1회 모임으로 시작하였는데, 더 활발해지길 바라는 마음에 3주에 한 번씩 모이던 때도 있었다. 지금의 한국교회를 바라보면서 혼자 할 수 없는 목회를 함께하자는 마음이었다. 매월 10여 명씩 시작하였던 모임은 현재 20명이 모여 교회론을 연구하고 있다.

고린도전후서, 베드로전후서, 에베소서에 대하여 돌아가면서 발제한다. 오늘 주어진 본문에서 성경적, 신학적, 실천적 대안으로서 교회론을 찾아서 나누고, 각 지역 교회의 상황을 나누고 함께 기도하며 서로 격려하고 응원하고 있다. 새로 시작되는 교회를 방문하여 각자의 은사에 따라 교회 수리 등의 일을 돕고 있으며, 분기별로 기도합주회를 통해 목회자뿐만 아니라 성도님들도 함께 참여하여 크게는 하나님 나라 운동을 연합하여 이루어 가고 있다. 모임을 통해 대부분 혼자라는 생각을 버리게 되었으며, 교회가 의도적으로 작아져 생명의 나눔이 있는 초대교회와 같아야 된다는 사실을 알게 되었다. 혼자가 아니라 연합하면 얼마든지 큰 교회가 하는 사역을 할 수 있다는 자긍심도 생겼다고 고백한다.

두 달에 한 번은 도서 나눔을 한다. 물론 교회론과 관련된 도서를 나누고 있다. 하나님의 뜻이 어디에 있는지 고민한다. 이 과정이 목회자의 재교육이 되는가 하면, 모임을 통해 도전받으신 분들이 개척하여 설립 예배를 드린 교회가 현재 30곳 된다. 목회자 자신이 교회의 영광을 발견하면서 교회다운 교회로의 소망이 생긴 것이다. 기도하는 중에 교회론 중심의 교회이면서 세상을 향하여 담장이 열려있는, 그런 교회에 대한 소망이 생긴 것이다.

매월 모임은 하늘땅교회의 뜻이 있었기 때문에 가능했다. 늘 성도들과 함께 교회론에 대하여 고민하였기 때문에 하늘땅교회가 작은교회연구소를 적극 지원하게 되었다. 처음에는 식사와 도서 구입 일체를 도왔다. 성도들은 이 일을 위해 특별헌금이나 감사헌금을 할 정도이다. 오랜 시간, 한국교회가 혼자 잘되는 구조를 벗어나지 못했는데, 서로 연합하면 얼마든지 할 수 있는 사실을 알게 되었다. 그래서 할 수만 있으면 함께 주님 나라를 이루는데 작은 부분이나마 채워가려고 한다.

모일 때마다 더 많은 것을 나누고 싶어 하게 되었고, 도전받은 것을 각 교회에 적용하여 시도해 보았다. 좋은 것이든 나쁜 것이든 각자가 체험했던 것들을 나눔으로써 실수를 줄이게 되었다. 청년 교사가 없는데 주일학교를 어떻게 시작해야 하는가? 이단들이 오면 어떻게 대응해야 하는가? 각종 행사 기획은 어떻게 해야 하는가? 등등의 다양한 문제를 서로 나누고 도우며 해결하고 있다.

하나의 모임이 커져서 세력화되지 않도록 1년에 한 번씩은 각 지역으로 또 하나의 작은교회연구소가 분가하여 목회자와 교회를 세워가는 일에 헌신하고 있다. 유학을 마치고 동사(同事) 목사로 있던 어느

매월 모임

목사님은 모임을 통해 본질 회복의 중요성을 깨닫고 더 작은 교회로 자원하여 내려가 부흥을 이루고 있다는 소문이 들리기도 한다. 벌써 300여 명이 모이는 교회도 있고, 더 많은 교회가 자립할 수 있도록 선교와 후원을 아끼지 않는다는 소문도 들린다. 또한 신학대학과 대학원에서 새로운 교회 개척 패러다임의 전환을 가지도록 강의를 통해 실제적으로 한국교회의 위기를 기회로 바꾸는 일들을 하기도 한다.

개척하고 3~4년 되면 탈진하기도 하고, 앞이 보이지 않아 그만두고 싶기도 하고, 너무 외롭고 힘든 마음이 찾아오기도 하고, 가정의 위기를 맞기도 한다. 그럴 때 목회자를 위로해 주고 상담해 줄 모임은 많지 않다. 허심탄회하게 목회 사정을 털어놓고 기도를 부탁할 수 있는 모임은 더욱 부족하다. 그래서 작은교회연구소의 소문을 듣고 찾아오는 이들이 많다. 1년에 두 차례 정도 수련회를 가서 교제도 하고 세미나도 한다. 더 중요한 것은 안식과 쉼을 얻어 재충전하는 것이다. 또한 우리가 알지 못하는 목회적 내용들을 나누고 도전받기도 한다. 연 1회 작은 체육대회도 하는데 활발한 연합 사역이 이루어지는데 큰 활력소가 된다.

그리고 목회자 가정을 위해 연 1회 수련회를 한다. 목회자들의 회복은 모임을 통해 가능하지만, 사모님이나 자녀들은 놓칠 수 있어서 작은교회연구소가 그 모임을 만들어 가정이 기쁨으로 함께 갈 수 있도록 돕고 있다. 개척하고 교회가 세워지기까지 얼마나 남모르는 애환이 있었을까를 생각하면 마음이 짠할 때가 있다. 더욱이 목회자의 자녀라는 이유만으로 희생해야 하는 아이들을 위로하고, 자기들끼리 모여서 한 가족이 되어 가면 그것처럼 좋은 것이 없다.

오산, 수원, 동탄, 평택 중심의 중앙지부와 안산, 광명, 부천, 인천 지역의 중부지부가 매주 모여 실제적인 목회를 활발하게 나누고 있다. 중앙지부는 팀 켈러의 책을 읽으면서 복음의 본질 회복을 고민하고 있으며, 중부지부는 본문 연구를 통해 설교를 함께 준비하고 있다. 말씀에 대한 준비를 제대로 하면서 자신들이 조금씩 회복되고 세워져 가고, 목회에 대한 행복감이 생기니까 가장 잘한 일이 개척이라고 고백하시는 분도 있었다.

다시 써 보는 우리 시대 이야기, 작은교회운동의 필요성

사람들 사이에 섬이 있다
그 섬에 가고 싶다
_ 정현종 시인, 〈섬〉 중에서

오늘을 살아가는 사람들의 삶은 고속질주의 모습이다. 성도들도 예외가 아니다. 그래서 그런지 언제부터인가 그들의 가슴 속에 작고(small), 천천히(slow), 단순하게(simple) 살아가고 싶은 욕구가 생겼다. 고속도로에서 내려와 천천히 올레길을 걸으며, 자연을 보고 인생

기도합주회

의 의미를 찾아가고 싶은 소망이 있다.

그들은 이런 욕구를 채워줄 수 있는 공동체를 찾고 있다. 부모로부터 물려받은 신앙이지만 그것은 공동체와 상관없는 신앙생활이다. 부모에게 들은 예수 이야기, 신앙 이야기는 교회의 대형화로 인하여 맥락이 끊어졌다. 현재 출석하고 있는 교회가 자기 삶과 무관한 곳으로 느껴지는 고통 속에서 신앙생활을 하고 있는지 모른다. 더욱이 자녀들에게 물려주고 싶은 새로운 교회를 찾아가고 싶은 욕구가 있다.

누가 현대인들의 삶에 자리 잡은 '섬'을 채울 수 있을까? 인간에게 찾아오는 허무, 고독, 소외는 현대인의 가장 큰 질병이다. 이것은 빈부, 학벌, 지역과 상관없이 인간에게 찾아오는 현상이다. 관계의 단절을 극복하고 의미 있는 삶을 추구하기 위해 인간은 공동체를 끊임없이 갈망하는 존재이다. 고령화사회가 되면서 자신의 사명을 다한 부모 세대는 너무 외로워 울고 있다. 그 눈물을 닦아주고 누군가의 가슴에 귀를 기울일 수 있는 공동체가 있으면 좋겠다는 말을 자주 듣는다. 더 솔직하게 말해서 고향 같고, 가족 같은 교회를 찾는 이들이 많아지고 있다.

21세기를 살아가는 우리에게 인간이 겪어야 하는 존재로서의 외로움과 고독, 허무와 소외 의식은 합리적 설명으로 해결되지 않는다. 비록 관계 맺기가 두려워서 '익명성'을 원하지만, 그래서 관계 맺기가 가능한 공동체를 찾고 있다. 작은 교회(small church)가 가지고 있는 장점은 '관계 맺기'에 있다고 본다. 자신의 영혼에 말을 걸어줄 친구를 찾고 있는 시대에 우리가 추구해야 할 삶의 모습과 교회가 채워야 할 '섬'이 무엇인지 인식하는 것은 매우 중요하다.

건강한 작은 교회를 추구하는 일은 의도적으로라도 해야 하는 일이다. 그 '작음' 안에 이루어지는 진정성 있는 만남이 필요한 시대이다. 공동체 중심의 작은 교회가 현실적 대안이 될 수 있다. 비록 작은 교회가 생존의 시급한 문제 앞에 놓여 있다고 해도, 사람 사이에 있는 섬을 해결해 줄 수 있는 방법이다. 이 문제는 교회 생태계 내에서의 문제가 아니라 우리 사회가 가지고 있는 관계 그물 형성을 위해서도 작은 교회는 중요한 역할이 있다.

또한 작은 교회는 신앙생활이 혹 불편할지 모르겠지만, 주님의 제자도를 제대로 훈련받을 수 있는 곳이기도 하다. 천국 가는 여정으로서 '작은 교회'는 귀한 사명과 목적을 갖고 있다. 그곳은 사람을 품고, 사람이 머물고, 사람이 치유되고, 사람이 이야기하는 터전이다. 인격적 진실과 진정성은 탁월한 것보다 더 중요하고 앞서는 것이다. 가장 작은 한 영혼(羊)을 크게(大) 여기는 아름다운(美) 곳이 작은 교회이다. 공동체 중심의 여정으로서의 작은 교회는 교회 생태계를 유지하고, 한 영혼에 관심을 갖고, 함께 동행하는 주님의 교회이다. 최전방에 선 작은 교회가 하나님 나라를 이루어 가고 있는 것은 우리의 자부심이다. 생명이 생명 되게 하는 그 중심에서 자기 걸음으로 묵묵하게 걸어가길 바랍니다. 그 누구와도 비교하지 말고, 진실하게, 진심으로, 진리를 살아내고 전하는 공동체가 되길 바랍니다.

오늘 산과 골짜기에 세워진 작은 교회를 통해 다시 한번 한국교회의 소망을 본다. 연합하여 서로 세워지는 경험을 통해 '교회가 교회를 세우고, 목회자가 목회자를 세우는' 일이 계속되어 소망에 관하여 묻는 사람들에게 대답할 것을 준비하는 소망의 울림통이 되길 기대한다. 그동안 드러난 한국교회의 부조리한 민낯이 새로운 작은 교회를 통해 극복되기를 바란다. 구체적이고 실천적인 대안을 만들어 내어 이 땅의 건강한 작은 교회들이 동역하고 협력하여 주님 오시는 날까지 생명이 생명 되게 하는 사역에 헌신할 수 있기를 기도한다.

앞으로의 전망과 계획

작은교회연구소는 계속해서 작은 생명 공동체를 세워갈 수 있도록 진행하려고 한다. 또한 이와 같은 모임이 전국적으로 확산되기를 기대한다. 대형화를 꿈꾸지 말고 각자의 지역 교회에 충실하면 좋겠다. 교회 담장을 낮추고 누구나 함께 더불어 살아가는 이웃이 되면 좋겠다. 작은교회연구소는 건강한 교회와 목회자를 세우는 일을 계속적으로 연합하여 할 것이다. 단순하게 교회론을 연구하던 모임인데, 교회에 대한 생각들이 정리되면서 주님의 삶과 정신을 따르려는 교회들이 개척되고 있다. 하나님이 작은교회연구소를 통해 '힘들다'가 아니라 '함께하면 할 수 있다'는 마음을 주신다.

작은교회연구소는 하나의 조직 체계가 되지 않도록 단순한 모임

작은교회연구소 회원들

을 갖고 있다. 실제적으로 도움이 필요한 곳에 찾아가려고 한다. 최근에는 두 차례 목회자의 부모님이 하시는 농사일에도 참여하여 바쁜 일손에 보탬을 드렸다. 서로들 좋은 아이디어를 내어놓고 움직인다. 또한 지역 내에서 꼭 필요한 교회의 역할을 감당하도록 상담이나 진로 코칭 등을 배우고, 그것을 학교나 지역사회에 들어가서 가르치는 일을 하고 있다.

목회자 가정이 본질을 향하여 건강한 교회를 갈망하며 걸어가는 이 일이 계속될 수 있도록 일부 대형 교회가 목회자 연금을 들어주는 일에 동참하고 있다. 또한 지난해 32명이 처음으로 성지순례를 다녀왔는데, 목사님들의 격려와 후원이 있었다. 작은교회연구소가 한국교회의 건강한 생태계 조성을 위해 헌신해 주길 바라는 마음이었다. 어디서도 답이 없어 찾기 힘든 출구이다. 하지만 주님이 일하시는 세미한 음성은 있다. 그 하나의 역할이나마 감당하고자 한다. '성 무너진

곳을 가로막을 자'의 역할을 작게나마 감당할 수 있기를 갈망한다.

농어촌과 해외 선교지에서도 작은교회운동은 실제적으로 필요하다고 생각한다. 미얀마와 태국의 선교사들이 한국 방문 시 작은교회연구소를 찾아와서 세미나를 한 적이 있다. 작은 교회가 가지고 있는 유기체적 생명을 나누는 일을 배우기 위해서라고 한다. 작은교회연구소는 작아지는 것이 오히려 강한 영향력이 되어 한국교회를 섬길 수 있다고 생각한다. 앞으로도 계속 작은 세미나를 통해 목회의 본질에 대해서 고민하고 지역사회와의 연합에 관심 있는 분들을 위해 장을 마련하는 일을 하려고 한다. 대형화가 성공인 것처럼 여겨지는 시대에 함몰되어 가야 할 길을 포기하지 않기를 바란다. 가지고 있는 여건 속에 각자에게 주어진 몫에 하나님의 부르심의 뜻이 있을 것이다. 성공이라는 짐을 내려놓고 바른길을 가기 위한 몸부림들이 중단되지 않도록 역할을 감당하겠다.

코로나19와 같은 상황 속에서 교회의 위치는 더욱 중요하다고 생각한다. 새로운 목회 패러다임이 필요하다. 우리가 붙잡아야 하는 것이 교회의 본질이다. 그것은 예수 신앙, 예수 정신이다. 재림의 주님을 기다리며 마가의 다락방에 모였던 모임이 교회의 시작이었다. 변하는 시대에 대응하기 위한 발 빠른 움직임이 필요하다. 세상을 향하여 열린 마음으로 걸어가는 것 또한 중요하다. 그러나 본질에 대한 충실이 바탕에 있어야 한다. 더욱 낮아지기 위해 이 땅에 오신 주님, 죽음의 세력을 이기고 세상을 깨우는 빈 무덤의 주님, 작은 교회는 주님 오시는 날까지 부르심의 상을 따라 걸어가려고 한다.

건강한작은교회연합이 걸어온 길

전 영 준

(건강한작은교회연합 회장, 인천 더작은교회)

태동

2005년 여름에 '교회개혁실천연대'가 주선하여 협력 교회 10여 개 교회 대표가 모인 자리에서 '건강한작은교회연합'(이하 건작연)의 전신인 '개혁교회네트워크'의 창설 논의가 있었다. 이 자리에서 모임의 성격을 교회개혁실천연대 소속 기구로 창설할 것인지 별도의 교회연합으로 할 것인지를 논의한바, 교회개혁실천연대를 포함한 교회 간 연합으로 진행하기로 의견을 모았다.

이어서 몇 차례 준비 모임을 거쳐 2005. 10. 30. 종교개혁기념 주간에 숭인초등학교에서 개최된 '개혁교회 연합 체육대회'에서 정식으로 발족하게 되었는데 언덕교회 이승종 장로가 작성한 결성 제안문을 낭독함으로 10개 교회(디딤돌, 상도감리남선교회, 새시대, 성터, 언덕, 원주언덕, 열린마을, 예인, 전주언덕, 희년마을교회)가 창립 회원 교회로 이름을 올리고 출발하게 되었다(현재는 언덕, 예인, 새맘, 세상의 벗, 더함공동체, 너머서, 더작은교회 등 일곱 교회이다.).

설립 동기와 목적

'건작연'의 모임 선언문에는 "대형화를 지향하는 기성 교회들의 개교회주의를 배격하고, 건강한 교회를 추구하는 교회 간의 연합을 통해 개별적으로는 교회 규모가 영세함으로 역부족일지라도 연합하여 역량을 모아 나름대로 한국교회의 건강성 회복을 위한 선도적 역할을 담당할 것을 다짐한다"는 내용이 들어있다.

특별히 초기의 이 모임은 기존의 목회자 중심의 협의체 구성을 탈피하여 일반 성도들이 주축이 되고, 목회자들이 지원하는 체제를 지향하며 결성되었는데, 그 이유는 목회자 집단이 네트워크의 구축과 운용 과정에 전면에 나서게 되면 필연적으로 평신도는 주변화되고,

찬양제

결과적으로 기독 시민적 교양과 자발성에 기초한 평신도의 건강한 참여를 위축시키게 될 우려가 있기 때문이었다. 즉, 교회 협력 활동에 대한 평신도의 활발한 참여 진작을 위하여 평신도의 주체적 역할을 강조하기 위함이었다.

또한 선언문에는 "건강한작은교회연합 모임은 향후 교회 간 공동체적 나눔의 활성화는 물론, 이를 바탕으로 교회 개혁 운동의 전위대 역할을 담당하는 기독시민단체의 활성화 및 건강한 교회의 태동과 확산을 위한 지원과 협력을 통하여 한국교회의 건강 회복을 앞당기는 일에 기여함"을 목표점으로 설정하였다. 따라서 회원 교회의 확장을 통해 개혁교회 진영의 위상을 강화하기 위한 교회 연합, 개혁교회 모델의 정립 및 확산을 위한 교회 연합, 개교회주의를 넘어 협력 사역의 시범을 위한 교회 연합, 목회자와 일반 신도의 협력 사역을 추구하는 교회 연합 등을 지향한다.

사역 과정 및 활동 현황

위에서 언급한 바와 같이 건작연은 개 교회의 건강성 회복을 위한 활동을 목적으로 연대하고 있기에, 특별히 회원 교회 간 유대 강화 및 협력 사역을 도모하기 위해 심포지움, 체육대회, 수련회, 강단 교류, 찬양제 등의 활동을 정기적으로 진행해 오고 있다. 대외 활동으로는 '생명평화마당'이 주최한 '작은교회박람회'(한마당)에 참여하여 건작연의 '이런' 가치를 알리고, 그것에 공감하고 동의하는 교회들과 연대하기 위한 활동을 도모하기도 하였다.

무엇보다도 한국교회 현실에 대해 비판과 함께 대안을 제시하는

'이교다' 세미나

건작연 활동으로는 "이런 교회 다니고 싶다"(이교다) 세미나가 대표적이다. '이교다' 세미나는 건작연에 속한 교회들이 공통으로 추구하는 '성경적 교회됨의 가치'를 "실제적으로 교회 공동체 안에서 어떻게 실천하고 있는가"에 대한 각 교회의 적용 방법과 활동들을 소개하는 자리이기도 하다. '이교다' 세미나를 통해서 회원 교회 안에 안착하는 '가나안 교인'들이 상당수 있게 되었다는 점은 긍정적으로 평가받을 만하다고 생각된다.

위와 같은 활동들에 있어서 한 가지 부연 설명이 필요한 점은 건작연의 교회 개혁 사업 협력 및 지원에 있어서의 모든 활동은 개교회의 자율성의 기초 위에서 긴밀한 협력 사역을 추구하는 '느슨한 교회 연합' 성격을 취하고 있다는 점이다. 여기서 '느슨한 교회 연합'이라 함은 기존의 교단과 같은 강제 규정이나 치리적 성격의 규정이 없음을 의미하는 것이다. 기존 교단과 다른 가치적 연대의 공동체라고 할 수 있겠다.

특별히 2014년 심포지움에서는 건작연의 운영 방향을 정립하여 여섯 가지 핵심 가치를 도출하였다. ① 작은 나눔을 통한 비움의 성경적 가치 추구, ② 신앙과 삶의 진실한 공동체, ③ 가치 중심의 연합, ④ 신자와 교회의 사회적 책임, ⑤ 민주적 운영과 재정 투명성, ⑥ 목회자와 일반 성도의 동역 등이다.

앞으로의 전망과 계획

건작연이 설립된 지 만 10년이 되는 시점에 건작연의 방향과 가치에 대해 회원 교회 교우들은 어떻게 생각하는지 궁금해졌다. 얼마나 동의하고 만족하고 있는지 말이다. 아울러 작금의 한국교회 현실과 문제의 원인을 무엇이라고 생각하는지 그리고 거기에 대한 대안은 무어라고 생각하는지 알고 싶었다. 앞으로의 건작연 운영과 활동에 대한 진지한 고민이었다.

이런 고민으로 건작연 운영위원회에서는 회원 교회 교인들을 대상으로 지난 2017년 설문조사를 실시했다. 설문조사에는 7개 교회, 175명의 교인이 참여했고, 운영위원(32명)과 일반 교우(143명)들을 나누어 조사했다. 설문의 내용은 크게 나누어 ① 건작연 활동 전반에 대하여, ② 건작연의 핵심 가치에 대하여, ③ 교회 제도에 대하여, ④ 한국교회 개혁에 대하여, ⑤ 사회문제에 대한 교회 참여에 대하여 등 다섯 부문에 걸쳐서 13문항을 질문하여 조사하였다.

몇 가지 예를 들면, 건작연의 핵심 가치가 무엇이냐는 질문에 운영위원과 교인들이 공통적으로 동의하는 점은 ① 작고, 나눔, 비움의 성경적 가치, ② 신앙과 진실한 삶의 공동체 강단 교류, ③ 민주적 운영

체육대회

과 재정 투명성, ④ 신자와 교회의 사회적 책임, ⑤ 목회자와 일반 성도의 동역, ⑥ 가치 중심의 연합 등이었다.

그리고 건작연 소속 교회에 다니는 것에 만족하는 이유에 대해서는 ① 평신도 중심 운영, ② 목회자 지도력(설교 및 태도), ③ 교우들 간의 소통과 교제, ④ 투명한 재정 공개 및 사용, ⑤ 교회 개혁에 대한 활동, ⑥ 사회 정의에 대한 참여, ⑦ 직분에 대한 임기제 시행, ⑧ 지역사회 적극적인 활동, ⑨ 성경공부 및 교육시스템을 들었다.

또한 한국교회의 문제점에 대해서는 ① 사제적 권위주의 · 목회자 중심주의, 소수 지도자들의 전횡, ② 헌금 강요 및 불투명한 재정 운영, ③ 목회자의 비윤리적인 모습, ④ 교회의 대형화 추구, ⑤ 기복주의 신앙, ⑥ 사회 불의에 대한 침묵, ⑦ 교회 내 차별, ⑧ 개교회 중심주의, ⑨ 타 종교에 대한 무조건적 비판 및 폭력의 순으로 응답하였다.

끝으로

건작연은 성장지향주의적 한국교회에 '건강한 작음'이라는 경종을 울리며 작게나마 대안을 제시하였다고 생각한다. 그러나 지금은 비슷한 형식의 다양한 연대들이 생겨 많은 정보와 자료들을 제공하고 있고, 그만큼 건작연의 역할은 축소된 것 같다. 더구나 건작연에서 주도적인 역할을 감당하시던 1세대 사역자님들(방인성 목사, 박득훈 목사 등)의 은퇴로 인해 대외적인 활동 반경이 줄어든 것 또한 사실이다. 그러나 애초 건작연 태동부터의 가치였던 '평신도 중심'의 작지만 건강한 민주적 교회의 필요성은 더 강조할 때인 것 같다. 이를 위해서는 '외연의 확대'를 이야기하지 않을 수 없는데, 이에 대해 회원 교회들이 추진위원회(TF)를 구성하여 머리를 맞대고 대안을 모색하는 중이다. 1차적으로는 건작연의 대표적 활동으로 소개한 "이런 교회 다니고 싶다" 세미나가 일회성의 모이는 행사로 끝나지 않고, 지속적으로 접촉이 가능한 사회관계망서비스(SNS)를 활용하여 소통하는 방안을 모색하

연합 예배

고 있다. 또 각 회원 교회가 갖고 있는 민주적 교회로서의 특징과 기타 소개할 만한 장점들을 나눌 수 있는 플랫폼을 만드는 작업도 추진 중에 있다.

최근 코로나 사태로 인해 잠시 소강 국면에 들어간 상황이지만, 이제 다시 모임을 개시하여 다가오는 '건작연 15주년'을 계기로 한국교회 안에서의 '건강한작은교회연합' 운동의 새로운 기틀을 마련할 수 있게 되기를 이 자리를 빌려서 다짐해 본다.

교회2.0목회자운동이 걸어온 길과 가야 할 길

김 종 일

(목사, 동네작은교회)

시작하며

2011년 6월에 시작된 '교회2.0목회자운동'(이하 교회2.0)은 한국교회에서 작은 교회들이 작지만 용기 있는 목소리를 내는 첫 시작이었다. 당시 작은 교회들의 목소리는 미미했고, 역량 미달이라는 평가를 받고 있을 때였다. 사실 2007년에 대부흥 백 주년을 기념하는 다양한 기획과 행사들이 대형 교회를 중심으로 줄줄이 펼쳐졌지만, 겉치레 위주의 행사에 그쳤고 신학계나 교계는 구체적인 미래의 청사진을 제시하지 못하였다.

2007년을 지나면서 오히려 심각한 문제에 봉착하기 시작했다. 첫 번째는 더 이상 대형 교회를 따라가고 모방한다는 것이 피곤한 일이요 대안이 없다는 점, 두 번째는 신종 이단인 신천지의 맹활약에 속수

무책으로 교회들이 무너지고 빼앗기는 현상이 지속적으로 일어나고 있다는 점, 셋째는 다양한 은사 체험과 신사도 운동이 새롭게 일어나고 있다는 점 등이었다.

두드러지게 등장하지 않았던 수많은 은사 운동의 단체와 개인이 전면에 나서며 성령의 능력을 나타내는 행사와 세련되게 시행되는 온누리교회 출신 손기철 장로의 치유 사역, 선교 단체 등을 통해 나타난 신사도 운동은 평범한 크리스천들의 영적 허기짐과 대안 찾기의 출구로 인식되기도 했다.

그러나 또 한편으로는 정치적으로 김대중, 노무현으로 이어지는 두 번의 정권을 겪으면서 자연스럽게 형성된 개혁성, 투명성 그리고 진보적 가치를 녹여내는 교회 운동의 보편성을 실험하고자 하는 목회자들이 나타나기 시작했다. 그들의 신학적 정체성은 복음주의적인 교단에서 신학을 배우고 안수를 받아 보수적이지만 목회 실천적으로는 사회의 개방성과 민주화를 체득하면서 복음주의 특징들을 놓치지 않고, 목회 현장을 구현하고 싶은 자들이었다. 그들은 한국교회가 성장의 정점을 찍었던 황금기에 중대형 교회에서 사역을 감당하면서 부흥의 열매들을 지켜보거나 중심에 서 있던 자들이었으며, 동시에 그 한계를 절감했기에 교회 개척이라는 현장에서 대안적 교회를 세우겠다는 당찬 결심을 하고 광야로 나선 자들이었다.

그들은 교회의 형태와 조직 운영을 민주적으로 투명하게 하면서 정치 사회적인 책임 의식을 갖고 참여하려고 하였다. 그리고 그런 개척교회 목회자들이 자연스럽게 모임과 심포지엄 세미나 등을 통해 연대를 이루게 되었다. 그들은 자신들이 배우고 경험한 목회 현장이 부흥과 성장을 이루어 가던 곳이었기에, 바른 목회를 통해 건강한 교회를 세우면 결국 성장의 열매를 얻을 것이라는 생각도 하였다. 그러나 이것은 착각이었다. 그 이유를 설명하는 것이 이 글의 내용이다.

멘토와 코치들

'교회2.0'이 복음주의권의 진보적 인사들의 지도와 후원으로 시작되었다는 것을 먼저 이야기해야겠다. 대표적인 인사로는 방인성, 박득훈 목사를 들 수 있다. 두 분의 섬김과 헌신은 그 당시 작은 교회를 시작하며 좌충우돌하는 젊은 개척자들을 격려하고 지도하고 경청해 주는 어른의 역할을 해 주었다. 개혁적인 작은 교회들의 연합체를 만들어 목회자와 지도적 성도들의 생각을 깨워주고, 사회적 역할에 대한 지속적인 관심과 참여를 일으켜 주는 동기를 제공해 주었으며, 먼저 달려가 깃발을 들어주는 역할을 했기에 후배들은 두려움 없이 공동체 구성원들과 함께 연대를 이루어 나갈 수 있었다.

당시 젊은 목회자들은 인식 전환을 통해 다양하고 색다른 형태의 목회 현장을 발굴하고 세우는 운동을 시작하였다. 그것은 차후 작은 교회들의 연합과 연대의 출발점이 되기도 하였다. 실제로 교회2.0을 통한 교회들의 연합은 지속적인 강단 교류, 연합 수련회, 연합 학생 캠프 등 다양한 행사들로 이어졌으며, 대형 교회의 세습 반대 운동, 목회자 세금 납부 운동 등 한국교회 이슈들을 다루는 형태로 나타났다. 나아가 정치, 사회적인 이슈인 세월호와 광화문 촛불 혁명까지 일관되게 연합과 연대의 움직임으로 확대되어 갔다. 이런 지평을 넓힐 수 있었던 것은 멘토와 코치의 역할을 묵묵히 감당해 준 방인성, 박득훈 목사 등 당시 어른들의 헌신에 기인한다.

발랄하게, 재미나게, 창의적으로

교회2.0목회자운동은 무엇보다 목회자들의 의식 전환에 비중을 두었다. 그 핵심은 목회자들이 당연하게 여기는 권리에 대한 포기와 내려놓음이었다. 아직도 대형 교회들이 두려워하는 목회자 재신임 투표, 재정 공개화 운동, 목회자 세금 납부 등에서 작은 교회의 목회자들은 비교적 자유롭고 개방적이었다. 누가 먼저라고 할 것 없이 이런 방식을 목회에 적용하고, 교회개혁실천연대 등의 단체를 통해 학습하고 실험해 보았다. 너무 자연스러운 과정이었다. 또한 창의적인 개척의 모델을 찾아 발굴하여 소개하였다. 과거 같으면 특수목회로 불릴 만한 것들이 하나의 대안적 목회로 소개되었다. 부지런히 배우고 실험하는 목회자들이 정기적으로 모여 사례를 발표하기도 하였다.

당시의 분위기는 재미나게 하자, 즐겁게 하자, 기발한 거 해보자는

목회자, 신학생 수련회

것이었다. 목회 현장을 카페로 만들어 보고, 도서관을 해보고, 밥집을 차려보고, 도시 공동체에 들어가 보기도 하는 등 탐방과 발표 등을 통해 새로운 목회 패러다임을 경험하였다. 동시에 목회자 개인의 재량과 관심거리들을 공유하면서 다양한 도구들을 배우기도 했다. 인터넷을 기반으로 하는 목양 시스템 구축, SNS를 통해 교회 알리는 일 등을 배워서 자신의 현장에서 실험해 보기도 하였다.

자신들의 목회 현장을 더욱 풍성하게 만들고 싶은 기대와 소망이 어우러지면서 혁신적인 방식의 목회 운영과 의사 결정 방식을 교회 내에 구체화하였는데, 민주적 정관 만들기 등이 그 사례이다. 초창기의 정신인 교회 개혁의 가치와 민주적 운영이 실현되는 다양한 형태의 새로운 교회들이 교회2.0의 목회자들을 통해 개척되었다.

세월호, 촛불, '작은교회한마당'

교회2.0은 다양한 개척 실험과 목회 방식의 창의적 실천을 해 가다가 2014년 세월호 사건을 통해 또 한 번의 획기적인 전환을 맞이하게 된다. 2.0 목회자들의 개혁적 진보 성향이 복음주의 신학과 조화를 이루며 사회문제에 대한 비판적 메시지를 선포하고 대안 세력으로서의 교회 운동을 이어오고 있었는데, 그것이 세월호 유가족들을 만나면서 광화문 광장에서 천막 카페 운동으로 전개된 것이다.

희망찬교회 양민철 목사의 헌신으로 시작된 이 운동은 2.0 소속의 목회자들과 성도들의 헌신으로 수년간 지속하며 약자의 편에 서는 그리스도의 모습을 실천하였다. 그리고 정부를 향해 올바른 진상 규명을 촉구하는 수많은 단체와 연대하여 손을 잡는 운동으로 발전되어

세월호 유족과 함께하는 광화문 천막 카페

나갔다. 천막 카페에는 매일 수백 명에서 수천 명이 방문하며 교회가 준비한 커피 한잔을 나누며 대화하였고, 광화문은 개혁적 목회자들이 교단과 교파를 초월하여 함께 머리를 맞대는 소중한 공간이 되었다. 현장의 경험과 실천을 통해 2.0의 목회자들은 복음주의 진영과 에큐메니칼 진영이 함께 공유하고 동역할 수 있는 기회를 많이 가질 수 있었다. 대(對) 정부 운동과 함께 대형 교회에 대한 예언자적 선포, 약자의 편에 서는 기독인의 헌신은 교회의 이름으로 함께할 수 있는 사회 선교의 현장이었다.

세월호 사건에 연대한 교회2.0은 박근혜 정권 말기로 가면서 촛불 대오에 함께하는 운동으로 이어졌다. 각종 성명서와 보도문에 연대하여 이름을 올렸으며, 대(對) 사회적인 메시지를 함께 선포했고, 대형 교회를 향해 회개와 반성을 촉구하는 외침에 동참했다. 이런 운동으로 인해 교회 중심적이고 목회 중심적인 사역에 무게를 둔 목회자들의 이탈도 있었지만, 작은 교회들이 연대하여 더 큰 연합체를 이루어 참여한 활동은 작은 교회들이 할 수 없다고 느꼈던 사역을 할 수 있다는 경험들로 축적되었다. 언론과 미디어에서 작은 교회들의 목소리가 들렸고, 신학교에서도 개척교회와 작은 교회들의 활약(?)에 주목하게 되었다. 특색있고 개성 넘치는 작은 교회들이 새로운 개척 모델로 소개되었고, 목회자 후보생들에게 실천 가능한 목회로 인식되었다.

교회2.0의 방향성과 운동적 지향성을 한층 더 끌어 올려준 것은 바로 '생명평화마당'이 정기적으로 주최한 작은교회박람회(한마당)였다. 이 역시 방인성, 박득훈 목사와 이정배 교수의 헌신으로 시작된 것인데, 교회2.0을 위해 판을 벌려 준 소중한 장이었다. 세 분의 수고와 헌신은 새롭게 꿈틀거리는 작은 교회들에게 더할 나위 없는 장(場)을 제공해 주었고, 우리들의 몸부림이 외로운 활동이 아니며 전국에 수많은 동지가 있다는 사실을 알게 해 주었다.

탈성장, 탈성별, 탈성직의 세 주제로 매년 열린 작은교회한마당을 통해 교회2.0은 새로운 사역을 알리고, 동지들을 만나고, 새로운 네트워크를 이어갔다. 한국교회 안에 이렇게 다양하고 다채롭고 신선한 목회를 하는 무리들이 있음을 발견하였고, 함께 마음을 모으면서 더

생명평화마당의 이정배 교수와 함께

큰 사역을 꿈꿀 수 있었다. 무엇보다 에큐 진영과 복음주의 진영의 만남은 지평을 넓혀주었으며, 이념적이고 사변적인 동역이 아니라 함께 웃고 울 수 있는 마당을 제공해 주었다.

작은 교회의 생존 방식, 치열하게 그러나 즐기면서

9년을 달려오는 동안 교회2.0의 구성원은 많이 변했다. 그러나 동시에 버릴 수 없는 소중한 경험도 하였다. 지금까지 서술한 교회2.0의 사역과 방향성은 건강하고 민주적이고 그리고 역동적이었다. 그러나 운동이 갖고 있는 고결함과 당위성과는 별개로 목회 현장이 실제로 풍성하고 기름진 사역이 이루어지고 있느냐에 대한 고민이다. 즉, 목회자 운동이 자신들의 교회를 풍성하게 하고 성도들의 사고를 성숙시키고 믿음의 결단이 지속적으로 일어나는 현장을 만들어 가고 있느냐에 대한 본질적인 질문을 하게 된 것이다. 대 사회적으로 바른말을 하고, 대형 교회를 비판하며 건강한 구조를 만들고, 목회자가 생계를 교회에 의존하지 않는 방식을 고집하는 것이 우리가 경험한 부흥의 시대를 보장하는 것이 아니라는 점이었다.

이 글을 쓰는 이 순간에도 어느 대형 교회의 왜곡된 지도력 훈련이 언론의 도마 위에 올라 세간의 뭇매를 맞고 있다. 언제까지, 어디까지 이런 일들이 계속될지 끝이 없을 정도이다. 대형 교회의 세습에 그토록 목소리를 높였지만, 과거 흠모의 대상이었던 선배 목회자들의 뻔뻔스러운 배신과 자가당착과 이율배반적인 노년의 행보에 정신을 잃을 지경이다. 대학생 선교단체의 지도자들 역시 돈 문제, 성 스캔들로 무참히 무너져 버리고 있으며, 여전히 이곳저곳에 심각한 부패와 오류의 빨간 불이 연신 켜지고 있다. 그래서인지 9년을 달려온 2.0의 내부 구성원들의 사역 현장과 교회들도 건강한 성장을 꿈꾸었지만 딱히 그렇다고 말하기에는 손에 든 곡식이 너무 적다.

여기서 2.0의 고민은 다시 시작된다. 십 년을 이렇게 살아도 여전히 그런 건지, 아니면 그래도 한두 가지 실험적으로 경험한 것에 만족하며 주어진 결과에 덤덤하게 감사하며 목회를 이어가야 하는지….

목회자들만 바뀐다고 교회가 바뀌는 것이 아니다. 우리들의 착각이 여기에 있다고 생각한다. 목회자가 바뀌면 교회의 문화가 조금은 바뀌지만 교회 자체가 변화되는 것은 아니다. 목회자의 의식이 전환된다고 교회 지도자들의 생각이 변하는 것은 아니다. 물론 변화하는 점이 있다. 그러나 목회자 한 사람의 변화와 자각이 교회 전체의 회복과 갱신으로 이어지려면 자신이 변하는 시간보다 어쩌면 더 길고 지난한(교회 구성원 모두의) 변화의 기간을 기다려야 한다. 2.0운동을 하면서 느끼는 한국교회의 변화는 그나마 작은 교회에 희망을 걸고 대형 교회에서 나와 작은 교회로 가는 이탈자들이 늘고 있다는 점과 가

교육의 현장

나안 성도들이 작은 교회를 찾아다니는 비율이 점점 늘어나고 있다는 것 정도이다. 그러나 함께했던 목회자들이 교회를 떠나거나 이 운동에 더 이상 함께하지 못할 정도로 힘들어지고 있는 경우도 많다. 그만큼 한국교회는 작은 교회나 대형 교회나 성장세가 급격히 꺾이고 있음을 체감하고 있다. 최근의 코로나 사태는 한국교회가 생명줄 같이 붙잡고 있던 주일예배 모임에 직격탄이 되었다. 성도들 가운데 주일날 교회를 가지 않아도 되는, 갈 수 없는 일상이 지속적으로 이어지고 있는 것이다.

그동안 배운 교훈

이 글을 맺으면서 교회2.0목회자운동을 통해서 배운 한두 가지 교훈을 나누고 싶다. 첫째로 과거 복음주의권에서 체득된 교회 성장주의적 관점을 유지하면서 2.0 시대를 이어 나가는 것은 자가당착이라는 점이다. 수평적 지도력, 민주적 정관 운영, 정치 사회적 이슈에 예언자적 목소리를 내는 교회들은 성장과 배가의 달콤함을 함께 누리겠다는 욕심을 버려야 한다. 요즘 2.0에서도 많이 연구하고 현장에 적용하는 소위 선교적 교회 역시 교회 성장적인 관점으로는 불가능하다.

코로나19는 모이는 교회, 끌어당기는 교회에 치명적이다. 마스크를 쓰고 손 소독을 하고 거리두기를 하면 방역은 되겠지만, 그렇게 매주일, 매월, 매년 모이는 것이 과연 예배의 진정성을 담보해 주고 성도의 의무를 다하는 것인지 묻게 한다. 즉, 대형화된 건물 중심의 모이는 예배, 목회자의 설교를 중심에 두는 이런 체제는 이제 용도를 다한 것이고, 그런 구조가 목적으로 하는 교회 성장은 처음부터 2.0 운동과

거리가 있는 것이었다. 오히려 성장의 열매를 꿈꾸지 말고 건강하고 역동적이며 유기적인 공동체를 치열하게 준비하고 실험해 볼 것을 권한다. 선교적 운동에서 말하는 것처럼 기독론이 선교론을 낳고 선교론이 교회론을 이루어 가게 해야 한다.

사람을 모아 교회를 세우고, 그 교회가 기획하여 시행하는 프로그램으로써의 선교는 여전히 하나님의 선교와는 상관없는 교회의 선교일 뿐이다. 오히려 구원받은 자들이 세상 속으로 들어가 씨앗이 되어 일상에서 일하고 계시는 하나님의 선교에 동참하고 참여하는 것이 중요하다. 하나님의 선교가 세상에서 꽃필 때 자연스럽게 회심과 구원의 열매가 맺히고 새로운 교회가 탄생할 수 있다. 하나님의 선교로 열매 맺는 교회 개척이 일어나야 한다.

두 번째로 하나님은 또 한 번의 기회를 주셨다는 점이다. 우리는 그동안 수많은 시행착오와 감당하기 힘든 과정을 통해 몇 개의 소중한 교훈을 얻었다. 교회 재정을 건강하게 사용하기 위해서 목회자가 이중직을 경험해 보았고, 수평적 지도력을 실천하면서 리더십의 타격을 온몸으로 맞아 봤다. 그러면서도 아직 망하지 않고 꾸역꾸역 이어가는 우리들의 교회가 서 있다. 이명박의 4대강 사업을 비판하고, 국정원의 정치 개입에 피켓을 들고 저항하고, 세월호 때 함께 손을 잡고 울면서 광화문을 지켰다. 그 추운 겨울 손이 곱아질 때도 종이컵에 담긴 촛불 하나를 하늘 높이 치켜세우며 울부짖었다. 그래서 정권이 바뀌었고 네 번의 선거에서 민주 진영의 승리를 보았으며, 4대강의 수문이 열리며 생태계가 회복되는 것을 보았다. 일본의 수출규제에 분연히 맞서 싸웠고, 행정부 교체에 이어 국회 권력을 바꾸는 열매도 보았다. 작지만 분에 넘치는 열매를 하나님으로부터 받았다. 이제 코로나

19는 이제 교회의 본질, 근본적 구조를 바꾸도록 요구하고 있다. 작은 교회가 또 한 번 꿈틀거리는 것을 보여주어야 할 것이다. 아니 교회는 작아야만 살아남을 수 있다는 것을 보게 될 것이다. 대형 교회들의 뒤뚱거림으로는 민첩함도 기발함도 창조적 발상의 기민함도 기대하기 어렵다. 급변하는 이 시대에 하나님의 선교를 감당하기 어렵다. 하나님의 나라는 작은 씨앗으로부터 시작하기 때문이다.

생태계의 변화는 하나님의 깊은 계획이며 의도이다. 농촌이 대안적 생태계의 현장이 되고 있다. 자연을 무너뜨리고 생태계에 역행했던 자본주의적 물신숭배 체제가 코로나19로 무너져 내리고 있다. OECD 모든 국가의 성장률이 마이너스로 예측되고 있다. 즉, 성장이 성공이 아니며, 성장할 수 없는 상황이 도래했다.

자, 이제 다시 교회를 돌아보자. 종종 그러하듯 교회는 세상보다 우선해서 하나님이 알려주시는 신호를 목격하는 특권이 있다. 작은 교회들이 구원의 메시지를 전하게 될 것이다. 2.0 역시 다시 기지개를 켜며 세상을 섬기는 작은 교회들로 존재하고 싶다. 작은 자를 들어 큰 자의 입을 닫게 하시는 하나님의 의도는 오늘도 흔들림이 없다. 이루지 못한 것에 괴로워 말고, 이루지 못할 것에 미련을 갖지 말고, 지금의 현장에서 즐겁고 행복하게 살아가는 것, 그것이 하나님의 나라가 이 땅에 존재하고 있다는 것을 보여주는 작은 교회의 특권이 아니겠는가?

부산 지역의 작은교회운동 이야기

김 현 호

(기쁨의집, 건강한작은교회비전모임 운영위원장)

여는 글

"못생긴 나무가 산을 지킨다"라는 말이 있듯 이 땅에 복음의 토양을 일구고 뿌리를 내린 배경에는 농촌의 작은 교회들이 있었다. 나는 섬진강이 흐르는 진월에서 소년 시절에 복음을 받았다. 당시 교회는 우리 마을에서 가장 개화된 공동체였다. 삼일운동에 가담했던 청년들이 먼저 복음을 받아 교회를 시작하고, 그 뒤 선교사들을 불러 지도를 받으며 학숙(學塾)과 교회를 함께 열었다. 개화기의 선각자들이 복음의 빛으로 사회를 섬기겠다고 시작한 교회는 문맹 퇴치에 앞장섰고, 축구를 통해 인근 지역과 시합을 하며 친교를 나누었는데, 섬진강의 매화 향기만큼이나 신선했다. 어린 시절 농촌의 작은 교회에서 믿음을 키우다가 중학교 시절에 공부하고 싶어 혈혈단신으로 부산에 왔는데 이곳에서 나를 키워준 곳도 교회였다.

교회는 어머니의 품과 같아서 모든 것을 다 품어 주는 곳이었다. 그러나 소년 시절을 지나 청년이 되면서 그 든든해 보였던 교회의 허약함이 보였고, 교회 일에 깊숙이 참여하는 과정에서 어른들의 연약함이 보였다. 성경적 가르침을 행동으로 보여달라는 요구에 어른들은 어떻게 할지 몰라 했고, 그때부터 개혁이란 단어도 생각하고 독서를 통해 개혁교회의 정신을 배우게 되었다. 나에게 교회는 복음으로 낳아 준 어머니와 같은 곳이다. 늘 애잔하다. 후에 4개 교회의 개척하는 일에 참여함으로 젊은 날에 진 빚을 갚기 위해 노력했지만, 여전히 교회는 불완전하고, 사도행전에서 그리고 있는 원시 기독교의 원형을 복원하는 꿈을 간직하고 있다.

거대한 반전의 흐름들

20세기 중반 이후 나타난 유례없는 현상은 초대형 교회들의 등장이다. 지역에서 기껏 100명 정도 모이던 교회가 200명, 500명을 훌쩍 넘기고, 이어서 주일 출석 교인이 2~3천 명이 넘는 대형 교회들이 등장하였다. 지역 중심의 교회에서 광역화된 교회들이 우후죽순 생겨났다. 신학교에서 교회성장학을 가르치면서 다양한 이론들이 제시되었고 효과를 발휘하였다.

하지만 이젠 세상이 달라지고 있다. 기독교의 불모지에서 단기간에 성장한 한국교회는 내면화, 토착화의 과정을 제대로 갖지 못하고 성장한 탓에 그 부작용으로 심각한 몸살을 앓고 있다. 한국 사회도 이미 근대 이후의 사회 문화가 깊숙이 진행되어 과거의 낡은 구조로는 이 새로운 물결에 배를 띄울 수 없는 상태에 이르렀다.

한국교회는 그동안 거대한 구조 속에서 전통적인 예배, 반(反)지성주의, 교회의 사유화, 자본주의적 성공 주의에 휩쓸려 오다가 1세대 지도자들이 은퇴한 이후 성장의 답보 상태에 머물고 있거나 급속한 쇠락을 경험하는 중이다. 특히 역사의식이 부족한 과거 세대 지도자들은 민주적인 사회로 전환되었음에도 과거 독재 시대나 이념 대립이 첨예하던 시대를 극복하지 못하고, 세월호 사건에 대한 폄하와 광화문의 태극기부대처럼 수구적 퇴행의 모습을 보이면서 청장년 세대들이 교회를 떠나게 만들고, 지성이 교회로 유입되는 길을 막아버렸다. 이런 모습으로는 다음 세대 사람들이 건너올 다리가 될 수 없다. 심각한 자기성찰이 요구되고 있다.

'프로테스탄트'(protestant)는 '항의', '저항'이란 뜻을 가지고 있다. 개신교회의 장점이다. 그러면 지난 세기 우리 한국 사회에 공헌하며 그리스도의 정신을 실천하고자 헌신했던 한국교회는 어떤 방향으로 가야 할 것인가? 해체할 것인가, 재건할 것인가? 나는 이 지점에 어떤 답을 가지고 있지 않다. 그것은 신학자들과 목회자들이 오늘 이 시대 현상에 대한 깊은 통찰을 가지고 답을 찾아야 할 테지만 나의 단순한 생각으로는 유기적 교회로의 전환을 말하고 싶다. 성경과 전통과 선교와 대안적 교회가 유기적으로 연결되어 건강한 모습의 교회로 세워지길 바랄 뿐이다.

'기쁨의집'을 통한 기독교 문화 사역

청년 시절 목회자가 되기 위해 신학교 진학을 준비하다가 접한 김세윤 교수의 『구원이란 무엇인가』라는 소책자는 나에게 문서 사역의 소중함을 깨우쳐 주었다. 잠시 머물던 작은 기독교 서점의 직원에서 도서 유통과 독서 안내자로의 꿈을 키워주었다. 책 한 권이 한 사람의 인생을 바꿀 수 있는 힘이 있다는 것을 발견한 기쁨에 전 생애를 던지기로 하였다. 15년 동안의 직장생활을 마치고 1994년에 시작한 '기쁨의집' 문서 사역은 부산 지역에서 기독교 문화 운동으로 자리매김하였다. 당시 부산은 1,600개 정도의 교회가 있는 거대 도시임에도 기독교 문화는 찾아볼 수 없는 황무지나 다름없었다. 도서관이 있는 교회, 기독교 소극장, 기독교 문화 공간 하나 없는 모습을 바라보며 뭔가 해보자고 생각하였다.

그동안 실험적으로 해본 사역들은 개업한 첫해부터 20년간 이어온 저자 초청 기쁨의집 문화강좌, 신간 도서 전시회, 교회 신문/잡지/주보 편집자들을 위한 전시회와 강좌, 목회자 사모 세미나, 신학자 초청 목회자 워크숍, 목요 크리스천 포럼, 기독청년아카데미, 대안적 신학교육을 위한 기쁨의집 아카데미, 크리스마스와 부활절 카드 보내기 캠페인, 부산 기독교 역사 탐방을 위한 코스 개발, 교회 작은도서관 운동, 독서 목회 등 다양한 교회 협력 사역을 이어왔다.

기독비정부기구(NGO)운동도 열심히 해왔다. 부산 지역 기윤실운동, 교회개혁운동, 성서한국운동, 예수살기 등에 참여하여 평신도 중심적 기독교 운동을 함께 해왔다. 일부 열매를 맺은 사역들도 있지만 한계에 봉착했다. 보수적인 지역 정서에서 동역자를 일으키는 데 어려움이 컸고, 지역의 문제를 돌파하는데 역부족이었다. 하지만 기독교 세계관 운동을 기반으로 하는 문서 사역과 기독교 문화 사역을 멈출 수가 없어서 매년 가을마다 이어오는 바스락 콘서트, 25년간 이어오고 있는 별이 빛나는 크리스마스, 23년간 이어 오는 시인 윤동주의 밤, 올해로 23년간 이어오는 여름 독서 캠프, 사랑별 독서 모임 등은 오늘도 지역의 벗들과 함께 만들어 가고 있다.

교회 개혁 운동에서 건강한 작은교회운동으로

부산 지역 교회 개혁 운동은 지난 2007년, 당시 기쁨의집에서 진행해 오던 목요크리스천포럼에 참여하던 평신도 지도자들에 의해 시작되었다. 서울의 교회개혁연대가 한국교회 희망나누기 순례의 일환으로 2006년 8월 25일에 영남 지역 모임을 1박 2일 일정으로 부산에서 개최했는데 그때 참석한 것이 계기가 되었다. 이후 10여 년간 지속해 오고 있다. 소수의 동지들이 헌신적으로 모임을 해 오면서 매년 종교개혁기념 예배와 포럼을 개최하고, 부산 지역 교회의 현안에 능동적으로 참여하려고 노력해 왔다. 특히 개혁교회 정관 보급 사업은 나름 일정한 효과가 있었다. 아울러 부산 지역 교회 및 사회운동 단체들과 함께 연대사업을 해 온 것은 부산 복음주의 단체로서 뚜렷한 발자취였다고 본다.

그럼에도 지역의 많은 교회가 개혁 운동에 동참하지 않았고, 평신도 중심의 운동은 제도 교회 안에서 한계를 드러냈다. 또한 각자의 생업 때문에 에너지를 집중하기엔 역부족이었다. 열심히 노력해 왔지만, 평신도 중심의 역량으로는 넘지 못할 거대한 벽이 있었다. 단체도 사업을 중지하고 힘을 잃었다. 종교개혁 500주년 행사를 치르고 "한국교회를 위한 95개 조 개혁 과제"를 발표한 후에 더 이상 기존의 제도권 교회를 위한 사업을 포기하기로 했다.

그러나 여기서 주저앉을 수는 없었다. 자신감을 잃기는 했지만, 한

건강한 작은교회운동 모임에서 멘토(황영익 목사) 초청 시간을 갖고 있다

국교회가 세상의 빛으로, 소금으로 하나님 나라의 공공성을 실천하여 한국 사회를 견인하고, 종교개혁의 정신을 구체적으로 실천하는 교회로 바로 서야 한다는 목표는 오히려 뚜렷해졌다. 특히 소수의 힘으로 변혁을 일으키려면 대안적 교회 운동을 확산시키는 방법밖에 없다고 생각했다. 나름의 방향으로 잡은 것이 '건강한 작은 교회 세우기 운동'이었다.

지속 가능한 작은 교회에 대한 희망

꽤 오래전부터 한국교회를 생각할 때면 막막한 감정을 지울 수가 없다. 교회를 새롭게 경험할 수 있는 길을 어디서 찾을 수 있을까? 생명평화마당에서 편집한 책 『한국적 작은교회론』에서 주장하는 선교적이며 공동체적인 교회, 탈(脫)성직, 탈(脫)성장, 탈(脫)성별을 추구하는 교회를 어디서 찾을 수 있을까? 일상에서 영향력을 발휘하며 세상에 거룩한 문화를 전파시킬 교회를 세우는 일은 꿈일까?

한국교회는 한국 사회에서 더 이상 중심부가 아니다. 최근에 한국 사회에서 일고 있는 기독교에 대한 비우호적인 분위기는 그동안 한국 교회가 취해온 친권력적, 친자본적, 패권적이고 정복주의적인 선교 방식에 기인한다. 더 이상 한국적 기독교 성장 유형은 무의미해졌다. 더 이상 복음 전파를 할 수 없는 사막화된 메마른 환경이 되었다. 가파르게 쇠퇴하고 있지만 제동장치가 없다. 지역에서 이젠 주변부로 밀려나 희망을 걸 수 없게 되었다.

희망은 어디에?

팀 체스터는 영국 교회를 진단하면서 일상생활에서 선교를 실천하는 '일상 교회'가 되는 것이 오늘날 교회의 소명이라고 말한다. 그는 사도 베드로가 1세기 로마제국에서 흩어지고 나그네 된 그리스도인들을 향한 편지, 베드로전서를 통해 교회가 새로워져야 한다고 말한다. 즉, 1세기 교회들이 모두 변방에서 하나님 나라 운동을 시작하였다는 것이다.

> 예수 그리스도의 사도 베드로는 본도, 갈라디아, 갑바도기아, 아시아와 비두니아에 흩어진 나그네 곧 하나님 아버지의 미리 아심을 따라 성령이 거룩하게 하심으로 순종함과 예수 그리스도의 피 뿌림을 얻기 위하여 택하심을 받은 자들에게 편지하노니 은혜와 평강이 너희에게 더욱 많을지어다 … 그러므로 너희가 이제 여러 가지 시험으로 말미암아 잠깐 근심하게 되지 않을 수 없으나 오히려 크게 기뻐하는도다(벧전 1:1-6).

스튜어트 머레이는『기독교 국가 이후』에서 기독교 국가들이 문화의 전환을 보여주는 일곱 가지 변화를 설명한다.

① 중심에서 주변부로: 기독교 국가에서는 기독교의 이야기와 교회가 중심에 있었으나 후기 기독교 국가에서는 주변부로 밀려났다.

② 다수에서 소수로: 기독교 국가에서는 그리스도인들이 종종 압도적으로 다수를 이뤘지만, 후기 기독교 국가는 소수다.

③ 정착민에서 체류자로: 기독교 국가에서는 그리스도인들이 자신의 이야기로 형성된 문화에서 편안함을 느꼈지만 후가 기독교 국가의 문화에서는 나그네, 망명자, 순례자로서 평안하지 못하다.

④ 특권에서 다원성으로: 기독교 국가에서는 그리스도인들이 많은 특권을 누렸지만, 후기 기독교 국가에서는 다원사회의 많은 공동체 중의 하나이다.

⑤ 통제에서 증거로: 기독교 국가에서는 교회가 사회에 통제력을 행사할 수 있었지만, 후기 기독교 국가에서는 우리의 이야기와 그 의미에 대한 증거를 통해서만 영향력을 발휘할 수 있다.

⑥ 유지에서 선교로: 기독교 국가에서는 기독교의 현상 유지를 강조했지만, 후기 기독교 국가에서는 경쟁적 환경에서 선교를 강조한다.

⑦ 제도에서 운동으로: 기독교 국가에서는 교회가 주로 제도적인 방식으로 운영되었지만, 후기 기독교 국가에서는 다시 기독교 운동이 되어야 한다.

한국의 기독교 공동체와 선교는 황금기를 지나 암흑기로 접어들었다. 그럼에도 하나님 나라 운동은 그 지평을 넓혀갈 수 있다. 그것은 변방에서 다시금 고난 받는 교회로, 일상의 삶과 일터로 스며드는 공동체 교회로의 부르심에 순응할 때 가능할 것이다. 주변부로 밀려나더라도 하나님의 백성을 향한 주님의 부르심을 재발견할 수 있는 기회로 삼는다면 소망이 있을 것이다.

건강한 작은 교회가 희망

'작다'는 것은 단지 크기의 문제가 아니다. 그것은 본질의 문제이다. 중세의 로마가톨릭에 맞서 종교개혁을 일으킨 개혁가들은 내려놓음과 비움과 나눔의 정신, 즉 '십자가 정신'으로 새로운 교회를 시작했다. 작음은 바로 십자가를 따르는 지향이며 본질적 가치이다. 예수님은 자신을 따라오는 수많은 사람을 돌아보시며 자신을 따르는 의미가 무엇인지 생각해 보고, 자기 십자가를 지고 따르라고 말씀하셨다. 번

건강한 작은교회운동 모임의 회원들

영과 성공과 승리를 기대하며 따르던 많은 사람은 결국 자기 길로 돌아갔다. 규모가 작아서 작은 교회가 아니라 사도행전 교회를 지향하기 위해서는 작은 규모를 유지해야 한다.

한국교회의 건강성을 주장하는 학자들이나 지도자들은 한결같이 현재의 교회 규모와 사역 방식에 일대 전환을 요구하는데 그 핵심은 '해체'이며 '재편'이다. 복음 증거는 힘의 논리로는 이뤄낼 수 없다. 한국교회의 오염원은 해체와 과감한 분립으로 상당히 치유될 수 있을 것이다. 그러나 제도 교회의 해체와 재편 작업은 기대할 수 없다.

작은 교회 중에는 어쩔 수 없이 작은 교회로 존재하면서 열등감에 빠지고, 패배 의식과 비교 의식에 허우적대는 경우가 있다. 그 이유는 가치와 방향, 즉 원칙이 세워지지 않은 채 교회를 시작했거나 중간에 흔들렸기 때문이다. 끊임없이 큰 교회를 지향하고, 큰 교회의 가치와 방향을 좇고, 큰 교회가 되기 위해 행정과 프로그램을 운영하다 보면, 교회는 그냥 '작은 교회'가 아니라 '크지 못한 교회'가 되고 만다. 작은 교회는 작은 교회만의 가치와 방향으로 목회하고 운영할 때 열등감과 비교 의식에서 벗어날 수 있다.

건강한 작은 교회 물주기

① 발굴

아직 완전하지는 못할지라도 1세기 교회를 지향하고자 하는 정신을 가진 공동체와 지도자들을 찾아내고 아직 교회론이 정립되지 않은 성도들과 목회자를 일깨워 나간다.

② **탐방**

그들의 공동체를 지속적으로 탐방하여 예배 동참, 사귐, 격려 등을 통해 그들의 수고를 알아주고 칭찬해 준다.

③ **지원**

이미 건강하게 지속하고 있는 교회를 소개해 주고 그들의 사역을 이식시켜 주기, 공동체 성원들의 의식 수준을 살펴 가능한 사역을 안내해 준다.

④ **연대**

지속적으로 건강성을 유지하기 위해 목회자 연대, 교회의 연대를 통해 동지적 의식을 공유하도록 도와준다. 이를 수행하기 위해 생명평화마당, 교회개혁연대, 성서한국, 기독연구원 느헤미야, 기윤실 등과 협력관계를 유지한다.

부산 지역 '건강한 작은교회 비전모임'시작

이런 기본적 준비를 마치고, 기쁨의집 사역을 통해 만난 젊은 목회자들을 만나 취지를 설명하고 모임의 필요성을 알렸다. 고맙게도 그동안 우리의 사역을 익히 아는 목회자들이 그 소속 교단을 불문하고 동참하겠다고 했다. 2018년 3월부터 준비 모임을 몇 차례 가지고 그 해 5월에 첫 모임을 시작했다. 기쁨의집과 협력하고 있는 기독교 문화공간 '프라미스랜드'(대표: 박후진)에서 매달 첫 주 월요일 밤에 모임을 갖고 있다. 첫 모임에서 나는 목회자들에게 이렇게 말했다.

큰 소나무 몇 그루가 서 있다고 산을 푸르게 할 수 없다. 키 작고 못생겨도 푸르름을 간직한 작은 나무들이 빼곡한 산엔 곤충도 찾고, 새도 오고 풀도 자라고, 새도 보금자리를 짓고 사는 건강한 산이 된다. 골짝과 능선을 따라 살아있는 생명을 품어내는 작은 나무 같은 교회를 세워가자. 커지려는 야망을 내려놓고 교회가 속한 작은 지역을 하나님의 나라 시민으로 여기며 섬겨 보자. 이제 지역을 섬기는 작은 교회들이 골목마다 생겨나고 골목마다 푸르름을 번져가게 하자.

이름을 '건강한 작은교회를 위한 비전모임'(약칭 건작비)라고 정했다. 발족 후 1년 동안 내가 운영위원장을 맡아 모임을 알리고 함께할 목회자들을 모았다. 2년 차에 접어들면서 대표와 총무를 정했다. 그래서 지금 대표에 이득희 목사, 총무에 여종숙 목사, 운영위원장에 김현호 대표를 정해서 운영해 오고 있다. 적극적으로 모이지 않으면 해체하리라 여겼지만 고맙게도 매달 새로운 회원들이 참석하면서 현재는 28명의 젊은 목회자들이 참석하고 있다.

건작비의 활동

그동안 우리 모임은 매월 멘토(mentor)들을 초대하여 건강한 작은 교회가 가야 할 방향과 사역에 대하여 공부했다. 초기에 생명평화마당에서 도움을 많이 주었다. 당시 안동석 사무국장이 방인성 목사, 이정배 교수, 김영철 목사, 양민철 목사 등을 태우고 매달 부산까지 내려와 참여해 주었다. 대구 지역에서 나사렛운동을 하고 계신 정용성 목사, 쥬빌리목회지원센터의 현창환 목사도 기쁘게 강의도 해 주고 상담해 주었다. 청어람의 양희송 대표와 담임직을 내려놓고 사회 참여에 열심이신 황영익 목사, 실천신학대학원의 정재영 교수, 로고스서원의 김기현 목사도 명강의를 해 주었다.

그동안 건강한 공동체 복원, 공동체 사역, 설교, 교회의 납세 문제, 교회와 협력하는 단체들과 연대하기, 가나안 신자들을 돕는 길 등에 대한 강의를 들으며 공부했고, 요즘 관심 있는 주제들을 다루는 책을 읽기도 했다.

우리 모임에서 열심히 교회를 세워가는 회원 목회자들도 자신들의 교회론과 독특한 사역들을 함께 나누고 있다. 회원 교회들을 탐방하기도 하고 목회에 필요한 자료도 나눈다. 매년 1월에는 영성 수련과 기도회, 동역자들의 현장 이야기를 나누는 모임을 가졌다. 여섯 개 이상의 교파에 속한 목회자들이지만 이 모임을 통해 결속이 깊어져 가고 있다.

우리 모임은 '목회자의 이중직'이란 표현 대신에 '자비량 목회 사역'이란 표현을 좋아한다. 가족들을 위한 노동을 강단만큼 소중히 여긴다. 전임 목회를 하는 분들과 사회활동을 하는 분들의 비율은 반반 정도이다. 연약한 교회를 목회하며 겸할 수 있는 직업을 갖도록 안내하고 격려해 준다. 얼마 전부터는 교단이 다르지만 서로 초대하여 설교도 나누고 작은 교회들끼리 연합하여 함께 예배도 드린다. 나는 복음가수 박보영 씨와 함께 이들 교회를 방문하여 함께 예배드리고 작은 콘서트도 열어주고 있다. 떡이나 과일을 준비하여 함께 나누는 교제는 참 맛지다. 가끔 지친 목회자를 찾아가서 '한 사람을 위한 연주회'를 열고 위로를 전한다. 딱딱해지기 쉬운 목회자 모임은 이렇게 허물없는 사이가 되어 서로 기다려지는 모임이 되어가고 있다.

코로나19가 교회에 주는 교훈

최근 진행 중인 코로나19 바이러스 사태로 인해 이후의 시대를 준비해야 하는 상황에 직면하게 되었다. 물리적 거리 두기로 인해 온라인 예배, 온라인 성찬이 이뤄지면서 새로운 변화를 경험하고 있다. 이제는 행사를 통한 흥행 중심의 목회가 아니라 위로와 연대와 치유, 내면적 안식으로의 영성이 요구되고 있다.

하나님께서는 코로나19를 통해 무슨 일을 하고 계실까? 새롭게 갱신하길 원하시는 뜻으로 여긴다면 교회에 새로운 희망이 될 것이다. 유발 하라리는 코로나19는 신자유주의의 붕괴를 가져올 것으로 예측하는바 자본주의 체제가 붕괴되는 방향으로 간다면 지역에 바탕을 둔 건강한 작은 교회가 대안이 될 것이다. 앞으로는 삶의 양식이 개인주의를 벗어나 공동체 중심으로 전환될 것으로 보이는데 한국교회도 개교회주의를 벗어나고 교단 중심의 유대관계를 넘어서야 할 것이다. 신학의 사대주의도 급속히 붕괴될 것이다.

나가는 말

나는 로버트 뱅커스의 『1세기 교회 예배 이야기』를 무척 좋아하고 다른 분들과 나눈다. 주인공인 브리스가와 아굴라 부부의 초기 가정집 공동체를 사모한다.

교회는 오래전부터 공동체라는 말을 사용해 왔고 "초대교회로 돌아가자"라는 말을 표어처럼 사용해 왔지만, 오늘의 교회는 초대교회 교인들의 공동체 경험을 상실했다. 교회 밖의 일반인과 구별된 삶을 살지 못하고 있다. 이것은 교회가 스스로 외부와 단절하고 안으로의 결속에만 집중해야 한다는 말이 아니다. 공공성과 아무 관계 없는 고립 배제된 끼리끼리의 폐쇄적 공동체를 가리키는 것이 아니다. 기독교 영성이 이웃을 향해 열려있지 않으면 복음적 가치가 현실 속에 뿌리를 내리지 못할 것이다. 교회의 목적은 복음으로 변화된 신자들이 세상의 참 이웃, 참 시민으로 살아가는 성도가 되게 하는 것이다.

교회의 가족들은 마을을 사랑하고 보살피며 자신과 가족의 울타리를 넘어서 공공의 문제에 관심을 갖고 토론하며 지역사회에 참여할 수 있어야 한다. 교회가 이러한 기독 시민을 길러낼 수 있을 때에야 한국교회가 우리 사회에 기여하는 건강한 종교로서의 신뢰를 회복할 수 있을 것이다.

작은교회한마당 준비 이야기

현 창 환

(목사, 생명평화마당 사무국장)

들어가는 글

저출산, 고령화는 우리 사회에 큰 구조적 변화를 가져오고 있다. 한국 전쟁 이후 한국 사회의 중추적인 역할을 하던 베이비붐 세대가 은퇴를 시작하였고, 1997년 IMF와 2008년 외환 위기를 지나면서 자본주의의 폐해가 고스란히 사회구조에 뿌리를 내리고 있다.

한국교회로 눈을 잠시 돌려보면 저출산의 영향은 주일학교의 붕괴로 나타나고, 고령화는 교회의 노쇠화로 나타나고 있다. 이와 함께 세계적인 경기 침체와 맞물려 한국 사회뿐만 아니라 교회 역시 어려운 시간을 보내고 있다. 개인적인 생각이지만, 지금 우리가 당면하는 이 시기는 7년 풍년이 끝나고 7년 흉년의 처음 시작이지 않을까 하는 생각이 든다. 이러한 문제는 교회 간의 양극화, 교회 내에서의 양극화로 이어지고 있다.

필자는 오랜 직장생활과 사업을 하고 난 후 비교적 젊지 않은 나이에 신학을 공부하고 목사가 되었다. 공교롭게도 흔히 말하는 대형 교회에서 사역을 할 수 있는 기회를 얻을 수 있었고, 꽤 오랜 시간 다양한(?) 경험/사역을 할 수 있었다. 당시 마음속으로 작은 교회는 성공하지 못한 교회라고 생각했다. 교회를 익숙해진 자본주의 체제 논리로 생각하고 있었던 것 같다. 구체적으로 성공과 실패, 승자독식, 결과지상, 물량주의의 논리가 자리 잡고 있었는데 당시에는 전혀 깨닫지 못하고 경제 논리에 길들여 있었다.

그러던 중 우연한 기회로 유학을 준비하였는데 예상 밖으로 유학비자가 거절당했다. 자연스럽게 중소형 교회, 작은 교회에서 사역을 하게 되었다. 정직하게 말하면 나이 등으로 인해 더 이상 대형 교회에서 사역하는 것이 힘들게 되었다.

돌이켜보면 유학을 준비하는 1년 동안 서울, 수도권에 위치한 작은 교회(출석 100명 미만)를 50여 곳 이상 만나면서 현실을 직면하게 되었고, 작은 교회 현황을 미약하나마 알게 되었고, 그제야 비로소 관심을 가지게 되었다. 어떻게 보면 유학에 실패(?)한 1년의 시간이 큰 전환점이 된 셈이다. 시간이 흘러 2015년 7월 1일 '생명평화마당' 사무국장으로 자리를 옮기고 작은교회운동을 본격적으로 시작하게 되었다.

'작은교회박람회'에서 '작은교회한마당'으로

'생명평화마당'에서는 2013년도부터 '작은교회박람회'를 연례행사로 해 오고 있었다. 필자가 부임한 2015년도는 세 번째 박람회를 하는 해였다. 부임 당시(7월 1일) 이미 작은 교회 박람회 날짜가 거의 정해진 상태였고, 행사 D-100일도 남지 않았던 상황이었다. 정신없이 몰아치듯 행사 준비에 집중하였다. 행사를 준비하면서 가장 많이 들었던 말은 "왜, 박람회인가?"였다. 많은 사람이 느끼겠지만, 박람회, 전람회, 엑스포 등은 자본주의 냄새가 나는 말이다. '작은 교회'와 '박람회'는 서로 어울리지 않는 단어였다. 그러나 행사 준비에 매진하느라 이를 생각할 여유가 없었다. 그렇게 2015 작은교회박람회를 마치고, 다음 해 사업과 박람회를 준비하면서 받은 질문 역시 "왜, 박람회인가?"였다. 오랜 고민 끝에 2016 작은교회박람회 준비를 하면서 이름을 바꿀 것을 제안하였으나 촉박한 일정과 당면한 사안들로 인해 2016년 역시 박람회로 행사를 개최하였다.

2015년부터 행사가 급격히 커졌다. 2015년에는 참여 교회/단체 74곳, 방문객 1,000여 명이었으며, 2016년에는 참여 교회/단체 90곳, 방문객 1,500여 명으로 규모가 커졌다. 작은교회운동의 한 방법으로 시작되었던 작은 교회 박람회가 진짜 박람회가 된 듯한 것을 느꼈다. 행사 이후 명칭 변경을 적극적으로 제안하여 올해부터 '작은교회한마당'으로 명칭을 바꾸었다. 올해는 마침 종교개혁 500주년이 되는 해이다.

작은교회한마당은 일 년에 한 번 지역 곳곳에 흩어져 생명과 평화의 가치를 추구하고 실현하는 이 땅의 많은 작은 교회들이 한 자리에 모여 각 교회의 사역을 소개하고 교제하는 장(場)이다. 이 한마당이 작은교회운동의 구심점이 되기를 바라고 기대한다. 작년까지 네 번의 행사를 하면서 2~3번 참여했던 교회들은 반갑게 인사하고 서로의 부스를 챙겨주기도 한다. 올해 다섯 번째를 맞는 작은교회한마당이 단지 보여주는 박람회를 넘어 참여한 교회, 단체, 방문객도 모두가 함께 어울리는 마당이 펼쳐지는 장(場)이 되기를 바라며 준비하고 있다.

작은교회한마당을 여는 이유

앞에서도 언급하였지만, 규모의 경제, 성공, 거대함이 지배하는 문화 속에서 작은 교회들은 본의 아니게 위축되고 소외되는 느낌을 받다. 때로는 무한 경쟁 사회에서 패배자가 된 것 같기도 하고 자괴감이나 무력감에 빠지기도 한다. 그래서 박람회가 아니라 한마당이 필요하다고 생각한다. 한마당은 작은 교회들이 관람자가 아니라 함께 참여하고 주도하는 주인공이 되는 자리요 시간이다. 이렇게 일 년에 한 번씩 만나는 자리가 하루하루 고군분투하며 생명의 존엄과 평화를 지키는 작은 교회들에게 위로가 되고 용기를 다지는 장이 되기를 바라면서 행사를 준비한다.

토요일에서 공휴일로 변경하다

작은교회한마당은 매년 가을(10월)에 개최한다. 2013, 2014년에는 10월 둘째 또는 셋째 주 토요일에 행사를 열었다. 필자가 부임한 2015년부터 행사 일을 토요일이 아닌 공휴일로 바꾸었다. 이유는 크게 두 가지였다. 교회 운동, 즉 작은교회운동에서 가장 중요한 것은 그 일을 하는 주체인 사람이다. 그런데 토요일에 행사를 하니 정작 작은 교회 목회자나 신학생의 참여가 현실적으로 어려웠고, 성도들 역시 토요일에 움직이는 것이 쉽지 않았다. 그러나 공휴일이 토요일 또는 주일과 겹치거나 연결되면 더 어렵지 않을까 하는 또 다른 걱정(?)이 생기기도 하였다.

2015년 10월 9일(한글날) 행사는 예상 밖에 성황을 이루었다. 참여 교회와 방문객 역시 1.5배씩 증가하였고 젊은 층, 가족 단위, 신학생 등 방문객의 폭이 매우 넓어졌다. 그리고 관람만 하고 가는 행사가 아니라 방문을 통한 참여, 체험, 공연을 즐기는 복합적인 행사가 되었다. 원주에서 참여한 교회는 관광버스 한 대를 빌려 상당수 교인이 함께하는 전 교회적인 행사가 되기도 하였다.

그런데 올해는 걱정이 많이 된다. 9월 29일(금) 오후부터 시작되는 열흘간의 긴 연휴의 마지막 날인 10월 9일(한글날)이 행사 날이기 때문이다. 연휴의 마지막 날이기에 전날인 주일에는 대부분 복귀하고 연휴 끝의 대미(大尾)를 장식하기에는 최적의 날이라는 생각과 기대를 가지고 있다. 올해가 종교개혁 500주년이 되는 해이기에 더욱 그렇다.

준비 과정

작은교회한마당 준비는 행사 이후 곧바로 시작된다. 우선 장소를 물색하고 사전 조사와 탐방을 한 후 학교 측과 협의하는 것으로 장소 섭외를 한다. 문제는 외부인 방문 관계로 사용 허락을 쉽게 해 주지 않고, 비용도 제법 든다. 방문객이 상주 인원 포함하여 1,500여 명 이상이 되니 학교 측으로서도 시설 및 경관의 훼손에 대한 불안이 있다.

그리고 부담이 되는 것은 사용 비용이다. 현재 한마당 참가비는 부스당 10만 원이다. 실제 부스 설치/제공 비용, 주차료, 자료집 제공

등의 비용을 감안하면, 참가비로는 장소 사용료를 지불할 형편이 되지 않다. 수백만 원의 장소 사용료를 지불해야 하기 때문이다. 임대료가 적게 드는 곳을 물색해야 하는데 그게 쉽지 않다.

장소가 확정되면 사무국에서 전체 계획안을 마련하고 준비위원회를 비롯한 각 분과/위원회—조직(참여교회/단체 섭외 및 후원 요청), 프로그램, 워크숍, 심포지엄, 홍보위원회 등—가 구성되고 구체적인 준비가 시작된다. 보통 3~4월부터 공식적인 준비위원 및 활동이 시작되지만, 사무국에서는 행사 이후 참여 교회 방문도 하고, 지속적인 작은 교회 발굴과 참여를 위해 계속 교회를 탐방/방문하기 때문에 작은교회한마당 준비는 일 년 내내 계속된다고 할 수 있다.

그간의 경험과 전망

작은교회한마당을 세 번째 준비하면서 갖게 된 생각은 작은 교회가 선택이 아니라 필수라는 것이다. 주지하다시피 도심 상가 건물에는 대체로 공인중개사 사무실과 편의점이 입점하여 있다. 그리고 같은 건물 2~3층에는 대체로 교회가 있고, 어떤 건물에는 2~3개의 교회가 있다.

작은 교회가 필수가 되어야 한다면, 차분하고 분명한 준비가 있어야 할 것이다. 작은교회운동을 하면서 감사한 것은 정말 많고 다양한 작은 교회들이 존재한다는 것이다. 위기에서 기회를 발견하는 안목을 가지게 된 것에 감사할 뿐이다.

작은교회한마당 이후 작은 교회에 대한 관심과 기대가 점차 높아져 가는 것 같다. 이번 한마당 준비의 큰 주제는 평화와 미래 세대에 대한 관심이다. 2015년에는 한마당 개최를 앞두고 9월 초에 신대원에서 미니 박람회를 개최하였고, 또 다른 신대원에서는 행사 이후 4박 5일간의 현장 목회 실습을 위탁해 왔다. 지방은 물론 여러 곳에서 작은 교회 한마당 개최를 위한 도움 요청을 받고 있다. 그리고 많은 분으로부터 관심과 격려를 받고 있다.

이제는 작은교회운동의 망(網)을 구성하려고 한다. 작은 교회를 위한 장을 마련하고 공부하는 아카데미도 만들고, 지역 박람회도 준비하고 있다. 무모한 일, 어차피 해도 되지 않을 일이라고 생각하는 분도 있겠지만 네 번에 걸친 작은교회한마당을 통하여 우리는 희망을 보았다. 그래서 이 일에 집중하고자 한다.

맺는말

저는 개인적으로 야구를 좋아한다. 늘 꼴찌만 하던 팀이 한 계단 한 계단 올라가 일등을 이기고 우승도 한다. 불가능해 보이는 일이 가능한 일이 되기를 바란다. 작은교회운동이 희생번트가 되든, 안타가 되든, 볼넷이 되든, 몸에 맞는 볼이 되든 1루를 밟는 것이 무엇보다도 중요하다고 생각한다.

작은교회운동은 미래를 위해 밭을 갈고 씨를 뿌리고 가꾸는 일이라고 생각한다. 실무책임자인 필자는 문자나 카톡보다는 직접 대면해서 만나려고 한다. 약속을 잡고 찾아가고 그렇지 못하면 전화를 통해서라도 목소리를 들으려고 한다. 디지털이 편리하고 빠른 이 시대에 아날로그 방식으로 도전하고 있다.

"계란으로 바위 치기"라는 속담이 있다. "작은교회운동이 가능해?"라는 말도 종종 듣는다. 그러나 이 시대가 작은교회운동을 필요로 한다면 누군가 해야 하지 않을까? 계란으로 바위를 깰 수는 없지만, 계란이 부서지며 남긴 흔적은 바위에 고스란히 새겨진다.

앞으로 우리 사회와 교회는 좀 더 힘들어질 것 같다. 그래서 서로 의지하고 용기를 주고 격려하는 작은교회운동이 절실히 필요하다. 작기 때문에 할 수 있는 일이 많고, 작아야만 할 수 있는 일들이 있다. 작으니까 유기적인 관계, 공동체가 될 수 있다. 커지면 시스템이 작동하여 그것이 어렵다. 사람은 시스템에 종속되고 생명의 존엄성은 부차적인 것이 되기 때문이다.

무모한 도전, 계란으로 바위를 치는 어리석은 일 같은 '작은교회운동'에 관심과 협력을 부탁한다.

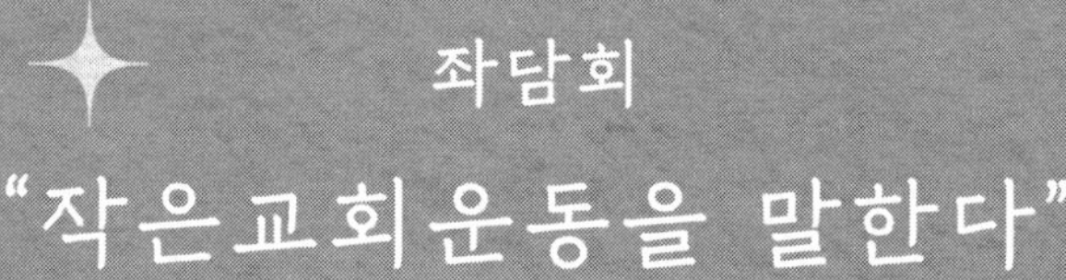

좌담회

"작은교회운동을 말한다"

일 시 2020년 4월 27일(월) 13시~15:30

장 소 한국교회백주년기념관 2층 한국교회연구원

참석자 양민철 목사(사회자, 희망찬교회, 생명평화마당)
김종일 목사(동네작은교회, 교회2.0목회자운동)
이재학 목사(오산 하늘땅교회, 작은교회연구소)
이정배 교수(현장아카데미)
전영준 목사(인천 더작은교회, 건강한작은교회연합)
한경호 목사(「농촌과목회」 편집위원장)
손은기 목사(「농촌과목회」 편집위원, 녹취 및 사진)

"작은교회운동을 말한다"

한경호: 바쁘신 중에 이렇게 귀한 시간을 내어 참석해 주셔서 감사합니다. 제가 먼저 오늘 좌담회의 취지에 대해 잠깐 말씀드린 후에, 양민철 목사님께 사회를 넘기겠습니다.

요즘 한국교회 내에서 작은교회운동이 전개되고 있습니다. 그동안 한국교회는 양적 성장에 중심을 두고 오면서 대형화되고, 그것을 뒷받침하는 번영 신학이 만들어지고, 자본주의의 포로가 되었습니다. 십자가 고난의 신비를 잃어버리고, 물질에 사로잡혀 바알 종교로 전락하는 모습을 보이고 있습니다. 이런 잘못된 행태에 대한 저항으로 작은교회운동이 일어나 복음 정신을 회복하고 교회의 본질을 추구하는 새로운 기운을 조성하고 있습니다. 오늘 이 자리에서는 그동안 어려운 상황 속에서도 어떻게 새롭게 교회를 일구어 왔는지 그리고 앞으로 어떻게 이 작은교회운동을 힘 있게 전개해 나갈 수 있을지, 한국교회의 미래를 열어 가는 차원에서 이야기를 나눴으면 하구요, 나아가 좀 더 세력화할 수 있는 방안까지 말씀해 주시면 좋겠습니다.

초대교회는 작은 교회였다

양민철(사회자): 먼저 작은교회운동을 시작하게 된 계기 혹은 동기를 말씀해 주시고, 그간 겪으신 일들과 또 현재는 어떠한 상황인지 말씀해 주시면 감사하겠습니다.

김종일: 저는 동네작은교회를 섬기고 있고, 개척학교 숲(교회 개척하시는 분들을 돕는 단체)을 운영하고 있는 김종일 목사입니다. 교회2.0 목회자운동도 함께하고 있습니다. 교회 이름이 '동네작은교회'이듯이 저희는 작은 규모에 의미가 있다고 생각하였습니다. 작다는 말 속에 담긴 의미가 있다면 기민성입니다. 기민하게, 자유롭게 움직이는 공동체였으면 좋겠다고 생각했습니다. 규모가 크게 되면 회의가 많고 절차가 복잡해서 대응이 늦고 생동력이 떨어지거든요. 처음에는 가정 교회의 형태로 모이다가, 7년이 지나면서 선교적 교회로 발전적인 변화를 하였습니다. 그러면서 '동네'라는 말로 표현했듯이 지역과 마을에 가까이 다가가는 교회가 되려고 노력해 왔습니다.

전영준: 저는 동네작은교회보다 더 작은 '더작은교회'를 목회하고 있는 전영준 목사입니다. (웃음) 인천 계양구에 위치하고 있구요, 2003년 부천예인교회(정성규 목사)에서 분립 개척한 교회입니다. 교회 이름은 분립에 참여한 성도들이 의견을 내고 투표로 정하였습니다. 저는 사실 처음엔 이 명칭에 당황했습니다. 보시다시피 제 몸집이 작은 편이 아닌데, 많은 분이 더작은교회 목사는 왜 이렇게 덩치가 크냐고 묻기도 합니다. (웃음) 고민하는 가운데 한국교회나 작은교회운동이 나아가야 할 지향점이 굳이 크기에 국한된 문제일까? 생각했습니다.

처음에는 교회를 새로 개척하는 것에 대하여 고민을 많이 했습니다. 많은 교회 가운데 또 하나의 교회가 생기는 것이 무슨 의미일까? 생각했지요. 하나님 보실 때 이것은 어떤 의미가 있을까, 더작은교회는 왜 존재해야 하는가 하는 물음이었습니다. 큰 교회가 하고 있는 일들을 작은 교회들이 똑같이 흉내 낼 필요는 없다고 생각합니다. 그것은 큰 교회가 훨씬 더 잘합니다. 작은 교회는 큰 교회가 하지 못하거나 손이 못 미치는 부분들을 살피고 채워주는 역할을 할 수 있겠다고 생각했습니다.

사회자: '건강한작은교회연합'(약칭 건작연)운동에 대한 이야기도 함께 해 주시겠어요?

사회를 보고 있는 사회자 목사

전영준: 현재 이 연합운동에 참여하고 있는 교회는 6~7곳 정도입니다. 20여 년의 역사를 가지고 있구요, 처음에는 '교회개혁네트워크'으로 시작된 모임인데 나중에 이름을 바꾸었습니다. 현재 새맘교회, 언덕교회, 부천예인교회, 더작은교회, 너머서교회 등이 참여하고 있구요. 초기에는 언덕교회가 중심이 되었고, 지금은 부천예인교회가 중심이 되어 이끌어 오고 있습니다. 부천예인교회에서 매년 해 오고 있는 프로그램이 "이런 교회 다니고 싶다" 세미나입니다. 생명평화마당이 주최했던 작은교회박람회와 성격 면에서 연관성이 있다고 할 수 있습니다.

사회자: 네, 감사합니다. 그럼 '작은교회연구소' 이재학 목사님 말씀해 주실까요?

이재학: 작은교회연구소를 맡고 있고, 하늘땅교회를 섬기고 있는 오산의 이재학 목사입니다. 10년 전 교회를 개척하면서 사람들을 만났는데, 신앙의 의식화가 필요하다고 생각했습니다. 그래서 교육을 통해 의식화시키는 작업을 했습니다. 대한민국의 중심은 중부지방이고, 오산은 그 중심인 배꼽에 해당한다고 했습니다. 배꼽은 생명과 연결되어 있으니, 우리 교회가 그런 교회가 되고 싶다는 마음에서 한 말이었습니다. 하늘땅교회는 작은 교회지만, 작은 것을 부끄러워하지 않고 자랑할 수 있는 교회가 되자고 했습니다. 기독교도 초기에는 가정 교회 형태로 모였으니, 작은 교회로 시작되었다고 볼 수 있습니다.

한국교회는 대형화되고 공동체성이 약해지면서 신앙의 유산이 끊어지는 느낌을 갖게 되었습니다. 그래서 교회는 작아져야 하고, 그 안에 신앙의 이야기가 풍성해지면 좋겠다는 마음입니다.

작은교회연구소는 교회를 교회답게 세우고, 목회자를 목회자답게 세우는 교회가 되자는 생각으로 시작된 모임으로, 교회의 본질을 회복하기 위해서 신학적, 실천적 대안을 찾아가는 모임입니다. 매달 한 번씩 모여 성경 말씀을 나누고, 두 달에 한 번씩 독서 모임을 가지고 있습니다. 지난 10여 년간 약 200명이 거쳐 갔습니다. 전에는 교회가 건물이 있고 사람이 있어야 시작된다고 생각했는데, 이제는 교회 공동체가 어떤 이야기를 써가야 하는지가 중요해졌습니다. 교회의 존재론이 바뀐 것이지요. 지난해 30번째 교회가 개척 설립 예배를 드렸습니다. 교회론 연구 모임이었는데 어느새 교회 개척 모임이 되었습니다.

이정배: 세 분 목사님이 함께한 경험들은 없으신가요?

김종일: 저하고 전영준 목사님은 작은교회운동2.0에서 함께하고 있

고, 또 저와 이재학 목사님은 작은교회연구소에서 함께하면서, 지난번 개척 컨퍼런스(conference)도 함께했습니다. 전영준 목사님과는 지난번 세월호 사건 천막 카페에서 함께 활동한 적이 있습니다.

작은교회운동의 신학적 좌표는 탈성장, 탈성직, 탈성별

사회자: 이재학 목사님은 작은교회운동 차원에서 늘 교제하고 나누고 있습니다. 네, 이제 이정배 교수님 이어서 말씀해 주시겠습니다.

이정배: 네, 저는 아시다시피 학교에서만 30년간 (제 선생님 말씀을 빌리면 '올꾼이'라고 하는데) '올꾼이'로 지내오다가, 지난 세월호 사건을 경험하며 은퇴하였지만 아직까지는 느슨하게 살고 있지 않습니다. 지금껏 학교에서 교수로 활동해 온 경험 그리고 10년 정도 생명평화마당에서 일한 경험, 또 평신도교회인 겨자씨교회에서 설교자로서 참여한 경험들을 갖고 오늘 대화에 참여할 생각입니다.

신학교에 있으면서 3~4대째 목사 집안이 많고 신앙도 대물림되는 것을 보았습니다. 이 자녀들이 신학교에 들어오는 것을 보면서 좋은 점뿐 아니라 걱정되는 면도 많이 느꼈습니다. 3대, 4대째 기독교 집안이다 보니 타성이 생겨 비판적 사고를 하지 않으려 했습니다. 이른바 성골/진골이 나뉘고, 목회를 어떻게 편하게 할 수 있을까 하는 쪽으로 생각이 돌아가고 있었습니다. 입학 시부터 대형 교회를 꿈꾸고 편한 목회를 지향하고 있었지요. 해외 선교사, 음악 목회 등도 많은 이들의 로망이었습니다. 심지어 아버지 목사가 자기 아들을 데려와서 그래도 이 길이 가장 편하고 안정된 길일 것 같아 신학교에 가라고 했다며 교수인 제게 아들을 부탁하는 일도 종종 있었습니다. 이것이 기독교의 앞날을 생각할 때 저의 첫 염려와 걱

이정배 교수

정이었습니다.

두 번째는 2010년에 생명평화마당을 시작했는데, 2010~2020년 사이에 교회 역사 속에 중요한 일들이 눈에 보였습니다. 2013년에 세계교회협의회(WCC) 10차 부산총회, 2017년은 종교개혁 500주년, 2019년은 삼일운동 백 주년, 2020년은 4.19 60주년, 5.18 40주년, 정의평화창조의보전(JPIC)운동 30주년, 한국 전쟁 70주년 등 이렇게 역사적으로 소중한 10년을 어떻게 보내야 한국교회가 자정능력을 갖고 미래를 달리 계획할 수 있을지를 생각하게 되었습니다. 세계 유일의 분단국가, 유불선이 공존하는 한국에서의 세계교회협 총회, 이 모임을 성공시켜 세계 교회와 연결고리를 맺고, 종교개혁 500주년을 기독교 개혁의 계기로 삼고, 삼일절 백 주년을 맞아 민족의 새 100년을 이끌어 갈 수 있기를 바라면서 생평마당에 몸담았던 것입니다. '오직 믿음으로만'이라는 개신교의 모토를 '오직 생명과 평화로만'의 정신으로 비튼 생평마당의 정신이 옳다고 생각되었지요. 생명과 평화의 가치를 가지고 목회하면, 교회는 작아질 수밖에 없다는 생각에 이르렀고, 그런 가치를 가지고 목회하는 교회들이 있다면 함께 모여 서로에게 의지처가 될 수 있으면 좋겠다고 제안했습니다. 그 결과가 "작은 교회가 희망이다"란 주제를 내걸고 5차례에 걸쳐 진행된 '작은교회박람회'(한마당)였습니다. 행사를 통해 작은 교회들의 열등감도 치유할 수 있었고, 소위 가나안 교인들(교회 출석을 안 하고 있는 교인들)에게 좋은 작은 교회들을 소개하는 계기도 되었습니다. 무엇보다 신학교 학생들에게 "너희들의 미래가 대형 교회가 아니라는 것을 분명히 알라"는 메시지를 전한 것이 의미 있었습니다. 생명평화의 가치를 가지고 목회하는 교회가 있다는 사실을 통해 화석화된, 돈의 힘에 굴복된 교회들이 변화되기를 바랬던 마음도 있었습니다.

마지막으로 평신도들이 자발적으로 세운 교회의 설교 목사로 참여한 적이 있었습니다. 교인들이 목사 없이도 교회를 잘 섬겼습니다. 몇 가지 원칙이 있었지요. 누구도 돈을 받고 일하지 않는다. 그 해 예산은 그해에 다 쓴다, 교회 건물은 끝까지 소유하지 않는다 등이었어요. 이런 원칙을 가지니 모인 재정을 이웃을 돕는 일에 어느 큰 교회 못지않게 잘 사용할 수 있었습니다. 평신도들의 설교와 기도도 깊은 생각과 성찰 속에서, 무엇보다도 생활 속에서 나온 것이기에 목사님들 설교보다 설득력이 컸습니다. 평신도 교회를 경험하면서 '만인제사장직'으로서의 평신도성를 한국교회가 놓치고 있었음을 깨닫게 되었습니다. 그 경험을 가지고 저는 세 가지 '탈'(脫)을 생각하였습니다. 코로나 사태 이후 시대를 살며 탈성장, 즉 수축 사회로 간다고들 하는데 저희가 먼저 탈성장의 가치를 내세울 수 있었지요. '작음'의 가치를 신학화시킨 것입니다. 자본주의화된 교회와 한판 전쟁을 치르고 싶었지요. 이어 탈성직, 곧 평신도성을 강조했고, 이어서 탈성별을 통해 종교(기독교) 속 가부장적 편견을 벗겨 내고자 했습니다.

사회자: 자연스럽게 두 번째 주제로 넘어가셨는데요, 계속 말씀해 주시면 좋겠습니다.

이정배: 사실 탈성장, 탈성별에 비해 어려웠던 문제는 탈성직이었습니다. 현실적으로 교회 안에서 얼마나 탈성직이 될까 염려스러웠던 것이죠. 하지만 성직은 역할의 문제이지 존재론적 차이는 아니라 생각했습니다. 목사들의 탈성직은 평신도들의 의식 고양과 맞물려 있습니다. 일상에서 성직자 의식으로 살아가는 신앙의 성숙함을 요구하지요. 목사들만의 탈(脫)로는 어려운 일입니다. 또 하나는 탈성별입니다. 여성들의 역할을 적극적으로 부각시키고, 여성의 위치와 가치를 신학적 사유와 접목시켜 보고자 했습니다. 더 나갈 수 있다면, 탈교파까지 가보자는 생각도 했습니다. 자기가 속한 교단이 있지만, 작은 교회들끼리 또 하나의 연합체를 만들어서 서로 재정적인 문제들까지 염려해 주는 데까지 이를 생각을 가졌던 것이지요.

농촌 교회와의 연대 필요

한경호: 우리 책이 「농촌과 목회」인데요, 제가 농촌 교회와 작은 교회의 관계를 잠깐 언급하고 싶습니다. 여기 계신 분들은 뚜렷한 목적의식으로 작은 교회를 세우고 목회를 해 오고 계시지만, 대부분의 농촌 교회는 태생적으로 작은 교회입니다. 그렇다면 작은교회운동을 하시는 분들과 농촌 교회 목회자들은 어떤 관계를 맺을 수 있을 것인가 생각해 보게 됩니다. 작은교회운동이 지향하는 바를 어떻게 수용하고 현장에 적용할 수 있을지 생각하게 되는 것이지요. 농촌 교회는 성장에 한계가 있어서 작은 교회로 존재할 수밖에 없습니다. 농촌 목회자들이 작은교회운동에 참여하여 뚜렷한 정체성을 가

한경호 목사

지고 목회하면 좋지 않을까 생각합니다.

김종일: 제 생각에는 크기(규모)나 숫자가 적다는 것을 한계로서가 아닌, 그 의도성을 중요하게 봐야 할 것 같습니다. 기성 교회에서 느끼는 것은 조직화, 대형화되면서 효율성을 많이 따지게 되었다는 점입니다. 결과를 중시하기 때문이지요. 제가 그런 교회에서 사역하면서 느낀 것이 그 효율성 때문에 빼앗기거나 놓치는 것이 많다는 겁니다. 결과적으로 성도들을 수단화하고 도구화하게 됩니다. 중간 관리자인 부교역자들은 그것을 잘 포장하는 것이 주요 과업이 되고요. 생명은 없고 기능과 전시적 행위(performance)만 남더군요.

그리고 우리의 차별성이라고 하면 유기체성과 공동체성이라고 할 수 있습니다. 제가 우리 교회에서 경험한 것인데 평신도들은 자기 은사 개발을 잘하고 지도력을 잘 발휘합니다. 우리 교회에 40대 초반의 평신도 지도자들(director)이 있는데, 목회자에게 의지하지 않고 알아서 해 버리더라고요. (웃음) 목회자는 목양의 역할을 하고, 다른 역할을 할 수 있는 성도들과 리더십을 공유해 보았는데 의외로 잘 되는 것을 경험했습니다.

사회자: 동네 작은교회는 도시 공동체라고 볼 수 있는데, 농촌 교회와

는 어떻게 접목이 되나요?

김종일: 도농 간의 연대와 연합이 저희에게는 항상 고민되는 부분입니다. 일반적으로 우리는 시혜를 주고 농촌은 도움을 받는다는 고정관념이 강하다 보니까 잘 안되고 있습니다. 이 생각을 바꿔야 하는데 풀어야 할 과제입니다. 문제는 파트너가 없다는 것입니다. 단순히 주고받는 관계가 아니라 함께 소통하고 나눌 수 있는 농촌 교회 파트너를 만나는 게 쉽지 않습니다.

한경호: 함께하고 싶은 생각은 있는데 함께할 수 있는 농촌 교회가 없다는 것이죠? 교회가 여러 지역에 있나요?

김종일: 네다섯 곳이 있는데, 20명이 넘으면 분립하고 있습니다. 목회자가 없는 곳도 있고요.

한경호: 네, 그렇군요. 동네작은교회와 동반자가 되어 함께할 수 있는 농촌 교회를 찾고 계시는군요. 제가 한번 알아보겠습니다.

사회자: 더작은교회의 차별성이 있다면 무엇일까요.

전영준: 더작은교회의 차별성이라면 먼저 몸집이 작으니까 결정이 빠를 수 있고, 모호해지지 않을 수 있습니다. 아무래도 몸집이 크면 다양한 의견들이 있어서 결정하기까지 시간이 좀 걸리는데, 작은 교회는 그 시간을 훨씬 단축시킬 수 있습니다. 저희와 같이 분립된 교회는 목회자와 교인이 이미 교회 생활을 같이한 관계여서 그런 시간들을 많이 단축할 수 있었습니다. 또한 교인들이 목회자를 따라서 오기 때문에 자기 색깔들이 분명하고 모호하지 않다는 점이 차별점일 수 있겠습니다. 더작은교회의 경우에는 정관에 정치적 중립을 넣기도 했는데 7년이 지나면서 뺐습니다. 교인들이 처음부터 정치적인 성향이나 색깔을 드러내놓고 오는 건 아니지만, 정치적인 색깔들도 고려하게 되었습니다.

이재학: 제가 보기엔 작은교회운동은 태생적으로 작아서 그런 길을 걸어간다기보다는 의도적으로 작은 교회가 되려고 하는 운동이라고 생각합니다. 요즘 하나님 나라 운동이 작은교회운동과 무슨 관련이 있을까 생각하다가, 하나님 나라를 숫자적인 성장이 아닌 확장(extention)의 개념으로 본다면, 작은교회운동은 교회가 교회를 낳는 것이라고 생각합니다. 따라서 작은 교회는 진실성이 담보되지 않으면 존재하기 힘들다고 봅니다. 교회의 탁월성이나 목회자의 역량이 강조되기보다는 교인들이 자발성과 책임 의식을 갖고 참여하는 하나님 나라가 되어야 한다고 봅니다. 저는 성도들에게 하늘땅교회 교인들이 되지 말고, 하나님 나라 백성이 되어 살아야 한다고 말합니다. 또한 이재학 목사의 제자가 되지 말고, 주님의 제자로 살아가야 한다고 말합니다. 지내다 보니 목회자의 문제도 다 드러나게 되고, 재정 현황은 홈페이지를 통해 투명하게 공개하고 있습니다. 이런 요소들이 다 모여져서 하나님 나라를 이루어 가기 때문에 진실성이 담보되지 않으면 힘들지요. 그래서 작지만 강한 교회, 영향력으로 살아남았던 초대교회, 카타콤 공동체와 같은 교회가 되어야 한다고 생각합니다.

이재학 목사

"나와 함께 살자"고 손 내미는 자세 필요

사회자: 저도 교회2.0멤버입니다. 제가 보기에 작은교회운동을 하면서도 교회를 성장시키지 못해 초조해하는 분들이 있는 것 같습니다. 이정배 교수님이 말씀하신 것처럼 교회는 '탈성장'으로 가야 하는데, 교회 성장을 원하지만 성장하지 못한 '불성장'의 상태에서 작은교회운동이라는 명분을 이용하는 목회자들이 있는 것이지요. 교회가 작은 것은 문제가 되지 않습니다. 교회들이 함께 연대한다면 규모가 작아도 많은 일을 할 수 있습니다. 그러면 이제 현재 우리가 하고 있는 작은교회운동이 과연 대안적인가에 대해 얘기를 나눠보도록 하겠습니다.

이정배: 몇 해 전 저는 나눔문화재단 이사장직을 수행하면서 그곳을 경험한 적이 있었습니다. 그곳이 참된 교회처럼 느껴질 정도로 아름다운 곳이었습니다. 수많은 회원의 도움을 받으면서 생명과 가치를 실현시키는 곳인데 운영도 잘했습니다. 정신적 지주 역할을 하는 시인 박노해 씨가 함께하는 이들에게 "나랑 같이 살자"고 정직하게 손을 내밀었던 결과라 생각합니다. 솔직하게 자기 삶을 드러내놓고 뜻을 지향했기에 힘이 모아진 것이겠지요. 우리가 작은 교회를 말할 때도 목회자들에게 "나랑 같이 살자"고 손 내미는 용기가 필요하다고 생각합니다. 강대상에서 설교하는 목사와 일상을 사는 목사의 삶이 다르지 않아야 가릴 것도 없고 웅크릴 것도 없이, 삶을 투명하게 만들 수 있을 때 힘이 모아질 수 있을 것입니다.

이어 브루더호프공동체 창시자의 말을 전하고 싶습니다. 그는 원래 신학박사까지 받은 학자였습니다. 어느 순간 "서로 사랑하라"는 예수의 말씀이 그의 유언인 것을 알게 되었고, 그 뜻을 '공동체'를 만들라는 말로 이해했습니다. 이 점에서 작은교회운동은 공동체를 만들자고 하는 것으로서 거기에 걸맞은 가치를 필요로 합니다. 사실 작은 교회라는 말은 초대교회의 성격과 다를 수 없습니다. 동시에 우리 시대의 종교개혁운동이 바로 작은교회운동이라고도 생각하고 싶습니다. 중앙집권적인 가톨릭교회는 이런 작은교회운동을 하기 어려울 것입니다. 반면 개신교는 개체성에 대한 강조를 많이 하니까 이 시대에 맞게 자신을 변형시킬 수 있겠지요. 작은교회운동의 가치 중 하나는 반드시 탈자본주의여야 할 것입니다. 한 건물 안에 각기 다른 교단 교회가 대여섯 개씩 있고, 이중직, 삼중직 하면서 먹고살기 힘겨운 목회자가 있고, 목사가 쓸 수 있는 비용이 몇십억인 교회가 공존하고 있는 한 우리는 교회 본질로부터 한없이 멀어질 수밖에 없습니다. 이런 흐름을 어떻게 역류할 수 있겠는가? 하는 것이 중요합니다.

그런 전제하에서 작은 교회의 변별성으로 다음 두 가지를 적시할 수 있습니다. 첫째는 획일적인 구조를 벗고 다양해야 한다는 것입니다. 대형 교회의 획일적인 구조에 맞추려면 우리는 늘 꼴찌일 수밖에 없지만, 서로 다르면 우리는 자기 길에서 저마다 으뜸일 수 있습니다. 알다시피 초대교회는 마태, 마가, 누가의 다양한 공동체를 가지고 있었습니다. 그것은 획일화된 구조가 아니라, 저마다 특성을 지녔음을 반증합니다. 우리 또한 천편일률적으로 대형 교회를 따르지 말고 각자의 독특성을 살려내야 할 것입니다.

그리고 다양성 속에서 우리를 묶어주는 것은 복음의 정치학입니다. 성서는 당시 로마와 맞서 다름의 삶을 산 모습들을 증언합니다. 로마와 다를 수 있는 삶의 양식을 시대의 언어와 상황 속에서 설명하는 책이 성서입니다. 우리 역시도 이 세상과는 다른 삶을 살 수 있겠는가에 대해 다양하면서도 함께할 수 길을 모색해야 합니다. 다양한 모습을 띠면서도 가톨릭이 할 수 없는 것을 개신교의 힘으로 해보자는 것이지요. 우리가 뭉칠 수 있고 하나 될 수 있는 것이 하나님 나라의 정치학, 복음의 정치학이라고 할 수 있습니다. 성경에 나오는 하나님 나라 이야기처럼 늦게 온 자들에게도 똑같이 베풀고, 되갚을 자 없는 자들을 위해 베풀라는 그런 가치들이 시대를 역행하는 것이지만, 그것이 하나님 나라 운동이라면 그렇게 살아갈 수 있어야 합니다.

사회자: 이재학 목사님은 어떻게 생각하십니까?

이재학: 네, 저는 작은교회운동이 종교개혁운동이라고 생각합니다. 17세기 독일의 경건주의자인 필립 쉬페너도 작은교회운동을 했었고, 또 18세기에 웨슬리도 밴드 목회(소그룹 모임)를 했었습니다. 사람들 은 자기 안에 있는 이야기들을 펼쳐놓고 싶은 욕구, 누구와 대화하고 싶은 욕구를 태생적으로 갖고 있다고 생각합니다. 문제는 우리 교회가 대형화, 조직화되면서 생명력을 끊어놓음으로써 문제가 발생한 것 같습니다. 그래서 작은교회운동이 한국교회의 대안, 신학적 대안이 되겠는가 할 때 저는 충분히 된다고 봅니다.

저희 작은교회연구소가 이번에 다시 모임을 시작하면서 재밌는 말을 들었습니다. 외국인노동자들이 자기 나라로 돌아가는 바람에 시골에 일할 사람이 없다는 겁니다. 그래서 이번 연휴에 농촌 일손 도와주자고 했는데 오산천 살리자는 모임이 어찌하다 보니 곡괭이 들고 농촌에 가게 되었습니다. 성경에 보면 아버지가 둘째 아들에게 살림을 나눠 주었지요. 헬라어로 '오비스'인데 그 의미가 생명이더라구요. 작은교회연구소가 하는 일이 결국 생명을 생명되게 하는 일이거든요.

전영준: 이정배 교수님의 말씀에 저도 공감하는데요, "나랑 같이 살자"는 말이 "서로 사랑하라"는 말과 같은 맥락의 말이라고 생각합니다. 나아가 같이 살자고 하는 말도 좋지만, 그분들이 사는 곳으로 들어가는 것도 좋은 일이라 생각합니다. 결국은 무리하지 않게 같이 사는 것이 가장 이상적인 교회 모습이라고 생각합니다.

저의 경우 인천에서 사역하고 있는데, 존립이 가장 현안 문제입니다. 그래서 지금은 마을 통장 일을 맡고 있습니다. 통장을 하다 보니 좋은 점은 주민들에게 접근하기가 쉽다는 점입니다. 통장은 그냥 자연스럽게 들어갈 수 있거든요. 가서 주민센터에서 맡겨준 일들을 나누고 살피는 일이니까요. 그러다 보니 어려운 가정을 돌보고 교회로 연결시키는 일이 훨씬 쉬워졌습니다. 작은 교회가 그들의 삶의 자리로 들어가 연결의 끈을 찾는 좋은 일이라고 생각하게 되었습니다.

저는 요즘 우리 동네에 글 못 쓰시는 분들을 찾고 있습니다. 통장 일을 하면서 서명해 달라고 부탁하면 의외로 글을 모른다고 하는 어르신들이 많이 있더라고요. 자리를 만들어서 교육을 해야 하지 않나 생각하고 있습니다. 결국은 같이 살아가는 방법을 찾는 것이 작은 교회가 해야 할 일이라고 생각합니다.

작은교회운동은 교회의 본질을 회복하는 운동

김종일: 작은교회운동은 대안이라기보다는 본질을 찾는 일이라고 봅니다. 한국교회 전체로 볼 때도 외연을 확대하기 위해서는 작은 교회로 갈 수밖에 없지요. 지금 전도가 안 되는 이유 중 하나는 교회가 대형 교회의 방법으로 세상과 소통하려고 하기 때문입니다. 선교적

김종일 목사

관점에서 보면 약간은 제국주의적인 모습으로 다가가고 있는 것이지요. 그래서 세상이 기분 나쁘게 보고 있습니다. 선교가 효과적으로 이루어지려면 작은 모습으로 또 섬기는 모습으로 조용히 스며들듯 가야 합니다. 교회사를 봐도 개혁적인 일들은 결국 변방, 언저리에서 일어나지 않습니까? 죽느냐 사느냐의 경계선상에 있는 사람들은 강력한 연대의 힘을 발휘합니다. 그 어려운 상황에서 생존해내면서 하나됨을 경험하는 것이지요. 큰 교회는 걱정하지 않아도 되는 것을 우리는 걱정하지만, 그러면서 맷집이 커진다는 것도 알게 되었습니다. 그것을 통해 배우고 습득하는 생존의 방법은 대형교회들이 결코 흉내 낼 수 없는 비밀이자 우리만이 누리는 특권이라고 생각합니다.

한경호: 작다, 변방, 언저리 이런 말을 들으니, 노자의 말씀이 생각납니다. 노자의 말 중에 "귀한 것은 천한 것을 본(本)으로 삼고, 높은 것은 낮은 것을 바탕(基)으로 삼는다. 그리고 영화(光)를 알되 욕됨을 중심으로 잡고 지키면 천하의 골짜기가 될 수 있다(세상을 구원할 수 있다)."는 말이 있습니다. 이건 완전히 기독교적인 말입니다. 낮기 때문에 치욕을 당하고, 천한 곳에 있기 때문에 수치를 당하는 것

입니다. 십자가 치욕은 그 절정이지요. 그것이 예수님의 삶이었고 그 결과 온 인류를 구원할 수 있는 능력이 거기서 나왔다고 볼 수 있습니다. 작은 교회가 설 자리는 바로 그런 자리가 아닐까 생각해 봅니다. 작은교회운동이 단순한 대안이 아닌 본질적인 것이라면, 그 길에서 욕을 본다 해도 결국은 그것을 넘어서는 영광이 있을 것입니다.

사회자: 다수의 목회자 사이에서 큰 교회는 여전히 교회 성장의 모델입니다. 이런 상황에서 작은교회운동을 대안적 운동으로 내세우는 것이 얼마나 설득력이 있는지 모르겠습니다. 현재 교회 구성원의 수가 20~30명 정도 되는 교회가 많습니다. 이것을 성장하지 못한 상태로 볼 것입니까? 아니면 가장 자연스러운 상태로 볼 것입니까? 초대교회는 가정에서 모였고, 그 수가 대략 20~30명 정도였을 것으로 추정합니다. 이때 목사는 전문적인 신학 수업을 받은 사람이 아니었고, 직업 또한 아니었습니다. 목사가 직업화되면서 교회가 목사의 생계를 책임져 주고 교회 운영비를 충당해야 하니 재정적 필요가 커졌고, 교회 성장의 열망 또한 커졌다고 봅니다.

20~30명 규모의 교회가 가장 자연스럽게 모일 수 있는 규모가 아닌가 생각합니다. 이런 교회들이 곳곳에 세워지는 것이 필요합니다. 이 자리만 하더라도 도시 교회가 있고 농촌 교회가 있는데, 농촌 교회를 성장하지 못한 교회로 봐서는 안 되는 것이지요. 농촌의 목회 환경과 도시의 목회 환경은 분명한 차이를 가지고 있습니다. 구성원의 수가 적다는 이유로 열등감을 가질 필요가 없습니다. "우리가 연합하면 저들이 못하는 일도 할 수 있다~"는 주장 역시 규모가 큰 교회를 기준으로 삼은 데서 비롯된 것이 아닌가 싶습니다. 현실을 그대로 인정하고 이런 구조 안에서 어떻게 가야 할지 생각해야

한다고 봅니다.

경제적인 문제는 극복의 과제

사회자: 이제 다음 질문으로 넘어가 작은 교회의 어려운 문제들이 무엇인지, 또 그런 문제들을 어떻게 해결하고 있는지, 함께 힘을 모아야 할 부분은 무엇인지 이야기를 나눠보겠습니다. 조금 전 경제적인 문제를 말씀해 주신 전영준 목사님부터 말씀해 주시죠.

전영준: 우리 교회는 분립된 교회여서 처음에는 자립 교회였습니다. 그런데 중간에 어려움을 겪으며 떠나는 분들이 생기고, 후에 몇몇 분이 돌아오는 사건이 있었습니다. 그 배경에 신천지 사람들이 있다는 것을 알게 되었습니다. 어느 날 갑자기 친밀하게 지냈던 분들이 저를 내쫓으려는 일이 벌어졌습니다. 이때 작은 교회의 어려움을 느꼈습니다. 본래 우리는 성결교단에 소속되어 있다가 독립교단으로 옮겼는데, 이런 이단 문제가 발생했을 때 치리해 주고 통제해 줄 수 있는 곳이 없다는 점을 알게 된 것이지요. 그래서 최근 다시 성결교단에 가입하였습니다. 또한 경제적인 어려움도 자연스럽게 따라왔습니다. 아까 언급했듯이 제가 통장을 했는데 통장 활동 수당이 20만 원에서 30만 원으로 올랐습니다. (웃음) 교회가 어려우니 사례비 삭감 이야기가 나와서 제가 통장을 한번 해보겠다고 했지요.

또 한 가지 제가 지금 사회복지사 공부를 사이버(cyber)로 하고 있는데, 이제 한 학기를 남겨두고 있습니다. 경제적인 어려움은 공적 자금으로 극복할 수 있는 방법이 무언지 찾으면 좋겠다고 생각하고요, 동네에 녹아들 수 있는 방법이면 더 좋겠다고 생각합니다. 통장 역할이든, 지역아동센터나 요양보호센터든지 그런 일들을 활용하면 좋을 것 같습니다.

사회자: 전통적인 목회자 관을 가진 교인들은 목회자가 교회 일에만 집중해 줄 것을 요구하지요.

전영준: 저도 처음에는 반대에 부딪혔습니다. 그런데 좀 더 작아지고, 이단들이 떠나고, 마음이 잘 통하는 분들 20여 명 남으면서 그런 문제는 생기지 않았습니다. 이제는 좀 더 이해해 주시지요. 그런 면에서 저도 이제 검증 단계를 지난 것 같습니다. (웃음)

한경호: 농촌 교회 목사님들 중에도 이장 하시는 분들이 있지요. 요즘은 사회복지가 대세이다 보니 사회복지사 자격증 따신 분들도 많고, 조금 전 말씀하신 지역아동센터를 하시는 분들도 많습니다. 그런 일들이 지역 주민들, 비(非)교인들을 만날 수 있는 좋은 방법이라고 생각합니다.

김종일: 저는 작은 교회의 어려움에는 크게 두 가지가 있다고 봅니다. 첫 번째는 목회자의 생계 문제이고, 두 번째는 교회 사역에 있어 재정적 뒷받침이 약하다는 점입니다. 그래서 저는 "다 하려고 하지 말자"고 생각하게 되었습니다. 교회 건물이나 조직체계는 교회의 존재를 드러내는 데 꼭 필요한 것이 아닙니다. 자신이 다녔던 교회가

전영준 목사

그랬던 것입니다. 획일성이지요. 그것이 어려우니 결국 독창적이고 창의적인 새로운 시도들이 나오는 것 같습니다. 어려움은 있지만, 획일적으로 바라볼 것이 아니라 다르게 바라볼 수 있어야 합니다. 이것이 작은 교회만이 할 수 있는 방향이라고 생각합니다.

우리도 사실 목회자 사례비에 대해 몇 년을 고민했습니다. 그 과정에서 나온 결론이 어쨌든 담임목사는 먹고살 수 있게 해 주자는 것입니다. 그러다 보니 우리만의 새로운 방식을 생각하게 되고, 이중직에 대해서도 생각하게 되었습니다. 또한 우리가 못하는 부분들을 성도들이 채워주면서 사역의 전문성도 향상이 됐고요. 새로운 차원의 해결 방안을 찾아가는 것이 필요한 것 같습니다.

사회자: 생계 문제가 사실 중요한 문제지요. 목회자의 이중직 문제는 현재의 신학교 체제나 교단 체제에서는 받아들일 준비가 되어 있지 않은데 이것도 문제라고 봅니다.

이정배: 현실감이 떨어질 수 있겠지만, "목사가 누구인가?"를 다시 물어야 한다고 봅니다. 한국교회의 100년 역사 속에서 형성된 목사에 대한 정형화된 이미지가 있는데, 그 선상에 작은 교회 목사들이 있습니다. 존립과 생존을 위해 힘쓰는 만큼 설교를 위해서 얼마나 목숨을 내놓고 치열하게 준비하고 있는지 되물어야겠지요. 역설이지만 하나님의 말씀을 제대로 전하면 결코 굶지 않을 것이라 생각합니다. 의외로 말씀에 목말라하는 분들이 있기에 짧은 20여 분 동안의 설교를 통해 사람들 마음속에 들어갔다 나오는 예술의 설교를 해야 한다고 생각합니다. 그런 설교를 위해 최선을 다해 노력하면 결코 굶어 죽을 일이 없다는 것이 제 신념입니다. 목회자의 이중직, 삼중직을 고민하는 이런 때일수록 설교, 설교자의 태도가 중요합니다. 동시에 돈으로부터 자유할 수 있기 위해서는 손의 창조력이 요구됩

니다. 향후 손의 창조력, 즉 손으로 할 수 있는 교육에 대해 신학교에서 고민해야 할 것입니다. 이 문제는 작은교회운동 차원에서도 깊이 고민할 사안이겠지요.

사회자: 하늘땅교회는 혹 어떤 어려움이 있나요?

이재학: 하늘땅교회도 100명이 되면 20명씩 나가자 해서 지금 두 개 교회가 나가고 세 번째 교회가 개척해서 나갈 준비를 하고 있습니다. 감사하게도 교회 성도들이 작은교회연구소에 대해 자부심을 가지고 특별헌금도 하고 그럽니다. 지난해에는 약 4천여만 원의 선교헌금이 들어왔고요. 개척 나가는 교회의 경우엔 손으로 해야 할 일이 많습니다. 십자가도 짜주고, 데코타일(deco-tile)은 제가 전문이고요, 어떤 분은 목수로, 페인트칠로, 할 수 있는 일이 많습니다. 교사가 없어서 어려움을 겪었는데, 꼭 교사가 있어야 할 수 있나 생각해 보았습니다. 그래서 나온 것이 아이 중에서 리더를 세운 겁니다. 35명 정도의 아이 중에서 학년별로 리더들을 세웠는데 함께 성경공부하고, 심방도 하고, 보고서도 멋지게 써내는 것을 봅니다. 정형화된 기독교에서 벗어나는 것이 중요하다고 생각하게 되었습니다. 또 하나 예를 들면, 제가 보은 지역에 부흥회를 갔는데, 전도사님을 모실 수 없다고 해요. 그래서 여러 교회가 주일 오후 3시에 함께 모이게 하고 전도사님을 초청한 적이 있습니다. 정형화된 틀에서 벗어나 새로운 창조력을 발휘해야 합니다.

교회의 사회적 책임 감당해야

사회자: 경제적 문제는 현실적으로 확실한 답을 찾기가 참 어려운 문제 같고요, 어쩌면 작은 교회들이 감내해야 할 문제인 것 같습니다.

이번에는 다음 주제로 넘어가 세월호 참사, 촛불 혁명, 사회적 거리 두기 같은 교회의 사회적 책임에 대한 입장이 무엇인지 이야기를 나눠보도록 하겠습니다.

이재학: 저는 개인적으로 개혁적인 성향을 가지고 있지만, 교회 안에서 하나님의 공의를 이야기하면 목사 개인의 정치적 신념으로 받아들이려고 해요. 어려울 때가 있습니다. 그러나 세월호 등 많은 일들 속에서 목회자가 다 표현할 수는 없어도 설교가 되었든 목회서신이 되었든 여러 가지 방법으로 전해지고, 그것이 자연스럽게 교인들에게 녹아들어서 함께하게 되는 것 같고요, 어떤 식으로든 사회적 참여는 적극적으로 하는 것이 좋다고 봅니다.

사회자: 요즘 코로나19 때문에 비상인데 사회적 거리 두기는 어떻게 하고 있나요?

이재학: 저희는 아직 시골 분위기가 있어서 그런지 온라인예배를 드렸더니, 주중에는 기도할 수 있도록 저녁에 교회를 열어달라고 하는 분들이 있었습니다. 이런 때는 좀 협조를 하면 될 텐데 했더니, 어떤 분이 저에게 조금 실망했다고 그래요. 그래서 그분과 한참 이야기를 나누면서 "집사님, 저도 순교하라면 순교할 수 있습니다. 그러나 개인 신앙도 중요하지만, 그보다 어떤 것이 공동체에 유익한지 어떻게 하면 대(對)사회적으로 교회 이미지를 실추시키지 않을 수 있을지까지 생각할 수 있어야 주님의 제자입니다"라고 말씀드렸더니, 곧바로 받아들여서 감사하다고 생각했습니다.

이정배: 얼마 전 들은 이야기입니다만 코로나 사태로 인해 목사님들과 성도들 사이에 관계가 많이 서먹해졌다고 합니다. 왜냐하면 교인들 60%가 예배를 안 드렸으면 하는데, 목사님은 예배를 드려야 한다고 해서 갈등이 생긴 것입니다. 강남의 한 대형 교회의 경우 수

천 명이 예배드리는 교회인데 온라인 예배에 접속하는 인원을 봤더니 700~800명밖에 안 된다며 걱정이 컸습니다. 성수 주일을 앞세운 교회 결속력이 많이 느슨해질 것입니다. 코로나 이후에 교회가 어떻게 달라질 수 있고, 또 어떻게 변화될 수 있을지 염려스럽습니다. 대형 교회들의 타격이 만만치 않을 것입니다. 한편 온라인 예배라는 것도 결코 대안이 될 수 없을 것입니다. 이럴수록 우리는 교회의 본질을 생각해 봐야 합니다. 원래 교회(에클레시아)는 흩어지기 위해 모이는 것인데, 지금까지 너무 모이는 것 자체를 주목적으로 삼았습니다. 이제는 교회가 잘 흩어지는 자신의 본질에 충실할 수 있으면 좋겠습니다. 신앙생활이 아니라 생활신앙으로의 전환이 필요한 시점입니다. 이 점에서 코로나 이후 교회는 작은교회운동과 연루되며 평신도의 중요성을 각인시키는 계기가 될 것 같습니다.

제가 좋아하는 이반 일리치(Ivan Illich)라는 가톨릭 신부가 있는데, "성육신의 신비는 구체적인 삶의 현장에서만 재현된다"는 유명한 말을 남겼지요. 선한 사마리아인 비유에 나오는 것처럼 여리고 길에서 제사장은 본분에 충실하려고 지나갔고, 레위인은 성경 잘 지키려고 지나쳤습니다. 사마리아 사람 역시 유대인과는 원수지간이라 지나쳐도 좋을 사람이었습니다. 하지만 그는 강도 만난 사람에게로 다가갔습니다. 종교적으로 아무리 옳고, 성경에 또 아무리 옳게 쓰여 있어도, 이보다 중요한 것은 고통 받고 있는 현장이라는 가르침을 일리치는 우리에게 전했습니다. 그 현장 속에서만 하나님의 성육신의 신비가 이루어진다는 가르침이지요. 세월호 참사 때 광화문의 천막 카페 같은 경우 한 3년간 교회 역할을 하지 않았습니까? 어쨌든 미래는 분명한 방향성을 가진 작은 교회가 답이라는 확신이 있기에, 이 과도기적 상황 속에서 목회자들이 잘 버틸 수 있도록 뒷받침하고 도와주는 느슨한 연대 같은 것이 필요하다고 생각합니다. 제가 좋아하는 말 중에 '연결과 드러남'(connection and unfolding)이라는 말이 있습니다. 상호 연결되면 엄청난 미지의 것들이 펼쳐진다는 말입니다. 작은 교회들이 상호연결 될 때 시너지 효과들이 어떻게 펼쳐질 수 있는지, 세상에 어떻게 드러낼 수 있는지 기대하면서 나아가야 합니다.

김종일: 저희가 세월호 천막 카페하고 촛불 시위하던 때로 생각되는데요, 거기 가서 함께 봉사했던 자매가 주일날 대표 기도를 한 적이 있습니다. 그런데 그날 우리 교회와 자매결연을 맺은 일본 교회 목사님과 성도들이 예배에 참여하게 되었습니다. 그분들이 전날 공항에서 들어오는 길에 명동의 호텔로 가다가 한쪽은 촛불이 지나고, 한쪽은 태극기부대가 지나는 것을 봤답니다. 자신들로선 신기한 장면을 본 것이죠. 그리고 주일날 예배에 참석했는데, 그 자매의 기도에서 그런 내용이 다 나온 거죠. 예배 후에 일본 목사님이 자기는 너무 놀랐다는 겁니다. 왜냐하면 그분은 70세가 넘으셨고 일본에서 교회를 7개나 개척하셨지만, 자기는 한 번도 교회에서 정치적인 기도를 들어본 적이 없고 여기서 처음 들어봤다는 것입니다. 그래서 저희는 매주 이렇게 한다고 했습니다. (웃음) 사실 그 자매가 무슨 대단한 투사도 아니고, 아이들 데리고 촛불 시위 현장에 참관 수업하듯 갔다 와서 기도한 건데 말입니다.

그래서 저는 현장이 너무 중요하다고 생각합니다. 레슬리 뉴비긴도 인도의 선교 현장에서 깨닫게 된 것이, 인도 사람들은 서구 사람들처럼 교회에서 배우고 제자훈련 받아 현장으로 가는 것이 아니라 현장에서 배운 것을 현장에서 바로 실천하더라는 겁니다. 현장과 학습의 내용이 분리되어 있지 않고 함께 어우러지는 것인데, 저는 작은 교회가 이런 것을 할 수 있는 최적의 장소라고 생각합니다. 저는 그 일본 교회 목사님을 통해서 이 점을 새롭게 알게 되었습니다.

전영준: 성경에서는 이방인과 고아와 과부 같은 사회적 약자들을 돌보라고 하는 데요, 그래서 저는 세월호에 대한 이야기가 정치적이라고 생각하지 않습니다. 그런데 교회에서 그 이야기를 나누고 메시지를 전했더니 목요일 저녁에 성도들이 저를 불러놓고 "세월호 리본을 떼라"고 하면서 별별 질문을 다 했습니다. 제가 그때 본 것은 본인들이 꼭 쥐고 있는 아집들을 내려놓으라고 말씀을 통해서 채찍질한 것인데, 오히려 그분들은 더 꽉 쥐더라는 겁니다.

역사의식을 갖고 용기 있게 말해야

사회자: 작은 교회는 기본적으로 탈성장을 지향하는데, 성장을 목표로 삼는다면 목사는 사회적으로 예민한 사안에 대해선 눈을 감고 귀에 거슬리는 이야기들을 피하면 되겠지요. 그러나 교회가 역사의식을 가지고 그 시대에 분명한 역할을 하려면 용기를 내야 합니다. 물론 반대하거나 못마땅하게 여기는 분들이 존재할 수 있습니다. 그럼에도 교회의 입장은 분명해야 하고 목회에 충분히 반영해야 합니다. 교회 성장과 목회적 안정에 떠밀려 양보하는 사람은 작은교회운동을 해서는 안 됩니다. 목회적 손해를 보더라도 성서의 가르침을 따라 제대로 해보겠다고 결심한 사람들이 해야 하는 운동이라고 생각합니다.

이재학: 특정 주제에 대해서는 교회 안에서 대화가 잘 안되는 것을 보게 됩니다. 내가 무슨 말을 할 때 그것이 어떻게 들릴까? 생각하게 돼요. 서로 대화한다는 것이 참 쉽지 않다는 것을 깨닫게 됩니다.

대화란 어쩌면 서로 다름을 인정하는 것이고, 또 그것만으로도 만족할 수 있어야 하는데, 어떤 합의로 가려고 하고, 자기식으로 바꾸려고 하니까요. 이것은 한국교회의 성숙도와 관련 있다고 생각합니다.

이정배: 동대문감리교회의 장기천 목사님이 은퇴하면서 하신 말씀이 있습니다. "내가 동대문교회에서 이십 년 이상 목회하면서 이 설교 듣고 이 사람이 달라졌으면 좋겠다고 늘 그런 마음으로 설교했는데 안 바뀌더라"는 겁니다. 그런데 생각지도 않게 그 옆에 있던 사람이 달라지더라는 거죠. 그러면서 목회는 내가 하는 것이 아니라 하나님이 하신다고 하셨습니다. 그분도 정치적인 설교를 하셨지요. 저 역시 그런 경험을 아프게 겪고 있는 중입니다. 신앙과 정치, 삶과 믿음의 관계가 이처럼 분리되어서야 어떻게 세상이 달라질지 걱정입니다. 그럼에도 예수님처럼 그런 길로 나서겠다는 사람들이 있다는 것이 기적이고 신비라 생각하고 그래서 그들이 귀하고 아름답습니다.

이재학: 작은 교회이다 보니까 오히려 잘 드러나고 발 빠르게 대답할 수밖에 없는 현실입니다. 작은 교회의 장점이기도 하지만, 오히려 자기주장이 너무 강해지고 잘 드러나는 측면이 있는 것 같습니다.

사회자: 목사가 너무 자기주장을 해서도 안 되고, 교회 구성원 전체를 아우르기 위해 애매한 입장을 취해서도 안 되기에 목사의 공적, 사적 영역을 구분할 필요가 있다고 생각합니다. 저는 초기엔 페이스북(Facebook)에 많은 이야기를 썼습니다. "나도 사생활이 있다"라는 것을 전제로 게재했습니다. 페북은 나의 사적 공간이어서 무슨 말이든지 할 수 있기 때문입니다. 공적인 설교 시간에 성경을 해석하면서 자연스럽게 사회적 입장이 드러나게 되는데, 그 정도는 교

인들이 참아주었습니다. 성경에 근거한 주장을 할 경우 교인들이 반론을 제기하거나 불만을 표현하는 적은 없습니다. 가끔 사회적 현안에 대하여 분명한 나의 입장을 말하는 경우가 있는데, 비교적 짧게 말합니다. 그럼에도 평소 사적 공간에서 꾸준히 말해왔던 것을 아는 교인들은 목사가 어떤 말을 하는지 다 알아듣습니다. 목사가 사적 공간에서 한 말과 공적 설교에서 하는 말이 서로 연동이 된다는 의미입니다.

목사는 정치적인 이야기를 해서는 안 된다고 주장하는 분들이 있지만 우리는 정치적일 수밖에 없다고 생각합니다. 목사가 정파적이거나 특정 정당에 대한 지지를 드러내는 것은 분란의 소지가 있습니다. 하지만 사안별로는 분명한 정치적 입장이 있어야 한다는 것이 제 생각입니다. 이런 저의 입장은 설교 중에 반영되기도 하고, 매일 아침(월~금까지) 9시에 교인을 대상으로 발송하는 '아침묵상 문자편지'에 반영되기도 합니다. 두 가지 좋은 효과가 있습니다. 하나는 설교 시간에 자칫 오해할 수 있는 이야기도 그곳에서 하면 가볍게 받아들이는 부분이 있다는 점이고, 또 하나는 목사가 교인들과 끊임없이 소통을 시도함으로 공감대 형성을 확대할 수 있다는 점입니다.

목사의 성경해석과 신학적 입장은 노출될 수밖에 없습니다. 이런 신학적 입장이 예민한 사회적 사안과 결합하면서 교회 내 갈등이 발생하기도 합니다. 목사는 갈등을 최소화해야 하는 책임이 있지만 신학적 입장은 분명해야 합니다. 차분하고 꾸준히 노출된 입장은 교인들의 선택을 돕는 일이고 자연스럽게 변화가 이루어집니다. 이런 과정을 거쳐 비로소 사회적 현안에 대한 교회적 입장을 가지게 되는 것이라 봅니다. 목사의 용기와 지혜가 필요합니다.

이재학: 저는 집안 대대로 야인적 기질이 있어서 그런지, 제가 박사학위 논문을 쓰는 과정에서 학내 문제 때문에 혈서를 쓰는 사건이 있었는데 그 일로 제적을 당한 적이 있습니다. 교인들이 그걸 알고 제가 평소에는 유순해도 어떤 일을 할 때는 열심당원처럼 불 지르는 사람으로 생각하고 있습니다. 그렇게 한번 인식되니까 그 이미지가 굳어져서 어려움이 있더라고요. 제가 안식년 때 이스라엘에 다녀오면서 세월호 촛불 사진을 사회관계망서비스(SNS)에 올려놓고 간 적이 있는데, 그 사진 때문에 교인들끼리 싸움이 벌어진 적이 있습니다. 그 일로 모두를 품을 수 있는 지혜로운 방법이 뭘까 다시 한번 고민하게 되었고, 정치적인 문제는 참 어렵다는 점을 느끼게 되었습니다.

작은 교회끼리의 연대는 느슨한 구조로

한경호: 이정배 교수님께서 교단 문제를 잠깐 언급하셨는데, 그 의견에 대체로 동의하시나요?

전영준: 저도 이중 회원권(dual membership)이 필요하다고 봅니다. 교단에도 들어가 있으면서, 또 다른 회원권도 함께 갖는 것이죠. 일단 교단 안에 있으면 같은 동질감을 가진 목회자를 만날 수 있는 것이 좋지만, 틀이 강해서 자유롭지 못하지요. 그래서 좀 더 자유로운 연대가 필요하다고 생각합니다.

한경호: 그렇죠. 일단은 교단에 소속되어 있으면서도, 작은 교회끼리의 연합단체에 속해서 활동할 수 있으면 하는 거죠. 이렇게 작은교회운동하는 연합조직을 만든다고 할 때, 누군가가 나서야 하잖아요?

이재학: 연대는 필요하지만, 느슨한 형태가 좋을 것 같습니다. 또 다른 획일화된 교단처럼 단체를 새롭게 만들어, 하다 보면 또 깨어질 수 있기 때문입니다.

전영준: 전체가 함께 모일 수 있는 장을 만드는 건 모두 희망하는데 부담을 주는 일들, 예를 들면 누가 나설 것인지, 회비 납부 여부 등의 문제가 발생할 수밖에 없기 때문에 그것을 어떻게 해결할 것인가가 문제인 것 같습니다.

사회자: 작은 교회 연합체를 만드는 것이 또 다른 교단이 될까 봐 우려를 갖는 데요, 그래서 느슨한 연대를 원하는 거지요. 「농촌과목회」에서 이런 좌담회를 마련했기에 자연스럽게 얘기가 된 셈인데요, 조직 자체를 위한 것이 아닌, 목회에 도움이 될 만한 그런 실제적인 연대가 필요하다고 봅니다.

한경호: 부담을 주는 모임이 아니라 정보의 교류 그리고 공유의 영역을 넓혀간다는 차원에서 (세미나 같은 것을 통해) 현장의 경험을 나누고 서로의 부족함을 채워나가는 수준의 모임이 되면 어떨까? 하는 생각이 듭니다.

사회자: 오늘 저희 이야기만 했는데, 사실 저희는 농촌 교회에 대해서는 전혀 모릅니다.

한경호: 농촌 교회 중에서도 작은교회운동에 동참할 수 있는 교회가 많지는 않겠지만, 목회자가 그런 의식을 갖고 있는 경우에는 동참할 교회들이 좀 있을 겁니다.

이재학: 우리 모임에도 매월 군산, 영월에서 올라오는 목회자들이 있습니다. 농촌 교회에서도 이 작은교회운동이 실제적으로 매우 필요하다고 생각합니다.

온라인을 적극적으로 활용해야

사회자: 앞으로 이런 모임들이 지속된다면, 목회 사역을 서로 나눌 수 있는 자리가 되고 연대가 되면서 자연스럽게 더 커지게 될 것이라 봅니다. 네, 이제 마무리할 때가 된 것 같습니다. 마지막으로 작은 교회의 미래와 전망에 대해서 말씀해 주시면 감사하겠습니다.

김종일: 저는 작은교회운동이 어렵지만, 계속 가야 할 길이라 생각합니다. 이번 총선 후에 민주당이 총선 결과를 재밌게 표현했습니다. "아슬아슬하게 압도적으로" 이겼다는 겁니다. (웃음) 작은 교회도 그렇게 가야 한다고 봅니다. 내 현장은 아슬아슬하고 위태해 보여도 함께 쌓아놓고 보면 압도적이 될 수 있는 것이지요.

전영준: 현실적으로 작은 교회는 능력이 부족하다 보니 어렵습니다. 이번에 코로나 사태로 인해 등 떠밀려서 온라인(on-line) 방송을 하게 되었는데요. 우리가 엄두를 못 내는 일들을 하나님은 등 떠밀어서 하게 하시는구나! 하는 생각을 갖게 되었습니다. 하나님이 이끌어가는 역사 섭리가 있으니, 미래와 전망 이런 생각도 좋지만, 등 떠밀려서라도 한 걸음 한 걸음 도망치지 않고 가야겠다고 생각합니다.

이재학: 저는 사람들이 아무리 좋은 시대에 산다 해도 공동체에 대한 갈망이 있다고 생각합니다. 교회 안에도 그 본질을 찾아서 작은 교회를 찾아오는 사람들이 더 있을 거라 생각합니다.

사회자: 제 친구 중에 LP 5천 장을 가지고 있는 친구가 있습니다. 최근에 그 친구가 제게 전화를 했습니다. 자신의 지인에게서 4테라바이트(Terrabyte) 용량의 음악파일을 선물 받았는데 저장 공간을 확보하기가 어려울 정도라고 하더군요. 그는 원활하게 작업할 수 있는

맥북(Macbook)을 가지고 있느냐고 물었습니다. 전화를 받은 후 혼자 생각했습니다. 인터넷 속도가 엄청나게 빠른 스트리밍 서비스(Streaming service) 시대인데 굳이 그렇게 할 필요가 있을까? 요즘 방송 3사의 매출이 반토막 났습니다. 그 이유는 '유튜브'(YouTube) 때문입니다. 저 역시 빠짐없이 시청하는 뉴스조차 유튜브로 봅니다. 유튜브는 원하는 시간대에 원하는 정보를 골라서 보는 선택권이 확대되어 있습니다. 앞으로 이런 스트리밍 서비스가 대세가 될 것입니다. 굳이 다운로드 받지 않아도 되는 시대가 된 것이지요.

코로나19는 거의 한국교회가 전체가 온라인 예배를 시도하게 된 계기가 되었습니다. 그간 방송 사역을 위해 잘 준비된 규모 있는 교회들과 이단들의 독무대와 같았던 유튜브 광장에 한국교회가 대거 진입하였습니다. 기획적으로 진입한 것이 아니라 코로나19에 등 떠밀려 나가게 된 것이지요. 많은 작은 교회들이 온라인 광장에 진입하게 된 것은 매우 의미 있는 사건이라고 생각합니다. 점차로 발생 주기가 짧아지는 팬데믹(Pandemic, 전염병의 대창궐) 시대에 비대면(非對面) 사회로 이행할 텐데 온라인 방송은 '임시방편'이 아니라는 것을 알게 되겠지요. 자연스럽게 유튜브 내 기독교 정보는 다양해질 수밖에 없고, 작은 교회의 영향력 또한 커질 수밖에 없습니다. 이제는 교회 규모가 아닙니다. 목사의 역량과 교회의 특성입니다. 특히 사회적 책임을 다하는 교회는 미래 세대에 환영받게 될 것입니다. 그간의 작은교회운동 역시 거의 오프라인(off-line)상에서 이루어졌습니다. 이제 온라인을 적극적으로 병행할 필요가 있습니다. 이제 한 목사님이 마무리 발언을 해 주시겠습니다.

한경호: 네, 멀리서 오셔서 장시간 좋은 이야기들을 많이 나눠 주셔서 감사합니다. 앞으로 작은교회운동이 한국교회의 잘못된 여러 가지

현상과 구조를 극복하고, 교회의 본질을 회복하는 그런 활동으로서 계속 생명력 있게 전개되어 나가기를 바라겠습니다. 여기 계신 여러분들이 그 주역이 되어주시기를 바랍니다. 감사합니다.

글의 출처

서울 지역 작은교회운동

양민철 _ 공동체성을 넘어 사회적 영성으로, 희망찬교회 「농촌과 목회」 2017년 겨울호(통권 76호)

김성희 _ 마을을 품는 목회, 독립문교회 「농촌과 목회」 2019년 여름호(통권 82호)

박종현 _ 나그네들을 위한 함께심는교회 「농촌과 목회」 2020년 여름호(통권 86호)

이수연 _ 하나님 나라의 실험실, 새맘교회 「농촌과 목회」 2023년 겨울호(통권 100호)

박창훈 _ 언덕교회 「농촌과 목회」 2024년 봄호(통권 101호)

경기 지역 작은교회운동

송병구 _ 색동교회 「농촌과 목회」 2019년 봄호(통권 81호)

장병기 _ 하나님에게 붙잡힌 '지금여기교회' 「농촌과 목회」 2020년 봄호(통권 85호)

이도영 _ 더불어숲동산교회 「농촌과 목회」 2021년 봄호(통권 89호)

인천 지역 작은교회운동

김성률 _ 하나님, 공동체, 이웃, 함께하는교회 「농촌과 목회」 2020년 가을호(통권 87호)

이준모 _ 소외계층과 함께 내일을 여는 해인교회 「농촌과 목회」 2019년 가을호(통권 83호)

최영민 _ 언덕나무교회 「농촌과 목회」 2020년 겨울호(통권 88호)

대전-충남 지역 작은교회운동

전남식 _ 환대의 공동체, 대전 꿈이있는교회 「농촌과 목회」 2023년 가을호(통권 99호)

배용하 _ 느리게 작게, 논산 평화누림교회의 여정 「농촌과 목회」 2023년 여름호(통권 98호)

부산 지역 작은교회운동

안하원 _ 새날교회 「농촌과 목회」 2019년 겨울호(통권 84호)

문춘근 _ 사귐의교회 「농촌과 목회」 2021년 여름호(통권 90호)

안중덕 _ 샘터교회 「농촌과 목회」 2021년 가을호(통권 91호)

문상식 _ 물만골교회 「농촌과 목회」 2021년 겨울호(통권 92호)

김정주 _ 기쁨찬교회 「농촌과 목회」 2022년 봄호(통권 93호)

광주-전남 지역 작은교회운동

류상선 _ 건강한 교회를 향하여, 슬기교회 「농촌과 목회」 2023년 봄호(통권 97호)

장일 _ 하나님 나라 제자공동체를 꿈꾸는 팔로우교회 「농촌과 목회」 2024년 여름호(통권 102호)

공동체 작은교회운동

박민수 _ 신앙과 삶을 함께하는 은혜공동체 「농촌과 목회」 2018년 가을호(통권 79호)

김용택 _ 주님의 가족 공동체 「농촌과 목회」 2018년 겨울호(통권 80호)

김수택 _ 믿음은 공동체를 춤추게 한다, 새나루공동체 「농촌과 목회」 2020년 여름호(통권 86호)

강동진 _ 의성에서 일구는 제2보나콤 이야기 「농촌과 목회」 2020년 가을호(통권 87호)

유장춘 _ 샬롬공동체 「농촌과 목회」 2022년 겨울호(통권 96호)

작은교회연합 활동

정진훈 _ 세겹줄교회연합의 마을 사역 「농촌과 목회」 2018년 봄호(통권 77호)

이재학 _ 작은교회연구소 활동 이야기 「농촌과 목회」 2020년 여름호(통권 86호)

전영준 _ 건강한작은교회연합이 걸어온 길 「농촌과 목회」 2020년 여름호(통권 86호)

김종일 _ 교회2.0목회자운동이 걸어온 길과 가야 할 길 「농촌과 목회」 2020년 여름호(통권 86호)

김현호 _ 부산 지역의 작은교회운동 이야기 「농촌과 목회」 2020년 여름호(통권 86호)

현창환 _ 작은교회한마당 준비 이야기 「농촌과 목회」 2017년 가을호(통권 75호)

〈좌담회〉 "작은교회운동을 말한다"

좌담회 「농촌과 목회」 2020년 여름호(통권 86호)